ハヤカワ文庫 NF
〈NF614〉

私はいかにハリウッドで 100本の映画をつくり、しかも10セントも損をしなかったか

ロジャー・コーマン／ジム・ジェローム
石上三登志／菅野彰子訳

HAYAKAWA NONFICTION

HOW I MADE A HUNDRED MOVIES IN
HOLLYWOOD AND NEVER LOST A DIME
by
Roger Corman with Jim Jerome

Translated by
Mitsutoshi Ishigami and Akiko Sugano
Published 2025 in Japan by
HAYAKAWA PUBLISHING, INC.
This book is published in Japan
by arrangement with
RANDOM HOUSE
an imprint and division of PENGUIN RANDOM HOUSE LLC
through THE ENGLISH AGENCY (JAPAN) LTD.

最愛の友人であり、最強の支援者であり、
最高の批評家である妻、ジュリーへ。
きみを愛している。

私はいかにハリウッドで100本の映画をつくり、しかも10セントも損をしなかったか

謝辞

著者は、本書を準備するにあたり、つぎの方々の回想と証言におおいにたすけられた。ここに深い感謝の意を表したい。（順不同に）フランシス・フォード・コッポラ、ジャック・ニコルソン、ジョナサン・デミ、ヴィンセント・プライス、ジョン・デイヴィソン、フランシス・ドール、ビーチ・ディッカーソン、ピーター・ボグダノヴィッチ、ブラッド・クレヴォイ、ジュリー・コーマン、ピーター・フォンダ、ブルース・ダーン、バーバラ・ボイル、ゲイル・アン・ハード、ジョン・セイルズ、エレン・コレット、ジム・キャメロン、アラン・アーカッシュ、ジョー・ダンテ、チャック・グリフィス、ロン・ハワード、ジーン・コーマン、サミュエル・Z・アーコフ、ビヴァリー・ガーランド、ダン・ホラー、キンタ・ゼイブル、アビー・ダルトン、ティナ・ハーシュ、マイク・コナーズ、メル・ウェルズ、ディック・ミラー、ポール・ラップ、タマラ・アセイエフ、ジャック・ボアラー、リチャード・シュープ、ウィリアム・シャトナー、レオ・ゴードン、リン・カートライト、デボラ・ブロック、ジョアン・フリーマン、ロバート・オールデン、エイミー・ジョーンズ、アンナ・ロス、ジム・ウィノースキー、マット・ライプジグ、ポール・バーテル、リンダ・シェイン、ジョン・アロンゾ、シェリー・ウィンタース、ネストール・アルメンドロス、ダイアン・ラッド。

ジム・ジェロームはとくに、つぎの方々にお礼を申しあげたい。そのフィルム・コレクションからオリジナル・プリントを貸してくださったジョン・デイヴィソンに。AIPのフィルム・ライブラリーを利用させてくださったサミュエル・Z・アーコフに。コンコード／ニュー・ホライズンズのビヴァリー・グレイ、シェリル・パーネル、サリー・マティソン、キャサリン・サイラン、パム・エイブラハム、パム・ヴラスタス、マイク・エリオット、アリダ・キャンプ、ジャーメイン・シミーンズに。その熟練したテープ起こしにたいし、ジーン・ブラウン（ニューヨーク）、ジェリー・スティリー、リンダ・カンバーグ／ジルズ・セクレタリアル、パット・フレミング（ロサンゼルス）に。コーマンの仕事に関する本の著者であるエド・ナーハ、J・フィリップ・ディ・フランコ、ゲーリー・モリス、マーク・マッギーに。

さらに著者は、われわれの著作権代理人であるレンバー&カーティスのフランク・カーティスと、インターナショナル・クリエイティヴ・マネジメントのアマンダ・アーバンにもお礼申しあげる。そしてもちろん、賢明なうえに疲れを知らない編集者であるデヴィッド・ローゼンタールには、心から感謝の意を表したい。

イントロダクション

わたしはハリウッドでは変わった存在だった。五十作以上の低予算のインディペンデント映画をつくり、さらに自身の会社であるニュー・ワールド・ピクチャーズとコンコード／ニュー・ホライズンズをとおして二百五十作の製作や配給をおこない、「B級映画の帝王」から「大衆映画の法王《ポープ・オヴ・ポップ・シネマ》」まで、さまざまな名で呼ばれた。ハリウッドには、どれだけ観客を動員しようとも、決して映画で金もうけはできないという伝統がある。しかしわたしは三百数本の作品のうち、二百八十本ほどで利益を得た。そして低予算映画であるにもかかわらず、わたしの作品は格式のある映画祭で上映され、またパリのシネマテーク・フランセーズやロンドンのナショナル・フィルム・シアター、ニューヨークの近代美術館で回顧上映がおこなわれた。それらの場所で回顧上映をおこなった監督のなかで、わたしは最年少だった。一九七〇年代には、R指定のエクスプロイテーション映画（低予算娯楽映画）を製作するいっぽうで、外国のすぐれた芸術映画を輸入し、そのうちの五作品がアカデミー最優秀外国語映画賞をうけた。

映画産業は長い年月のあいだに、大きな社会的経済的変化を経験した。かつてわたしの作品のおもな供給先だったドライブ・インは、ショッピング・センターや大都市の複合映《シネマ・コン》画館《プレックス》にその座をあけわたした。一九七〇年代、それまでは「お手軽」芸術家のささやかな領域だったところに、大手映画会社は膨大な製作費、スター俳優やスター監督、最先端のハイテク技術を使った特殊効果などを投入し、エクスプロイテーション映画、いいかえればB級映画から劇場をとりあげてしまった。その結果、低予算作品の売り先は、三大ネットワークから、系列テレビ、ペイ・テレビ、そしてホーム・ビデオへと変わった。一九四〇年代末に大手映画会社による製作・配給・興行の縦系列の独占が禁止され、インディペンデント映画の道がひらかれてから現在までの長い年月のあいだに、わたしもわたしの会社も時代にあわせて変容をとげてきた。そしてわたしの会社は現在でも、アメリカで有数の独立系製作配給会社の地位をまもっている。

わたしが「アウトロー」という評判をとったせいで、一九六〇年代のカウンターカルチャーのなかで育った新しい世代の映画のつくり手たちは、わたしのことを、体制の外で独自の映画づくりをつづける、妥協をしない芸術家であり事業家であるとみなした。彼らはわたしから、撮影準備、照明準備、カメラ移動、編集の手間をかけない撮影法、構図、速いテンポづくりなどさまざまな映画づくりの技術を学んだだけではなく、マーケティングや広告や配給についての基礎も覚えることができた。マイナー映画の世界でコーマンのお墨つきをもらうことが、大手映画会社に到達するもっとも速い道だった。

監督をはじめてまもないころ、わたしはロバート・タウンの初脚本を使って映画を撮った。ジャック・ニコルソンはわたしの映画の八作品に出演し、『イージー・ライダー』'69でハリウッドが彼を「発見」する前に、わたしは彼の三本の脚本を使って映画を製作した。フランシス・コッポラとピーター・ボグダノヴィッチもわたしのもとでスタートを切った。彼らの最初の仕事は、わたしが輸入したソ連製のSF映画に国内公開用の手直しや再編集をくわえることだった。のちにわたしはふたりの初作品に資金を援助することになる。デニス・ホッパーは『白昼の幻想』'67で第二班の監督として手腕を発揮した。

しかし「コーマン・スクール」が新しいインディペンデント映画づくりの拠点となったのは、一九七〇年代、わたしが監督業にあきてニュー・ワールド・ピクチャーズを設立してからのことだ。現在ではマーティン・スコセッシ、ジョナサン・デミ、ロン・ハワード、ジョー・ダンテ、ジョナサン・カプラン、アラン・アーカッシュ、ジョン・セイルズ、ジェームズ・キャメロン、ジョン・デイヴィソン、ゲイル・アン・ハード、フランシス・ドール、バーバラ・ボイルなど、ニュー・ワールドの卒業生の多数が有力な監督やプロデューサーとして活躍し、大手映画会社に巨額の利益をもたらしている。

一九五〇年代初めには、インディペンデント映画はほとんど存在せず、大手映画会社だけが映画産業を支配していた。その業界にはいるにはたいへんな苦労が必要だった。わたしはあのときの苦しさを決して忘れない。何カ月も仕事をさがして歩きまわり、さらについてをみつけてやっとフォックスのメッセンジャーの職にありついた。その後は、スタンフォード時代にエンジニアとして学んだ周到な準備と効率と規律を重んじる精神が役にたってくれた。

わたしは十万ドル以下の製作費、一、二週間の撮影で多数の映画をつくった。一種の賭けとして、『リトル・ショップ・オブ・ホラーズ』'60を三万五千ドル、二日と一夜で撮りあげた。『忍者と悪女』'63のすばらしいゴシック様式のセットが撮影終了とともにとりこわされるのがたまらないというだけの理由で、完成脚本もないまま『古城の亡霊』'63の半分を二日で撮影した。また最初はハワイで、つぎにはプエルトリコで、いちどきに二つの映画を撮影して交通費を節約した。一九六六年の『ワイルド・エンジェル』ではほんものらしさをだすため、ヘルズ・エンジェルズをバイクと女性こみで雇った。さらにその一年後、ビッグ・サーでLSDを体験したあと、その効果を描いた『白昼の幻想』を撮影した。

最初の十七作品は連続して利益をあげた。ところがその後、人種差別をあつかった芸術作品『侵入者』'62で失敗した。わたしは重要な教訓を得て、それ以降映画で損をするようなことはほとんどせずにすんだ。

大手映画会社の経営をやらないかという誘いをうけたこともあったが、給料の額はわたしが当時稼いでいた金額より低かった。わたしは全面的なコントロールの権利を要求し、これを譲歩の余地のない条件とした。もちろん大手映画会社はわたしの要求を拒否した。大手では、どんなにえらい製作部門の重役でも「全面的コントロール」をすることができる人物などいないのだった。わたしが長いあいだ、一匹狼の立場をまもりつづけた理由はそこにある。大手映画会社ではひとりの人間に権力が集中するのを避けるため、共同的なアプローチが重要視されるのだ。

自身の会社の長として、わたしは少人数の上下関係のゆるやかな環境を好む。そういった状況のなかでこそ、熱意と実力が発揮され、過剰な官僚化をふせぐことができる。肩書や職種などはまったく意味を持たない。わたしの会社には、だれでもが、どういうことでもできる――いつかかならずできる――というオーラがあふれている。わがままや権力のかけひきがはいりこむ余地はない。

現在、大きな成功をおさめている三人の映画のつくり手がチームを組み、初作品を完成させたのもニュー・ワールドでのことだった。当時宣伝部門のチーフだったジョン・ディヴィソンが九万ドルの製作費、十日の撮影期間で映画を一本つくってみせるとわたしに賭けを挑んだことから、この話ははじまった。デイヴィソンはニュー・ワールドで予告編を編集していたアラン・アーカッシュとジョー・ダンテを監督にして『ハリウッド・ブルバード』'76を製作した。そしてわたしとの賭けに勝った。こうした例は、ほかにもたくさんある。最近、四週間をかけた撮影のために雑用係をひとり雇いいれたが、一週目の終わりに彼はセカンド助監督に昇進した。そして撮影が終わったときにはファースト助監督になり、二本の映画を経験したのち、わたしの要請でプロダクション・マネージャーになった。

★フランシス・ドール

わたしは十六年間、ロジャーの助手として、またストーリー・エディターとしてはたらきました。こんなに長いあいだ彼とともに仕事をした人間はいないと思います。ロジャーは権限委譲に関して、相反するふたつの面を持っていました。創造的な仕事——つまり脚本を書いたり作品を監督したりといった仕事——では、自分が何をしているのかほとんどわかっていないような若い人たちにも、大きな責任を持たせてまかせるんです。そうやって若い人たちはいろいろと学んでいきます。でも会社経営のこととなると、意思決定の権限を人にまかせることが、できないとはいいませんが、なかなかやりたがらないんです。

たとえば、わたしが在籍した長いあいだ、ニュー・ワールドにはスタッフ会議などというものはありませんでした。例外はただ一度だけ。副社長で顧問で渉外の責任者であるバーバラ・ボイルが、ほかの製作配給会社や大手映画会社はどこでもいつもスタッフ会議をひらいていると指摘したときでした。ロジャーはそうしたことをいやがりましたが、彼女が一度やってみるよう説得したんです。

とても新しいことのような気がしました。月曜日に出社して、ロジャーが命じた手に負えない仕事にひとりでとりくむかわりに、みんなで会議をするなんて。会議にはわたしたち全員が出席して、そしてロジャーがやってきました。

わたしたちはロジャーにいろいろな質問をしました。ロジャーは「さあ」とか「われわれはまだ決定にいたっていない」――「われわれ」ということばを使ってみんなの会社ということを強調していました――とかぶつぶついうだけで、あとはただ黙っていました。

会議は二十分しかつづかず、ロジャーは結局どの質問にも答えませんでした。そして(a)形式主義と(b)時間の無駄という理由で、二度と会議をひらきたがりませんでした。

★ジョン・セイルズ

かけだしの脚本家は多くの場合、十本も二十本も脚本を書いて、そのうちの二本ぐらいをやっと採用してもらえるんです。ロジャーに関して肝心なことは、彼は実際に映画をつくるということです。ごたごたと無駄な理屈をこねたりしません。ただ「だれかを雇ってこの映画の脚本を書かせる。わたしが用意した時間と金に見合うだけのよい脚本が完成したなら、ただちに映画にする」と決定をくだすだけです。わたしはロジャーのために三作を書き、すべてが映画になりました。だからロジャーはすごいんです。指示をうけ、脚本を書き、ストーリーの検討をし、それだけです。それですべてがちゃんと映画になるんです。

会社が小さくて直接的ですから――つまりボスはロジャーだけです――、ひとつの脚本に判断をくだす最終責任者のところに行くまでに、何人ものプロデューサー補佐に会うなどということはせずにすみます。大手映画会社では、まずひとりの人と散々やりあわないと、つぎの人に脚本をわたしてもらえません。そしてつぎの人間は前の人間とはまた全然ちがう反応をする可能性があるんです。ですから、自分がいったいだれにむけて書いているのかわからなくなります。五人も六人もの人間を通らなきゃならないんですから。しかしニュー・ワールドにはロジャーとフランシスがいるだけです。脚本を映画にするかどうか決める権限を持つ人間とすぐに話ができるわけです。

ほかの会社の仕事では、何種類もの草稿を書かなければなりませんでしたが、ロジャーとの仕事はちがいました。わたしの知るかぎりでは、何度も草稿を書いたからといっていい映画ができるわけじゃありません。大手映画会社のほかのセクションの社員たちがこちらの仕事を踏みつけにしていくだけのことなんです。

映画を完成させたあと、その映画による収益が手にはいるまでの時間——それが独立プロデューサーにとっては死活問題となる。劇場主たちは最後の上映が終わり床のポップコーンが掃き清められるころには、その映画がどれほどの金になったのかを知っている。しかし信じられないことに、彼らがインディペンデント映画の売上げを報告してくるまでに、一年もかかることがある。わたしは彼らに対して何度か法律的手段をとったことがあるので——どの場合も告訴の途中、聴聞会開催の寸前になって支払いをうけた——よく承知している。つまり、ある弁護士がわたしにいったように、「上映主たちはすくなくとも、きみの金で得た利子で新しいすてきな劇場を建ててくれているよ」ということだ。

しかしわたしはその利子を自分で手にいれるほうを好む。ほとんどのインディペンデント映画のつくり手は、配給をコントロールする権利を持っていない。その場合でも、この業界で生きのこるこつは、配給業者からの前払い金を獲得することにある。そうすればひきつづき、つぎの映画を製作することができる。わたしは一九五四年以来、ほとんど休みなく製作をつづけている。初めて製作した映画は海にすむモンスターをあつかったもので、一万二千ドルの現金と現像所に支払いを待ってもらった五千ドルという費用で完成し、最終的に十万ドルの利益をあげた。配給をまかせるとき、わたしはその映画の配給業者から前払い金をうけとり、次作品の資金を得た。つづいて、のちにアメリカン・インターナショナル・ピクチャーズとなった会社と三本の映画の製作契約を結んだ。監督報酬、前払い金、映画貸出料から来る利益によって、製作をつづける現金が安定して確保できたため、たとえば一九五〇年代末のある年には八本の映画を製作・監督することができた。ペースはこのあとも変わらなかった。一九八七年、八八年、八九年の三年間に、わたしの会社は六十本以上の映画を製作・公開した。大手映画会社のなかに、この三年間にこれだけの作品を発表したところはない。

やがて大手はわたしたちの十倍もの製作費をかけてエクスプロイテーション映画に進出し、わたしは製作コストを回収できる新しいマーケットをみつける必要にせまられた。わたしはジョージ・ルーカスがまだ小学生だったころに、宇宙の冒険映画をつくっていた。《ニューヨーク・タイムズ》のヴィンセント・キャンビーは『ジョーズ』'75は金をかけたロジャー・コーマン映画にすぎないのではないか?」と書いたこともある。ところがスピルバーグやルーカスが技術的にレベルの高いエクスプロイテーション映画をつくったことで、わたしたちの映画の魅力は大きく落ちこんだ。また大手映画会社は、公開時に千から千五百のプリントを送りだす。独立系配給業者は、プリントの面でも広告の面でも、そうした巨大規模の公開をすることはできない。さらに十分の一の製作費では、どうしても画面ははるかに見劣りがする。

そこで一九七〇年代末、わたしたちの会社はしかたなく作品を三大テレビ局や当時出現したペイ・テレビに売った。そしていったん実績をつくったあとは、映画の企画段階から売却契約を成立させることができるようになった。おかげで『アバランチ　スキー天国を襲う大雪崩』'78（日本ではテレビ放映）や『バニシング　in　TURBO』'77のように撮影開始前に経費のすべてが回収できることが決まっている場合も多かった。このふたつの作品は両方とも、百万ドル以上の値でテレビ局に売れた。

しかし二、三年すると、このマーケットも縮小をはじめた。ケーブル・テレビや三大テレビまでが大型作品をほしがるようになったからだ。観客は、一千万ドルや二千万ドルの値札のついたSF、ホラー、アクション・アドベンチャー映画に馴らされてしまった。そこでわたしは会社の方針を変え、家庭用ビデオ会社に企画段階から作品を売ることにした。そして家庭用ビデオの会社とのあいだに複数売却の契約を成立させ、それで製作や配給の資金をまかなった。この契約では、映画の公開はビデオ・カセット発売を宣伝するための小規模のものですんだので、配給コストも大幅に節約された。

よく売れる映画をつくってビデオ業者にとどけるという信用を積んだおかげで、仕事は円滑に展開した。とりわけわたしがよくおぼえている取引がある。ドイツであるエージェントと昼食をとりながら話しているときのことだった。わたしは彼女に「アメリカに持ってかえって配給できるような、英語でつくられた適当な作品がないだろうか?」と訊いた。エージェントは、数年前にベルリンで撮られたあるロック・ミュージシャンを描いた映画があるが、完成していないのだといった。落ちぶれたアメリカ人のロックの興行師をデニス・ホッパーが演じていた。わたしはその半分を見て、そして彼女にどう思うかと訊かれて、こういった。「よくできているとはいいがたい。まったく意味がつながっていない。それにあなたのいうとおり最後まで仕上がっていない。だからアメリカでの配給権を五万ドルで買うことにしよう」

彼女はこの申し出におどろいていった。「ロジャー、一本の映画を五万ドルで買うなんてことはできないわ」しかしわたしはそれを買い——多少金額を上乗せしはしたが——、LAに持ちかえった。そしてわたしの会社で宣伝部門のチーフをしていた二十代なかばのロドマン・フレンダーに命じて再編集と仕上げをやらせた。しかし大きな問題がふたつあった。ひとつは脈絡がなくてストーリーがわからないこと、もうひとつはドイツのプロデューサーがデニスの出演料を一部しか払っていなかったことだった。しかしどうにか解決法がみつかった。

映画のストーリーがわからないときわたしがよくとる方法は、ナレーションをつけくわえることだ。適切なナレーションで説明をすれば、脈絡がなく無意味だった場面が生きかえってうまくつながるのだ。わたしはドイツのプロデューサーが支払わなかった分を払うとデニスに約束し、あとで映画の購入代金からその分を差しひいた。結果的には、無料でデニスにナレーションを読ませたことになった。さらにわたしの会社が製作したロック映画からのロックンロール・シーンを挿入し、この映画を『レット・イット・ロック』'84と名づけた。

この作業に二週間の時間と二万ドルの費用がかかった。それでも投資の総額は十万ドルに達していなかった。わたしたちはこの映画を複数売却契約を結んでいたあるビデオ会社に売った。価格は四十五万ドルだった。映画がすごいのは、こういうところだ。再編集や撮り直しなどの手直しのやり方がわかりさえすれば、ものになる――たとえば三百五十パーセントの利益といったような――何かが、つねにころがっている。インディペンデント映画のつくり手が真価を問われるのは、そういう場面なのだ。

現在、大手がつくるハリウッド映画の製作費は平均二千万ドルにまで上昇している。それには、大型映画には観客動員力のあるスターがつきもので、そういうスターは巨額の出演料を要求するというもっともな理由もある。しかしそれだけではなく、ただ単に、非合理的で節制のないやり方で映画がつくられていることも理由になっている。わたしは百万ドルの製作費をかけたといわれる映画を見て、金が有効に使われたかそうでないかを判断することはできる。三千万ドル、五千万ドルの規模の映画については、たいした判断の基準を持っていない。そもそも五千万ドルの映画はどんなふうであればよいかなんて、だれにわかるだろう？　ルーカスの『スター・ウォーズ』'77ではみごとな金の使いかたがされていた。それだけの効果がスクリーンにあらわれていた。しかし『天国の門』'81や『イシュタール』'87では、あきらかに大金をかけただけの効果があらわれていない。

わたしは三十年前にギリシャで『アトラス』'61を撮影したときのことをいまでもおぼえている。アトラスがプラクシメデスの軍隊を率いてテニスの城壁都市を攻撃するクライマックスの戦闘シーンの演出をしているときのことだった。わたしはギリシャの軍隊の救援基金に寄付をし、そのかわりに戦闘シーン用に五百人の兵隊を調達してもらう約束をとりつけていた。約束の日、現場にやってきた兵隊は五十人だけだった。だれかがひと桁数字をまちがえたのかもしれない。脚本では、プラクシメデスの軍勢が敵の軍勢を上まわることになっていた。わたしは計画していたスケールの大きな遠景撮影をあきらめ、近くから撮った戦闘シーンを連続させ、はげしいアクションで画面をぼやけさせ、兵隊が少ないことをかくすしかなかった。撮影の前、わたしは手ばやく脚本を書きかえた。アトラスがプラクシメデスに、少人数の兵隊でどうやって敵に勝つつもりなのかを尋ねる会話をつけくわえたのだ。プラクシメデスは、自分の兵法によれば、優秀で熱意があり、高度な訓練をうけた少人数の軍隊は、どれだけ大人数であろうとも烏合の衆を打ちまかすことができると答える。

それこそ、わたしの映画づくりの哲学だった。

1 章

「はみだし者」、でなければ「一匹狼」の映画監督はどこで育つのか？ わたしの場合はデトロイトとビヴァリー・ヒルズだった。わたしが十四歳のとき、わたしたち一家はデトロイト郊外の典型的な中産階級の住宅地からビヴァリー・ヒルズにひっこしをした。デトロイトの学校には、ほんとうの意味での金持ちの子弟は一人もいなかったと思う。しかしビヴァリー・ヒルズ・ハイスクールでは、生徒のなかにはとても裕福な家庭の子供がいるのがすぐにわかった。

金持ちがいばっているとかいばっていないとかは問題ではなかった。そういう生徒は少なかったし、わたしにはいつも何人か親しい友だちがいた。ただ、積極的で早熟なビヴァリー・ヒルズの子供たちにわたしは少々気おくれを感じ、中心のはなやかなグループではなく、そこからすこし距離をおいた子供たちとつきあうほうが気持ちが楽だった。同学年のなかではいちばんの年下で、しかも六フィートをこえるまでは学年でいちばん身長が低かったせいだろう。

子供のころのわたしは、将来はなやかなハリウッドの映画監督になるなどとは思ってもみなかった。わたしは父のウィリアム・コーマンとおなじようにエンジニアになるのだと思いこんでいた。父はセントルイスで育ち、同市のワシントン大学工学部をトップの成績で卒業。第一次大戦中は海軍にはいってエンジニアとして二年間をすごし、そのあとデトロイトの会社に就職した。そしてテニスをしているときに、のちにわたしを生むことになるアンに出会った。当然ながら、ふたりの愛は深まり、結婚にいたった。

わたしの両親はふたりとも第一世代の移民だった。どちらの家族もあまり金を持たずにヨーロッパからアメリカ合衆国にやってきて、懸命に働いて初めは小さな商店を経営し、やがて不動産を経営してミドル・クラスの一員となった。

わたしは一九二六年四月五日に生まれ、十八カ月後に弟のジーンが誕生した。ふたりが育ったのはデトロイトのシックス・マイル・ロード地区の、芝生の前庭がある小さな煉瓦建ての家だった。父は大恐慌の時代も、マクレイ・スティール・カンパニーで橋や道路やダムの設計の仕事をつづけた。ヘンリー・フォードのグリーンフィールド・ヴィレッジという名のプロジェクトにも参加した。このプロジェクトは十九世紀の中西部の村を再現しようというもので、父は村の湖をつくるのに必要なダムの設計をした。

わたしはポスト・ジュニア・ハイに通い、成績優秀で飛び級を許され、近所の子供たちといっしょにタックル・フットボール、バスケットボール、通りが凍るときにはアイス・ホッケーと、子供がやるスポーツならなんでもやった。背が高くて痩せていて、運動神経がいいほうだったため、当然もっと大きくて強い子供たちから体当たりを食ったり、何かと乱暴なことをされたりした。フットボールをするときは、手が長くてボールをとるのがうまかったのでいつもエンドだったが、わたしのようなのっぽは近所の子供たちの激しい攻撃の恰好の的だった。わたしは勇気だけでそれに対抗した。小さなころから腕力には自信がなかった。

母がカトリックの信者だったせいで、わたしと弟は洗礼を受けていた。しかし、宗教については、それ以上のことはなかった。両親のほんとうの信仰は学校の勉強にあり、わたしはいつもいい成績をとらなければならないと教えこまれた。わたしは大体はよくやった。趣味は読書のほか、バルサ材と薄紙で模型飛行機をつくることだった。動力にガソリン燃料を使い、翼端から翼端までが三、四フィートはある模型飛行機だ。平日は一日一時間、週末は一日二時間をかけて、模型飛行機づくりをした。そのころ弟といっしょに使っていた部屋は鼻をつく接着剤のにおいが充満して、ミニチュアの格納庫のようだった。また日曜の午後には、弟といっしょに出かけて、大好きな『戦艦バウンティ号の叛乱』'35などたくさんの映画を見た。

当時のほかの少年たちとおなじように、わたしは《ポピュラー・メカニックス》、トム・スウィフトやハワード・ピーズの冒険小説、それに《ボーイズ・ライフ》をよく読んだ。その大体はアメリカ式ライフ・スタイルを宣伝するひかえめなプロパガンダで、よき市民であることとやチーム・プレイの精神がつねに強調されていた。スポーツ物語には、根性と気力だけで勝利を手にいれる小さな男がよく登場した。しかしフットボール・フィールドでその真似をしてみると、怪我をするのがいいところだった。

父は子供のわたしが仕事をするのをよろこばなかった。そして「おとなになったらいやでも働くことになるんだよ」といって、新聞配達をやめさせた。小遣いをあたえて、わたしが時間を遊びと勉強だけに使うほうを好んだのだ。父は非常に知的で論理的な人物だった。父にとっては、知性は感情よりたいせつなものだったのかもしれない。だが、ほかの父親のように感情を表に出さないからといって、愛されていないと感じたことは一度もない。

わたしは大恐慌という環境のなかで形成期をすごし――一九二九年に市場が暴落したと

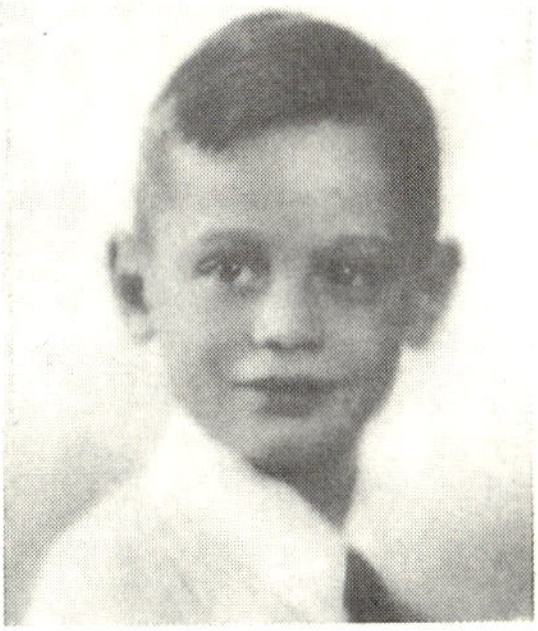

デトロイトの少年時代。

黒澤明と。

『レッド・バロン』撮影中のロジャー・コーマン。

きには三歳だった――、わたしの金銭感覚はそのことに大きな影響をうけているようだ。わたしはいつも映画製作費をけちるといわれている。しかしわたしから見れば、大手映画会社の無駄で過剰な製作費のほうにおどろかされることが多いのだ。

わたしたち一家は快適にミドル・クラスの生活を楽しんでいた。しかし金にまつわる不安な話や、倹約の必要性、破産した友人のことなどが、子供たちの耳にも伝わった。おとなは将来に不安を感じていた。父は給料をカットされ、会社は従業員の半数をレイ・オフ処分にした。中年にさしかかり、女房と子供ふたりを抱え、専門の分野で確固とした地位を築きつつあったにもかかわらず、父の給料は二十代の独身時代より少なかった。それでもとにかく父には仕事があった。

父は人生設計を考える分別のある人間だったので、四十三歳のころにはエンジニアとしての仕事を引退することができた。健康上の理由もあった。もの静かで喧嘩ぎらいの人間だったが、心臓がわるかった。その父のために、カリフォルニアは最高の場所のように思えた。カリフォルニアに夢をもち、移住した大勢の人たちとおなじように、父にとっても、カリフォルニアは「黄金の土地」だった。引退といっても完全な引退ではなく、父はコンサルタントとしての仕事をはじめた。父は会社の一員としての仕事にうんざりしていたし、わたしたちはミシガンの冬と雪にうんざりしていた。ちょうどハイスクールに入学する時期をむかえていたわたしは、変化を求めていた。

わたしたちがひっこしたのは、ウィルシャー・ブールヴァードの南側にあるサウス・オーモント・ストリートに面した平屋建ての家だった。そのあたりはビヴァリー・ヒルズ地区の一部ではあるものの、それほど豪勢な場所ではなかった。ビヴァリー・ヒルズ・ハイの同級生のなかには、ゴールドウィン、ワーナー、ズーカー、ファクター、レムリなどショー・ビジネス界の名門の子たちがいた。そんな環境のなかでは、わたしはいつもわくわくしながら映画界の話を聞いた。

わたしは科学と数学に重点を置いて勉強をしたが、文学作品もたくさん読み、とくに学校の課題で読んだエドガー・アラン・ポーの〈アッシャー家の崩壊〉にとても強い衝撃をうけた。あまりおもしろかったので、両親にたのんで誕生日かクリスマスのプレゼントとしてポーの全集を買ってもらった。のちにわたしが、そのなかから五つも六つもの作品を映画化するなどと、当時だれが想像できたろう?

わたしは数学、物理、化学などの大学進学準備コースを選択していた。父とおなじ専門分野に進むつもりだった。しかし同時に、エンジニアでなく文芸関係の仕事につくことも考えていた。デトロイトのジュニア・ハイの新聞の常連執筆者だったたし、《ビヴァリー・ヒルズ・ハイライツ》の第一面の編集者だった。いつも何かしら文章を書いていたし、書くことが好きだった。

ハイスクール時代にはほかのこともした。学友会組織に似たハイ‐Yにも入会した。すでに身長は六フィートを越えていて、バスケットの才能にも恵まれていた。ポジションはフォワード。といってもたいていは補欠で、決してスターではなかった。レギュラー選手たちより一歳か二歳年下だったせいだろう。

わたしは新聞をよく読み、世界のできごとを知ろうと努めた。学校ではラジオ・スピーチの授業に出ていたし、劇に出て演技もした。またわたしたちはKMPC局で土曜の午前十一時四十五分からはじまる十五分番組を制作していた。わたしはそのために〈夜が明ける前に〉という戯曲を書いた。戦時中の東ヨーロッパのレジスタンス運動を描いたもので、チトー元帥などユーゴスラヴィアのレジスタンスのリーダーが登場する劇だった。

わたしは自分が中心的な存在だったとはいわない。しかしこうしたさまざまな活動のおかげで、中心に近づきはした。それでも、女の子が自分と出かけたがるとはどうしても思えず、なかなかデートを実現することができなかった。しかし卒業パーティのとき、勇気をふるってある女の子を誘い――そしておどろいたことに彼女は承諾してくれた。やがてデートはとてもすてきなものであることがわかり、わたしの人生にもおもしろ味が出てきた。

★ジャック・ボアラー

　ロジャーとわたしは同級生でした。ロジャーは信じられないようなすぐれた記憶力、非常に正確な科学の知識、とてつもない集中力で、学生時代をすごしました。わたしはロジャーの初期の作品で何度か助監督を務め、撮影の合間にロジャーのことばを撮影チームにつたえるという仕事をしました。ロジャーがつぎのシーンの考えに熱中しているときは、肩を四、五回叩いて——というか実際には彼のからだを揺すって——やっとこちらに注意を向けさせることができました。彼の集中力は驚異的です。それにすぐれた問題解決能力の持ち主でもあります。物理や化学式であっても、あるいはロケでカメラや照明に問題が生じたときの瞬時の反応であっても、彼にとっては一種のゲームなんです。

　ビヴァリー・ヒルズ・テニス・クラブでテニスをするときには、ロジャーはかなり強いプレイヤーでした。弟のジーンと張りあうんです。わたしはよくロジャーと組んで、ジーンの組とダブルス試合をしました。殺しあいみたいな試合でした。「ロジャー、二セットとられてしまった。あきらめよう」わたしはよくそういいました。しかし、それはとんでもないことなんです。ロジャーは負けるのがきらいです。あきらめるなどということは決していたしません。

わたしの父は大学について適切な忠告をしてくれた。カリフォルニア工科大のような専門大学より、工学部に定評のある総合大学を選ぶほうがいいという忠告だった。そうすればたとえ工学に興味をなくしたとしても、よい教育が受けられる。そこで、わたしはスタンフォードに進んだ。父のいったことは正しかった。一九四三年、わたしは十七歳でハイスクールを卒業し、航空工学を勉強しようと北のパロ・アルトに向かった。その後気が変わって電気工学をやり、結局、大学生活の途中で、エンジニアにはならないと決めていた。しかし戦争の最中だったので、わたしはV-12と呼ばれる海軍の士官教育プログラムに志願した。このプログラムに参加すれば、工学部での四年間の教育が保証され、任務についてもある程度の自由が与えられる。厳格な学問的なテストにパスすれば海軍から大学に送られ、そこで二年半のあいだ見習い兵として教育をうけるのだ。そしてそれを終了すれば、海軍少尉に任命される。

ヴェトナムのときのように倫理的な問題はなかったが、十七歳のわたしは戦争についてふたつの相反するイメージを持っていた。殺されることに脅えるいっぽうで、何隻もの日本とドイツの軍艦が水雷を投下する海で潜水艦に乗って戦う自分を思いえがいた。興奮と危険。どちらにしてもデスクワークには求められないものだった。

わたしはスタンフォードで一年を終了し、そのあと、ボールダーにあるコロラド大学でV‐12プログラムに参加した。V‐12の学生には大学構内での海軍の制服着用が義務づけられていて、以前女子寮だったビグロー・ホールがV‐12生用の宿舎になっていた。V‐12生は授業をうけるのは「文民」といっしょだったが、寮の各階を何号甲板というなど海軍用語を使うよう指導された。わたしはビグローの三号甲板に住んでいた。毎朝教練場で点呼があったし、土曜には一時間の行進もあった。さらに大学の教授たちによる通常の授業のほか、各学期に一種ずつ海軍の士官が教える海軍科学、海軍戦術などのクラスをとらなければならなかった。

一九四六年の春、スタンフォード時代から通算して大学の三年目、ボールダーでの二年目が終了したときにはすでに戦争が終わっていて、わたしは数カ月早く、V‐12プログラムからはずれることになった。海軍は、志願した場所を故郷とみなした。そこでわたしは汽車でサンフランシスコに送られ、トレジャー・アイランドの海軍施設のベッドをわりあてられ、週末の除隊を待つことになった。わたしは持ち物をフット・ロッカーに投げこみ、眠りについた。

目をさましてロッカーを開けると、荷物は全部盗まれていた。二等曹長のところへ行き、何が起こったかを話した。

「なるほど」そういって二等曹長はわたしに訊いた。「鍵をこわされたのか？」

「鍵って、何の鍵です？」

下士官は首をふった。「海軍に入ってどれくらいになる？」

「二年です」

「二年も海軍にいて、持ち物を入れたら鍵をかけることぐらいわからんのか？」結局、彼らは落としもののなかからサイズの合わない服をよこした。

わたしはめんくらっていたが、二等曹長のほうが正しかった。わたしは考えた。ビヴァリー・ヒルズ・ハイ、スタンフォード大学、そしてボールダーでの士官教育プログラム。わたしはそれまで現実の世界にいなかった。きのうの夜が、現実の世界での初めての夜だった。そして持ち物をそっくり盗まれた。

おなじ週末のことだった。カリフォルニア大学に進んだ友人たちがパーティをひらき、わたしもトレジャー・アイランドを出てヒッチハイクでバークレーに行った。パーティが終わり、宿泊所にもどるため、オークランドのダウンタウンでのせてくれる車をさがしていると、ドライバーひとりが乗った4ドアの車が止まった。「どこへ行く？」車の男が訊いた。

「トレジャー・アイランド」

「よし」男はいった。「ベイ・ブリッジをわたってサンフランシスコに行くところだ。乗っていけ」

車に乗ってバックシートを見ると、もうひとり男がいた。床にのびている。「どうしたんだ？」わたしは訊いた。

「酔ってるのさ」運転している男が答えた。「酔いつぶれたんだ」

戦争が終わってあちこちでパーティがさかんで、ありそうな話だった。数ブロック行ったとき、車はダウンタウンの幹線道路をそれ、人のいない暗い路地にはいった。突然、うしろにいた男が立ちあがり、わたしの首に腕をまわし、鋭いナイフの刃先で喉をそっとなでた。わたしは冷静でいようとした。

「わかった」わたしはいった。「おたがい、冷静にやろう。持ってるものはなんでもやる」うまく話せば、なんとか切りぬけられる自信があった。さいわい、持ち物は、前の夜に枕の下に敷いていた時計とライターと財布以外は、すべて盗まれてしまっている。わたしはおだやかな声で、胸のポケットからライターをとれといった。財布も金も持っていけ、こわれていて一文にもならないが時計も持っていけといった。ただ、海軍の身分証明書だけは残してほしい、と。

男たちはわかったといい、財布と五ドルのライターをとり、身分証明書はとらなかった。

ほんとうはちゃんと動いて、持ち物のなかではただひとつ値打ちがあった時計も残った。彼らは車のドアをあけてわたしをおろし、見るなといいおいて去っていった。はらわたが煮えくりかえる思いだったが、暗いせいでナンバーはよく見えなかった。

金はすべてなくなり、わたしはヒッチハイクをして宿泊所まで帰った。つくづく皮肉な話だと思った。戦争中は傷ひとつ負わずにすごし、現実の世界での第一日目の夜に持ち物のすべてを盗まれ、二日目の夜には、ナイフを持った強盗に襲われた。

除隊の手つづきに行ったとき、書類に記入していた係は、わたしの階級が見習い兵になっているのに気づいた。通常、見習い兵でいるのは訓練キャンプですごす九十日間だけで、それが終わると二等兵になる。二年半を終了していれば、わたしは少尉になっているはずだった。見習いは最低の階級だ。そこで係は訊いてきた。「二年も海軍にいて見習い兵だって？」わたしはうなずいた。「こんなひどい記録を見るのは初めてだ。いいか、だれにもわかりゃしない。だから二等兵と記入してやろう。仕事をするにしても、こんな経歴じゃだれにも雇ってもらえないからな」

「いいんです」わたしはいった。「プライドの問題です。わたしは二等兵に昇進しなかった。昇進できなかった階級をほしいとは思いません。見習い兵のままにしておいてください。それでやってみます」

★リチャード・シュープ

ロジャーがだれかのために働くということはありません。でも自分のためなら、ありとあらゆることを人にさせてしまいます。説得力がすごいんです。わたしは車を持っていましたが、いつでもロジャーのいいなりでした。ふたりしてUCLAの試合を見にいったり、山越えをしてサンタ・クルスに行ったり。サンタ・クルスではロジャーにそそのかされて、海辺で、波をよけながら車を走らせました。ロジャーがそういうおもしろいことを思いついたおかげで、車が塩水をかぶって台無しになったのをおぼえています。

毎年春に、学友会で、地元の病院のための寄付金集めをしていました。サンフランシスコに向かって北へ十マイルほど行ったバーリンゲイム地区には、大きな屋敷がいくつも残っていたんですが、ロジャーはわたしに、そのなかでもいちばん大きな屋敷——高い塀、大きな門、すべてがそろっている屋敷です——に行って、寄付をもらってこいというんです。たいていの場合ふたりひと組になって行くのですが、それでもわたしはロジャーに「いやだ。うまくやれないよ。なかにはいって人の家のドアをノックするなんて」といいました。

当時、学校に、女子学友会の会員でB・J・キングという金髪の美人がいたんです。そこで、B・Jと組めるのなら行ってもいいとロジャーにいいました。彼女となら、どこにだって行けそうな気持ちでしたから。そして一時間後、わたしはB・J・キングといっしょに寄付集めをしていました。ロジャーのやり方は、いつもそんなふうでした。だれであっても、なにをするのであっても、ロジャーはうまく話して人を思うとおりに動かすことができるんです。

わたしは復員兵援護法の適用をうけて、スタンフォード大学の四年生に復学し、一九四七年、能率と管理を専門とする産業工学の学位を取得して卒業した。しかし、わたしの興味の対象は変化していた。在学中は、大学の批評誌《シャパラル》や卒業年鑑の制作に携わったほか、《スタンフォード・デイリー》のスポーツ欄の編集者としても働いていた。映画への興味がますます大きくなり、とくにジョン・フォードやアルフレッド・ヒッチコックやハワード・ホークスといった巨匠の作品にひかれていた。映画界で仕事をしよう、わたしはそう心を決めてLAの実家にもどった。映画づくりが金もうけになることは知っていたが、わたしの主な目的はそれではなかった。南カリフォルニアで大金を稼ぎたければ、不動産業界に行けばいいことはそのころからわかっていた。映画への興味は、創作意欲を満たすため、そして刺激的な時間を経験したいためだった。

数カ月のあいだ大手映画会社の人事課をまわったが、組合員でないため仕事はもらえなかった。そのころわたしの両親はウェストウッドで暮らしていた。一方わたしは職にあぶれ、まだ二十歳でほかの新卒者より若く、特別のつてもなかった。当時、インディペンデントの映画会社はほとんどなく、メトロ・ゴールドウィン・メイヤー、二十世紀フォックス、パラマウント、ユニヴァーサル、コロムビア、ワーナー・ブラザース、ユナイテッド・アーティスツといった大手映画会社の体制が産業を牛耳っていた。

それはハリウッドが大きく変わりつつあるときだった。一九四〇年代末、大手映画会社の支配は終焉をむかえることになる。一九四八年、最高裁によるパラマウントに対する同意判決は、大手映画会社が長いあいだ享受してきた配給権の独占を実質的に禁止した。大手は上映館の全国チェーンを売却し、配給から手をひかざるをえなくなった。そのため弱小なインディペンデント製作者にはそれまでより低予算映画を公開する機会がひらけ、結果的に低予算映画のマーケットが成立した。それはまた、テレビ時代が幕を開けた時期でもあった。映画公開の場としてのテレビは、大手映画会社による配給支配をさらに低下させた。

わたしは六カ月のあいだ失業に苦しみ、とうとうエンジニアの仕事に手をだした。スローソン・アヴェニューにあるUSエレクトリカル・モーターズに、電気および産業工学関係のジュニア・エンジニアとして就職したのだ。しかし月曜にはじまったエンジニアとしての生活は水曜に終わった。木曜日、わたしは上司のところへ行っていった。「たいへんな間違いをしました。仕事をやめなくてはなりません。きょうです」

一九四八年の後半、やっと運がまわってきた。友人の父親がフォックスの人間を知っていて、初めて映画会社の仕事を世話してくれたのだ。わたしはフォックスでメッセンジャーをすることになった。フォックスの撮影所はピコ・ブールヴァードとモーター・アヴェニューの交差点近くにあり、両親の家からも近かった。週給三十二ドル五十セントは安かったが、そんなことなど気にしなかった。それどころか、大きなチャンスがまわってきたと考えていた。とうとう映画界にはいることができたのだ。

2 章

ハリウッドで一人前に仕事をするには、映画がどうやってつくられるのかを学ばなければならない。映画づくりのメカニズムが機能しているのを観察するのは、興奮することだった。わたしは何もせずに、ただ映画がつくれるようになったわけではない。じっとしてチャンスが来るのを待つタイプでもなかった。交渉はできるだけ早くすませて、創作活動に集中するほうを好む。交渉力のすぐれた人間は、それを長びかせたがるが、わたしはちがう。わたしは映画業界にはいったときから、短距離走者であり、決して長距離走者ではなかった。

フォックスのメッセンジャーたちは自分の目的のために競いあっていた。プロダクション・マネージャーの階ではなく、プロデューサーの階で仕事をするための競争だった。プロデューサーがいる階で働けば、彼らが仕事ぶりに感心して雇ってくれるかもしれないからだ。わたしは、そんなふうにただチャンスを待つのはいやだった。そして六カ月間、バイクに乗って伝言、手紙、フィルム缶、荷物などいろいろなものを届けてすごしたあと、行動を開始した。ダリル・ザナック（註1）がスタジオを経営していた時代で、監督ではなくプロデューサーが王様の時代だった。当時大手映画会社は週に六日の製作スケジュールで仕事をしていた。わたしはスタジオ・マネージャーのところへ行き、無報酬でいいから土曜日に働かせてくれとたのみこんだ。撮影現場を体験してできるだけのものを吸収するためだった。このほか、週末には脚本部に行って脚本を読むこともした。

　戦略は成功した。脚本部に空きができ、そこに就職できたのだ。信じられないことに週給は二倍の六十五ドル、しかもフォックスのれっきとしたストーリー・アナリストに昇格した。一九四八年、二十二歳のわたしに週給六十五ドルは高給だった。おまけにオールド・ライターズ・ビルディングに小さな専用オフィスまでもらえた。その建物はリッチ・ライターズ・ビルディングと呼んでもいい建物だった。そこでは最高ランクのライターたちがスタジオの奴隷と化して週に数千ドルを稼いでいたのだから。下っぱの宿命として、わたしにまわってくるのはいつも出来のわるい脚本だった。とても信頼できるとはいいかねるエージェントが薦める「一発をあてこんだ」脚本だ。それは非常に不満が蓄積する仕事だった。一日にふたつのわりで脚本を読み、そのほとんどが上部に推薦できない代物なのだ。わたしが特別にきびしかったのではない。脚本の多くが特別にお粗末だったのだ。

いいこともひとつあった。デブラ・パジェット(註2)と友だちになれたのだ。デブラは当時おそらく十七歳ぐらいで、それまでに出会ったなかで文句なく最高に美しい少女だった。フォックスと契約をしていたデブラは、一日数時間わたしのオフィスの近くにある部屋に来て、学校の勉強をしなければならなかった。おなじビルのなかではわたしがいちばん若く、そのせいでデブラとわたしはとても親しくなった。十年後、彼女はわたしがつくった二本のポー作品で主役を演じることになる。

脚本部のほかの連中とおなじように、わたしも脚本を書こうとしたが、ひとつも完成しなかった。しかし人が書いた脚本の映画化を手助けしたことはある。会社がグレゴリー・ペック用の作品を探しているという話が脚本部につたわってきた。風格があり、すこし変わったウェスタンがいいという話をきいて、わたしは前に同僚が読んで「すぐれている」が「適切」ではないと評価した脚本を思いだした。〈ビッグ・ガン〉という脚本だった。

わたしはだれにもいわずに保存ファイルでそれを探して読みなおしたあと、新たに評定書を書いて「適切」でない部分をどうなおしたら使えるものになるかを書きそえた。そして脚本部の責任者である重役のひとりにわたした。重役は電話で「感謝するよ。いい仕事をしてもらった。使えそうだ」といってきた。

会社はその脚本を使い、ペック主演の『拳銃王』(註3)'50をつくった。この作品は、撃ちあいだけでなく心理的考察が多いという意味で、よく知られる重要なウェスタン作品となった。『拳銃王』がウェスタンの分野に変革をもたらしたとする映画史の専門家もいる。

ところがこの映画化の一件で、わたしはやる気を徹底的にくじかれた。大いに幻滅したが、同時にシステムについて貴重な教訓も学んだ。わたしの仕事をほめた重役には高額の特別賞与が支給されたのに、わたしには何もなかったのだ。腹がたったが、どうすることもできなかった。

ほかにもすることはある。ヨーロッパに行って世界を見ようじゃないか。一日じゅう他人が書いた脚本に囲まれてじっとしているのは柄ではない。自分で脚本を書きたい。外国の大学でもう一度勉強し、ヨーロッパ大陸の人々の生活を自分の目で見よう。わたしはそう決めた。ヘミングウェイとセーヌ左岸がまだ大きな魅力を持っている時代だった。

わたしは復員兵援護法の適用をうけることにしてオックスフォード大学に願書をだした。入学が許可されたあと、復員兵援護法の申請のためウィルシャー・ブールヴァードとウェストウッド・ブールヴァードの角にあった復員兵センターへ出かけた。そしていまはとりこわされている巨大なかまぼこ型兵舎のなかの長い列に並んだ。前にいるもと兵隊はサンタ・モニカ・カレッジに入学する予定だった。わたしは自分の書類に記入し、係員の質問に「オックスフォードへ行く」と答えた。係員は学校名の長いリストをしらべ、そして首をふった。

「残念だが、オックスフォードは認可対象校のリストに載っていない」わたしはいった。

「待ってくださいよ。わたしの前には、サンタ・モニカ・シティ・カレッジへ行く人がいました。サンタ・モニカ・カレッジが認可されてオックスフォードが認可されない、そんなわけがあるんですか？」

「たしかにきみのいうとおりだ」係員は肩をすくめていって、用紙にオックスフォードと書きこんだ。運がいいことに、このときの役人は規則自体がまちがっている場合には、規則をまげることをいとわない人間だった。わたしはつねに、意味のない規則にしがみつく無批判な官僚的態度を軽蔑する。すこし論理的に考えれば、より適切で魅力的な方法があるのが明白な場合には、なおさらだ。正面をきって体制に挑戦する気はないが、体制がやりたいことを妨げるなら、わたしはあらゆる合法的手段を尽くして規則をまげ、最後までやりとおす。

　復員兵援護法の適用をうけて経験したオックスフォード大学での一学期間は、快適な休養となった。オックスフォードの個別指導システムのなかで、わたしはE・M・フォースター、D・H・ロレンス、T・S・エリオットなど近代英文学を勉強した。学位をとるつもりはなかった。映画の脚本家かプロデューサーか監督になると決心していたので、そのために二十世紀の芸術の素養が必要だったのだ。学期が終わるまで、わたしは楽しいときをすごした。男子カレッジのひとつ、ベイリャル舎に住み、クリーム色のMGコンバーチブルを買って、女子カレッジのセント・ヒルダズの前の芝生でテニスをした。

学期が終わり、生活を変えるときが来た。わたしはパリ左岸のサン・ジェルマン大通りの近くに小さなホテルの部屋を借りた。一泊一ドル五十、朝食つきだった。そしてドゥ・マゴやカフェ・フロールなどのすてきなカフェに出入りをはじめ、すぐにアメリカ人学生のグループの一員となった。終戦直後、五〇年代のパリには、実存主義の嵐が吹きあれていた。だれもがいっぱしの実存主義者で、ラ・ローズ・ルージュやクラブ・サン・ジェルマンといったしゃれたジャズ・クラブに入会し、会員証を交換しあっていろいろなクラブに通っていた。

しかし思考にふける実存主義者にも、人生や生活の目的といったものが必要だったので、わたしは映画のストーリーを考えた。それらは結局、映画にはならずじまいだったが。毎朝起きて朝食をとったあと、午前中いっぱいを執筆についやし、昼食を食べに外へ出て、残りの一日を通りをさまよったり、人に会ったり、遠出をしたり、パリの街を見たりしてすごした。だから左岸の歩道のカフェでエスプレッソとアニゼットをなめながら、自分はいったいここで何をしているのかなどと疑問を持たずにすんだ。わたしは左岸のカフェでエスプレッソとアニゼットをなめながら、映画のストーリー企画を考えている。そう自分にいうことができた。目的はそれで充分だった。そのとき書いた一本は、中東のオイルにまつわるアドベンチャー・ストーリーだった。さらにもう一本を書いたが、そちらのほうは帰国後、もう少しでユナイテッド・アーティスツに売りこむことができた。シカゴの食肉工場ではたらく若い男の話で、その男が工場を襲い、若い女性を人質にとって逃亡するものがたりで、レイモンド・チャンドラーやジェームズ・ケインばりの文体で書かれた、国を横断する西海岸までの追跡劇だった。

やがて金が底をつきはじめ、なんとか稼ぐ方法をみつけなければならなかった。当時わたしはスタド・フランセーズでフランスのセミ・プロ・バスケット・チームといっしょに練習をしていた。そして若くてとてもかわいいフランス女性をとおして、チームに入らないかと誘われた。フランスでは、のっぽのアメリカ人のメンバーはたいへん貴重だった。条件は、一カ月五十ドルの報酬、食事つきの下宿、それに一九五一年から一九五二年にかけての冬にフランスの小都市をまわる旅行がついていた。しかし、わたしにはそれがやりたいことだとは思えなかった。

その後わたしは右岸に宿を替え、ある夜歩いて宿へ帰る途中、もうひとつ別の種類のプロ・チームの誘いをうけた。シャンゼリゼを歩いていたとき、とびきりのフランス美人ふたりが乗った、ルーフをおろしたハドソン・コンバーチブルが近づいてきた。車はわたしのそばで止まり、ふたりの女がいっしょにリドへ行かないかと誘ってきた。喜んで行きたいが、金がないと答えると、女たちは「いいの。わたしたちが払うから」という。

わたしは車にとび乗り、やがて有名なナイトクラブ、リドに着いた。三人でバーにすわり、コニャックの水割り、パリ風にいえばフィナ・ローをのみながら、英語で話をした。まもなくして、女のひとりが立ちあがって若い男のそばへ行き、すこし話をしたあと連れだって消えた。さらにもうひとりの女も立ちあがり、ほかの、やはり知りあいでもない男と消えた。まるで狐につままれたような気がした。それからすぐに思いあたった——女たちは娼婦だったのだ。

ステージのショーが終わったあとで、女たちはもどってきた。わたしはいった。「ショーはすばらしいが、おなじものを二回見てもしょうがないし、それにこんなにたくさんコニャックをおごってくれても、もう飲めない」

女たちは、リドが新しい規則をつくって連れのいない女を入店させないことにしたのだと説明した。店にはいるためにはわたしが必要で、だからずっと坐っていてほしいのだと。

夜の終わりに、女のひとりがいった。「今夜はとてもすてきだったわ。よければ、わたしたちと組まない？　そうすればあなたに稼ぎの何パーセントかを払うことにする。それにあなたは毎晩、わたしたちといっしょにリドへ来られるわ」

わたしは考えた。この種の仕事はほめられるものではない。それにこんなことをやるためにスタンフォードを卒業したんじゃない。しかしハリウッドで成功するには不可欠の交渉技術を、実戦的に練習するのもわるくない。そこでわたしは彼女たちの提案を断り、新たな提案をした。ひと晩じゅういっしょにいて、稼がせてやったのだから、どちらかひとりと無料でベッドに行く権利があると考えると。それが公平というものだと。

女たちはうんとはいわずに、即座にあらたな提案をして応酬した。もしわたしたちと組めば、あなたがほしがっているものは何でも手にはいる。もちろん稼ぎからの取り分も手にはいる。もし組まないのなら、あなたのもらいはコニャックとステージ・ショーだけ。これが最終の提案だった。てごわい交渉相手だった。わたしは大いに感心した。女たちはいつも夕食をとっている店の名を教え、気が変わったら話にこい、そのときまでにパートナーがきまっていなかったら、仕事をさせてあげるといった。

取引は成立しなかった。この数日後、わたしはある人に会い、ライカをこっそりスイスから持ちこみ、高く売ってもうけたという話を聞いた。そこでわたしも何度かためしてみた。うまくいった。おどろくほどうまくいった。バーゼルでスイス国境を越えて、すぐそばにあるドイツの小さな街でライカを買い、約百ドルのもうけを上のせしてパリで売る。

相手は、おもにアメリカ人観光客だ。わたしはこれで四、五百ドルをつくった。当時はドイツにはいるのに入国許可証が必要で、わたしの許可証は期限が切れていた。しかし国境を越えるのにはなんの問題もなかった。いつもバーゼルに車をとめ、市電に乗って国境のすぐ手前でおりる。それから国境に平行して並ぶアパートメントぞいにすこし歩き、道を折れて建物のあいだにはいり、鉄条網をくぐって野原を横切る。そうすれば、もう西ドイツだった。そんなふうだった。

論理的に考え、知恵をはたらかせ、たくみな計画で、いささか大胆に行動する。ほしいものを手に入れるにはどうすればよいか——わたしはそれを学びながら、冒険を楽しんでいた。しかし、同時に自分の勘を信じることのたいせつさも学んだ。危険な仕事に巻きこまれないようにするには、とくにそれが必要だ。あるとき、それまでになくわりのよい仕事の話が舞いこみ、気をひかれたが、危険すぎた。きっとわたしが若くていかにも学生らしく見えたからだろう、わたしのMGに金《きん》を載せ、ひそかにイランからパリまで運ぶ仕事をしないかという誘いがあった。アメリカ人の運び屋のわたしの報酬は一万ドル。金はMGのシャシーに隠すことになっていた。わたしにとっては初めての前払い金のある仕事で、出発前に五千ドル、もどってきたときに五千ドル。心のなかの声が、やれといいかけた。一万ドルなんて、一生手にできないかもしれない。それにイラン人がどんな顔をしているかさえ知らないじゃないか。ちょっとしたお遊びだと思えばいい。
しかしわたしは危険はおかさないことに決めた。ヨーロッパに来てから一年がたってい
た。ヨーロッパの冬は寒くてつらく、金は底をつきかけていたが、仕事に対する倫理観が
わたしのなかに根づいていた。刑務所に行くのはごめんだ。そこで、わたしは帰国するこ
とにした。
フォックスに空きポストはなかったが、フォックスでわたしの上のストーリー・エディ
ターだった男が、ジュールズ・ゴールドストーン文芸エージェンシーへの就職を世話して
くれた。ゴールドストーンは作家だけでなく、エリザベス・テイラーなどの大物スターの
代理業務もつとめていた。ゴールドストーンで経験したいちばんの大きなできごとは、映
画会社へ行ってテイラーへの高額の支払い小切手をうけとったことだった。このあと、わ
たしはKLACテレビの撮影アシスタントとなり、同テレビの低予算作品の撮影現場で働
いた。そこにも腰をおちつけることができず、ディック・ハイランド・エージェンシーに
はいってふたたび脚本を読む仕事にもどった。しかしハイランドにいるあいだに運がむい
てきた。
わたしが書いた脚本がアライド・アーティスツに三千五百ドルの値で売れたのだ。わる
くない値段だった。自分でストーリーを考え、友人といっしょに書きあげた〈湖中の家〉

という脚本で、リチャード・コンテ(註4)が主役をつとめた。タイトルは最後の瞬間に、『ハイウェイ・ドラグネット』'54と変えられた。テレビの『ドラグネット』(註5)シリーズのヒットにあやかって観客動員を狙ったのだ。わたしはハイランドをやめ、この映画の撮影現場に行って無報酬で働き、最終的に脚本家、およびアソシエート・プロデューサーとしてスクリーンに名前を出してもらった。

この話は、殺人のぬれぎぬを着せられた男と女性が砂漠を逃げる追跡劇で、パリで書きあげたものによく似ていた。もともと、休暇でパームスプリングズの南のソルトン湖に行ったときに、わたしはあるアイデアを思いついていた。その湖岸にならぶ別荘は、湖の水が増すと水にのみこまれてしまう。二階だけが水の上に出て、あとは水につかった家――ギャング映画のクライマックス・シーンの撮影には、うってつけの設定だ。すごい映画になるぞ。わたしはそう思った。

しかしわたしの映画がうけた扱いを知って、ぞっとした。わたしが力説した水につかった家は、スタジオのなか、縁に金属を貼って防水したセットに建っていた――わずか二インチほどの深さの水につかって。わたしの夢はぶちこわされた。試写のとき、デートの相手はわたしを慰めようとしてこういった。「こんなにすてきな映画の画面に名前がでるなんて、とても誇りに思っていいわ」しかしわたしは心のなかでいっていた。この街で成功するチャンスはほんのわずかだ。しかし、そのわずかだがあったかもしれないチャンスさえ、これで消えた。わたしの将来は完璧に打ちくだかれた。もう仕事はない。突破口になるはずの作品は、とんでもなくお粗末なものだった。もうおしまいだ。

実のところ、『ハイウェイ・ドラグネット』はまあまあの作品だった。わたしは初めて映画づくりを体験し、絶対的な成功作とか完璧な失敗作というものはあまりないという事実を学んだ。同時に、撮影の過程で、かなりの時間がむだに使われていることもわかった。撮影はもっと能率よく進められるはずだった。

そのころのわたしは水の映画に執着していたようだ。つぎの作品のアイデアを得たのは、ひとり用の電気潜水艇のテスト潜水がおこなわれたという記事を《LAタイムズ》で読んだときだった。朝食を食べながら、アイデアがひらめいた。この変わった乗物を映画に使わない手があるものか？　多少の不安はあったが、かならず実現できるという確信があった。わたしは潜水艇を開発した会社、エアロジェット・ジェネラルに電話をかけ、重役のひとりと話をした。自分はインディペンデントのプロデューサーで、水中シーンのある映画をつくろうとしている。貴社のひとり用潜水艇を無料で使わせてもらえないだろうか。そうすれば会社の宣伝になるし、映画にも貴社の名をクレジットしよう。わたしは数日後に潜水艇を見にいく約束をした。その日わたしはジャケットとタイで身をかため、プロデューサーらしいいでたちで潜水艇を見にいった。じかに見るそれはあまりりっぱとはいえなかった。艇内は密閉されておらず、スキューバの装備をつけて乗りこまなければならないのだ。だが、それでもかまわないではないか？　会社は無料で潜水艇を貸してくれることになった。わたしたちは契約をとりかわし、そのあとわたしは〈海底よりあらわれし物〉というタイトルのサイエンス・フィクションのあらすじを書いた。

わたしはサンセット・ブールヴァードのコックン・ブル・レストランの二階に、月二十五ドルで小さなスペースを借り、「プロダクション・オフィス」にした。実際にはそれは、大きなオフィスに付属した秘書のうけつけ用のスペースにすぎなかった。そしてわたしのあらすじを脚本にしてくれるライターを雇った――ほとんど無料で、利益の歩合を払うという約束だけで。こうして、いよいよ映画づくりがはじまった。

最初の仕事は資金提供者を探すことだった。まず両親にたのんだが、とりつくしまもなく断られた。両親の答は「スタンフォードまでだしてやったんだよ」だった。それでも学校時代の友人の何人かを説得して、ひとり五百ドルか千ドルずつを出資してもらった。このほかに『ハイウェイ・ドラグネット』で得た三千五百ドル、さらにエージェントや撮影現場で稼いだ金があった。全部で一万二千ドルが必要と思われたが、まだ二千ドルが不足していた。演技学校にかよう若いワイオット・〝バーニー〟・オーダングにめぐりあったのは、そんなときだった。オーダングは脚本を売った経験もあり、映画を監督したがっていた。

「話をきいてくれ」わたしは彼にいった。「いまのところ金はまったく払えないが、きみの脚本はいくらで売れたんだ？」四千ドルだとバーニーは答えた。

「こうしよう。不足の二千ドルをだしてくれるなら、きみに監督をまかせよう」オーダングは同意した。すばらしかった。わたしはほんもののプロデューサーになった気分だった。みんながよくしてくれた。自分ではほとんどなにもせずに、一万二千ドルの現金を持って映画づくりをはじめようとしていた。コンソリデイテッド・ラボのシド・ソロはモノクロ・フィルムを現像して最初にあがってくるゼロ号プリントをつくるまでに五千ドルがかかると教えてくれた。そして五千ドルの支払いを猶予し、「映画ができあがったときに払えばいい」といってくれた。シドの厚情で、わたしの出発は大いに助けられた。

映画は――公開時に『海底からのモンスター』'54とタイトルが変わった――メキシコ海岸沖を舞台にし、核実験の影響で誕生した人間を食べる突然変異生物を題材にしていた。ストーリーは、地元の漁師が失踪するところからはじまる。エアロジェット・ジェネラルの小型潜水艇で調査をしていた海洋生物学者が事件に関心を持つ。これに美しい女性観光客がからむ。水中の彼女に危険が迫り、それを知って海洋生物学者はモンスター――ひとつ目をまばたきさせる化け物蛸――を追いかける。クライマックスで、学者は小型潜水艇を怪物の目玉に突進させ、女を救出する。

子供のころのわたしはサイエンス・フィクションの愛読者だったが、当時の低予算映画はほとんどがウェスタンかミステリー作品だった。ちょうど核の時代が幕を開けたときで、わたしはSF映画は新しくておもしろい分野になると考えた。

製作費予算をたてるとき、わたしは映画俳優協会（SAG）や国際映画技術者協会（IATSE）のメンバーの人件費、フィルム代、機材のレンタル料金、編集、音楽などのすべての費用を最低の基準で計算した。それでもバーニーが効率よく撮影を進めなければ、すべてを一万二千ドルにおさめるのはむりだった。フィルムには余裕がなく、全撮影分の三分の一を最終版に生かさなくてはならなかった。

SAG、IATSEの両団体と契約をかわし、その規定を守ってわたしは映画をつくった。撮影期間は六日間、人員は最低必要なだけ――IATSEが許可する最少の人員だった。撮影はすべてマリブのロケでおこなわれた。ロケ地はわたしが自分で探し、屋内シーン用にはビーチ・ハウスを一日だけ借りた。

特機係《グリップ》、運転手、プロデューサーのすべてを兼任した人間は、きっとハリウッドでわたしひとりだろう。わたしは毎朝、日の出前に起き、装備をのせたトラックをマリブまで運転し、荷おろしをした。撮影スタッフには時間給を支払うことになっていたので、超過勤務はさせたくなかった。わたしは重い機材だけをのこして装備をすべておろし、砂浜にセットして、撮影スタッフが到着したらすぐに撮影が開始できるようにした。一日の終わりにはいつも、撮影スタッフは重い機材を車に積むだけで帰った。わたしは暗くなるまで残って、ひとりで残りの機材を積みこみ、トラックを運転して家に帰った。

一週間の撮影は興奮のうちにすぎ、最終シーンで興奮は最高潮に達した。水中のシーンは、水中専門のカメラマンを雇い、カタリナ島に派遣して撮影させた。モンスターのシーンは、濁った水をいれた魚用の水槽ごしに模型を撮影した。風景を映したスクリーンの前で俳優が演技するスクリーン・プロセスを採用する資金はなかった。

俳優たち——アン・キンブル、スチュワート・ウェイド、新人のジョナサン（ジャッキー）・ヘイズ——はそれぞれかなりの演技力を発揮した。ヘイズはのちにわたしの映画の常連出演者兼撮影スタッフとなった。この映画に出る前、ヘイズはサンタ・モニカ・ブールヴァードのガソリン・スタンドで夜勤をしていたのだが、バーニーはそこのお得意だった。わたしがきいたところによると、バーニーはヘイズに、口髭を生やせば映画のメキシコ人潜水士の役ができるといったらしい。ヘイズはいわれたとおりにし、そしてガソリン・スタンドをくびになった。しかしかわりにわたしのところで仕事にありついたというわけだ。

　このときのように、性急で荒っぽいやり方で映画をつくると、かならずどこかで間違いが起こる。たとえば、海の側から砂浜を撮影するためにカメラの設置台をつくり、それを海のなかへ運ぶのを手伝ったときのことだ。バーニーが手伝うのをいやがっていった。「そんなもの運べないよ。わたしは監督なんだから」信じられない言種だった。わたしはいった。「バーニー、こっちはプロデューサーだ。黙って、そっちの側を持て」バーニーは気持ちを行動に表した。設置台を運んでいる途中で手をはなしたのだ。設置台はわたしを直撃した。

　映画は、カメラが人のいない海岸をパンで映しだすシーンからはじまった。それに「ユカタン半島の奥地、白人の足跡のまったくないところ」といったような設定説明のナレーションがつく。しかし、すくなくともひとつ、白人の足跡があった――フレームのすみにパシフィック・コースト・ハイウェイを走る車のヘッドライトという車社会のしるしが押されていたのだ。

　撮影の期間中に全米トラック運転手組合の代表が現場にやってきて、組合と契約しろといってきた。わたしは運転は自分でやっていると説明した。「わかった」代表はいった。「組合に払う金がないのはわかる。今回は見のがそう。だがこの映画がもうかったら、二作目をつくるだろう。そのときはわたしのところへ来て契約に署名してもらおう」

　この映画は金になった。採算という点では『海底からのモンスター』はかなりの成功作だった。配給はリパート・リリーシング・カンパニー。エージェントをしている弟のジーン[註6]がボブ（ロバート）・リパートを知っていた。リパートを選んだのは、彼だけが配給収入の一部――約六万ドル――を前払いすると申しでてくれたからだった。このおかげで『海底からのモンスター』の経費を清算し、借金をかえし、プリント代や作曲家の費用を払えたうえ、すぐにつぎの作品にとりかかれるだけの金が残った。

　リアルアートもこの映画を配給したいと希望したが、前払い金を払うとは申しでなかった。わたしは早々と低予算の映画製作の落とし穴をみつけた。資金を集めて映画をつくり、それを公開する。しかし作品が成功した場合でも、金の回収には一年近くがかかる。ほかに収入源がないなら、約一年間失業することになる。わたしの場合もほかの収入などなかった。そのため五万ドルの製作費が必要と思われるつぎの作品にとりかかるためには、前払い金が――このときはリパートからだった――絶対に必要だった。

　タイトルの変更を決めたのはリパートだった。彼は『海底よりあらわれし物』は少々文学的すぎると考えた。おそらくタイトルを変えたのもよい結果につながったのだろう。この作品は前払い金の二倍をこえる興行収入をもたらした。そしてこれに投資してくれた友人たちもわたしも、大きな利益を得た。

わたしはガールフレンドといっしょに、ハリウッド・ブールヴァードの映画館にこの作品を見にいった。映画はなんといっても安っぽかったが、それでも独創的で、しかも滑稽だった。観客は映画を楽しみ、怖い場面では悲鳴をあげた。ほかにも、わたしはこの映画でたいせつなものをみつけていた。マリブでの毎日の撮影のあいだ、わたしはほんとうに夢中になっていた。撮影の一瞬一瞬が楽しかった。本来の自分にもどって自由だった。そこでわたしはリパートから得た現金で、さっそくつぎの作品『速き者、激しき者』'54の製作にかかった。配給契約は未定のままだったから、今回も製作開始は一種の賭けだった。これからの仕事がどれほど速く、そして激しく展開しようとしているのか、わたしにはわかっていなかった。

3 章

『速き者、激しき者』で、わたしの仕事は転機を迎え、大きく飛躍した。第一に、この映画は製作の規模がそれまでのものより大きく、こみいっていた。第二に、わたしはこの映画を使って、新しい製作配給のインディペンデント会社(註1)――のちにアメリカン・インターナショナル・ピクチャーズと呼ばれるようになる――とのあいだに映画三本分の契約を結んだ。これをはじまりに、わたしはこの会社と十五年間にわたる長く実りの多い関係をつづけ、三十本以上の映画を生みだすことになる。第三に、この作品のあと、わたしは自分で映画を監督する決心をした。そのほうが全体をコントロールしやすいという理由からだけではなく、創作的活動で自分を試してみたかったのだ。

新人のプロデューサー兼監督にしては速いペースで、わたしはつぎつぎに映画を完成させた。一九五五年末にはすでにウェスタン二作と核の影響を描いた作品一作を撮影し、さらに製作費三万ドルのホラー映画『百万の眼をもつ刺客』'55（日本ではテレビ放映）に資金を提供していた。作品の分野はさまざまだったが、わたし独自のスタイルがかたまりはじめていた。カー・レースをあつかった『速き者、激しき者』では、評価の定まった俳優——ジョン・アイアランド(註2)とドロシー・マローン(註3)——をふつうより安い報酬で出演させた。アイアランドは初め、わたしの申し入れを断ってきた。しかし彼もバーニーとおなじ目標を持っていた。そして「監督をまかせてくれるなら、そちらのいい値で主役を演じよう」といった。もちろん、とわたしは答えた。

この作品でもまた、重要な小道具を無料で借りることができた。ジャガーのレーシング・カーだ。撮影は南カリフォルニアのマリブやポイント・デューム、それにすこし北のカーメルでおこなわれた。レース・シーンはスポーツカー・レースのジャガー・オープンがひらかれていたモンタレイのレース場で撮影された。わたしはもともとレーシング・カーの熱烈なファンだった。ストーリーのほうは『ハイウェイ・ドラグネット』に似ていて、アイアランドが演じるトラック運転手が殺人のぬれぎぬを着せられ、刑務所に送られる。その後彼は脱走をし、クロスカントリー・レースに出場中の車を乗っとる。その車の持ち主が若い美人レーサーのドロシー・マローンだ。彼女は女性であることを理由に、レース出場を禁止されていた。ふたりはチームを組み、警察の追手を逃れながらレースをつづける。やがてふたりは恋に落ち、男は公明正大に生きたいと願い、出頭して身の潔白を証明しようと決心する。映画は、社会からはみだしたふたりを描いていた。わたしはこのころから、社会のかたすみで生きたり逃亡中であったりする反社会的な人間、不適応者、アンチヒーローといった人々のものがたりに心をひかれていた。このあとも、わたしの監督作品にはおなじテーマがくりかえしあらわれる。

ジョン・アイアランドはみごとな監督ぶりを示して、撮影期間九日間、製作費五万ドルの映画を完成させた。製作費一万二千ドルの『海底からのモンスター』のあと、一足とびに五万ドルの映画をつくるのは冒険だったが、わたしは一段高いレベルの映画づくりをしたかった。『速き者、激しき者』の撮影中、もっとも重要なできごとはレース・シーンで二台のカメラが必要になったときに起こった。わたしは一台のカメラをまわし、自分で監督することにした。そして即座に、これこそ自分がやりたかったものだと感じたのだ。

この撮影中、わたしは重要なアクション・シーンで、主役の敵役の車も運転した。ジョン・アイアランドはマスター・ショットを撮っていたので、主役の白いジャガーにはスタント・ドライバーが乗った。スタント・ドライバーをふたりもやとう余裕はなかったから、あとの一台にはわたしが乗るしかなかった。白いジャガーとわたしの車はほとんど同時に最終コーナーをまわった。白いジャガーに抜かせて勝たさなければならないのはわかっていた。しかし、わたしは我を忘れて白い車が抜くのを許さず、一回目のテイクを台無しにしてしまった。ジョンがサーキットにとびだして「いったいどういうつもりだ?」といった。わたしは答えた。「むこうが遅すぎるんだ。やつに先を行かせるといっても、ブレーキをかけるわけにはいかない。これはレースだ。いなか道を走っているのとはわけがちがう。遅い車ではぶざまだぞ」

ジョンはスタント・ドライバーに念をおした。「きみの役はロジャーを負かそうとしているんだ。スピードをあげろ」

二回目のテイクはうまくいき、白い車はわたしを抜いて先にゴールした。ほんとうのことをいえば、わたしは彼をおさえて勝ちたかった。負けるのはいやだった。

しかしプロデューサーとしてのわたしは速い軌道に乗って仕事をつづけ、決してスピードを落とすことはなかった。六週間後にゼロ号プリントができあがった。リパブリックやコロムビアやアライド・アーティスツから、経費をまかなったうえ利益も見こめる金額で配給権買い入れの申しこみがあった。しかしわたしはこの映画を見本にして、複数の映画製作契約をとりつけたかった。リアルアートの販売部長だったジム(ジェームズ)・ニコルソンがちょうど独立して事業をはじめようとしていた。ジムはリパートが『海底からのモンスター』でよい結果を得たのを知っていた。わたしはジムと彼の共同経営者、サミュエル・Z・アーコフと何度も話しあいを持った。ふたりは新会社、アメリカン・リリーシング・コーポレーションをスタートさせようとしていた。芸能関係の弁護士をしていたサムは配給事業をはじめたがっていた。わたしはふたりに、映画製作費は自前で調達するが、それぞれの作品が完成した時点で出費分——映画製作に要した費用——を支払ってほしいと話した。つまり、すぐにつぎの作品にとりかかれるように、出費分だけの前払い金がほしいと話したのだ。「この方法なら」わたしは説明した。「こちらはつぎの映画用の資金が調達でき、製作をつづけることができる。そしてきみたちの新会社も発足できる」

わたしたちは一作目を『速き者、激しき者』として、合計三作の映画を製作する契約を結んだ。しかしジムは、『速き者、激しき者』の配給権を売るときに、つづく二作にも前払い金を払ってくれる各地の配給業者か上映館チェーンのオーナーを探す必要に迫られた。そこでジムとサムとわたしは、上映館チェーンのオーナーたちの後援をとりつけるため、ニューオリンズやシカゴやニューヨークへ飛んだ。西海岸については、ロサンゼルスで処理できた。ジムとサムはうまくやった。上映館チェーンのオーナーは、それぞれが管轄する地域の大きさによって一作につき五千ドルから一万五千ドルの前払い金を提供し、わたしのほうはプロデューサー兼監督として映画をつくる。わたしは、前払い金は全額が各地の配給業者や上映館チェーンのオーナーから集めた金でなければならないことを条件として、ジムとサムに示していた。それだけの金が集まらないなら、この話はないものにしようと決めていた。上映館チェーンのオーナーたちへの説明会は簡単なものだった。わたしは『速き者、激しき者』を見せ、アメリカン・リリーシングが製作するつぎの二作品もアクション映画であると説明した。一作はウェスタン・アクションの予定であり、すくなくともどちらかはカラー作品になるとも説明した。また契約には作品の質についての条項——つづく二作は『海底からのモンスター』および『速き者、激しき者』と同等以上の製作規模でなければならない——も盛りこんであった。

わたしはまだ三十前の若造だったが、配給関係者たちはわたしがリパートと組んで『海底からのモンスター』で成功したのを知っていた。実際にこの映画の公開にかかわった人たちも何人か混じっていて、彼らはわたしとの関係をつづけたがっていた。フィラデルフィアの業者ひとりをのぞいて全員が条件に同意した。そのフィラデルフィアの業者は、いままでは前払い金など払わなかったとだけいって契約を拒否した。重苦しい沈黙がつづいたあと、わたしは口をひらいた。「教えてください」彼にむかっていった。「あなたの街に競争相手はいますか？」この質問にほかの業者は動揺したらしかった。フィラデルフィアの業者は「そういう訊きかたは失礼だ」としかいわなかった。

「もちろん、いますよ」ほかの業者がいいにくそうにつづけた。「それでも商売の席で、そういう話を持ちだすのはいいことじゃない」

「そういうことなら」わたしはいった。「おひとりをのぞいてほかの方には同意をいただいているわけです。ですから、そちらの競争相手の業者を呼んで、話にくわわってもらいましょう」

フィラデルフィアの業者は強気に出て、前払い金なしで映画の配給権を獲得するつもりだったのかもしれない。しかしそれは間違いだった。結局彼は譲歩をして、ジムとサムは三本の映画製作を盛りこんだ大きな取引を成立させた。ジムが社長に、サムが副社長になってふたりの会社が発足した。会社はやがてアメリカン・インターナショナル・ピクチャーズ、AIPと名前をかえた。AIPは五〇年代、六〇年代を通じてハリウッド最大の、そしてハリウッド一有力なインディペンデントの映画会社となった。

★サミュエル・アーコフ

テレビの普及、最高裁判決のあとの上映チェーンの崩壊、昔からのスタジオのトップたちの引退や死など、一九五〇年代の初めは映画にとって最悪のときでした。小規模な映画作品はテレビが全部買いとって番組の穴埋めに使ってしまうので、映画館まで見にくる客はいない——大勢の映画館主がそういいました。いくつもの劇場がつぶれ、映画産業は低迷していました。わたしたちが参入したのは、そんなときだったんです。

ジムとわたしは、それまでのだれともちがうやり方でロジャーとつきあいました。取引が成立したときには握手をかわし、映画が完成するまで契約を書面にしないこともありました。ロジャーは約束どおりに映画を完成させたし、わたしたちは即座に支払いをしたからです。仕事の形はさまざまでした。ロジャーが監督をし、わたしたちが監督料と歩合をロジャーに払うこともあったし、プロデュースと監督はロジャーで、わたしたちのほうは製作費の一部を提供するかわりに歩合をもらうということもありました。企画や映画の題名やポスターだけをロジャーに渡し――ジムはよく題名や宣伝の方法にすぐれたアイデアを出したんです――、ロジャーがそこからストーリーを考え、監督をして映画をつくることもありました。三人にとって、非常に快適な関係でした。

パテカラーのウェスタン作品『あらくれ五人拳銃』'55の撮影にはいる前、わたしは新しい挑戦である監督の仕事を練習しておこうと考えた。そして一日をかけて撮影の実践練習をした。特機係のチーフのチャック（チャールズ）・ハナワルトが十六ミリ・カメラと照明設備を持っていたので、撮影監督になった。わたしは友人に五ページの脚本を書かせておなじく友人の俳優をよび、全員で砂浜に行き、八分間分の撮影をした。しかし撮影をしただけで編集はしなかった。撮影した分をチャックといっしょに見たあと、わたしはいった。「あんまりいいとは思えない。わざわざ金をかけて完成させるまでのこともないだろう。きみもわたしも、これで何かを学んだ。そう考えてあとは忘れよう」

監督の練習はそれだけだった。しかしそれまでに、フォックスの撮影所で大規模な撮影がおこなわれる様子を見ていたし、自分の小さな映画二本ができる過程も見ていた。おまけに、砂浜で一日をすごして実際に何シーンか撮影までしている。だからできる――わたしはそう感じていた。とはいえ、もし現在だれか若い人がおなじようなことをいってやってきたとしても、わたしはその人間を雇いはしないだろう。きっと、どこかでもっと修行を積めというだろう。

ほんとうのところ、初めて映画を撮るにあたって、わたしは極度に緊張していた。『あらくれ五人拳銃』のストーリーはわたしが考えたものだが、構成と脚本を担当したのは、ジャッキー・ヘイズに紹介されたボブ・キャンベル（註4）だった。このときの共同作業を手本にして、わたしとボブはこのあとたくさんの映画をつくることになる。共同作業のやり方はこうだ。わたしとボブはまず、わたしのアイデアについて話しあいながらストーリーの構成を考える。それをもとにボブが脚本を書き、ふたたびふたりでそれを検討し、それでできあがったものをもとにしてわたしが監督する。『あらくれ五人拳銃』のとき、わたしは自分に九日間の撮影スケジュール、六万ドルという予算を課した。

『あらくれ五人拳銃』は南北戦争時代に題材をとったウェスタンで、五人の粗暴な犯罪者が特赦をうけ、南軍の兵士となって危険な任務のために送りだされるという話だった。北軍に捕らえられてスパイの名を白状した南軍の裏切り者をつかまえるために、送りだされた五人は、インディアンの土地をぬけて旅をし、駅馬車を襲撃する。

この作品はすこし毛色の変わったウェスタンで、非情な犯罪者が自身の尊厳をとりもどす機会を得るというはみだし者のものがたりだった。予算の関係で、登場人物は少なくせざるを得なかった。低予算映画をつくるときにはこの種の「限定された設定」が、ひとつの鍵になる。たとえばオクラホマの土地争奪戦《ランド・ラッシュ》の幕開けのような群衆シーンのある映画は、六万ドルの予算ではつくれない。

五人の男のほかは、せりふのある登場人物はほとんどいなかった。わたしはSAGと契約をかわしていたが、すこし多めの金額や歩合が払える場合以外はいつも、SAG基準の最低賃金しか払わなかった。このときにはできるだけのものを払ってジョン・ランド(註5)とドロシー・マローンに主演を依頼し、さらに若くて荒けずりな新人、タッチ・コナーズを雇った。タッチ・コナーズはのちにマイク・コナーズ(註6)と名をかえ、テレビの『マニックス』でスターになった。

インディアンのシーンは、わたしが自分でストック・フィルムの収蔵庫に行き、設定にあったフィルムを買い入れた。観客は砂塵のなかを馬で行くインディアンを見る——どこからとってきたフィルムかなどということは関係ない。兵隊が丘の上で双眼鏡をのぞく——そして五百人のインディアンが馬でかけぬけるストック・フィルムが挿入される。兵隊がいう。「よし、みんな。ここにはインディアンがいる。あっちへ移動しよう！」インディアンの土地を旅するには、格別に安上がりな方法だ。

『あらくれ五人拳銃』はわたしにとって、突破口となった。練習とか準備とかいったものはほとんどなしで、文字どおり仕事をしながら監督の方法を学んだのだ。四本か五本の映画を撮りおえたころには、わたしは映画学校の学生が卒業するまでに身につけるすべてのことを学んでいた。しかし学生映画の失敗は多くの場合、人に知られることもなく葬られるが、わたしの失敗は永遠にのこされることになった。

わたしはまた、監督が映画に対して持つ支配力についても学んだ。撮影の準備段階と撮影終了後の段階では、権限はあきらかにプロデューサーにある。しかし実際の撮影のあいだは、プロデューサーは監督に権限を譲らなくてはならない。それまでにプロデュースした二作品の監督の仕事ぶりがよくなかったというのではない。しかしわたしなら、もっとうまくやれたし、もっと能率よく進行できたし、もっとよい映画がつくれると思ったのだ。

プロデューサー兼監督として財政面と芸術面の両方の責任を負っていたせいだろう、わたしはすぐに周到な準備のたいせつさ、そして各ショットの画コンテを用意することのたいせつさを理解した。この映画の撮影監督で、オスカーを受賞したことのあるすぐれたカメラマン、フロイド・クロスビー(註7)や、美術監督でウェスタンの風俗に詳しいベン・ヘインといっしょに、わたしは撮影の準備を整えた。ことに、絶対に必要な画コンテの準備では、ベンに大いに助けられた。美術を勉強した監督は、カメラをのぞいているような角度から——簡単に描いた漫画のように——各ショットの画コンテを描くことが多い。いっぽうフットボールのコーチが書く図のように、上から見たスケッチを描く監督もいる。エンジニアの教育をうけたわたしには、上から見た角度のほうが描きやすかった。わたしはカメラの位置をVマークで表わし、矢印で役者やカメラの移動方向を示した。

　緊張してはいたが、わたしは自分にできないなどとは思わなかった。撮影は屋外シーンがほとんどで、ロケ地はチャッツワースの近く、サンフェルナンド・ヴァリーの遠い端にある岩だらけの乾燥地、アイヴァーソンズ・ランチに決まった。そこはウェスタン映画の舞台としてよく知られる場所で、太陽の照りつける広い大地、大きな空、力強くわきおこる雲があった。ほかに、カウボーイ俳優のジャック・イングラムが所有するイングラムズ・ランチでの撮影も計画していた。そこにはイングラムの手でウェスタンの街がつくられていた。

計画はすべて整った。撮影の一日目の朝、わたしは目をさまし、豪雨のなか車を走らせてロケ地にむかった。最悪だった。監督としての第一日目！ まだなにもはじめていないのに、それなのにもう予定より遅れている！ 緊張と動揺のあまり、わたしは途中車を横道に乗りいれて食べたものを吐いた。それから雨に濡れたまま車にもたれ、気持ちをとりなおした。アイヴァーソンズ・ランチへ着き一時間ほど待つと、雨はやんだ。

実際、冒頭のショットはすばらしかった。みごとな黒い雨雲、そのあいだからちょうど日が射しはじめ、その空の下、丘の斜面に五人のならず者たちが立ち、兵隊になるための宣誓をしている。一カ所だけ青く開いた黒い空、闇をつらぬくひと筋の光。製作費をたっぷりかけた映画なら、そのために長い時間をかけて待つようなすばらしいショットだ。わたしは地平線の広いパンからはいり、それから太陽がまだらにあたるアイヴァーソンズ・ランチにゆっくりとカメラをむけた。わたしたちには絶好の光線を待つなどということはできなかった。九日間の撮影期間で、こんな幸運にめぐりあうことはめったにない。これはさいさきがよいとわたしは思った。

カメラは当時としては標準的装備だったミッチェルの三十五ミリ、フィルムはイーストマンカラーを使った。十時間働きつづける日がつづいた。撮影開始のときから、わたしは撮影現場をすごい速さで動きまわり、ほかのスタッフたちもその速いテンポを楽しんでいるようだった。カメラの位置や移動についてもすばやく決めた。編集室で二本の映画を仕上げた経験があったためか、カメラの仕事に関しては、感触がつかめていた。だが演技については知識がなく、俳優たちとの仕事はあまりうまくいかなかった。

わたしはこのときの撮影で、天候のせいで脚本や予定の変更という事態が発生したとき、即座に決断力をもって対応する術を身につけた。また第一日目から、できるだけカメラの移動を多くするよう努めた。可能なときはいつでも、画面の奥行きにおもしろさが出るようなフレームを使った——対象を手前、まんなか、ずっと後方などのさまざまな位置にすえるようフレーム取りをしたのだ。周到な準備、現場での規律のある速いペース、カメラの移動、奥行きのある構図——わたしの独自のスタイルが形をかためつつあった。

★マイク・コナーズ

ロジャーは、経験のない俳優にもチャンスをくれる数少ない人物だった。出演料はたった四百ドルだったと思う。でも、あのときは仕事ができるというだけで、わくわくしてたんだ。ロジャーには真の意味での精神的エネルギーと優れた分析力があった。撮影で、彼は予備のためとか念のためとかいう余分のショットを撮って時間を無駄にしたりはしなかった。すでにあのころから、最低の製作費で最大の効果を得るテクニックを持っていたん

『あらくれ五人拳銃』のジョナサン・ヘイズ
とドロシー・マローン。

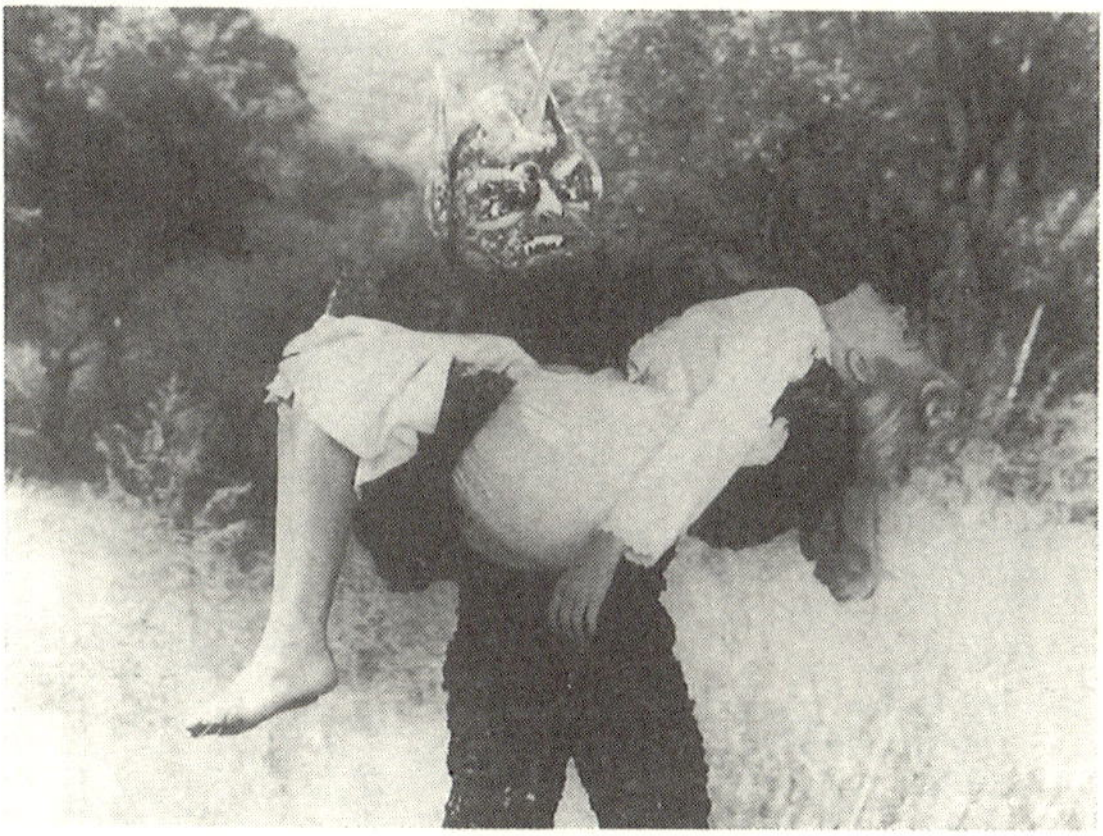

『原子怪獣と裸女』で怪獣に連れ去られるロリ・ネルソン。

だ。何が必要で何が不必要か、それをきちんと知っていた。ぼくたち俳優は、ロジャーのそういうやり方に一種のプレッシャーを感じていた。俳優というのはいつだって、もう一度やりなおせたらいいのにと思うものだからね。ロジャーは時間をかけて役について話しあい、内面的なところまで掘りさげるなんていうことはしなかった。『風と共に去りぬ』みたいな映画をつくっているわけではなかったんだからね。ロジャーはただこんなふうにいう。「きみの役はこれ、せりふはこれだ。彼が善玉で、きみは悪玉だ。だから悪玉らしくやれ」

ロジャーの映画四本にでたあと、ぼくは出演料をすこしあげてもらう権利があると考えた。そこで電話をかけて会う約束をした。コックン・ブルでおいしい昼食でもごちそうしてくれるかなと期待していた。だが、ロジャーはぼくをつれてサンセット・ブールヴァードをわたったところにあるドラッグストアに行き、そこのカウンターでサンドイッチを注文した。ぼくはもう何本かいっしょに仕事をしたのだし、妻もいることだし、一週間半で四百ドルはそれほど多くはないから、値上げをしてほしいといった。

すこしのあいだ考えてから、彼はいった。「では、こうしよう。千二百ドルを払うよ」

嘘みたいにいい話だった。それから彼はつづけた。「それで三本を撮る」

「でもロジャー」ぼくはいった。「それではいままでとおなじ一本、四百ドルだ」

「そうだよ」彼はいった。「だが三本分の仕事が保証されたってことだ」
それは値上げではなかった。結局、ぼくはそのあと彼の作品に出演しなかった。だがロジャーとの仕事で鍛えていたおかげで、『マニックス』などのテレビ番組で、人を消耗させるばかりのスピードやプレッシャーや苦労にたえることができたんだ。ヒット・シリーズを制作するときのスピードやプレッシャーに、ほかのみんなは頭がおかしくなりそうになっていた。五本も六本もつづけて番組をつくったあとは、もう絶対にやっていけないと思ってしまうんだ。みんなが神経衰弱の一歩手前までいっているとき、ぼくはまったくふだんどおりの気分でいられた。「まずこれをかたづけよう。はい、終わり、さあ、つぎのシーンだ」というロジャーの教育をうけていたからね。

ジムとサムのふたりと組んだ一作目のあと、わたしは撮影準備、撮影、撮影後の処理などいちどきに二本、ときにはもっと多くの映画をかかえて仕事をつづけることになった。ペースが落ちることは決してなかった。たとえば『あらくれ五人拳銃』の公開の前に、すでにウェスタンの『荒野の待伏せ』'55の準備がはじまっていた。この作品はジムとサムが脚本を用意し、わたしにプロデュースと監督を依頼したもので、製作費は八万ドル弱だった。『あらくれ五人拳銃』も『荒野の待伏せ』もカラーで、撮影は二週間以内に完了し、結果として利益を生んだ。

わたしは若いときから政治的にはリベラルで、初期のころから作品に自分の信条を反映させていた。たとえばルー・ラソフ(註8)が脚本を書いた、出来のよいアクション作品、『荒野の待伏せ』にも、はみだし者にまつわるもうひとつのストーリーをからませた。インディアンと白人の血を引く者がふたつの文化のはざまに立つ苦しみや周囲が抱く偏見を盛りこんだのだ。凶悪事件が連続しておこり、それを調べるためロイド・ブリッジス(註9)演じる政府の調査官がアパッチ保護区に乗りこむ。アパッチは元来は平和的な人々だが、白人たちは連続犯罪はアパッチの仕業だと決めつけている。政府の調査官は両者の血を引く女と恋におちる。やがて彼女の生きわかれになった弟が、アパッチを装って犯罪を煽動しているのがわかる。

★ディック・ミラー(註10)

ぼくは作家になろうと思って、ニューヨークから西海岸へ来たんだ。一年半ぐらいはたいした仕事もせずぶらぶらしていた。短編作品を買ってもらったり、サイエンス・フィクションのアンソロジー用に一ページの作品概略を書いたり、パーティに出かけたりしてね。そんなときニューヨーク時代からの仲間のジョナサン・ヘイズが、コーマンという人物といっしょに映画をつくったといってきた。海底に住むモンスターの映画をね。それからヘイズにつれられて、コックン・ブルの上のロジャーのオフィスに行ったんだ。そしてこんなような会話をかわした。

「なんの仕事をしてる？」

「いや、作家です。脚本のご用はありませんか？」

「いや、脚本はあるんだ。必要なのは役者だ」

「わかりました。役者になります」こんな具合さ。「よし」ロジャーはいった。「映画に出してやろう。『荒野の待伏せ』のインディアンの役だ」

鼻栓も使わずにだよ。ふつうはそれで鼻孔をひろげて、インディアンらしく見せるんだけどね。ぼくの場合はただ浅黒いメークアップをしただけだった。一週間後、ロジャーが今度はこういった。「カウボーイの役をやりたくないか？」

「ええ、いいですね。新しい映画を撮るんですか？」

「いや」ロジャーはいった。「おなじ映画だよ」だから、ぼくはひとつの映画のなかで、インディアンとカウボーイの両方を演じて、最後には自分で自分を撃ち殺しそうになったんだ。カウボーイのぼくは、インディアンのぼくをやっつけに送りだされた武装隊の一員だったんだからね。ロジャーの映画では、みんながいくつもの役をやっていたよ。

わたしのつぎの映画は、サイエンス・フィクションの『原子怪獣と裸女』'55で、AIPはこの作品を一九五五年の終わりに公開した。『あらくれ五人拳銃』や『百万の眼をもつ刺客』とおなじように、これもまた原案を低予算むきに書きなおしたものだった。脚本は『荒野の待伏せ』とおなじルー・ラソフだった。ときは一九七〇年、全世界が破滅した日、七人の人間が核による大量虐殺を逃れて生きのこる。彼らは難を避けて、まわりの山と風に守られて放射線をまぬがれた谷にある小屋で暮らしている。森には、放射能の影響で突然変異をおこした動物たちしか住んでいない。わたしはこの作品にも手をくわえ、異常な状況下で共同生活を余儀なくされた人々の心を描く心理劇的な要素を加味した。

放射線をまぬがれた谷とは、実際はグリフィス・パークのそばにあるブロンソン・キャニオンだった。この谷にはほら穴がいくつかあり、このあとわたしの好みのロケ地となった。また映画に出てくる山の湖は、実際には湖ではなく、サンフェルナンド・ヴァリーのそばのヴェンチュラ・ブールヴァードにあるスポーツマンズ・ロッジ・レストランの裏手の、まわりを木に囲まれた浅い池で、魚が泳いでいた。そこが借りられたのは、レストランが昼間は営業をしていないからだった。そのため、夕食までにかたづけるという条件がついていた。

ＡＩＰは『原子怪獣と裸女』を『一万リーグの彼方から来た怪人』'55とだきあわせ、二本立て公開をした。それまでＡＩＰの映画にはやや安めの貸出料金が設定されていた。しかし、このＡＩＰ初めての二本立て公開のあと、上映主たちは大手に対するのと同じ額の貸出料に同意した。おなじ分野の低予算作品の二本立て公開という斬新な戦略の目的は、ドライブ・イン・シアターに十代と二十代の観客をよぶことにあった。そしてこの実験が成功したあとは、二本立て公開がＡＩＰの基本方針となった。

『原子怪獣と裸女』はわたしにとっても成功作だった。この作品のおかげで、わたしはＳＦ映画の監督としても評価されるようになった。また、ＡＩＰへの中心的な作品供給者としての地位もかたまった。ＡＩＰは独立系の映画会社として急成長していて、大いに作品を必要としていた。つぎの二年間が忙しい年になるのはあきらかだった。

4 章

一九五〇年代のエクスプロイテーション・マーケット用低予算映画づくりの魅力は、それらの映画がさまざまな分野にわたる楽しいテーマを持っていたことにあった。とくに十二本の映画を製作、監督した一九五六年と一九五七年の二年間、わたしはまったく退屈することがなかった。エクスプロイテーション映画づくりの基本は、若い人たちをドライブ・イン・シアターや劇場にひきよせる、内容がおもしろくて視覚的にも楽しいストーリーをスクリーンに展開し、その過程で深刻になりすぎないことだった。

この二年間は、あらゆる点で成功の年だった。わたしは製作費が十万ドル以下の映画でこの市場を征服しただけでなく、さまざまな題材のおかげで映画づくりの幅がひろがり、技術も向上した。さらに恐怖映画に笑いを混ぜる試みをおこない、それが観客にうけるのを発見した。このほか演技の勉強をはじめ、俳優たちによりよい指導ができるようになった。また特殊効果――稚拙なものではあったが――を使ったり、ルイジアナのバイユーやハワイの溶岩地帯など趣きの変わった場所でロケをしたりして、視覚的印象を強めるやり方もおぼえた。

エクスプロイテーション映画と呼ばれたのは、奇想天外な話にたっぷりのアクションと多少の男女のからみをくわえ、そこに、多くの場合、なにか変わった趣向をくわえた作品だった。それらは新聞のニュースから生まれることも多かった。おもしろいことに、数十年後には、大手映画会社は大型の製作費をかけたエクスプロイテーション映画に商売のうまみを見いだし、おなじものをもっと高尚な名前——ジャンル映画とかハイ・コンセプト映画——で呼んだ。

当時のわたしの作品には、自己主張を持ったたくましい女性を主役にしたものがいくつかある。わたしはたしかにフェミニスト運動の支持者ではあるが、この点に関してはAIPの力によるところが大きい。わたしが監督した四本のウェスタン作品のうち、『荒野の待伏せ』（原題は『アパッチの女』）と『オクラホマの女』'56の題名はAIPの発案によるものだった。『あらくれ五人拳銃』と『早射ち女拳銃』'56（原題は『ガンスリンガー』）はわたしが決めた。ウェスタン映画がどうあるべきかについて、当時のAIPとわたしのあいだには意見の相違があったようだ。

『オクラホマの女』は七十一分のスーパースコープによるモノクロ作品で、製作費は約六万ドルだった。実際の製作費よりも金がかかっているように見せるため、わたしは時間と金を節約して撮影した。たとえば、ストーリーの進行とは無関係に、酒場のいくつものシーンのなかから、ある方向から撮るショットだけをとりだし、そればかりを連続して撮影した。そうすれば、いくつものショットを、照明を一回セッティングするだけで撮ることができる。そのあと角度を変え、反対側からの分をまとめて撮影した。それで効率がよくなると思ったのだ。一度セットした照明を解体して、もう一度セットしなおすより、背景や衣裳を変えるほうがずっと簡単だった。まだポラロイドがないころで、わたしはそれを記憶にたよってやった。しかし、この方法では俳優たちに負担がかかりすぎるため、以後の作品ではふつうのやり方にもどった。

★チャック（チャールズ）・グリフィス（註1）

マーク・ハンナ（註2）とぼくが初めてロジャーのところへ持っていった脚本は〈輝く三つの旗〉で、ふたつめは〈縛り首の街〉でした。どちらも映画にはなりませんでしたが、すくなくともロジャーのところへ持っていけば、本を読んでもらうことができました。この街では、はいあがろうと必死な、売れないライターの本などだれひとり読もうとしないときにです。

やがてロジャーが、あるウェスタンのアイデアをくれました。街を浄化しようとした保安官が死に、妻がその仕事をひきつぐ話です。それが『早射ち女拳銃』で、そのあとぼくはロジャーの映画の脚本をいくつも書くことになりました。

『早射ち女拳銃《ガンスリンガー》』が撮影されたのは一九五六年の二月ごろだった。そのころ、IATSEと大手映画会社のあいだで、週六日労働から週五日労働へ移行する交渉がおこなわれていた。そこでわたしは、その新しい契約が発効するまえに、六日間労働による最後の低予算ウェスタンを撮ることにした。資金は弟が半分を調達してくれた。しかし撮影をはじめてみると、予定の六日間のうち五日も雨がふり、結局、撮り終わるのに七日かかってしまった。スケジュールをオーバーしたのは、あとにもさきにもこのとき一回だけだ。ひざまでつかるぬかるみに、トラックも重いカメラも照明も沈んだ。わたしの人生最悪の経験だった。『泥んこまみれ《マッドスリンガー》』と映画名を変えてもいいくらいだった。わたしは移動式スタンドの上に防水シートを張り、その下で雨をバックにして俳優たちが演ずるのを撮影した。車は牧場の外にとめて、あとは歩かなければならなかった。機材は番人もおかずにトラックにおきっぱなしにした。「かまうものか」わたしはいった。「ここまで来て、機材を盗んで、この泥のなかを運んでいこうというやつがいるなら、そうさせてやろうじゃないか」

太陽が顔を出すたびに、そのときどんな撮影をしていても中断し、大あわてでロング・ショットを撮る準備をして、屋外シーンのうちの重要なものから順に撮っていった。それでも雨のせいで、ほとんどの撮影がクローズアップかミディアム・クローズアップになった。屋外のシーンを建物のなかのシーンに書きかえることもした。屋根や防水シートに雨が落ちて大きな音をたてるため、サウンドトラックに音楽や音響効果を吹きこんでごまかすこともした。

撮影はほかのみんなにとってもつらいものだった。頭の回転が速く、ユーモアのある女優、アリソン・ヘイズ（註3）が最高のせりふをいった。雨に濡れてふるえながら、こういったのだ。「ねえロジャー、教えてよ。だれを怒らせれば、この役をおりられるの？」実際には別の方法がみつかった。馬がぬかるみで足をすべらせ、アリソンは落馬をし腕を折ってしまったのだ。泥だらけの道を病院までつれていく車を待つあいだ、わたしはさまざまな角度から彼女のクローズアップをフィルム一巻を使って撮った。アリソンはわたしのしていることを理解して協力してくれた。代役を使うことになるので、アリソンの顔のアップを撮っておく必要があったのだ。どんなふうに組みあわせるかは編集のときに考えることにした。映画の最後の出演者《キャスト》パーティがふるっていた。わたしたち全員がアリソンのギブス《キャスト》にサインをしたのだ。

★ビヴァリー・ガーランド(註4)

アリスンは役をおりて雨から逃げるために、わざと腕を折ったのじゃないかと思うのよ。ずっと雨がふってたの。でもロジャーの尊敬すべき点は、絶対に「これじゃできない」なんていわないところ。大雨だろうと、泥と熱気のなかをはいずりまわろうと、プトマイン中毒になろうと、病気でぐったりしていようと――何も関係ないの。だめだ、できない、やめようなんて絶対いわないのよ。ロジャーとの仕事のとき、わたしはここは軍隊なんだって思ってた。でも、撮影の悪条件のことを皮肉たっぷりにロジャーにいって笑いとばすことができたの。そういうことができたから、ロジャーと仲よくなれたんだと思うわ。

『早射ち女拳銃』では、酒場の階段をかけおり、馬にとび乗って街を出ていくシーンがあってね。低予算映画にはスタントの人なんていないのよ。馬に乗るのも、危ないことも、殴りあいも、自分でやるの。みんながそれを楽しみにして、とてもやりがいのあることだと思ってた。わたしは「かっこうよくやるのよ」って自分にいいきかせてたわ。それで一回目のテイクでは、はりきりすぎて、鞍を乗りこえて馬の反対側へ落ちてしまったの。二回目のテイクでは、階段をおりていて足首を捻挫したわ。ひどい捻挫だった。撮影が終わってうちへ帰ったあと、足首をお湯につけたの。それがいけなかったのね。

つぎの日はアリソン・ヘイズと酒場ではでな喧嘩をするシーンを撮る日だったのに、足首が頭ぐらいの大きさにはれてたの。それでロジャーにいったわ。「ブーツもはけないし、ズボンにも足がはいらない。酒場の喧嘩なんてできないみたい」ロジャーは「できるさ」といったの。それでわたしは笑ったわ。「そうね、あなたならきっと何か方法をみつけるでしょうね」って。ロジャーはそのとおりにしたのよ。お医者さまがきて、太いノヴォカイン注射を四本したの。それで足は痛くなくなったわ。それからみんなでズボンのふくらはぎのところを切って、うしろをテープでとめて、ブーツもおなじようにしたの。一日たっぷり仕事をして、喧嘩のシーンもちゃんと撮り終えることができたわ。夜は痛みがぶりかえしたけど、つぎの日の朝にはすこしよくなって、結局予定どおり撮影を終えることができたのよ。ロジャーといっしょだと、「絶対にうまくやれる」と思えるのよ。彼が映画をつくっているときには、ものすごく活気のある、ふつうとはまったくちがうエネルギーがはたらいているのがわかるの。

何本もの低予算エクスプロイテーション映画をつくったおかげで、わたしはやがて「B級映画の帝王」という呼び名をちょうだいすることになる。わたし自身は、一度もB級映画をつくったおぼえがないのだから、おかしな話だ。正確にいうと、B級映画とは、大恐慌時代から一九五〇年代初めごろまでのあいだにつくられたある種の映画を指している。一九三〇年代、映画館の入場者が減りはじめ、映画会社は客を呼ぶために二本立て上映をおこなった。二本立てのうちの一本、A級映画にはクラーク・ゲイブルなどのスターが出演した。もう一本のB級のほうは短期間で安くつくられ、主演は売りだしの新人か落ち目の過去のスターだった。B級はまた、経験のないライターや監督やプロデューサーたちのための訓練場でもあり、B級映画づくりは恥でも不名誉でもなかった。

だれもが、二本の映画のうち、どちらの映画がA級で、どちらがB級かを知っていた。映画会社はA級作品とB級作品の宣伝や製作の方法を明確に区別し、そのことを隠してもいなかった。またB級映画が金を稼げたのは、二本立て用にA級映画と組みあわせて借りだされるときだけだった。テレビや最高裁の裁定や、金をかけたカラー作品への大衆の好みの変化によって、わたしが監督をはじめたころにはB級映画は消滅していた。B級というこのことばの正確な意味が知られている映画業界では、わたしの作品を指してそのことばが使用されたことはない。それをひろめたのはメディアだった。一九七五年、《ニューヨーク・タイムズ・マガジン》に掲載されたわたしについての記事のなかで、そのことばが使われているのを読んだ記憶がある。記事は最後まで読まなかった。勝手にレッテルを貼られるのは愉快なことではないが、勝手なうえに間違ったレッテルを貼られるのはなお不愉快だ。

アウトローの作品をつくったあと、わたしはエイリアンの映画、『美女とエイリアン』'56と『金星人地球を征服』'56（日本ではテレビ放映）を撮った。両方ともモノクロ作品で、撮影期間はそれぞれ二週間、製作費はどちらも十万ドルをかなり下まわった。大手映画会社のモノクロ作品はだいたい百万ドルから二百万ドルの製作費をかけてつくられていた。AIPはわたしに、この種の映画をつづけてつくるよう要請してきた。そうすれば、おなじ分野の作品で二本立てを組めるからだ。昔はいろいろな嗜好の客をできるだけ多く集めるために、A級作品とB級作品はちがう分野から選ばれていた。だが、ジム・ニコルソンは興行記録を持ってきて、「サイエンス・フィクション傑作二本立て」といった広告やポスターなどを使って、わたしたちの作品が大手を凌ぐ観客を動員できることを教えてくれた。『美女とエイリアン』で、わたしは初めて恐怖に笑いをそえるという方法を試した。脚本を書いたのはチャック・グリフィスとマーク・ハンナで、ダヴァンナという星から来た人間より高度な知性を持ったヒューマノイドの話だった。そのヒューマノイドは黒服と黒眼鏡をつけ、眼鏡の奥には真っ白で眼球のない目があり、その視線で人間のからだを燃やすことができた。彼の名前はポール・ジョンソン。彼の星の全域で血液の病気が流行し、ジョンソンは人間の血のサンプルを採取して、テレパシーのような方法で自分の星へ送るた

『金星人地球を征服』のビヴァリー・ガーランドと〝金星人〟。

めに地球にやってきた。とても奇抜なおもしろい話だったので、すぐに人気が出た。ひょうきんなユーモアを混ぜた効果があがり、この映画は貸出料で百万ドル近くを稼ぎだした。とぼけた味のユーモアとの合体がサイエンス・フィクションの魅力を高めることを証明し、その後の映画づくりの方向を決定したという意味で、この作品は重要だった。

★ディック・ミラー

ぼくの役はジョンソンの家を訪問するジョー・パイパーという名の掃除機のセールスマンだった。スーツに蝶ネクタイ姿で、ポケットに鉛筆をいっぱい入れて、礼儀正しく「ごめんください、ご主人におめにかかりたいのですが」という――ロジャーはパイパーの役にそんなイメージを抱いていた。撮影の日、ぼくは黒いカシミアのジャケットに黒いシャツを着ていったんだが、ロジャーはそれでも不満で「もっときちんとした服装をしろ」という。それでぼくはいったんだ。「でも、ぼくはこの恰好で二週間のあいだ、ブロンクスをまわってフライパンと鍋を売ったことがあるんです。これでやらせてください。掃除機のセールスマンが大学出なんてことはないんですよ。もしうまくいかなかったら、昼休みに帰って着替えてきます」

撮影では、正真正銘の下町っ子のような演技をして、アドリブでこういった。「なあ、あんた。買いたいなら買えばいい。買いたくないなら買わなきゃいい。だけど見てくれよ、この子を。掃除機業界が生んだかわい子ちゃんだぜ」ジョンソンが家のなかに入れてくれると、「最高だぜ」といい、掃除機をセットして歌いながらジャッキー・グリーソン(註5)風に踊り、それからヒューマノイドを見上げて「スカル」をしたんだ。「スカル」ってのは、恐怖に顔を歪めて目をみはることなんだけどね。そしてヒューマノイドの視線に焼かれて死んだというわけだ。

『金星人地球を征服』もまた、『美女とエイリアン』とおなじくだけた調子でつくられた。リー・ヴァン・クリーフ(註6)が演ずる主人公は金星からやってきた知的生命体とコミュニケーションをとろうとする科学者だった。科学者の妻、ビヴァリー・ガーランドは夫のしていることについていろいろと質問をする。脚本担当のルー・ラソフとチャック・グリフィスは、その夫婦の会話をおもしろおかしいものにした。

撮影の前に、ビヴァリーがアドリブで傑作なことをいってくれた。わたしは工学や物理を学んだ経験から、重力の大きい惑星に住む生物は背が低いはずだと考えた。そして効果係のポール・ブレイズデル(註7)といっしょに、背の低いモンスターをこしらえた。しかし初めてモンスターを見るクライマックス・シーンの撮影にはいる直前、ビヴァリーは手を腰にあてモンスターを上からにらみつけた。「ふーん」ビヴァリーはわたしにきこえるように、いかにもばかにした声でいった。「あんたが世界を征服しにきたって？　それなら、こうしてやる！」そしてモンスターの頭を蹴とばした。

とたんに、わたしは要点を理解した。そして、その日の午後までに、モンスターを十フィートの身長につくりなおした。教訓一、モンスターは主演女優より大きくすること。

宇宙のあと、わたしはふたたび水中にもどり、チャック・グリフィスの脚本でアライド・アーティスツの映画『巨大カニ怪獣の襲撃』'57を撮影した。ある科学者のグループが行方不明になった同僚の探検隊を探しに、太平洋の孤島へ行く。探検隊は巨大蟹――やはり核実験による放射能汚染から生まれた突然変異動物――に食べられていた。巨大蟹は人を食べる過程で人間の知性を吸いとっている。それまでの映画では、モンスターは小型潜水艇や洪水や炎にやっつけられた。今度は電気だった。

ハリウッドの特殊効果専門の会社につくらせた巨大蟹はかなりほんものらしく見えた。幅が十五フィートもあり、各部がワイヤでつながっていた。のちにテレビの『ペイトン・プレイス物語』(註8)に主演したエド（エドウィン）・ネルソンが蟹のなかにはいって、俳優としてのデビューを飾った。ネルソンはこのほか海軍士官の役も演じた。特機係のチャック・ハナワルトやほかの撮影スタッフが支柱を支え、ネルソンが内側から操作して蟹を動かした。撮影がおこなわれたのは、海に切りたつ断崖のある美しいレオ・キャリロ海岸だった。

★ビーチ・ディッカーソン

ぼくの役は、海岸にやってきて蟹に食べられる科学者でした。エド・ネルソンといっしょに蟹もやりました。ロジャーの映画では、役がひとつなんてことは絶対ないんです。撮影班の連中が大きな蟹を運んできたので、ぼくは「どうやって動かすんだい？」と訊きました。でも、だれもどうやればよいのかわからない。蟹は張り子で、ピアノ線で爪が動かせるようになってました。それでぼくがいったんです。「だれかが、このろくでもないもののなかにはいって持ちあげなくちゃ。それには人間がふたりいるな」って。エドとぼくが背中あわせで腕を組んでなかにはいって、たとえば北へ行くときにぼくがリードして、反対側のときはエドがリードする。東のときはぼくで、西のときはエド、そうすれば蟹を歩かせることができると思ったんです。

★チャック・グリフィス

この蟹の映画の話を持ってきたとき、ロジャーはこういいました。「どのシーンにもサスペンスかアクションをいれてくれ。いつも、観客に何かがおこりそうだという感じを持たせろ」ですから、どのシーンにもサスペンスとアクションを入れました。いつもわたしはロジャーとはあまり相談をせずに、二、三週間で脚本の第一稿を書きあげました。ロジャーはそれを読んでいうんです。「もうすこしきっちりしよう」そこでわたしは何カ所かに手をいれて、前より広い行間をとってタイプを打ちなおします。全体の分量を減らしておけば、ロジャーは満足します。

わたしはこの脚本を書くすこし前にジャック＝イヴ・クストー(註9)の一作目の映画を見て、とても気にいっていました。それでロジャーに話したんです。「百ドルで水中のシーンの監督を請け負うがどうだろう？」とね。ロジャーは値段に飛びつきました。わたしがダイビングのことも監督のことも、何も知らないなんてことは考えもしなかったんです。何週間かたってロジャーが電話してきました――たしかハワイにいてほかの映画を撮影していたんだと思います――そして、わたしの家へ行くよう俳優にいうから、ダイビングを教えてやってくれというんです。教えられるわけがありません。

わたしはあわてて、機材を運んでくることになっていたヘイズに電話しました。彼はダイビングができたんです。それで彼にたのみました。「ほかの連中よりさきに来てくれ。彼はダイビングを教えてほしいんだ」そしていっしょにダウンタウンのホテルにあるオリンピック・サイズのプールへ行きました。ヘイズはまずわたしに教え、そのあとみんなにも教えてくれました。わたしが初めて監督をつとめたマリンランドでの撮影は、たいへんな騒ぎでした。発泡スチロールを詰めた張り子の蟹をアルミの枠にのせて沈めることにしたんです。でも蟹がどうしても沈まず、すぐに浮いてしまうんです。ロジャーが見ているのを気にしながら、蟹が水の上に出てこないように、石や鋳物や人間をつぎつぎに蟹の上にのせなければなりませんでした。

製作費七万ドルの『巨大カニ怪獣の襲撃』は百万ドル以上になってもどり、ホラーに笑いを混ぜるやり方の成功を証明した。このころのわたしは映画をたくさんかかえすぎていて、撮影、編集、企画などいろいろな仕事が同時に進行していた。休暇は問題外だった。そこでわたしは次善の策をとることにした。一カ月間ハワイに滞在できるように、ハワイで撮る映画の話を二本決め、それぞれを二週間で仕上げることにしたのだ。一本目の作品のプロデューサーはルドウィグ・ガーバーという弁護士で、彼は脚本を持って、わたしに監督を依頼してきた。話の舞台は南太平洋だった。

ＡＩＰのジムとサムはこの話をきいて、ＡＩＰ用にも一本撮ってくれといってきた。彼らはこういった。「双方でコストを分担すれば、費用が半分ですむ。きみは四週間ハワイにいて二本を撮る。そうすればどちらも飛行機代や機材やコストが半額ですむ」

「よし、決まった」わたしはそういって出発した。

　わたしは月曜にルドウィグの映画『鮫の呪い』'57（日本ではテレビ放映）の撮影をはじめ、二回目の土曜がまわってきたとき撮影を完了した。日曜一日を休み、月曜には『裸の楽園』'57の撮影にはいり、やはり二回目の土曜がまわってきたとき撮影を終えた。ＡＩＰの映画の撮影中、ジムとサムが休暇をとって家族づれでハワイにやってきたので、サムにも役をふりあてた。アロハ姿で葉巻をふかす金持ち農園主の役で、一行だけせりふがあった。

　ふたつの作品のなかでは、ＡＩＰの作品のストーリーのほうが伝統的な南海のアドベンチャーものに近かった。リチャード・デニング（註10）がヨットの船長役を演じた。地元の農園を襲った一団が船長のヨットをチャーターする。船長は客が悪者だとは知らない。悪者たちは実をくりぬいたパイナップルに奪った現金を隠していた。ビヴァリー・ガーランドがギャングのボスの助手、ディック・ミラーとジャッキー・ヘイズがギャングの手下だった。ミラーとヘイズがいくつか滑稽なシーンを演じた。

　わたしたちが滞在したのは、ハワイ諸島のなかでもおそらくもっとも景色の美しいカウアイ島にあるココ・パームズ・ホテルだった。わたしはつねに世界各地の天候パターンがわかる航空機パイロット用のハンドブックを手元におき、ロケに出かけるときはかならず

『美女とエイリアン』のポール・バーチ。

『鮫の呪い』。左からドン・デュラント、ビル・コード、リサ・モンテル、ジーン・ガーソン。

『巨大カニ怪獣の襲撃』の張り子の蟹。

それを参照した。この本に助けられることは多かった。ハワイのロケのときも、雨期までにはまだ一カ月あり、それを知って数週間の余裕を見た日程を設定していた。ちょうど一カ月後、ユナイテッド・アーティスツでずっと大型の映画を製作していた知りあいのプロデューサーが電話をかけてきた。カウアイ島のセットが大雨で全部流されてしまったという。「きみは運がよかったよ」と彼はいった。「こっちは五十万ドル以上の予算超過だ。それなのに、カウアイで撮影を終えたばかりのきみは完璧な天候に恵まれたという話をきいてね」気の毒で、こちらのロケがうまく行った理由を説明する気にはなれなかった。

しかし二十年後、長年の友人、フランシス・コッポラ(註11)には、『地獄の黙示録』'79のフィリピン・ロケを中止するようにと、いわずにいられなかった。彼が電話してきたのは四月だった。「あなたはフィリピンで撮影をしたことがありますよね」フランシスはいった。

「二週間後に出発するんですが、何か忠告はありませんか?」

「フランシス、わたしの忠告は、行くな、だ」

「しかし何カ月もかけて準備をしてきたんですよ」

「雨期の最中に行くことになる――雨期は五月から十一月までつづく。そのあいだにはだれも撮影なんてしないんだ」

「もう変更はできませんよ。いつも雨がふってる映画になるってことです」彼は出発し、そしてセット全部が水に流されるという目にあった。

わたしはハワイでの映画もそれぞれ十万ドル以下で完成させた。エアロジェットやジャガーのときとおなじように、ココ・パームズも映画にホテル名をいれるという条件で、宿泊費の大幅な値引きをするといってくれた。もちろん、わたしは同意した。

山、火山、さとうきび畑、海、熱帯のおいしげった緑――エキゾティックな舞台はパテカラーの映画にすばらしい背景を提供してくれた。しかし、わたしなりの工夫もした。

大きな火災シーンを撮る必要があった。さとうきび畑では、茎が樹液をためこむように定期的に畑に火をはなち、不要な茎や葉を燃やす。わたしはそれにタイミングをあわせ、十万ドルの映画では絶対にできない壮大な火災シーンを撮影した。

また『裸の楽園』では死ぬ演技までした。アロハ・シャツを着て農園の監督になり、事務所に押しいったヘイズに机にむかったままの姿勢で刺し殺されたのだ。ロケの場所が遠くはなれている場合、端役用の俳優をハリウッドからつれていくことはできない。そのため、撮影班のメンバーやわたしが端役を演じることがよくあった。

★サム・アーコフ
わたしは内心では、カタリナで撮影をすれば、もっと安くあがるだろうと考えていました。でもハワイのロケは魅力的に思えました。そこでジムといっしょに妻や子供たちをつれて行ったんです。そうしたらロジャーに、エキストラをやるため撮影現場にくるようにいわれました。ロジャーがわたしの役にせりふがあるというので、わたしはいいました。「できないよ。一回だって映画に出たことなんかないんだ」でもロジャーにはさからえません。いまでも、たったひとつのあのせりふをおぼえていますよ。「今年の収穫も上々だった。金は金庫にいれてある」です。重要なせりふです。あとで悪者たちがその金庫をねらって押しいり、ロジャーを殺すわけですから。でもそのあとは、だれもわたしに映画に出ろとはいわなくなりました。

あのころのロジャーは独身で、ハンサムで、しかも感じのよい青年でした。ビヴァリー・ガーランドとつきあっていました。ロジャーのいちばんの興味の対象は映画づくりでしたが、ほかの正常な衝動もたしかにあったわけです。それでも彼がつきあうのは、いっしょに仕事をしている女性にかぎられていたようです。手近なところで相手をみつけていました。女性を探したり、口説いてつきあったりすることに時間を使わなかったんです。ビヴァリーとはハワイへむかう飛行機がいっしょでした。ビヴァリーが出るのはふたつめのほうの映画でしたから。ハワイののどかな環境でロジャーに会うのをとても楽しみにしていましたよ。しかしロジャーは一度映画にとりかかると、とくにプロデューサー兼監督の仕事をしているとなると、働くばかりですこしも遊びません。夜、一日の撮影が終わったあとも、準備や、さまざまな問題を解決する仕事があります。わたしの記憶によれば、彼がビヴァリーとすごした時間はきわめてかぎられていました。映画づくりにとりかかると、ロジャーはとりつかれたようになってしまうんです。

★ビヴァリー・ガーランド

ロジャーはとてもシャイで、集中力があって、そして魅力的な、コンピューターのような頭脳を持ってたわ——いまでもそうだけど。わたしはそれにあこがれたの。とても頭のいい女の子でなければ、ロジャーとはつきあっていけないわ。ロジャーはそばに人がたくさんいるのがあまり好きではなかった。わたしはロジャーにまいってて、ロジャーのほうはわたしが彼の考えについていけるって、頭の回転が速くて話がおもしろい女だってほめてくれた。でも、そこからなにも生まれなかったのよ。いっしょに食事に出かけたり、自転車に乗ったり、部屋探しをてつだったりはしたわ。それが恋に発展しなかったのは、わたしがちがうものを求めていたからよ。ロジャーにはピューリタン的なところがあって品行方正だった。わたしは品行方正でいてほしくなかったのよ。女性に愛想がよかったかって？　いいえ、オマー・シャリフ・タイプではなかったわ。彼は映画を撮っているときがいちばん幸せだったのよ。

ＡＩＰは十代の若者にむけた映画づくりをはじめた。時の流行や現実逃避をテーマにした映画だった。ドライブ・インの普及に助けられて、反抗する若者たちという新しいマーケットが誕生していた。大手映画会社はテレビのせいで映画の観客層が変わったことに長いあいだ気づかずにいた。気づいてはいたが、気にしなかったのかもしれない。しかしジム・ニコルソンは、映画の観客が十三歳から三十歳ぐらいまでの若い人間だということ、とくに十代や二十代初期の若者が大多数だということに早くから注目していた。理解しがたいが、大手映画会社は、若者向けに映画を夏休みに公開するという商法を採用するのに、十五年もの歳月を要した。しかし、ジムとサムは早い時期から、そうした方法を考えていた。

この系統の映画として、わたしは一九五七年に、ＡＩＰのために『ごろつき酒場』'57と『ソロリティ・ガール』'57を、ハウコ・インターナショナルのために『カーニヴァル・ロック』'57を、アライドのために『ティーンエージ・ドール』'57を監督した。どれもモノクロで長さは六十分から七十五分だった。『ティーンエージ・ドール』をプロデュースしたのはルイジアナ州にドライブ・イン・チェーンを持つバーニー・ウールナーだったが、公開はアライド・アーティスツをとおしておこなわれた。バーニーが持ってきたアイデアをチャック・グリフィスが脚本にしたもので、不良少女グループのメンバーになった女の子の話だった。この少女は不良少女グループ同士の喧嘩で、相手のグループの少女を殺してしまう。そして死んだ少女の仲間に、復讐のために追いまわされることになる。『ティーンエージ・ドール』で、わたしは初めてロケのトラブルを体験した。ウェスト・ハリウッドで夜間撮影をしているときだった。撮影現場のとなりに年寄りの女性が住んでいて、ちょっとした金をせびろうとしたのだろう、自分の家のスプリンクラーをまわして水をまきはじめた。そしてスプリンクラーをとめるのなら、その手間賃を払え、水がたりずに芝生が枯れる分の補償金も出せといってきた。

助監督がわたしの返事をその女性につたえた。ひと晩じゅう水を出しつづけてくれるなら、水道料をぜひ負担させていただきたい。なぜなら背景にすばらしい視覚的効果が得られることがわかったので。ただし、いくつもカットを撮るので夜のあいだずっと水がでていなければ困るのだと。彼女は助監督の顔の前でドアをしめ、そしてこちらが水を出しておいてほしがっていると思いこみ、スプリンクラーを止めた。わたしはスプリンクラーに邪魔されることなく撮影をすませた。

才能にあふれたブルネットの美人、スーザン・キャボット(註12)は『カーニヴァル・ロック』

で恋の三角関係におちいる歌手を演じ、その後わたしの映画の常連出演者となった。AIPが打ちだした学園もの路線にしたがって、わたしはスーザン・キャボットを主役にして『ソロリティ・ガール』を撮った。スーザンは、スタニスラフスキー・システムの演技訓練をうけた女優だった。『ソロリティ・ガール』には、家で彼女と母親が話をする重要なシーンがあり、わたしはまずふたりのすばらしいロング・ショットを撮った。しかしクローズアップにとりかかったとき、スーザンは内面の感情が消えてしまったといった。ペースをまちがえて、わたしが求めている強い感情の表現ができなくなったというのだ。

この経験から、わたしは監督としての技量の向上のため、俳優や演技法についてもっと勉強をしたほうがいいと考えた。そして『ソロリティ・ガール』の撮影が終わるとすぐに、優秀な演技コーチ、ジェフ・コーリーのクラスに通いはじめた。初めはただ行って授業の様子を観察しようとしたが、ジェフはそれではだめで、わたし自身がみんなといっしょに授業をうけるならよろこんで迎えるといった。ジェフのいうことは正しかった。わたしはジェフのクラスで才能ある人たちに大勢出会い、そしていっしょに仕事をした。最初に出会ったのはジャック・ニコルソン(註13)で、やがて彼はわたしの映画の出演者となった。また脚本家や監督として有名になる前のロバート・タウン(註14)とも知りあった。わたしはジェフのクラスに週一度、二年間通いつづけ、貴重な訓練をうけた。

ちょうど『ロック・アンド・ロール／狂熱のジャズ』(註15)'56がヒットしたころで、ＡＩＰは流行に乗りたがっていた。わたしも前々からロックンロール映画を撮りたいと思っていた。しかしＡＩＰの連中は流行にのるのをとにかく急いでいたので、わたしには脚本を一から練る時間がなかった。このすこし前、わたしはテレビでバーを舞台にした『リトル・ガイ』という三十分ドラマを見て、よくできていると思っていた。そこでバーをロックンロール・クラブにかえ、音楽をくわえたらよいものができるのではないかと思いついた。さっそく『リトル・ガイ』の権利を買いとり、チャック・グリフィスに依頼してもとのストーリーや構成や会話の一部を生かし、脚本を書きなおして内容をふくらませた。

その結果できあがったのが『ごろつき酒場』で、この作品もまた、ほとんどすべてがアルズ・プレイスというロック・クラブのなかでおこる「限定された設定」のドラマだった。七日間で撮影がおこなわれたが、ややこしい問題が生じた。ＡＩＰはプラターズを出演させる契約を結んでいた。プラターズは歌を歌うだけでなく、映画の全編に登場することになっていた。しかしスケジュールどりのミスで、プラターズはツアーのためハリウッドに来ることができなかった。そこでわたしたちはあわてて脚本を書きなおし、プラターズの出演箇所をひとつにして、残りの部分を七日間で撮り終えた。そのあと彼らの体があくのを待って、やっとスタジオで、録音ずみの二曲に口をあわせて歌うプラターズを一日で撮影した。

この作品では、ディック・ミラーが主役のショーティを演じた。ショーティはまわりにうまくなじめずに皮肉なことばかりいっているタイプの人間だ。しかしそのショーティが、クラブにたてこもった殺人者をことばで挑発して武器を捨てさせ、人質となっていた客たちの命を救う。そして最後は女の子――アビー・ダルトン(註16)が演じるまだ自信のない若いシンガー――まで手にいれ、いっしょに大好きな映画『キング・コング』を見にいく。これもまた、わたしの映画にくりかえし登場する「小男《リトル・ガイ》」をテーマにした典型的な作品だった。さらに、『原子怪獣と裸女』とおなじように、異常な状況下でひとつところにとじこめられたさまざまなタイプの人間たちの心理的緊張を描写するよい機会でもあった。

一週間で撮影を終わらせるために、わたしは昼にすこし休憩するだけで夕食時まで撮影をつづけた。それから手早く夕食をすませ、翌日の撮影の準備や製作上の問題の解決をし、数時間寝るだけで、つぎの一日がはじまった。ポール・ブレイズデルは、わたしのことを港の労働者のようによく働くといったことがある。

デヴィッド・リーンのような監督が大作をつくるときには、撮影に八カ月から十カ月かかるというのはほんとうのことだ。友人の優秀な若手監督が、パラマウントでビリー・ワイルダーの撮影現場を見学したときのことを話してくれた。大型予算を組んだジャック・

『悪魔と魔女の世界』
のパメラ・ダンカン。

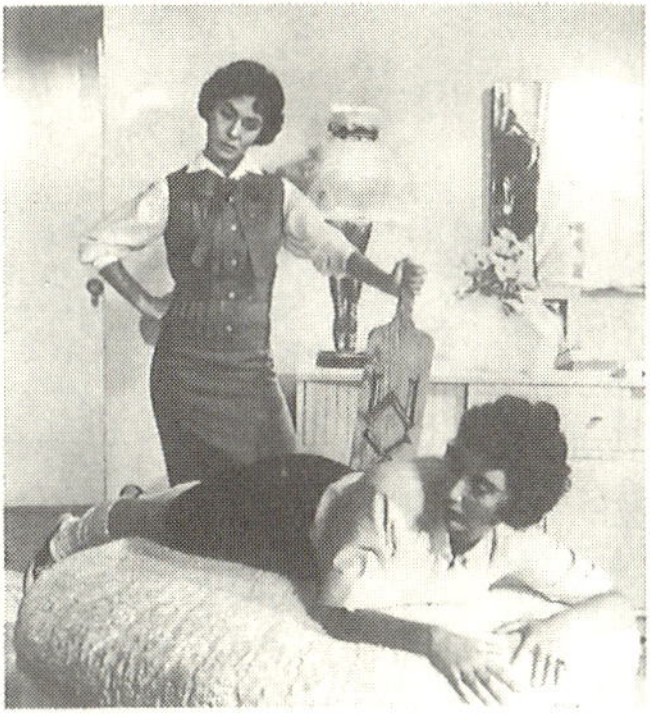

『ソロリティ・ガール』のス
ーザン・キャボット（左）と
バーバラ・オニール。

『クライ・ベビー・キラー』のジャック・ニコルソン。

レモン主演の映画だった。この巨匠の撮影の模様を見てまわったわたしの友人は、昼休みに自分の映画の現場にもどった。そしてだれかにどうだったかと訊かれて答えた。「午前中いっぱいをかけて、レモンのクローズアップに照明をあてていたよ」

『第二の記憶――前世を語る女ブライディ・マーフィ』(註17)（モーレー・バーンスティン著、万沢遼訳、光文社刊）がベストセラーになったことにも見られるように、一九五〇年代なかば、いっとき再生というテーマが大流行した。わたしはすばやくブームに対応して、チャック・グリフィスに〈ダイアナ・ラヴのトランス経験〉という脚本を書かせた。しかし映画公開時にはすでにブームはすたれ、そのため映画名を『悪魔と魔女の世界』'57（日本ではテレビ放映）と変えた。前世について研究する心理学者に雇われた女性、ダイアナにはパメラ・ダンカンが扮した。催眠状態におちいったダイアナは前世の姿をよみがえらせ、中世にギロチンにかけられて殺された魔女、ヘレーナとなる。

撮影は、サンセット・ブールヴァードにある店じまいをしたスーパーマーケットに小さなセットをつくっておこなわれた。製作費は七万五千ドル、撮影はとても楽しいものだった。時代考証をとりいれた効果もつけくわえた。屋外ロケには、ビヴァリー・ヒルズの「魔女の館」として知られる一九三〇年代に建てられたすばらしい家を使い、近所の家並みがフレーム内にはいらないよう気をつけて撮影した。屋内につくった戸外のセットには中世の雰囲気を再現し、たくさんの木を運びこみ、コンクリートの床には土をまき、背景には霧を用意した。また大手映画会社が使うのとおなじレンタル会社から衣裳や小道具を借りた。俳優のひとりが見せてくれたシャツの内側には、タイロン・パワーというラベルがついていた。

★メル・ウェルズ

この作品は中世を舞台にした怪奇映画で、霧を大量に使ったんだ。霧をつくるのにタール重油を使うせいで、いつもむせて窒息しそうだったよ。おまけにこの霧のおかげでコンクリートの床がすべりやすくてね。墓掘りに扮したわたしがひいている馬が足をすべらしそうになった。そこでわたしと馬が動くかわりに、霧を流れさせて動いている感じをだしたんだ。

あのころのロジャーは驚異的だった。あんなに速く、あんなにたくさん映画をつくっている人間はいなかった。十五分で撮ろうというときには、不充分なところはたくさんあるし、気も短くなる。だが、ロジャーは熱心に、そして真剣に映画をつくっていた。それに問題が発生したときには、強い決断力を発揮した。こまかいことや礼儀や気づかいやほのめかし、そんなものに時間を使っていられないときに、なにがたいせつかを見きわめて、ことを進めるやり方ってものを知っていた。短い時間にたくさんのことをやるせいでトラブルがあっても、それがくりかえされることは絶対になかったよ。

一九五七年の後半には、ソヴィエトのスプートニク衛星打ちあげというセンセーショナルなニュースに便乗した。特殊効果の専門家で自分で会社をやっているジャック・ラビン(註18)がわたしのところにやってきて、スプートニクから思いついたというストーリーのアイデアを話し、特殊効果も自分でやりたいといった。いい話のように思えたので、わたしはその場でアライド・アーティスツの社長に電話をし、人工衛星の映画を十日間の撮影でつくり、四週間以内に編集を終え、二、三カ月後に公開することができると話した。社長はわかった、すすめてくれ、といった。どんなストーリーかと訊きもしなかった。まだストーリーなどできていなかったのだから、こちらにとってもそのほうが都合がよかった。

わたしはジャックと彼の共同経営者のアーヴィング・〝ブリッツ〟・ブロック(註19)のアイデアをまとめ、ストーリーを組みたてた。恐ろしいエイリアンが、宇宙探検をやめろと地球に警告を送ってくるというストーリーだった。わたしは脚本を依頼し、その第一稿をもとに二週間ですべての撮影準備をととのえた。

『人工衛星戦争』'58の撮影には十日もかからなかった。人工衛星がどんな形をしているのかさえ、知っているものはいなかった。わたしがこんな形だといえば、それが採用された。

多忙な一九五七年の終わり、わたしは最新のニュースから一足飛びに九世紀の時代に逆もどりし、ＡＩＰの映画、『女バイキングと大海獣』'57（日本ではテレビ放映）の製作、監督をした。この野心的すぎるともいえる古代スカンディナヴィアのものがたりは、撮影が終わってもまだタイトルが決まっていなかった。ＡＩＰはいつも公開作品に短くておぼえやすいタイトルをつけていたが、この映画に関してはだれも、複雑な内容を短くあらわす適当なことばを思いつけなかった。そこでわたしは逆の方法を使った。タイトルを『バイキングの女たち、そして巨大海蛇の海域への航海の伝説』としたのだ。

わたしはこの作品で貴重な教訓を得た。すばらしい特殊効果に関する売りこみの演出にだまされるな、ということだ。特殊効果とマット・ショットの専門家であるラビンとブロックのふたりが映画のアイデアを話しにきた。ローレンス・ルイス・ゴールドマンが書いた脚本を持ってきて、自分たちが特殊効果を担当したいといってきたのだ。ストーリーは、大渦にひそむ魔物に戦いを挑んで海に消えた男たちをさがすため、バイキングの女たちが帆船の航海をする冒険ものがたりだった。

特殊効果を説明するためふたりが用意した絵は強烈な印象をあたえた。美しくて、とてもすばらしかった。脚本はとくによくできているわけではなかったが、ふたりは熱心だった。「利益の歩合で払ってくれればいい」彼らはいった。「ほかには特殊効果の分の材料費だけもらえれば、すごいものをつくってみせる」

わたしはジムとサムに、多少の不安があって自分の金をつぎこみたくはないが、そちらが資金を用意するなら映画を撮ってもいいと話した。ジムとサムは説明用の絵を見た。絵を見るかぎり、二百万ドルの金をかけたような豪華な映画になりそうだった。ふたりは七万ドルから八万ドルの予算を組んだ。ジムもサムも、そしてわたしもあまりに世間を知らなかった。

わたしは十日間で撮影を終えた。撮影はほとんどがアイヴァーソンズ・ランチとブロンソン・キャニオンを北欧の荒れ地に見立てた屋外ロケだった。撮影はトラブルの連続だった。アイヴァーソンズ・ランチで、わたしは一日のカメラのセット回数七十七回という最高記録を打ちたてた。狂ったように、わたしは撮りつづけた。それでも、この映画は十日間で仕上げるには膨大すぎた。『あらくれ五人拳銃』や『ごろつき酒場』のような限定された設定のストーリーなら、十日で撮りおえることができる。しかし女バイキングと海蛇の怪物のものがたりではむずかしい。

最初のトラブルは、海のロケに出かける日におこった。主役の女優がいなくなったのだ。彼女は以前は大手と契約をしていた女優で、初めからインディペンデント映画への初出演には乗り気でなかった。主役は急遽、アビー・ダルトンに変わった。

★ジャック・ボアラー

わたしたちは午前六時に、ある通りの角で待ちあわせ、パラダイス・コウヴへ行くバスに乗ることになっていました。機材はもう目的地にむかっていました。待ちあわせていたのは、肌もあらわな革製のバイキングの衣裳をつけた女の子四人とエージェントがひとり、それにわたしです。わたしは助監督でした。そのエージェントがどうしても、主役の女の子の出演を承諾しないんです。自分が大スターをかかえていると思っていたようです。ロジャーに圧力をかければ、もっと金をひきだせると判断したのでしょう。大きな間違いでした。わたしはロケ地にいるロジャーに電話をかけました。ロジャーはいつも、みんなより一時間早くロケ地に行くんです。そして状況を説明して、どうしたらいいかをたずねました。「アビーを主役にしろ」ためらいもせずにロジャーはいいました。「女の子の役をひとつずつつくりあげろ。バスが海岸へ着くまでにせりふをおぼえさせるんだ。エージェントには、失せろといってやれ」

「ひとつずつつくりあげると、最後の役が残ります。どうします？　主役の妹の役ですが」

「アビーの妹を使え。どっちみち、エキストラで現場に来ることになっている」

特殊効果を撮影する段になって、わたしは大きな失敗をおかしたのに気づいた。しかし根は正直でまじめなジャックとフリッツを責める前に、自分を責めるべきだった。彼らはただ、自分たちにはできないことをできると思いこんだだけなのだ。うまい売りこみが、わたしやAIPの連中の判断力を鈍らせた。何度か似たような経験をしたあと、わたしは口頭での提案をうけつけないことにした。人の話をきくのをやめたのだ。そのかわりに、タイプを打って書類にし、脚本かそれにかわるものを送れということにした。部屋に大きな絵を並べられるのは――もうこりごりだ。

わたしが失敗に気づいたのは、女の子たちが海で嵐におそわれるシーンをリア・プロジェクションを用いて撮影しているときだった。スタジオには揺り子にのせたつくりものの船が用意され、そのうしろに半透明の投影用スクリーンが立っていた。そのスクリーンに、嵐の海から出現して船をおそう海蛇を映した背景用フィルムが投影された。

しかし、背景フィルムがおかしな角度から撮影されているため、前の女性たちとうまく組みあわせられないのがわかった。もうひとつ、海蛇が小さすぎた。わたしはこう思った。たいへんだ、十日でなんて絶対に終わらないぞ。海蛇は三十フィートの長さがなければならない。特殊技術を必要とするので、このスクリーン・プロセスはそれまでほとんどやったことがなかった。それでもわたしは最善をつくした。ふたりの特機係にホースを持たせて前にたたせ、スクリーンに映った水の様子にあわせて水を飛ばし、また、船を揺らしたり女の子たちを動かしたりして、背景フィルムから注意をそらさせた。画面をかなり暗くして、はっきりと見えないようにもした。

★アビー・ダルトン

ロジャーが渓谷の撮影で記録をつくったときは、ものすごい速さでどんどん撮っていったので、あるショットでは背景にいるバイキング役の女の子がサングラスをかけたままで映っていました。だれも気がつきもしなかったんです。

プロセス・ショットはとてもたいへんでした。ほら穴のようなスタジオで、スタッフが船を揺らし、濡れたバックスキンのバイキングの服を着ているわたしたちにホースとバケツで水をかけつづけました。ショットのあいまに、撮影スタッフはわたしたちがこごえ死なないようにブランディをのませました。夕方には疲れきって、歩くのがやっとでした。

ブロンソン・キャニオンの撮影では、ある男優が岩だらけのきつい斜面をかけのぼることになっていました。その男優はロジャーに、できないといいました。「ばかをいうなよ」ロジャーは激しい調子でいいかえしました。「できないことなんてない」そして台本をおくと、自分で斜面をかけのぼったんです。ロジャーはそんなふうに、絶対投げださないんです。一ドル九十八セントのフィルムで大金を稼ぐことができるのが映画です。でもそれはつらい仕事で、そして決してきれいな仕事ではありません。

ロジャーとは、一年ぐらいのあいだときどきデートをしていました。彼はおもしろくて、とてもすてきなデートの相手でした。背が高くて肩幅が広くて、それにとてもハンサムでした。笑顔がすばらしくてユーモアのセンスもたっぷりありました。わたしたちはいっしょにドライブにでかけたり、海岸で夕食をとったりしました。彼はとても思いやりがあってやさしかったんです。ロジャーが自分の家を持っていたので、わたしはすごいと思いました。ビヴァリー・ヒルズのとてもすてきな近代建築の家でした。

もちろん、彼との結婚を考えたこともありますが、そうはなりませんでした。おたがいのためにならないのが、どちらにもわかっていたのだと思います。どちらもそこまで相手にのめりこむことはありませんでした。彼の心に訴えるものが、わたしになかったのかもしれません。ロジャーは五、六人の女優とデートしていました。わたしもほかの人とつきあっていました。ロジャーは映画だけでなく、自分の人生をどうしたいのか、その設計図をはっきり心に描いている人間でした。彼が求めていたのは、わたしのような女ではありません。わたしでは気ままますぎます。彼が求めていたのは協力者、二本の足をしっかり大地につけた女性でした。彼は自分の求めているものを見きわめるのに、感情を介在させたりはしません。いつも自分の立場をはっきりさせていました。彼は映画をつくろうとしている、そしてお金持ちになろうとしている。それがはっきりわかりました。ロジャーはスタンフォードを卒業していて、いつもボタンダウンのシャツを着て髪は短く、かなりの堅物タイプでした。そしてとても精力的で強い意志を持っていました。わたしが会った初めてのヤッピーといえるかもしれません。

とても忙しく、そしてとても疲れる二年間だった。その二年間の終わりに、わたしはすこし休まなければならないと感じた。つぎは、わたしのプロデュースで『クライ・ベビー・キラー』’58を十日間で撮る準備をすすめていた。製作担当はデヴィッド・クラマースキー[註20]にまかせることにしていたし、撮影開始までに五週間あった。そんなときAIPから電話があり、オーストラリアにいってロケ地を探し、あるプロデューサーに会ってこないかといってきた。ちょうどよい休暇になりそうだった。

AIPはオーストラリア往復のファースト・クラスのチケットを用意してくれた。わたしは旅行会社に電話をかけ、ファースト・クラスのオーストラリア往復のチケットと世界一周の一般チケット――フィジー、シドニー、東京、マニラ、バンコク、ラングーン（現ヤンゴン)、ニューデリー、カイロ、そしてヨーロッパを経由してアメリカへ帰るチケット——の差額を訊いた。差額はわずか三十ドルだった。わたしは三十ドルを払い、一カ月の世界一周の旅に出発した。

5　章

最初の滞在地はフィジーの首都スヴァで、わたしはコロレヴ・ビーチ・ホテルに宿泊した。ある日スキン・ダイビングのインストラクターといっしょに珊瑚礁へ泳ぎにいったとき、そのインストラクターがわたしに首狩り族の一員になりたくないかと尋ねた。彼は首狩り族だった。

彼の仕事が休みだったつぎの日の午後、わたしは彼につれられて山をのぼり、草ぶきの小屋がいくつか建っている場所へ行った。日没のあと、わたしと彼は黒いちぢれ毛をしたほかの人たちといっしょに火をかこんだ。みんなメラネシア人だったが、ちゃんとジーンズとスポーツ・シャツを身につけ、テニス・シューズをはいていた。ひょうたんのような容器にはいった茶色の液体が出されて、わたしをそこへつれていってくれた男が「飲みなさい」といった。いわれたとおりにするわたしをみんながみつめ、部族のことばでなにかつぶやいた。これで首狩り族の一員になる儀式は完了した。わたしは、部族が島をとりもどす反乱をおこしたとき、島にもどって兄弟たちといっしょにイギリス相手に戦うことを誓わされた。

シンガポールは、もっとずっと洗練されていた。わたしは極東の有力なプロデューサー、ショウ兄弟（註1）に会った。香港を拠点にするランランと、シンガポールに住むランミーだ。ランミーは東洋の贅をつくした大邸宅に住んでいて、わたしはそれまでに食べたことのないほどすばらしい食事のもてなしをうけた。

東京に到着した日の夜、わたしは帝国ホテルにチェック・インしたあと、街を歩いてみた。道に迷ったようだったが、それでもホテルにもどれる自信はあった。そのとき一台の車が止まり、アメリカ人と日本人のふたり組がおまえを逮捕する、車に乗れと命令した。ふたりは自分たちは東京の刑事とアメリカのMPだといった。「そんな車には乗れない」わたしはいった。「あんたたちのいうことがほんとうかどうかわからない。制服を着ていないし、わたしを車につれこんで金をとって殺すつもりかもしれない。絶対にいやだ」

MPは書類をだして見せた。「にせものでないという証拠はない」わたしは納得しなかった。「車には乗らない」MPはわたしが手配中の脱走兵にそっくりなのだといった。「だが南部訛りがないし、話しかたも兵隊のようじゃないな」MPはつづけた。「しかし、ここは東京でもいちばん危険な一帯だ。軍を逃げだしたような人間がくる所だ。忠告するが、まっすぐ帝国ホテルにもどり、このあたりには近づくな」

　バンコクはわたしが知っているどの都市よりも、ずっとエキゾティックで刺激的でユニークだった。大きなホテルやバーには、アジアのエメラルド鉱山を夢見て国を出てきたアメリカ人たちがたむろしていた。地元のプロデューサーが自分の作品を上映している映画館につれていってくれたとき、わたしはおもしろいものを見た。バンコクにはまだトーキーがなく、彼らはサイレント映画をつくり、映画館にある専用ブースに声優をたたせ、画面にあわせて台本のせりふをいわせていた。しかし声優はニュースなどにあわせて毎日せりふを変え、そのため筋書きもすこしずつ変わる。バンコクでは、この声優たちが映画スターとおなじぐらい人気があった。

　このあと、わたしは「ビルマの地獄」といわれる評判の真偽をたしかめたいというおかしな理由でラングーンに足をのばした。上下水道が完備しているのがあたりまえという贅沢に馴らされた傲慢なアメリカ人たちが、大げさにそんな評判をたてているだけだと思っていたのだ。しかし、評判はほんとうだった。ラングーンはそれまでに見た最悪の街で、わたしは早々に逃げだした。環境設備が整っていなくて不潔だというだけでなく、軍隊が全体主義的な統制をしている自由のない場所だった。ラングーンではすることも、行くところもなかった。いくつかある名所の仏教寺院もタイのものとくらべると魅力に欠けた。

コルカタのほうがましだろうとわたしは考えた。

コルカタは信じられないほど貧しく、大勢の人が家族もろとも路上で生活していた。わたしはガイドをひとり雇ったが、ガイドが考える観光名所とは、「ガート」と呼ばれる死んだ人を焼いて灰を川に投げこむ場所だった。長いコンクリートの坂が、上のアーチから川までつづいていた。わたしたちはアーチをくぐり、坂を下った。途中に人形《ひとがた》にかたどられたコンクリートの台があった。その台に死体をのせて燃やすのだとガイドが教えてくれた。左側を見ると、女性の死体が炎に包まれていた。火をつけたばかりらしく、髪と顔の形がはっきりと見てとれた。わたしは顔をそむけて川へおりた。

ニューデリーの通りでは、白いターバンを巻き、長いひげを生やしたシーク教徒の読心術師がそばにやってきた。すこし話をしたあと、その男が唐突にいった。「D・Kに気をつけろ」

「D・K？　D・Kという人は知らないな」わたしはいった。

「D・Kに気をつけろ、それだけだ」読心術師はゆっくりとくりかえした。何の意味もないことのように思えた。しかし数週間後LAにもどったわたしは、『クライ・ベビー・キラー』の脚本が「補正」されたという話をきいた。おかしな話だった。出発するときに見た脚本は充分よくできていたのだから。留守中に、脚本家のレオ・ゴードン(註2)に補正を依頼したのは、アシスタントのデヴィッド・クラマースキー――わたしが知っているただひとりのD・K――だった。案の定、この映画はわたしにとっては初めての、すぐには利益をあげることができない作品となった。前々から考えていたことだが、脚本の補正などという行為は、話の迫力を弱めてしまうだけだ。この事態をいいあてたあのシーク教徒なら、ハリウッドの大映画会社でさえもうまく経営することだろう。

　タジ・マハールやアグラの郊外のみごとな要塞都市を訪れたあとはカイロに飛び、ピラミッドとスフィンクスを見物した。わたしが滞在したシェパーズ・ホテルは世界を舞台にした冒険と陰謀の中心だった。すくなくともわたしが読んだ本にはそう書いてあった。当時のカイロは刺激的で、たしかに世界最高の都市のひとつといえそうだった。わたしはここでもガイドを雇い、一日の観光を終えたあと、どこへ行けばもっともエジプト的な最高のベリー・ダンスを見ることができるかと尋ねた。「土地の人間が出入りするところへ行く気があるのなら教えますすが」とガイドはいった。「わたしは行きませんよ。街でいちばん危険な場所です」

　ガイドのいうとおりだった。ビールを飲みながら、馬蹄形のカウンターの上で腰をくねくねさせるダンサーをながめて楽しんでいたとき、となりのふたりの男がナイフを出して喧嘩をはじめた。血がとび、みんながあとずさりした。わたしはテーブルに金をおき、袖についた血をふき、急いで店を出た。そして考えた。もうこれでいい。ベリー・ダンスも見たし、ナイフの喧嘩も見た。カイロの下町はこれで充分だ。

そのあとアテネやローマなどのヨーロッパの都市をまわり、わたしはLAにもどった。そしてD・Kの指示で「補正」された脚本で、若いジャック・ニコルソンが主演する『クライ・ベビー・キラー』の製作を進めた。ジャックとはジェフ・コーリーの演技のクラスで知りあっていた。そして主役候補として脚本を読ませたなかでは、ジャックがもっともよかった。この映画は、テレビ放映権の売却と外国への配給権売却が成立したときになってやっと、少々の利益をあげた。このあと、AIPはつづけて犯罪映画をつくれと依頼してきた。わたしはスプートニクのときとおなじように新聞の紙面に題材を求めた。ただし現代の新聞ではなく、マシンガン・ケリーと呼ばれた人物を思いだし、その生涯を調べたのだ。ジョージ・R・ケリーは一九三〇年代にもっとも恐れられた銀行強盗で、当時のFBIは彼を第一の標的にしていた。ケリーはやがて誘拐事件をおこし、最後はおどろくほど弱々しいところを見せて降伏し、逮捕された。

わたしはとくに、ケリーが降伏するときにいったとされることばにひかれた。とりかこんだFBIが大きな声でいった。「ケリー、降伏しろ。でないとおまえを殺す」するとケリーの声がかえってきた。「降伏する」ケリーを逮捕したとき、FBIのエージェントがケリーにいった。「おまえが降伏するとは思わなかった。最後まで戦うと思っていた。どうしてあきらめた？」

「降伏しなきゃ殺されるからだ」そしてケリーは一九五四年に死んだ。

脚本は『あらくれ五人拳銃』などいくつかわたしの映画の脚本を手がけていた優秀な脚本家、ボブ・キャンベルが書いた。ボブが書いた本は人物描写がたくみなすぐれたもので、ストーリーはケリーの人生に実際におこった出来事にもとづいていた。ケリーという人物の特徴は、死に対する極度の恐怖心にあった。そこでわたしはケリーの個性に臆病で不安なところを加味した。恐怖心、そして社会的な意味や性的な意味での自信のなさをかくし、銃をかざして強気な発言と暴力行為をおこない、そういう自分を嫌悪する弱々しい男、ケリー。わたしはこの映画でそうしたケリーの内面をみごとに描写することができたと感じている。

『機関銃ケリー』’58はストーリーもよかったし、アクションもたっぷりあった。しかし、このモノクロ作品の迫力と劇的な色合いは、ケリー役で初めての主役を獲得した荒けずりな個性の俳優、チャールズ・ブロンソン(註3)の演技によるところが大きい。わたしは何度も、貧弱な脚本とへたな俳優という組みあわせに苦しめられたことがある。しかし『機関銃ケリー』はちがっていた。ストーリーは一級、俳優は優秀だった。背後でケリーをあやつる非情な女、フローを演じたスーザン・キャボットもすばらしかった。フローはセックスのことでケリーをなじり、神経をずたずたにしてケリーを泣かせる。ケリーが降伏を決意したときには、ケリーのマシンガンをとってFBIに対抗しようとする。

撮影現場でのブロンソンは弱さよりも強さを感じさせた。わたしは彼とはなかよくつきあえた。ある日、撮影のあいまの休憩に、わたしたちはスパーリングをはじめた。ブロンソンのような図体の大きな男を相手に、どうしてそんな気をおこしたのかはわからない。わたしが右手をあげると、彼はそれに左のパンチをくらわせ、わたしの手をうしろにはねとばした。もう一度わたしが手をあげると、またおなじようにした。そして今度はわたしの腹に、右、左とすくなくとも二十回のストレート・パンチをくらわせた。強くではなく、しかしどれだけの力があるかは充分にわかるだけの強さだった。わたしはいった。「わかったチャーリー、きみはすごいよ。ぼくはそろそろむこうへ行って脚本に手をいれなきゃ」彼が以前ペンシルヴァニア州の炭鉱で働いていて、セミプロのボクサーだったという話を彼からきいたのは、そのときだった。

『機関銃ケリー』はチャーリーの出世作となったのと同時に、わたしの仕事にもよい変化をもたらした。ヨーロッパでは非常に好意的な評価をうけていくつかのフェスティヴァルで上映され、フランスではヒット作品となった。突然、《カイエ・デュ・シネマ》や《ポジティフ》誌上で評論家や映画研究者たちがわたしの作品を研究し、そして賞賛するようになった。わたしは大監督としての扱いをうけ、『機関銃ケリー』はシリアスなアメリカ映画としてうけとられた。フランスの評論家たちにとって、『機関銃ケリー』はテーマを表現し、わたしは発言をし、そこには意義があり、カメラをとおした独自の視覚的スタイルがあるのだった。

当時のアメリカの映画評論は規模の小さい作品をあまり相手にせず、大手映画会社の作品を中心に展開されていた。『機関銃ケリー』に対するアメリカでの典型的な批評は「なかなかよいギャング映画。ふつうの低予算映画よりはよくできている」だった。《ヴァラエティ》誌は「第一級」「すぐれた脚本」と評した。『機関銃ケリー』は国内、海外の両方で成功し、多大な利益をもたらした。

『機関銃ケリー』へのこうした高い評価は、ちょうどわたしが映画づくりの内容をまじめに考えはじめていたこともあって、タイミングがよかった。わたしはあくまで職人であり、自分が偉大な芸術作品をつくっていると考えたことはない。しかし優秀でたしかな技術から、それを超えるものが生まれるなら、芸術の片鱗が生まれるなら、それはすばらしいことだ。とはいえ、わたしがつくっているのはあくまで短い製作期間、五桁の製作費、大衆迎合的な題材という条件でつくられる低予算映画だった。芸術作品をつくろうなどと意識したことはない。わたしの第一の目的はよい職人になることだった。

『機関銃ケリー』につづいてわたしが監督したのは、ある独立プロデューサーが製作し、二十世紀フォックスが配給した『暗黒街の掟』'58（日本ではテレビ放映）だ。脚本はプロデューサーが用意したもので、連邦政府に密告したあげく、もとの親分に消されるギャングの親玉の話だった。スティーヴ・コクラン（註4）がギャングの親玉となってよい演技をした。しかし映画自体は『機関銃ケリー』とちがってずっとありふれた作品で、微妙な心理描写や迫力に欠けていた。

つづく『蜂女の恐怖』'59と『先史世界』'58（日本では『恐怖の獣人』としてテレビ放映）には、ありふれたということばはあてはまらない。この二作には、いわゆるわたしの作風といわれるものがよくでている。『蜂女の恐怖』の主役はスーザン・キャボットが演じる化粧品会社の女性重役で、美貌のおとろえに悩んでいる。会社の業績までがおちこみはじめ、女重役は少々頭のおかしい皮膚医学者を雇いいれて、完璧な若返りクリームを開発させる。いっときロイヤル・ゼリーが老化を予防するという説がひろまったことがある。それなら蜜蜂の体液というのはどうだ？　もっとすごそうじゃないか？　そのアイデアをもとに、レオ・ゴードンがストーリーを組みたてた。夢のクリームが開発されるが、だれも実験台になりたがらない。そこで女性重役が自分でテストを試みる。しかしクリームを使いすぎ、自身が殺人蜂に変身するという事実に直面する。わたしたちは、現在の基準から見ると幼稚なものだが、恐ろしい顔のマスクをつくった。われながらおどろくことに、この映画の製作費は約五万ドル、撮影は二週間たらずで終わった。

わたしが自分で資金を調達し、監督もつとめた『蜂女の恐怖』は、わたし自身が設立した製作配給会社、フィルムグループの第一回作品となった。わたしの仕事は拡大しつつあった。以前よりも、自分が製作する映画に自分で資金を調達することが多くなり、そのためのスタッフも雇いいれた。新会社は『蜂女の恐怖』の成功によって、好調なスタートを切った。

多くの映画文献にわたしが『十代の石器人』という映画を監督したと書かれているが、わたしにはそのおぼえはない。わたしが監督したのはあくまで『先史世界』という映画だ。ちょうどこのころＡＩＰは『わたしは十代のフランケンシュタインだった』(註5)'57、『わたしは十代の狼男だった』(註6)'57という映画で大あたりをとっていたため、わたしの映画を『十代の石器人』というタイトルで公開したのだ。この映画の主演はロバート・ヴォーン(註7)で、彼にとっては初の主役だった。わたしはいまでも、《ロサンゼルス・タイムズ》に掲載された最初の映画評をおぼえている。「タイトルの安っぽさとは裏腹に『十代の石器人』は意外にもよい作品である」ジムとサムはつぎの日から、タイトルを『先史世界』にもどした。

『先史世界』の撮影はブロンソン・キャニオンで十日間をかけておこなわれた。製作費は七万ドル、モノクロの作品で長さは六十五分だった。実のところ、わたしはこの映画のアイデアがとても気にいっていて、もうすこし製作費をかけてリメイクしようかと思ったこともある。『先史世界』の主人公、ボーイの部族は乾燥した荒れ地に住んでいる。荒れ地のむこうには緑のしげった土地があるが、行くことは禁じられている。その土地はふれるだけで死をもたらす神の土地であり、部族が信じる神々の呪いがかかっている。掟をおかし、川をこえて、そこへ行こうとするものは処刑される。しかし独立心旺盛なボーイは川をわたり、そしてその土地のおそろしい生き物とは、核による大量破壊の犠牲となった人間であることを知る。その人間はもとのからだをとどめておらず、マンハッタンの絵はがきを持っている。

ビーチ・ディッカーソンとジャッキー・ヘイズは部族の男の役を演じた。ビーチには、部族をおそう熊の役もやらせた。熊は急な斜面をくだり、立ちどまって下の谷を見て、そしてふたたび斜面をおりる。わたしはそれだけを指示した。熊にどんな演技指導をすればいいというのだ？　ビーチは四つんばいで立ち位置まできて、とまって前足をひたいにあげ、それを目の上にかざして谷を見おろした。

わたしはさけんだ。「カット！　ビーチ、熊は手をかざして太陽の光をよけたりしないぞ。今度は、ただ見るだけだ。前足は使うな」

★ビーチ・ディッカーソン

　ひとつの映画のなかで三回死んだうえ、自分の葬式にまで出席したのは、ぼくぐらいなものでしょう。ぼくの役は、部族のなかで吸いこみ砂と呼ばれているものに溺れて死ぬ男でした。撮影をしたのは、パサデナの森林公園のジャングルのような場所でした。そのあとブロンソン・キャニオンへ行って葬式の場面を撮影したとき、ロジャーがぼくに「きみは何の役だ？」と訊くんです。ですから、「ロジャー、ぼくの葬式の場面ですよ。みんながぼくの死を悲しんで集まっているところなんですよ」といいました。するとロジャーはいいました。「だれも顔には気がつかないさ。葬式でトムトムをたたいてくれ」そのあと、またロジャーはぼくに「燃える平原からきた男」の役をやれといいました。部族の土地へ馬でやってきて、馬から落ち、そして死ぬ役です。「スタントマンは使わないんですか？」とぼくは訊きました。「ビーチに、よそものの衣裳を着せろ」ロジャーはそうさけび、みんながぼくを熊の毛皮のぼろと大きな黒いかつらで仮装したグラント将軍みたいなかっこうにしました。

　もうひとつ大きな熊をつかまえる狩りの場面がありました。「だれが熊をやるんです?」とぼくはロジャーに訊きました。「きみだよ」ロジャーはそういって巨大な熊のぬいぐるみスーツを持ってきました。「どうして、ぼくが熊をやるんです？」ぼくは訊きかえしました。

「そんなこと訊くなって」ロジャーはそういうんです。

「でも、ロジャー、これはおかしいですよ。ぼくはスタントマンじゃない。ただのばかな俳優です」

「めんどうをおこすな。だまってやれ」これが素顔のロジャーでした。四つんばいになって山をおりるテイクをくりかえしたあと、いまいましいぬいぐるみスーツのなかは六十度ぐらいになり、いまにも死ぬかと思いました。ぼくが山をおりると、ロジャーが大きな声でいうんです。「熊、立ちあがれ！」ぼくは立ちあがります。「熊、うなるんだ！」ですからぼくはうなります。ロジャーがつづけます。「もっとおどろおどろしくやれ、熊、こわそうにやれ！」ぼくはうなる声を大きくし、前足で宙を激しくかきます。「もっとこわそうにやるんだ、熊、そんなんじゃこわくないぞ！」ロジャーがまたさけぶんです。

ぼくは前足を動かし、うなり声をあげ、ぬいぐるみのなかで頭がおかしくなりそうでした。そしてロジャーがエキストラにいいました。「さあ、みんな、あの熊を殺せ！」そのとたんに三十人の男がぼくにとびかかってひきたおし、殴りはじめました。

チャールズ・ブロンソンは『機関銃ケリー』で初の主役を演じ、
ロバート・ヴォーンは『先史世界』で初の主役を演じた。

「たえがたい」ということばは、サウスダコタ州ブラック・ヒルズの真冬を語るためにある。わたしは少数の俳優や撮影メンバーをつれてそこに行き、『スキー部隊の攻撃』'60という映画を撮影した。この映画もフィルムグループの公開作品で、第二次大戦中のスキー部隊の話をチャック・グリフィスが脚本にしていた。この撮影にはいる前、わたしは経費を節約するため、シカゴの規定でIATSEの撮影スタッフが雇える場所をロケ用に探した。シカゴの規定は、LAより最低賃金の額を低く、最低必要人数をすくなく定めていた。

その条件を満たすのがブラック・ヒルズのデッドウッドだった。ロケに行ったわたしたちは絵からぬけでてきたようなベン・フランクリン・ホテルに滞在した。百年も前に建てられ、良好な状態で保存されたベン・フランクリン・ホテルは、この街が鉱山ブームにわいた時代の遺物だった。その後、街は長いあいださびれていたが、撮影のころにはスキー・リゾート地として活気をとりもどしつつあった。

弟のジーンも二本目の『魔の谷』[註8]'59の製作のためにやってきたので、交通費などの経費は二本の映画で分担することになった。『スキー部隊の攻撃』では、ナチスの補給路にある橋を破壊しようとしたアメリカのスキー部隊が、ドイツ軍の支配する雪の森に迷いこむ。彼らはスキーで山道を逃げるが、ドイツ軍のスキー部隊に出くわしてしまう。そこから追いつ追われつの戦闘がはじまる。主要な登場人物は、わたしがLAからつれていったスキーのできる俳優が演じた。スキー部隊の隊員については、デッドウッド・ハイスクールとリード・ハイスクール両校のスキー・チームを起用し、週末と放課後に撮影をした。デッドウッドの生徒がアメリカのスキー部隊、リードの生徒がドイツのスキー部隊だった。ドイツ軍スキー部隊の隊長には恰好の人物がみつかった。ドイツ生まれのスキー・インストラクターで、サン・ヴァリーで働いている人物だった。わたしが送った脚本を読んで、彼は契約にサインをし、準備はすべてととのっていた。

撮影がはじまる二日前に、スキー・インストラクターが電話をよこし、サン・ヴァリーで足を骨折したといってきた。かわりの人間を探す時間はなかった。そこでわたしは自分が代役をすることにした。スキーの経験があまりなく、ドイツ語がしゃべれないという点をのぞけば、隊長役に必要な条件はすべて満たしていた。スキーは大学時代に一、二度滑ったことがあるだけだった。そこで日曜に一度だけスキーのレッスンをうけた。とにかく滑ってフレームの外へ出ることができれば、それでいいのだ。ロング・ショットのときは、身長がおなじぐらいでわたしとおなじ黒っぽい髪をしたリード・ハイスクールの生徒を使い、その顔にわたしがみつけたいちばん大きなゴーグルをかけさせた。わたしもおなじゴーグルをかけた。

わたしの演技は不充分だったかもしれないが、『スキー部隊の攻撃』のできばえはみごとなもので、観客動員の点でも成功した。

しかし、初めての雪のなかでの撮影はきびしかった。信じられないほど寒くて、いつも雪がふっていた。サウスダコタ州の高峰、マウント・テリーの頂上では吹雪のときに零下三十三度を記録し、タイトル・ショットを撮ろうとしたときにはフィルムが凍った。しかし山々の景観はすばらしかった。

映画は雪山の逃走と追跡を描いたものだったから、撮影はヴァージン・スノウにおおわれた場所でおこなう必要があった。スキーヤーがミスをすると、撮りなおしのためには雪の表面にスキーの跡のない新しい場所を探さなければならない。そういう事態が何度かあった。しかし、わたしはもっと簡単な方法をとった。だれかが転倒したところでクローズアップを挿入し、そのままつづけて、ヴァージン・スノウでのロング・ショットは終わりにしたのだ。

★ポール・ラップ

ロジャーのチームでは、いくつもの仕事をやらされます。スキー映画のとき、ぼくはロケ地探し、助監督、小道具、衣裳、特機などの係をやりました。ドイツ軍がいる地帯に迷いこむ若い通信兵の役もやりました。さらに車でロジャーをLAからデッドウッドへ運んだのもぼくでした。ロジャーの飛行機代をうかして、ロケ現場で使う車の費用を捻出するためでした。小道具も車のうしろにのせてはこびました。

あるシーンの撮影のとき、ロジャーがどうしてもヴァージン・スノウが積もった山の上のすり鉢状の斜面を使いたいといいはりました。そこでぼくたちは腰まで雪に埋まりながら、一時間半以上かけて上までのぼりました。みんなくたくたでした。ぼくたちはそこから大きなS字カーブを描いて斜面を滑走することになっていました。逃げる側と追う側にわかれ、それぞれマシンガンを持って滑るんです。すり鉢状の斜面の下にいたロジャーがメガホンを使って指示しました。「アクション！」

メガホンからの音波が小さななだれをおこし、眠っていた雪が目をさましました。ものすごかったんです。死ぬほどこわかったけれど、ぼくはすべりながらすごいショットが撮れるぞと思いました。そしてロジャーはそのあいだ「なだれに追いつかれるな！　見えなくなるぞ！」とメガホンでさけびつづけたんです。

★キンタ・ゼイブル

わたしはＵＳＣ（南カリフォルニア大学）のファイ・ベータ・カッパの学生で、博士コースに学びながら、英語を教えていました。そして学生アルバイト事務局で知ったある仕事に応募しました。ロジャーの助手としての仕事です。そしてスキー映画のとき、初めてロケを体験しました。あのときは助手の仕事のほかに記録係もやりました。

もうひとつ、フィルムをあたたかいところにおいて、ひびわれないようにするのも仕事でした。ビーチ・ディッカーソンが録音係をやっていて、彼だけが現場に車を持ってきていたので、その車にフィルムをいれておきました。カメラも凍りました。サウスダコタの人たちは、わたしたちを頭がおかしい連中だと見ていました。森林局の人さえ、現場に来ようとはしませんでした。

ロジャーは力をだしきって、疲れすぎてすぐにエネルギーを回復できないときがありました。いまでもそうですが、ロジャーはとてつもない肉体的苦痛にたえることができる人なんです。あるシーンの撮影で、それが証明されたことがあります。


スキーの板に乗ったわたしは、一度だけトラブルにみまわれた。アメリカ隊がサイド・ステップで急斜面を登るシーンを撮っているときだった。緊迫感がたりなかった。登りかたがのんびりしすぎていた。わたしはメガホンを使ってどなった。「逃げなければ死ぬしかないんだ。そんなのじゃゆっくりすぎる！」

それから下にいるドイツ隊にいった。両校のチームのライバル意識をあおって発破をかけようとした。「上の連中をぎゃふんといわせてやろう!」わたしはコーチのようにさけんだ。

わるいことに、わたしは隊長だったからドイツ隊の先頭を行かなければならなかった。半分ほど登ったところで、息切れがした。わたしはへばっていた。しかし心のなかで考えた。第一に、ここでへばってはショットがぶちこわしだ——重要なショットだった。第二に、どちらのチームに対しても、面目がつぶれる。デッドウッドの連中は、おそすぎると文句をつけながらぶざまな体をさらしたわたしを笑うだろう。そしてリードの連中には、デッドウッドの連中をぎゃふんといわせてやろうなどと大きなことをいっている。わたしは、そのまま登りつづけた。

どうにかショットをだいなしにせずにすんだ。マークをつけた場所を正確におぼえていたので、フレームの外へ出たとたん、わたしは深い雪の上に倒れこんだ。動くことができなかった。一生をとおして、あんなに疲れたことはない。わたしとしてはめずらしく、監督の都合で撮影が十分間中止された。

6 章

『リトル・ショップ・オブ・ホラーズ』はカルトの名作として、わたしの監督作品のなかではもっとも長い生命を持つ作品となった。しかし実は、もっとも短期間で、もっとも安あがりに撮影された作品だった。撮影期間はたった二日、しかもほとんどが残りもののセットを使っての撮影だった。それにもかかわらず、この映画は三十年近くたったいまも、大学構内の深夜上映やリバイバル館での上映やビデオの形で生きつづけている。またステージでも、映画でもリメイクがおこなわれた。

この映画がこれほど長く生命を持ちつづけたのは、ひとつには、当時のわたしがブラック・コメディ・ホラーという新しいジャンルをつくりつつあったからだ。この映画をつくっているとき、すくなくともわたしはそう思っていた。『美女とエイリアン』などではサイエンス・フィクションに少々の笑いを加味した作品をつくっていたが、今度はそれとはちがう、もっと社会への皮肉がこめられた、もっと影のある、もっと邪悪な笑いのある作品をつくろうとしていた。

新しい挑戦は成功し、その結果わたしは『血のバケツ』'59、『リトル・ショップ・オブ・ホラーズ』、そしてプエルトリコで思いついて六日間で撮りあげた『呪われた海の怪物』'61のブラック・コメディ三部作を監督した。脚本は三作とも、わたしといつも仕事をしているチャック・グリフィスが担当した。とてもつつましやかで、自然なエネルギーにあふれたこのモノクロ三作品は、その後のわたしの仕事に大きな影響をあたえた。わたしの映画づくりに鋭い風刺的要素がくわわり、それまでとはちがう意味で注目されるようになったのだ。映画学の専門家は異論を唱え、ちがう名で呼びたがるかもしれない。しかしわたしは、自分が最初で最後のブラック・コメディ専門の映画づくりをした監督だと思っている。

おそろしい設定の上に組みたてられた奇抜なストーリー、速いカット割り、流れるようなカメラの動き、奥行きを重視した構図、こまかく描写される風がわりな登場人物、「コーマン映画」常連の俳優たちによる確実な演技――わたしの映画づくりの基礎となる重要要素のすべてが、この三部作では結実していた。三つを合計してもたった二週間ほどという短い期間の撮影には、とてつもない集中力が要求された。その集中力から生まれる、自然だが、常軌を逸した高揚状態のおかげで、撮影は円滑に進んだ。

わたしの監督作品のなかでももっとも安あがりだった『血のバケツ』と『リトル・ショップ・オブ・ホラーズ』の製作が賭けだったのではないかと考える人がいるとしたら、それはあたっている。一九五九年のなかごろ、AIPが五万ドルしか費用がないが、ホラー映画をつくりたいといってきたとき、わたしはリスクをおかして、何か思いきったことをやろうと思った。そしてセットをいくつか使い、五日間で『血のバケツ』を撮影した。これがよい成績をおさめたので、つづけて残りもののセットを使って二日間で『リトル・ショップ・オブ・ホラーズ』を撮り、撮影の最短記録を更新した。

『血のバケツ』までの最短撮影記録は六日だった。『血のバケツ』のとき、わたしはAIPの依頼をひきうけたものの、ふつうのホラー作品には飽きていた。そこですこし毛色のちがうおもしろいもの、ホラー・タイプだが社会性のあるしゃれた作品をつくることにした。そしてチャックに電話をかけ、当時流行していたビート・コーヒーハウスを舞台に、コメディとホラーと社会批判がひとつになった作品を撮ることに決めた。わたしは研究のため、チャックといっしょにひと晩、サンセット・ストリップのコーヒーハウスのはしごをした。店のはしごをしながらアイデアを考え、夜が終わるころには大まかな組み立てが決まっていた。

主人公のウォルター・ペイズリーはイエロー・ドア・コーヒーハウスで皿洗いをしてい

るが、少々頭がおかしい。ペイズリーの夢は造形作家になること、そしてイエロー・ドアに集まる、恰好よくて、すこしばかり気どった芸術ファンたちに注目されることだ。ペイズリーはいつも彼らにばかにされてばかりいる。陰気なアパートメントの自室でペイズリーが粘土をこねて顔面を製作していたとき、大家のやかましい猫が壁のあいだにはまってぬけられなくなっているのをみつける。彼は壁をナイフでこわして、猫を助けようとする。しかしあやまってナイフで猫を刺し殺してしまう。そのとき猫をさがしにきた大家がドアをノックする。あわてたペイズリーは猫の死体を――ナイフといっしょに――粘土でおおう。部屋にはいってきた大家は新しい「作品」をみつけ、ペイズリーはそれを「死んだ猫」という名の最新作だという。

ペイズリーは「死んだ猫」の像をコーヒーハウスに持っていく。すると彼があこがれているカーラという美人が、突然それを傑作だといって絶賛する。とたんにペイズリーのファンがふえ、そのひとりが彼にドラッグを進呈する。しかし純朴なペイズリーはそれがどういうものなのかわかっていない。店の経営者は「死んだ猫」を店に飾り、ペイズリーはイエロー・ドアの人気者となる。

ペイズリーはさらにふたつの傑作を店に運び、彼の作品には一点につき二万五千ドルもの値がつく。ペイズリーはベレーにアスコット・タイ、そしてシガレット・ホルダーという恰好で――最先端のビートニクを茶化した姿で――イエロー・ドアの店内をきどって歩くようになる。彼の作品のひとつ、「殺害された男」と題された像は、ドラッグ所持でペイズリーを逮捕しにきた警官だった。もうひとつは裸の女が椅子にすわり、自分の喉をつかんでいる像だった。この女性は店でペイズリーを侮辱し、そのあと彼がうまく誘ってモデルにしたのだった。

やがてペイズリーが殺人造形作家であるのがわかり、警察や新しいとりまきたちがアパートメントにおしかける。そして彼の最後の作品を目にする。それは天井からぶらさがった彼自身の粘土像だった。

撮影は最初から速いテンポで快調にすすみ、まるでパーティのようだった。仕事のような感じはせず、撮影のあいだじゅうみんなが楽しそうだった。ペイズリー役のディック・ミラー、芸術グルーピーのカーラ役のバーブラ・モリス、初めはペイズリーを軽蔑しているが、のちに絶賛するようになる変わり者のビート詩人を演じたジュリアン・バートンなど、わたしの映画の常連俳優たちがリラックスした自然な演技をしてくれた。撮影の過程でみんながアイデアをだしあい、そしてそれが生かされた。

たとえばジュリアンは撮影のあいだじゅう、サンダルをはいていた。最後の日、ペイズリーの個展の豪勢なオープニングの場面の撮影があり、ジュリアンはタキシードを着ることになっていた。しかし足がはれて靴がはけないとジュリアンがいってきた。大きな靴を買いに行く時間はなかった。そこでわたしはタキシードの下は、靴下なしのサンダルでいけといった。いい効果が生まれるはずだとジュリアンを説得した。そのとおり抜き打ち試写の観客は、ジュリアンがタキシードにサンダルという姿で画面にあらわれたとたんに笑いはじめた。現場で生まれたアイデアがあたった。

試写会の観客は映画のあいだじゅう笑いつづけ、最後には拍手をした。『血のバケツ』は成功したコメディであると同時に、野心と欺瞞でいっぱいの芸術の世界を批判した作品でもあった。ある映画評論家が、この映画は芸術の世界にたとえて暗に映画界を批判していると書いたとき、わたしは反論しなかった。

『血のバケツ』のあと、わたしは自分の会社フィルムグループの配給作品として、おなじような映画をつくりたいと思った。そんなとき、わたしのオフィスがあったプロデューサーズ・スタジオのマネージャーから、大きな事務所のセットを使った映画の撮影が終わり、そのあとしばらく予定がないという話をきいた。わたしはあることを思いついて彼にこう頼んだ。「セットをこわすのを待ってくれ。それを二日間借りて映画を一本撮る。そうすればセットの費用がうくんだ。それにリハーサル用として三日間を追加しよう」三日間のリハーサルと二日間の撮影、俳優たちのギャラは一週間分ですむことになる。

わたしはチャックに電話をかけ、『血のバケツ』とおなじような傾向のストーリーがもうひとつほしいと話した。ただし制約があった。いまあるセットに合う話でなければいけないし、また二日で撮影ができるものでなければならない。

★チャック・グリフィス

ぼくとロジャーはもう一度サンセット・ストリップのバーをはしごして、研究をはじめました。ぼくは酔っぱらって、最後はシェ・ポーレット・レストランで喧嘩をしました。殴られたんですが、よくはおぼえていません。酔ってわからなくなる前に、ものすごい大食いの話を思いつきました。あるレストランで、サラダ担当のシェフが大量の食べ物をみんなにつめこむ話です。それから人肉を食べる話を思いつきました。でもそれでは検閲にひっかかります。そこで人間を食べる植物にしようと考えました。そんなふうにして決まったんです。ストーリーの組み立ては、『血のバケツ』とほとんどおなじです。ただし『血のバケツ』のほうには社会批判がふくまれていましたが、こちらのほうには特別の社会性はありませんでした。

わたしは人間を殺して芸術作品をつくる『血のバケツ』の主人公の人物像が気にいって

いた。そして新しい映画にもおなじ要素をとりいれた。今度の作品のちびでさえない男は、すたれた街《スキッド・ロウ》のつぶれかけた花屋で働く、ぼうーっとした店員、シーモア・クレルボインだった。花屋の主人、グラヴィス・ムシュニクは強烈な東ヨーロッパ訛りのあるブロークンな英語を話し、怒りっぽくて人づかいがあらい。シーモアは自分でみつけた種をかけあわせて、奇妙な植物をつくりだす。しかしその植物が枯れかける。シーモアは偶然指を切り、その血が植物の上にしたたり落ちたとき、葉がいきおいをとりもどす。そして植物がうめく。「もっと食べたーい《フィード・ミー》、食べたーい《フィード・ミー》」

シーモアがさらに血を植物の口にいれると、植物はさらに成長する。彼はガールフレンドの名をとって、血に飢えた植物をオードリー・ジュニアと名づける。ペイズリーが芸術家としての名声をたもつために人殺しをしたように、シーモアは自分がつくりだした花のために、夜の街に出て人を殺すようになる。その結果、犠牲となった人たちの顔がひとつずつ、オードリー・ジュニアの大きな葉に浮きでる。

人食い花は近所の人々の注意をひき、ムシュニクは商売の繁盛をよろこび、シーモアを「わが息子」とまで呼ぶようになる。シーモアはペイズリーとおなじように街の名士になる。頻発する殺人事件をしらべていた警察はやがてシーモアに疑いをかける。警察がシーモアを追いかけ、ムシュニクの店に着いたとき、シーモアはこれもまたペイズリーとおなじように自分のつくりだしたもののために命を捧げていた——オードリー・ジュニアの口のなかにとびこんで。

シーモア・クレルボイン役は、ディック・ミラーを念頭において書かれていた。しかしミラーは役をひきうけなかった。二日間で撮りおえるというわたしのことばに不安を持ったのだ。彼はかわりに脇役のひとつをひきうけ、主役には『血のバケツ』では端役だったジョナサン・ヘイズが決まった。まさに適役だった。笑いの要素の中心であるムシュニク役には、わたしもチャックもメル・ウェルズをおいてほかにはないと考えていた。強烈な訛りに移民独特の抑揚やまちがったことばづかいを加味したメルの演技は完璧だった。シーモアが結婚を望むやさしく純真な女性、オードリーには、ミュージカル出演の経験があるシンガーであり、コメディ女優でもあるジャッキー・ジョセフが起用された。

ディックは無表情でおかしなことをやる独特のスタイルでムシュニクの花屋の客を演じ、カーネーションに塩と胡椒をかけて食べながら店内を歩いた。人間を食べる植物の話に登場する花を食べる人間——それは皮肉なしゃれだった。冒頭の場面でディックはいう。「いいかい、世の中に美しい花、高価な花はたくさんある。だけどそれを育てて観賞するだけじゃ、食べ物としての価値を無視してることになるじゃないか」シーモアの母親役には、チャック・グリフィスの祖母で、かつてはラジオのスターだったマートル・ヴェイルが扮した。

　もうひとつ、この映画がカルトの名作となった大きな理由は、のちにわたしの映画に頻繁に出演するようになったジャック・ニコルソンにある。ジャックはこの映画での一場面で独創性にあふれたブラック・ユーモアの演技を見せた。シーモアはオードリー・ジュニアに食べさせるため、かかりつけの歯医者と格闘をして――メス対ドリルのたたかいだ――歯医者を殺す。黒いスーツに蝶ネクタイといういでたちの、目つきの尋常でないマゾヒストの葬儀屋が登場するのはそのときだ。歯医者の待合室で、初めての診療をうけにやってきた葬儀屋は、《苦痛《ペイン》》という雑誌を読んでにやりと笑う。それがジャックだった。シーモアが死んだファーブ医師になりすましていると、医者がいれかわっていることなど知らない葬儀屋のウィルバー・フォースがひとりで話しはじめ、「感覚を鈍らせるので」ノヴォカインの注射はしないでほしいという。

　シーモアが追いかえそうとして翌日また来るようにというと、ウィルバーはにこやかにいう。「だめですよ。膿瘍が三、四個あるし、歯槽膿漏の気もあります。虫歯も九本か十本あるんです。犬歯はぬけてしまったし、それにたまらなく痛むんです」ふたたび診療室にはいったあとも、ウィルバーはうれしそうにいう。「たいていの人は歯医者に来るのをいやがるようですが、わたくしは楽しみにしております。そうじゃありませんか？　すてきなドリルが動きはじめると、自分が成長し進歩する感じがするんです」

クライマックスで、死んだ歯科医になりすましたシーモアがドリルをつかむと、あおむけになったウィルバーがいう。「さあ、はじまるぞ。なんてすばらしい」シーモアがドリルを動かすと、ウィルバーは喜びの声をあげる。「あー、いい。おねがい、やめないで！」


この映画でもまた、コーマン映画の常連出演者たちのおかげで、撮影はくだけた、そして活気のある雰囲気のなかでおこなわれた。わたしは余計なことに頭を悩ます手間をはぶき、知っている人間を集め、前に使ったことがあって信頼できる俳優に役をふりあてた。全員がうまくやってくれた。だれもが深刻になりすぎず、いきいきと的確な演技をした。カメラの前で緊張するものなどいなかった。そんなことをする時間はなかったのだ。


助監督のディック・ディクソンは、第一日目の早々に撮影のテンポをみんなに印象づけた。撮影は午前八時にはじまったが、午前九時には段取りのあいまにこういっていたのだ。

「さあ、手早くいこう。スケジュールは絶望的に遅れてるぞ」

一九五九年のクリスマスと大晦日のあいだにおこなわれた撮影は、八十から九十パーセントが花屋のセットでなされた。外の通りの様子を写す時間はあまりなかった。しかし、わたしはこのころにはかなりのカメラ移動技術を身につけていて、初めから肩ごしのショットやカメラをひいたり横にふったりのパン・ショットを使い、店内を歩く俳優を追う長いシーンの移動撮影もそれまでよりずっとうまくいった。背景にも、店の外を歩いている人、店内をにぎわす客など、かならず動きをとりいれ、できるだけ映像に開放的な印象をつけくわえた。この映画の舞台化がスムースにおこなわれたのには、このことが大きく関係している。

撮影は脚本に忠実におこなわれた。雰囲気はくだけ、気のきいたアドリブが生まれそうな雰囲気ではあった。しかし一部の人たちが考えているのとはちがって、撮影中に創作された部分はひとつもない。初めの脚本とはちがう部分もすべて、撮影がはじまる前の三日間のリハーサルで変更が決められていた。撮影にはいったときには、全員の準備がととのっていた。

問題の植物は釣糸で動くしかけになっていて、特殊効果としては原始的なものだった。しかし非常によい効果をあげた。この作品は、映画史上もっとも単純な方法で、もっとも金のかかっていない映画だったが、俳優たちは全員、なかなかよい演技をした。なかには、最高の演技をした者もいた。

連続する花屋の店内シーンのあいだに挿入するショットを撮るため、若干の屋外ロケが必要だった。しかし組合の規定があり、資金不足のため組合員を屋外ロケにつれだすことはできなかった。そこでわたしはチャックに第二班の監督としてデビューするチャンスをあたえ、選抜スタッフをつれて簡易宿泊所が立ち並ぶ街に行かせた。

★チャック・グリフィス

初めはパン屋のヴァンから望遠レンズを使って酔っぱらいたちを撮影するつもりでいました。でもロジャーが望遠レンズを借りる金を出してくれなかったので、ヴァンをおりて歩道で撮影をしました。こっちが何をしているのかを知ったとたん、酔った連中がまわりで演技をはじめました。よろめいたり、たおれたり、いばってみせたりしたんです。建物の入口にかたまって喧嘩をする場面を撮るときには、年寄りの一団をみつけて、小銭をやってまかせました。彼らはクラップス博打をやり、喧嘩をし、ナイフで刺しあう真似をし、よろけてみせました。

第二班のプロデュースを担当したメルは、世界最大にちがいない使用済タイヤの集積場と、これまた世界最大にちがいない使用済トイレの集積場を探してきました。またサンタフェ鉄道の車庫に行き、列車やふたりのポイント切替え係やエンジニアを使うのを、スコッチ二本で買収しました。そこでは、ぼくがフォルクスワーゲンで牽引していった発電機を使って徹夜で撮影をしました。空き地に車をおいて撮影基地にし、警官を雇って警備を

『血のバケツ』で自分の〝作品〟の出来を喜ぶディック・ミラー。

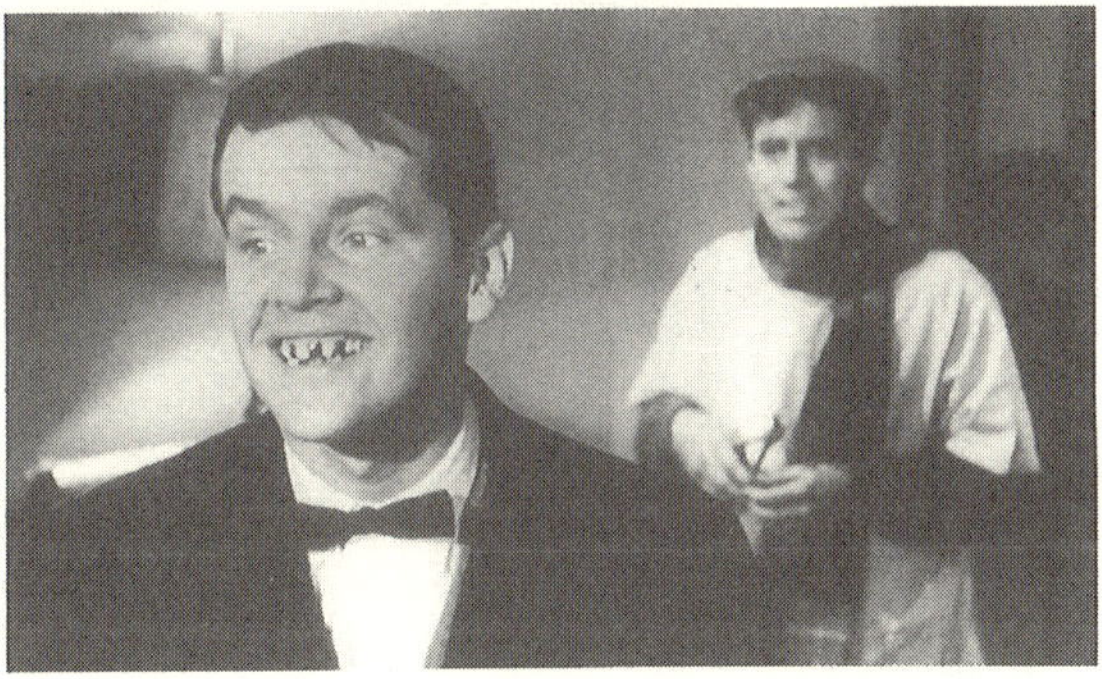

『リトル・ショップ・オブ・ホラーズ』のジャック・ニコルソン（左）とジョナサン・ヘイズ。

させました。

ぼくが大勢のアルコール依存症の連中を集めてケーブルやそのほかのものを扱わせているのを見て、録音係はおどろいていました。彼らは、せりふをいう役はやりません。ただ、何かをやりながらぶつぶつつぶやくだけです。それがとてもいい効果を出したんです。

この映画にはぼくの家族や親戚も出演しました。お遊びで群衆シーンにでたりしたんです。ぼくの父は歯科医の椅子にすわる旅の流れ者になったし、祖母のマートルも出演しました。何も問題がなくて、すべてがうまくいきました。脚本はかっちりと決まっていてアドリブの余裕はなかったんです。でもすこしだけ変更がありました。ぼくは夜間にムシュニクの店に忍びこみ、花に食べられる泥棒の役をやったんです。でもせりふを忘れてしまったもんですから、その場でつくっていったんです。ただし、ぼくは脚本家ですから、当然それは許されたわけですけどね。

★ジャック・ニコルソン
『リトル・ショップ・オブ・ホラーズ』の役は四十歳ぐらいの男性を想定して書かれていた。わたしは脚本を読むのをきいてほしいとロジャーに頼んだが、ロジャーはこの役はわたしに向いていないと考えていた。わたしはまだ二十代だったし、二年前に、あのおかしな映画、『クライ・ベビー・キラー』の主役を演じた以外には、たいした実績はなかったしね。でもわたしは学んでいた。自分のやり方がまずいのがわかれば、つぎからはそれをやらないようになる。そのころはほかに仕事もなかった。だが、わたしはロジャーが好んで主役に使うような俳優ではなかったんだ。だってほかの人間が出た作品は――どういえばいいのかな――そう、もっといい結果を出していたからね。それでロジャーはわたしをもっとワイルドな役向きだと思っていたんだ。だけど『リトル・ショップ・オブ・ホラーズ』の役はとてもおもしろい役だった。ロジャーはわたしがやりたがっているのを知って、「しかたない、読むだけは読んでみろ」といってくれた。

わたしがせりふを読むのをきいて、ロジャーはその場でその役をくれた。台本をやぶって、わたしが出ることになったシーンのページだけを渡してくれた。そうすれば、残りをほかの役の俳優に渡せるからだよ。低予算映画とはそういうものなんだ。

撮影にはいったときには、とても奇抜にやらなきゃいけないのがわかっていた。ロジャーはもともとわたしにこの役をやらせたくなかったんだからね。すなおにそのまま演じるのではだめだということだ。それで笑いを呼びそうなことをいろいろやった。ロジャーはこの場面を一回のテイクで撮った。いくつかのアングルでね。実際、シーンの最後はきちんと撮り終えてさえいないんだ。このときの照明は一定で、事前にセットされていた。現場に行って、照明のプラグをさしこみ、カメラをまわし、撮影をすれば、それでいい仕組みだ。わたしたちはセットの外で一回リハーサルをして、セットにはいり、照明のプラグをさしこみ、カメラをまわし、撮影をはじめた。ジョナサン・ヘイズがわたしの胸におおいかぶさって歯をぬくシーンだった。そして撮影の最中、ヘイズが上体をおこしたとき、ふくらはぎがそばにあった借物の歯科用機器にあたって、その機器が倒れそうになった。ロジャーはカットとさけびもしなかった。とびだしてきてかたむいた機械をおさえていったんだ。「さあ、つぎのセットだ。ここは終わった」とね。

映画が公開されたときには、サンセット・ブールヴァードとガウアー・ストリートの角にあるピックス劇場へ初日を見に行った。なぜか満員だった。『クライ・ベビー・キラー』の初日にはいやな思い出があった。観客がすごく騒いだんだ。だから今回も少々緊張していた。女の子といっしょだったし。それでわたしのシーンがはじまると、またまた観客が大騒ぎをした。せりふが聞こえないくらい大きな声で笑ったんだ。だけど、あのときはそれがどういうことなのかわからなかった。まるであの映画がコメディだということを忘れてしまっていたみたいにね。あれほど好意的な反応をうけるのは初めてだったから、とにかく何がどうなっているのかわからなかった。

★ダン（ダニエル）・ホラー（註1）

撮影クルーとスタッフはグレンデイルの抜き打ち試写に行き、映画館の観客といっしょに自分たちがつくったものを見ました。そのあと、オフィスにもどり、全員が《サタデイ・レヴュー》か《ニューヨーク・タイムズ》の人間みたいに映画評を書きました――ロジャーはそんなことをよくやらせたんです。だれもが手きびしい評を書きましたよ。歯に衣を着せずに意見をいうわけです。美術、録音、演技、ストーリーなど、すべてが対象です。「それはわかるが二日間しかなかった」とか「美術監督は予算を三千ドルしかもらっていなかった」などのいいわけは許されません。一時間ぐらいで書きあげて、それでできなければ口でいうんです。ロジャーはどんなことをいわれても平気な顔をしていました。だけど、そのときのメモを生かして、撮影中の映画に変更をくわえたり、つぎの作品の参考にしたりしていました。彼はどんな批判でも、きちんとうけとめることができたんです。『リトル・ショップ・オブ・ホラーズ』のとき、わたしたちは《サタデイ・レヴュー》の評論家たちも顔負けのすばらしい映画評を書きました。

『リトル・ショップ・オブ・ホラーズ』の撮影を終えるころには、わたしは自分でもかなりのテクニックを身につけたと感じるようになっていた。この映画には、構図やカメラ移動のわりふり、撮影のペースなど、新米の監督ならとうてい二日ではこなせない複雑な作業がふくまれていた。相当の技術がなければ、やりおおせない撮影だった。脚本は、観客を飽きさせないよう場面転換に気を遣ってあった。それまでに学んだテクニックを生かして、シーンの途中にほかのものを映したショットを挿入することもした。実際、ひとつの設定でどこまで長いシーンが可能かを正確に知るために、シーンごとの表をつくった。そして脚本を練りなおし、シーンが退屈になる前に、登場人物を部屋から出してほかの部屋へ行かせたり、廊下を歩かせたりした。

初めこの映画のタイトルは『情熱の人食い花』となっていたが、撮影終了後、わたしはそれを『リトル・ショップ・オブ・ホラーズ』と変えた。試写会の観客はこの作品を気にいって、そこにこめられた風がわりなユーモアを理解した。植物が発する「食べたい《フィード・ミー》」というせりふが、若者たちのあいだの流行語となった。

わたしたちの期待に反して、この映画は公開当初、平凡な成功をおさめただけだった。こんなに奇抜で変わった映画には平凡な成功は似合わない。大ヒットか大失敗かのどちらかでなければならない。三万ドルの経費を埋めて少々利益が残ったというだけではがっかりする。

しかし『リトル・ショップ・オブ・ホラーズ』はこのあと長年にわたって熱烈な支持を

うけ、いつまでも古びることなく、大学構内の上映やアート・シアターの深夜上映がつづき、貸出がとぎれることはなかった。そして『ロッキー・ホラー・ショー』'75とおなじように、何十回も見て全編をおぼえている連中が、映画館で画面にあわせて大声でせりふをさけぶという現象まであらわれた。

この映画がカルトの対象となったことで、わたしはヨーロッパでも有名になった。オフ・ブロードウェイのミュージカルがはじまるずっと前、あるプロデューサーからこの作品を戯曲化してパリで上演する権利を買う申しこみがあり、わたしは口頭で了承した。しかしプロデューサーは資金を集めることができず、その話は消えた。それから何年かたって、ドイツの若い映画監督たちがミュンヘンで会社をつくり、その会社をムシュニク・プロダクションズと名づけたという話をきいた。花屋の主人の名だった。

わたしが監督業をやめ、ニュー・ワールドを設立してだいぶたったころ、弁護士のバーバラ・ボイルを介して、ミュージカル化のための簡単な契約が結ばれた。正直なところ、この映画をジョークのようなものと考えていたこともあって、相応な率よりもずっと低い印税率の契約だった。

しかし一九八二年、オフ・オフ・ブロードウェイではじまった『リトル・ショップ・オブ・ホラーズ』のミュージカルは、即座に成功をおさめた。WPAによる製作で、脚本と歌詞はWPAシアターのディレクターであるハワード・アシュマンが書き、音楽の担当はアラン・メンケンだった。数週間後、ミュージカルはオフ・ブロードウェイに舞台を移し、オーフィウム・シアターで、一九八二年七月から一九八七年十一月までロング・ランをつづけた。一九八三年には、おどろいたことに、ニューヨーク演劇批評家協会からの最優秀ミュージカル賞を初めとして、いくつかの賞を受賞した。さらにヨーロッパ公演チームが結成され、ヨーロッパ・ツアーもおこなわれた。現在でもこのミュージカルは、長くロング・ランをつづけたオフ・ブロードウェイ作品として、その名をとどめている。

その後ゲフィン・フィルムズがミュージカルの映画化権を買いたいといってきたとき、わたしたちはもとのずさんな契約を検討しなおし、内容を改めて契約を結びなおした。わたしとチャックは現金のほかに利益の歩合をうけとることになった。新しい映画の製作費は約三千万ドルだった。このリメイク作品は興行的にはかなり成功したにもかかわらず、収支は赤字だった。利益などなかった。ハリウッドの大型製作費の映画にはよくあることだ。莫大な売上げがあっても、製作費が膨大すぎてそれを埋めることなどできないのだ。

わたしは、舞台はとてもよくできていたと思う。そこには、わたしの映画にあった潑剌とした感じや若々しいエネルギーがうまく再現されていた。オフ・ブロードウェイで上演されたのもよかったのだろう。大金をかけた洗練されたつくりかたでは、もとの映画やミュージカルの力は充分に発揮されないと思うからだ。もともと『リトル・ショップ・オブ・ホラーズ』には、大学で上演されるコメディ・ショーのようなところがあった。ゲフィンの映画(註2)はとてもよくできていて、植物の特殊効果もすばらしかった。しかし、舞台やわたしの映画ほど観客の笑いをさそわなかったように思う。おそらくわたしの持説があたっていて、コメディは大規模製作に向いていないのかもしれない。

大規模製作の話はここまでだ。『リトル・ショップ・オブ・ホラーズ』のすぐあと、わたしは少数の俳優と撮影クルーをつれてプエルトリコへ行き、そこで『地球最後の女』'60を監督し、第二次大戦ものの『流血の島の決戦』'60の製作をした。プエルトリコで製品をつくれば、税金上の優遇措置をうけられるのがわかったからだった。製品のなかには映画もふくまれていた。

プエルトリコに出発する前に、もう一本、わたしが資金を提供し、UCLA演劇科を出たハーヴィー・バーマンが監督する『暴走』'60という映画の撮影が、北カリフォルニアではじまっていた。ハーヴィーは高校で演劇のクラスを教え、ウォルナット・クリークで個人的に映画のクラスを開いていた。そして、わたしがつくっていた非行少年路線の映画を、自分の生徒を使って安い費用でつくることができると連絡してきた。よい話のように思えた。すぐにハーヴィーは撮影を開始したが、わたしは第一日目のラッシュを見て撮影を中止するよう彼にいった。アマチュア映画の域をでていないのが明白だったからだ。「夏休みまで待ってくれ」わたしはハーヴィーにいった。「カメラマンと主役の男優と女優、美術監督、それにわたしの助手をそちらへ送る」それで撮影は延期された。わたしは主役の男女として、ジャック・ニコルソンとジョージアナ・カーターを使うことにし、また美術監督のダニー(ダニエル)・ホラーと助手のキンタ・ゼイブルをハーヴィーのところへ行かせた。サンファンに出発する前、わたしは三万ドルの小切手をキンタにわたして指示した。「きみが小切手を切るんだ。ハーヴィーといっしょにプロデュースをし、すべてに目を光らせ、請求書の支払いをしろ。撮影が終わったら残りの金をひきだし、それを持ってサンファンに来てくれ。わたしのほうでも金が底をつくかもしれない」

いっぽうわたしの監督作品のほうは、ジェフ・コーリーの演技クラスで知りあったボブ・タウンの腕を借りることになった。脚本家としても突破口を探していたボブに『地球最後の女』の脚本をまかせたのだ。ボブはこのあと『さらば冬のかもめ』'73『シャンプー』'75などを書いて、脚本家として大成功した。一九七四年の『チャイナタウン』でアカデミー脚本賞を受賞、『テキーラ・サンライズ』'88では脚本と同時に監督もやってのけた。しかしあのころのボブは書くのがとても遅く、わたしを手こずらせた。

サンファンへ出発するときになっても、ボブの脚本は完成していなかった。わたしは彼にいった。「脚本を仕上げるためにきみをつれていかなくてはならない。しかし、それにはひとつしか方法がない。きみを俳優として雇うことにする。準主役だ」ボブはそれを承諾し、エドワード・ウェインという名で映画に出演し、よい演技をした。

プエルトリコではコンダド地区の海岸に地中海様式の大きな家を借り、コックと家政婦を雇った。なかにはロケに使ったカリブ・ヒルトン・ホテルに部屋をとった者もいたが、俳優と撮影クルーのほとんどが海岸の家に滞在した。おかげで仕事の旅というより休暇のような感じがした。ただし、ボブだけは家にとじこもって撮影開始にむけて必死に書いていた。

わたしが出したアイデアをもとに、ボブは登場人物の感情をうまく描いた核爆発後のストーリーを創作した。裕福な実業家が美しい妻とハンサムな若い助手をつれて、ヨットでカリブ海をクルーズする。三人でスキン・ダイヴィングをし、水からあがってみると、乗組員も陸にいる人間もみんなが死んでいる。やがて、スキン・ダイヴィングをしていたり、鉱山のなかにいたり、そのほかとにかく地表にいなかった人間たちだけが、運よく生きのびたことがわかる。それからストーリーは三角関係の愛情のもつれにかかわっていく。ボブが演じる若い助手は、やがて嫉妬した実業家に殺される。

『地球最後の女』の撮影期間は二週間だった。撮影は快調に進んでいたし、プエルトリコはとても快適だったので、わたしはもう一本映画をつくることにした。そしてLAに電話をかけ、寝ていたチャック・グリフィスを起こしていった。「チャック、コメディ・ホラーの脚本がもう一本ほしい。一週間で書いてくれ。書きなおしの時間はない。あまり俳優を連れてきていないんだ。それにあわせて書いてくれ。人間がたりないなら、ビーチ・ディッカーソンとわたしがちょっとした役をやれる」チャックはとても眠そうで、わたしが話したストーリーをきちんと理解したかどうかわからなかったが、とにかく承諾はした。

主役の三人には一作目とおなじ俳優を使い、さらに何人か地元のプエルトリコ人の俳優を雇うことにした。わたしは考えた。まもなくキンタがやってきて、『暴走』の残りの金をこちらの口座に入れてくれるし、ほかに必要な人間もすべてここにそろっている。ほかの映画のあまりもので、三本目の映画をつくっているのだ。これが『呪われた海の怪物』となった。

ストーリーは奇抜なものだった。ときは一九五〇年代のバチスタ政権の末期、バチスタの配下の将軍数人がバチスタの黄金を詰めた箱を持って逃走し、真夜中にキューバを脱出しようとする。脱出には船が必要だが、将軍たちが安心して船の手配をまかせられる相手はアメリカ人のギャングでギャンブラーでもある男だけだ。この男と彼の手下のふたりは航海のあいだに、海の怪物のせいにして将軍たちをひとりずつ殺そうと計画する。そうやって最後に黄金を自分たちでせしめようという腹だった。問題は、ほんとうに海の怪物が存在して、しかも彼らがでっちあげたのとそっくりの姿かたちをしていたことだった。

わたしは映画のエンディングを電話でチャックに話した。船にはモンスターを退治する善良な男たちは乗っていない。だから最後はモンスターが勝つ。

★キンタ・ゼイブル

飛行機が着いたのは、とてもむしあつい夜でした。タクシーで海岸の家へ行くと、一階の部屋の明かりがついていました。ボブ・タウンがいて、こういいました。「夜じゅうずっと起きている。ロジャーがうるさいんだよ。このいまいましい本を早く仕上げろって。ぼくは、いっしょうけんめいやってるんだが」

つぎの数日間、わたしはボブをはげまし、それからほかのありとあらゆるこまかいことを処理しました。ロジャーは一台しか車を借りていませんでした——小さいワーゲンです。ですからロジャーをロケ地でおろしたあとは、いつもプロダクション・マネージャーとわたしで車を奪いあっていました。

デッドウッドではフィルムが凍らないようにしなければなりませんでした。サンファンでは溶けないようにするのがたいへんでした。やけつくように暑かったんです。フィルムは発送するまで冷蔵庫にいれておきました。

『流血の島の決戦』の撮影は土曜に終わり、月曜には『地球最後の女』の撮影がはじまった。つぎの週の土曜日には『地球最後の女』が完了し、つづく月曜に『呪われた海の怪物』の撮影がはじまった——どの作品も撮影準備に一日しかなかった。『呪われた海の怪物』の脚本は『地球最後の女』が終了する直前の木曜日に到着した。チャックは電話で話したことを忘れたらしく、筋書きがちがうので、わたしはその夜急いで手直しをした。金曜日、わたしが撮影をしているあいだに、キンタが書きなおした脚本のコピーをとった。そしてその夜、プエルトリコ人の配役を決め、彼らに出演場面のページをわたした。ロケ地に関しては、事前に計画をチャックに伝えてあったので問題はなく、土曜日にキンタがその手配をすべてすませた。日曜日の午前中、わたしは製作関連の仕事をすませ、午後には各場面の撮影計画をたてた。ちょうど一週間分の撮影資金があった。

チャックは、俳優がたりないなら役をわりあててもいいといったわたし用に、ハッピー・ジャック・モナハンという変わった人物を登場させていた。ハッピー・ジャック・モナハンはどう考えてもチャックがいままで考えだしたなかで、いちばん演ずるのがむずかしい役だった。それぞれのシーンで、ハッピー・ジャックは相反する感情を強烈に表現する。

あるシーンでは彼は「虎のようにたたかい」、もうひとつでは「おじけづいて逃げだす」。「狂ったように笑い」、そして「自制心をなくして声をあげて泣く」。彼はひとりの女性に恋をし、結局彼女を憎むことになる。わたしは脚本を読み、ハッピー・ジャックは主役のひとりといってもよい重要な役だと結論した。

チャックがわたしを困らせようとして書いたのはわかっていた。とても大きな役で、ほんものの役者が必要だった。わたしはこの役にボビー・ビーンという若い俳優を起用した。ボビーは『暴走』に出演したあと、俳優か撮影クルーの仕事ができないかと自費でプエルトリコにやってきたのだった。彼は両方の仕事を手にいれた。

★ビーチ・ディッカーソン

録音担当のぼくのところへロジャーが来ていうんです。「モンスターをつくらなきゃいけない」それでぼくはこう答えました。「前にもおなじ話をききましたよ、ロジャー。ぼくはモンスターにはくわしくないですよ。子供のころにもおもちゃなんか持っていなかった。ポニーと遊んでたんですから」

「陸上を走り、水中を泳ぐモンスターなんだよ」

「いいですか。巨大蟹のなかにはいりはしたけど、モンスターのことなんてわからないんです。ぼくはばかですから。自転車のタイヤだって換えられないんですよ」

「つくらなきゃいけない」

ぼくはボビーに話をしました。「どうする？　あの人、本気でいってるぜ！」そしていっしょにロジャーのところへ行っていいました。「わかりました。それでどの程度の予算のものを考えてるんです？」

「そっちからいってみろ、ビーチ」

「ええ、百五十ドルぐらいでつくれるモンスターをふたりで考えてみたんですが」

「よし、決まりだ」

ロジャーの仕事では、指名されてやれといわれれば、やらざるを得ないんです。そこでぼくとボビーは大仕事にとりくみました。ボビーがモンスターのなかにはいることになりました。とにかくモンスターをつくらなくてはいけません。ちょうど戦争映画の撮影が終わったところだったので、モンスターの巨大な頭部は、ヘルメット五個を使ってつくることにしました。それからウェットスーツと水苔とブリロのたわしをたくさん買いこみました。目はテニスボール、瞳は卓球の球、鉤爪はパイプ掃除のモールを使ったんです。それからぬるぬるしているように見せるため、オイルクロスをからだにかぶせました。全部できあがると、ほんとうによく見えました。この醜いモンスターは陸を走り水中を泳いでりつぱにおつとめを果たし、すべてが終わったあと天国へ行きました。

『呪われた海の怪物』の撮影はとても楽しかった。できあがった映画も大いに笑えるものだった。ギャングの手下に扮したビーチがひとりめの兵隊を殺す。黄金のつまった箱の見張りについていた兵隊だ。ビーチが寝てしまったあと、海からモンスターがはいあがり、もうひとりの見張りを殺す。朝食のとき、トニー（アントニー）・カーボーン扮するギャングに、キューバの将軍がいう。「昨夜、兵隊がふたり殺された」

トニーは海のモンスターのことを説明するが、こっそりビーチに文句をいう。「ひとり殺せといったはずだ。なんでふたりも殺す？」

「ボス、おれはひとりしか殺ってないよ」ビーチはいう。「もうひとりのほうはおぼえてないねえ」

せりふが長くつづくシーンには、なるべく動きをとりいれた。しかし、チャックの脚本には一カ所、どうにも動きのつけようのないシーンがあり、わたしは頭を悩ませた。椰子の林での撮影だった。そこでわたしは出演者をふたつのチームに分け、椰子の実をボールがわりにタッチ・フットボールをさせた。わたしが椰子の実を渡すと、彼らは試合をはじめ、走ったりパスをしたりしながらせりふをいった。おかげで、この場面にも動きがくわわった。

もうひとつ、トニーが自分の銃に弾をつめるシーンがあった——ほんものの銃だ。カメラをまわしたとき、どうしたことか銃がこわれてばらばらになった。もう一度やりなおし、今度は無事に撮影を終えたが、最初のもののほうがおもしろかった。このシーンにはナレーションをかぶせることになっており、わたしはナレーションを書きかえて最初のテイクを使うことにした。「このマフィアの首領は世界でも指折りの銃の名手」といったようなナレーション——そしてバンという音とともにトニーの手のなかで銃がばらばらになる。予定したものでも予定外のものでも、わたしは有効なものなら何でも採用した。

プエルトリコ人俳優の演じるキューバの将軍たちが、小さなボートに乗って上陸するシーンがあった。しかし港の撮影のとき、大勢が乗りすぎたせいでボートが沈みはじめた。カメラマンのジャック・マーケットがいった。「カットですか？　ボートが沈んでます」わたしは答えた。「いや、あそこはそんなに深くない。カメラをとめるな。撮影をつづけろ。連中の頭が見えなくなったらカットにして、水からひきあげよう」ジャックは撮影をつづけた。

おどろくべきことが起こった。プエルトリコの俳優はひどく協力的だった。ボートが沈みかけているのに、彼らは事前の指示を守ってまっすぐに立っていた。微動だにしなかった。監督を信じるというのはこういうことをいうのだ！　すばらしいショットだった。全員がそのまま水のなかに沈んでいった。それからわたしたちは彼らを海から助けだした。

完成した映画には、こうした常軌を逸した撮影の効果がよくあらわれていた。抜き打ち試写の観客は『リトル・ショップ・オブ・ホラーズ』のときとおなじように、声をあげて笑って拍手をした。こんな映画をつくる監督はほかにはなかった。

7 章

三本のコメディ映画は、この分野であれば短期間でしかも安価で映画がつくれることを証明した。しかし、わたしはもっとよい脚本、もっと経験のある役者を使って、もっと長い時間をかけ、もっと大規模で、もっと質のよい映画を撮りたいと望むようになっていた。

この願いは、ゴシック・ホラーという映像にもテーマにもめぐまれた分野で、すべてかなえられることになった。一九六〇年から一九六四年までのあいだに、わたしはシリーズとして八本の映画を監督した。八本の映画はすべて、エドガー・アラン・ポーの想像力が生みだした不気味な恐怖のものがたりをもとにしていた。わたしは子供のころからポーの詩や小説が好きだった。

このころのわたしは、フロイトの精神分析学や人の心の内的作用について書かれた本をたくさん読んでいた。ビヴァリー・ヒルズの精神科医が書いたユーモアと恐怖の相関関係についての本にも心をひかれていた。実際、ボブ・タウンといっしょに一時間の予約をとってその医者に会いに行き、百ドルを払って話をきかせてもらうことまでした。そのほか、わたし自身の感情と心の問題を解決するため、精神分析医にかかってもいた。昔ながらのフロイト流の寝椅子を使って治療をする分析医だった。

ポーのシリーズは、ある日、ジムとサムが昼食を食べながら、一本十万ドルの製作費でモノクロ映画をあと二本つくらないかと提案したことからはじまった。わたしはそれを断っていった。「わたしがつくりたいのはカラーで、できればシネマスコープを使って、製作費は二倍の二十万ドル、撮影期間は三週間の作品だ。ポーの有名な〈アッシャー家の崩壊〉を映画化したいんだ。観客はすでにポーになじんでいる。どこのハイスクールでもみんながポーを読んでいるからね。安っぽいモノクロ映画二本より、質のよいカラー映画一本のほうがいい」

学校が薦める本を映画にしても、子供たちは見たがらないのではないか？　ジムはそれを心配した。子供たちはポーが大好きだとわたしは説明した。わたしがそうだった。

「だが、モンスターが出てこない」サムがいった。

「屋敷そのものがモンスターなんだ」

撮影期間は十五日、製作費二十七万ドルでゴー・サインが出た。製作費のかなりの部分が、どうしてもロデリック・アッシャーを演じてほしかった俳優、ヴィンセント・プライス（註1）のところへ行った。ＡＩＰが一本の映画にこれだけの大金をかけるのは初めてだった。

ポーは方法は異なるが、フロイトとおなじように心の無意識の領域をとらえようとした。わたしはそう考えて、フロイトの説を使ってポー作品の解釈を試みた。『アッシャー家の惨劇』'60には、その後のポー・シリーズの定番となったさまざまな要素がふくまれている。脚本には、深いひびのはいった壁がきしんだ音をたてる屋敷で、世間との接触を絶って暮らすロデリックとマデリンのアッシャー兄妹の最後の狂気の日々が描かれていた。マデリンの婚約者、フィリップ・ウィンスロップが屋敷を訪ねてくる。しかしロデリックは一家代々の恐ろしい狂気が子孫に伝わることを恐れ、結婚を許そうとはしない。

そしてロデリックはウィンスロップに、マデリンは心臓発作で死んだという。しかしほんとうは、強硬症《カタレプシー》の発作を起こした妹を生きたまま埋めてしまったのだった。意識をとりもどしたマデリンは自力で柩からはいだす。雷鳴とどろく強烈な嵐が襲い、屋敷は炎をあげて崩壊に向かう。狂ったマデリンはウィンスロップを殺そうとする。しかしウィンスロップは逃げだし、クライマックス・シーンで炎に包まれた壁がアッシャー兄妹の上に崩れおちる。

わたしはヴィンセントのなかに、ロデリック役に必要な洗練された教養のある人間を見いだしていた。彼は第一級の演技者であり、かがやかしい経歴を持ち、主役にふさわしい風格のある俳優だった。観客がロデリックに対して恐怖を抱くようしむけなければいけないとわたしは考えた。しかも、その恐怖は、力を根拠にした意識的で物理的なものであってはいけない。それには、知的だが屈折した精神で人を惑わせ、深い恐怖をおぼえさせる演技ができる俳優が必要だった。

定評のあるSF作家、リチャード・マシスン(註2)の脚本はよくできていて、しかも文学的だった。ヴィンセントの演技もすばらしかった。しかし、ほんとうのスターは美術監督のダン・ホラーだったといってよいだろう。彼はユニヴァーサルへ出かけて、二千五百ドルでありもののセットや背景を買いこんだ。ほかの方法では絶対に入手不可能なよくできたりっぱなセットだった。スタッフが『アッシャー家の惨劇』のセットを組みたてるあいだ、ダンはトレイラーを横に止めて二十四時間つきそった。夜に酒をのみながらわたしと美術のうちあわせをするときには、台本の裏や紙ナプキンにまでいろいろな図を書いた。ありもののセットを組みあわせて大きなセットをつくることになっていた。わたしたちはいろいろな映画会社をまわって、柱やアーチや窓や家具を集めた。どの映画会社も使用済みのセットの倉庫を自由に見せてくれた。そうやって、わたしたちは金をかけたように見えるすばらしいセットをつくりあげた。そしてポーの作品を撮りおえるたびに、倉庫を借りてセットを保存した。だから一連のポー作品をくりかえし見ると、おなじセットや特定の道具が何度も登場しているのがわかるはずだ。二作目も美術の予算が同額であれば、たとえば一作目でとっておいた二万ドル分のセットがあるので、合計四万ドルのデザインということになる。三作目では、とっておいた四万ドル分のセットに、あらたに二万ドル分のデザインがプラスされる。実際には、映画ごとにセットを解体して保存し、ふたたび組みたてる費用がかかるので、計算のようにはいかないが。しかし、とにかく製作費をふやすことも撮影期間を延長することもなく、ポーの映画が一作ごとに豪華でていねいなつくりになっていた理由は、これで説明できる。

屋敷や城の外観にはマット・ショットを使用した。いまではあまり感心できない方法だが、当時の技術ではそれがふつうだった。赤と青のフラッシュバック・シーンや夢のシーンには、照明にふたつの色のゼラチンをかぶせたり、レンズに色つきのフィルターをつけたりした。霧も流した。ダニーはわたしの説明をよく理解し、すばらしい仕事をして、館のなかの暗く、息苦しい感じをみごとに演出した。

ジムとサムに約束したとおり、アッシャーの屋敷はほんもののモンスターになった。あるシーンでヴィンセントのせりふに「この屋敷は生きている。息をしている」というのがあった。「これはどういう意味だ？」ヴィンセントはわたしにそう訊いた。

「このせりふのおかげで、この映画がつくれるんだ」

「なるほど」ヴィンセントは事情を理解した。「それならこのせりふに、わたしが生命を吹きこもう」

ヴィンセントはすべてのせりふと動きに、生命力とゴシック・ホラーの雰囲気を吹きこんだ。この映画で、観客はほんものの恐怖を感じた。わたしの説は有効だった。初めに緊張をつくりだし、それをある程度持続させることが、笑いや恐怖を呼びおこす下地となる。その考えにしたがって場面をつくったのだ。ポーのシリーズの名場面はこんなふうに展開する。観客が感情移入できる登場人物――ロデリックでもマデリンでもフィリップでもだれでもいい――が暗く長い廊下を歩いている。外では雷がとどろき、稲妻が光っている。廊下で蜘蛛がうごめく。蜘蛛の巣が張っている。薄暗い光に照らしだされた壁にそってねずみが走ることもある。主人公は廊下が終わるところに何があるのか、それをどうしても知りたい。

廊下のむこうにあるものは何か？　ひどく心をひきつけられるものか、ひどく恐ろしいものか、そのどちらかだ。だから行かなければならない、いや行ってはいけない。観客が声を出すことができるとしたら、こんなふうにいうだろう。「廊下を進んで何があるのかつきとめろ」しかし同時にこうもいう。「だめだ、それ以上進むな。向きをかえろ。その家から逃げだせ」

主人公の動きにつれて、そんなふうに見ているほうの緊張も高まる。そしてきまってヴィンセントの顔に蜘蛛の巣がかかる。ねずみが静寂のなかで鳴き声をあげ、彼の足の上をはう。彼はトーチを持ってすすむが、暗闇のきしんだ階段をふみはずすかもしれない。階段の板がぬけることもある。背後の、あるいは横のドアがギーッと音をたててひとりでに開くこともある。かび臭い地下室特有の暗闇、雷の轟音、稲妻の閃光。トーチがふいに消える。

とくにカメラの動きには力をいれた。わたしは以前から、カメラの移動で観客をシーンに導入したり移動させたりする方法を好んだ。緊張を高めるには、主人公の視点に合わせたショットがつねに重要な効果をあげる。それから客観ショットにかわり、俳優の前にあるカメラが、俳優が前に動くと一定の距離を保ってうしろへひく。それからまた主人公の視点のショットに切り返す。カメラはおなじドリーの上を移動しながら、視点を切りかえ、主人公が見るものとおなじものを見る。このほかにもカメラをさかんに移動させ、いろいろなアングル、いろいろな距離のショットをとりまぜた。

さらに映画が無意識的で象徴的なレベルにはたらきかけるように、フロイトの夢の解釈から学んだ方法や自分で考えた方法を使った。恐怖とは、子供時代に感じて——赤んぼうのころでもいい——、そして長いあいだ抑圧されてきた不安がふたたび具現化したものといえる。不安は潜在意識に閉じこめられ、夢やタブーのなかにだけ残る。映画のなかで緊張感が高まったときの屋敷は、窓やドアやアーチといった開口部を持つ女性のからだと見なすことができる。廊下は膣のかわりだ。暗い廊下を行けば行くほど、たとえば初めて性的快楽を知った思春期の少年のように、それにおぼれる。それはふたつの矛盾する衝動だ――抵抗しがたい魅力とおさえられない欲望、そしてもうひとつは未知の禁じられたものに対する不安感。このふたつの相反する衝動の存在が緊張をつくりだす。

もっとはっきりいうなら、古典的な恐怖シーンは性行為と似ている。最後にある強烈でショッキングなできごと、緊張を解放するできごと、それはオルガスムスとおなじだ。コメディアンはたくみに緊張を高め、クライマックスでおちをつけて笑いを呼びおこす。ホラー映画の監督もおなじことをする。ただし笑いではなく、悲鳴を呼びおこす。どちらにしても、募る緊張と解放の関係は性行為のリズムに似ている。

ポーのシリーズで、わたしは批評家たちからかなりの注目をあびた。最初はヨーロッパ、つづいてアメリカでもおなじことが起こった。その理由のひとつは、わたしがストーリーの展開にシンボルをうまくとりいれていたからだろう。もうひとつ、カメラの流れるような速い動きと強烈なアングルが、とぎすまされた緊張と不安の演出を助けていたからでもあるだろう。ホラー映画とは、人の内面にある夢、または心理状態を表現する試みであり、そこではあらゆる映画技法を使うことが許される。ただ、自身の創造性とスケジュールと予算だけが、監督を束縛する。

映画『アッシャー家の惨劇』はロデリック・アッシャーの熱にうかされたような狂気を、ちがういいかたをすれば、ポー自身の無意識の心の状態を映像化する試みだった。無意識とは、目で見とおすことができないものだ。そこで、わたしは映画のシーンはすべて屋内でなければならず、どうしても屋外シーンが必要な場合は夜という設定でなければいけないと考えた。さらにわたしは出演者と撮影クルーに申しわたした。どのシーンにも「現実感」があってはいけない。屋外シーンであれば、それは絶対にふつうのものであってはいけない。屋敷の外のシーンはセット撮影だったが、その画面もまたどこか嘘っぽくて現実味に欠けていた。

マット・ショット、フィルターや色つきゼラチン、二重露光でふたつの映像を重ね、さらにラボの特殊カメラを使って第三の映像をつくるという光学処理のほか、わたしは幸運を大いに活用した。それはいいかえれば、他人の不幸だった。監督の仕事というのはときに、その種の偶然のできごとを活用することを意味する。『アッシャー家の惨劇』の屋外シーンのなかに、どうしても荒涼とした夢のような感じがほしい箇所があった。フィリップ・ウィンスロップが馬に乗り、森をぬけて城へむかうシーンだ。映画の撮影がはじまったばかりのとき、まるでわたしにつきがあるかのように、ハリウッド・ヒルズの森で火災がおこった。車のラジオでそれをききつけ、わたしはそのまま方向をかえて現場に行った。そして消防士たちの消火作業を見まもった。

　つぎの日、わたしは少数の撮影クルー、フィリップ役のマーク・ダモン（註3）、それに馬をつれて現場へ行った。すばらしかった。灰におおわれたグレイの地面。黒く焦げた樹々。効果を増すため、そこに人工霧を漂わせた。まさにわたしのほしかったものができあがった。緑の草も、樹木の葉も、そのほか生命のしるしはいっさいなかった。『アッシャー家の惨劇』のテーマは腐朽と狂気だった。人々の家を奪い、丘を荒廃させた森林火災のおかげで、すばらしいオープニング・シーンができあがった。すばやい行動が実を結ぶ好例だった。

　アッシャーの屋敷が燃えて崩壊するクライマックス・シーンも、似たような幸運に恵まれ、派手な火事の場面が撮影できた。まったくの偶然から、オレンジ・カウンティでこちらの要望どおりの古い納屋がみつかった。まもなく、解体業者がそれを解体することになっていた。わたしたちは納屋の所有者にたのみこんだ。「解体するかわりに、燃やしてくれないだろうか？　夜間に燃やしてくれるなら、わたしは五十ドルを持ってかけつけ、カメラ二台で撮影したいんだが」

　話はまとまった。アッシャーの屋敷が燃えるあの信じられないロング・ショットにはこうしたいきさつがあった。野原のまんなかで納屋が完全に燃えつきるように、ガソリンもかけたと思う。わたしはそれを二台のカメラで撮影した。あのころは二台のカメラをまわすことで、大手映画会社の映画をつくっているような気分になれた。いまでは、そういう場面では五台ぐらいのカメラをまわすのが常識になっている。燃えながら落下する梁、高く突きあげる炎——まさに強烈なショットだった。あの一連の火事のシーンなら、現在の基準に照らしてもひけをとりはしないだろう。実をいうと、ほかのポー・シリーズ作品にも城が焼ける場面があり、『アッシャー家の惨劇』のロング・ショットの燃えさかる炎があまりによかったので、わたしはその一部を転用した。そういうことはなるべく避けるようにはしていたが、一九六〇年代の時点では考えもしなかったのだ——人々がレンタルでビデオを借り、家でくりかえしみて、ちがう映画でおなじ梁が燃えながら落ちてくるのをみつけるなどとは。

火事の場面の屋内撮影では、いつもおもしろいことがおこった。ここでは、ほんとうの背景やセットを燃やすのではなく、壁にどろどろした可燃性の化学物質を塗っておいて、それを燃やすトリックが使われた。この化学物質は明るい光と激しい炎をはなって燃えるが、壁そのものは燃えないで残る。二回目のテイクが必要なときは、火を消したあと壁の焼け焦げ部分のペンキを塗りなおす。わたしはそのあいだほかの部分の撮影をし、ペンキがかわくころにもどり、きれいになった壁にもう一度どろどろした液体を塗れば、二回目の撮影ができる。

火事の日は――城を燃やすシーンは撮影の最終日におこなわれた――、みんなが興奮していた。シリーズ後期の作品では、セットを燃やすとき少々力がはいりすぎて炎が高くあがりすぎ、スタジオの屋根が燃えはじめた。大きな炎だった。ふたりの効果係が急いではしごをのぼり、足場をわたって消火にあたった。

ポー・シリーズの第一作目、『アッシャー家の惨劇』は一九六〇年夏に初めて公開され、かなりの話題を集め、貸出料で百万ドルをだいぶ上まわる額を稼いだ。つぎの作品の製作が問題なく決まった。

わたしは〈赤死病の仮面〉の映画化に興味を持ち、梗概の作成を依頼した。しかしこのころのわたしは、南部の小さな街の人種差別廃止問題を描いた『侵入者』という映画の計画に熱中し、それに大きな意義を感じていた。またギリシャに行ってフィルムグループの映画『アトラス』'61を監督するという仕事もあった。しかしAIPにポー・シリーズ第二弾の製作を急がされ、撮影予定期間十五日、前作とほぼ同額の製作費で『恐怖の振子』'61を監督することになった。

ふたたびヴィンセントが、今度はニコラス・メディナの役で出演した。ニコラス・メディナは異端審問官の息子で、彼の家の地下聖堂の横には父親の時代の拷問室がそのまま残っている。メディナの妻は早すぎた埋葬から目をさましたあと、主治医と結託してメディナを狂気に追いやろうと計る。メディナは妻を内側に釘のつきでた拷問箱に閉じこめるが、最後は彼のほうが大穴に落ちる。

クライマックス・シーンは複雑な技術を使い、衝撃的な映像でもりあげた。フードがついた異端審問官のローブを着たメディナは、まちがえて医者ではなく自分の義弟を大穴と振子の拷問にかける。義弟役のジョン・カー(註4)はテーブルに縛りつけられ、鋭い刃のついた巨大な振子を見あげている。うしろにいるメディナがおそろしげな音をたててきしる装置を始動させると、刃は大きく揺れながら下降して、しだいにテーブルに近づく。ダニー・ホラーは、高さとおそろしさを感じさせるため、スタジオの天井や梁までとどく大きなセットをつくっていた。いくつかの箇所で、この作品は『アッシャー家の惨劇』よりさらに凝った印象をあたえた。

振子のしかけの操作は上方でおこなうようになっていたが、大きな機械はこちらが思うほど速く動いてはくれなかった。そこでわたしは光学処理でコマをひとつずつとばし、刃の動きが二倍速く見えるようにした。ロング・ショットでは木製の刃を使ったが、クローズアップでは怪我をする危険のある鋭い金属を使った。ジョンは胸にパッドをつけ、その上に肌のように見えるしかけをつけた。刃がかすめるとシャツの胸があき、そこから血が流れだすしかけだ。

振子の場面の撮影には一日かかった。この日の最後の仕事は楽しかった。残り時間が一時間とすこしになったとき、わたしはクレーンを使って、編集挿入用のショットを撮った。一ショットにかける時間は二、三分。別のいいかたをすれば、最後の二時間で三、四十のショットを撮ったことになる。わたしはまず大きな刃の上方からのショットや下方からのショットを撮った。それからカメラをパンしたり、すばやく振ったりして撮影した。ダニーが壁に描いた壁画のズーム・ショットも撮った。こうした断片を挿入することで、連続する場面に彩りや力や動的な緊張をくわえるためだった。そして、それはみごとに成功した。わたしは現在でも、このふたつのポー作品が実際の撮影期間と製作費から想像するより、ずっとりっぱな仕上がりになったことに満足している。

おなじように、利益も満足できるものだった。『恐怖の振子』は『アッシャー家の惨劇』よりもすこし多い利益をあげ、二十万ドルの経費に対して二百万ドル近い貸出料を稼いだと記憶している。『恐怖の振子』のあと、AIPとわたしのあいだで、利益の歩合について争いがあった。結局、サムとわたしは、たしか一万ドルほどの差をめぐって、コイン投げという伝統的かつ庶民的な方法で決めた。最初はわたしが勝ったが、つづけてサムが三回勝ち、わたしはそこであきらめた。これで問題は解決したが、わたしは、次の作品であるポーの短編にもとづく『姦婦の生き埋葬』'62を自分の手で製作することに決めた。資金は、ＡＩＰの作品のプリントを請負い、ときに製作にもかかわっていたパテ・ラボが調達した。原作の脚色は、チャック（チャールズ）・ボーモント(註5)とレイ・ラッセル(註6)に依頼した。

主役はヴィンセントにしたかったが、わたしの心づもりを察知したＡＩＰはヴィンセントと独占契約を結んだ。そこでわたしはレイ・ミランド(註7)を起用した。洗練されていて快活で、アメリカ東海岸のアクセントをかすかに持っているウェールズ生まれのレイ・ミランドは、この作品の主人公にふさわしかった。

撮影一日目の朝、ジム・ニコルソンとサム・アーコフが現場にあらわれた。ふたりがこんなふうに姿をあらわすのは初めてだった。それにどうしてこんなにうれしそうにしているんだ、とわたしは思った。「ロジャー」サムが握手をしていった。「幸運を祈るよ。今度もまたわたしたちはパートナーだ」

当時ハリウッド最大の独立スタジオだったＡＩＰは、配給網をまだ獲得できずにいたパテ・ラボに話をつけ、プロデューサーとしての立場を買いとった。わたしがきいたところでは、少々強引なやり方でだった。「話に乗らないなら」ＡＩＰはパテ・ラボに対していった。「依頼しているラボの仕事を全部ひきあげる」というわけで『姦婦の生き埋葬』もAIPの映画となった。

レイは、十九世紀ロンドンの医学生、ガイ・キャレルを演じた。キャレルは自分が昏睡状態に陥って生きたまま埋葬されるのではないかという恐怖におびえている。父がそうやって埋められたと思っているからだ。やがて父がほんとうに生きたまま埋められたことをつきとめたとき、彼は気を失って死んだようになる。そして生埋めにされる。もちろんストーリーには、この先がある。ポー・シリーズにも、この先があった。『姦婦の生き埋葬』は百万ドルをこえる貸出料をあげたが、最初の二作品ほど成功しなかった。映画のつくりかたを変えなければならないのはあきらかだった。セットやデザインの前作との類似を指摘する批評もあった。《ニューヨーク・タイムズ》は「かわりばえがせず、魅力がない。脚本ももたついている」と書いた。

『ポーの恐怖物語』'62（日本では以下の題名の短編三本として分割上映された）は、ふたたびリチャード・マシスンの脚本、ヴィンセント・プライスの主演によるものだったが、この作品では三部構成《トリロジー》という新しい試みがおこなわれた。ポーの作品をもとに、それぞれ一週間の撮影期間をかけ、『怪異ミイラの恐怖（モレラ）』『黒猫の怨霊（黒猫）』『人妻を眠らす妖術（ヴァルデマール氏の病症）』と三作の短編をつくったのだ。三作とも出演者の演技はすばらしかったが、ポーの「黒猫」と「アモンティラードの樽」を基本にした『黒猫の怨霊』は、笑いと恐怖の融合という点でもっともおもしろい作品に仕上がった。これにはヴィンセントとピーター・ローレ(註8)が共演していた。ヴィンセントとピーターは、とくに愉快で楽しいワイン試飲の場面で、真の意味での風格と才能を持った俳優であることを証明した。

三部構成の映画は百五十万ドル近い貸出料をあげる成功をおさめ、わたしとマシスンはそれに勇気を得て、ポーの有名な詩、「大鴉」を軽いコメディ・ホラーにしたて、前作のふたりの役者を使うことにした。それまでの映画のセットを投入したので、このコメディ・ホラー作品、『忍者と悪女』はポー・シリーズのなかでも最大規模の映画に仕上がった。配役も最高で、わたしはこの映画で同時に何人もの有名なベテラン俳優と仕事をするというれしい体験をした。ヴィンセント・プライスとボリス・カーロフ(註9)は十六世紀の大魔術師に扮して対決をした。ヴィンセントは慈悲にあふれたクレイヴン、ボリスは冷酷なスカラバスだった。ピーターは格の低い魔術師、ベドロの役だった。スカラバスはベドロに魔法をかけ、大鴉に変身させてしまう。ベドロはからだをもとにもどしてもらうため、クレイヴンのところへ行く。ジャック・ニコルソンはベドロの息子、レックスフォードの役だった。

スカラバスは、隠遁生活をつづけているクレイヴンの秘法を手にいれたがっている。しかしクレイヴンは妻レノーアの死を悲しみ、魔術と縁を切って暮らしている。クレイヴンは、どろどろにした蜘蛛、うさぎの油、蝙蝠のかわかした血、はげわしの糞、死んだ男の髪を調合して薬をつくり、ベドロをもとの姿にもどす。ベドロとクレイヴンは親しくなり、ベドロはクレイヴンに、レノーアは死んでおらず、スカラバスの愛人になっているのではないかという。クレイヴン、ベドロ、レックスフォードはいっしょになってスカラバスの家へ行く。そしてベドロの考えが正しかったことがわかる。最後は、装飾を凝らした壮大なセットで、スカラバスとクレイヴンが魔術の対決をする。戦いに勝ったクレイヴンは、宿敵スカラバスと姦通をした妻レノーアがいる城を炎上させ、城はやがてくずれおちる――アッシャー家のときとおなじだ。スカラバスとレノーアはやっとのことで炎を逃れ、レノーアはクレイヴンのもとにもどることを望む。ボリスが扮するスカラバスの最後のせりふは傑作だった。レノーアといっしょに瓦礫をよじのぼりながら、彼女にいうのだ。「どうやら、あっちのほうはもうだめになったらしい」と。

クライマックス・シーンは凝っていた。魔術師の指さきから放たれる光線には、フィルムに特殊な光学処理をほどこす方法が使われ、おもしろい効果をあげた。また、ヴィンセントが空中を浮遊するシーンでは、わたしはめったに使わないクレーンを使って、彼に部屋じゅうをとびまわらせた。ボリスの横で小型の大砲を発射したりもした。こうしたことのすべてが、事前にていねいに計画されていた。

三週間で撮影した『忍者と悪女』は、わたしの監督作品のなかでも完成度の高いもののひとつだろう。ダニー・ホラーはこのときもまた、とても豪華でセンスのよいセットをつくり、実際よりずっと金がかかっているように見せてくれた。

大物ともいえる三人の俳優との仕事は、実に楽しかった。三人は各シーンでそれぞれのきわだった個性を発揮した。ピーターはリラックスして現場で力をだすタイプの俳優で、アドリブのすばらしい演技をすることができた。時間をかけてせりふをおぼえたりはしないが、自分の仕事が、出演場面に生命力とユーモアのエネルギーを吹きこむことであるのを承知していた。

ヴィンセントはもっと正統的なスタニスラフスキー・システムの訓練をうけていて、脚本に忠実な演技をした。しかし、つねに変化に対応できる柔軟さを持っていた。俳優生活の末期にさしかかっていたボリスは、せりふをしっかりとおぼえていて、脚本に書かれているとおりに演技をしたがり、それ以外をいやがった。くだけた調子で脚本にないことをするピーターとそうでないボリス。ヴィンセントがこのふたりのあいだでバランスをとった。

ボリスとピーターは演技の方法について対立し、ふたりのあいだにはわだかまりがあっ

『ポーの恐怖物語』中の『黒猫の怨霊』で使われた、ピーター・ローレの頭部の模型を持つヴィンセント・プライス。

『恐怖の振子』のポスター。

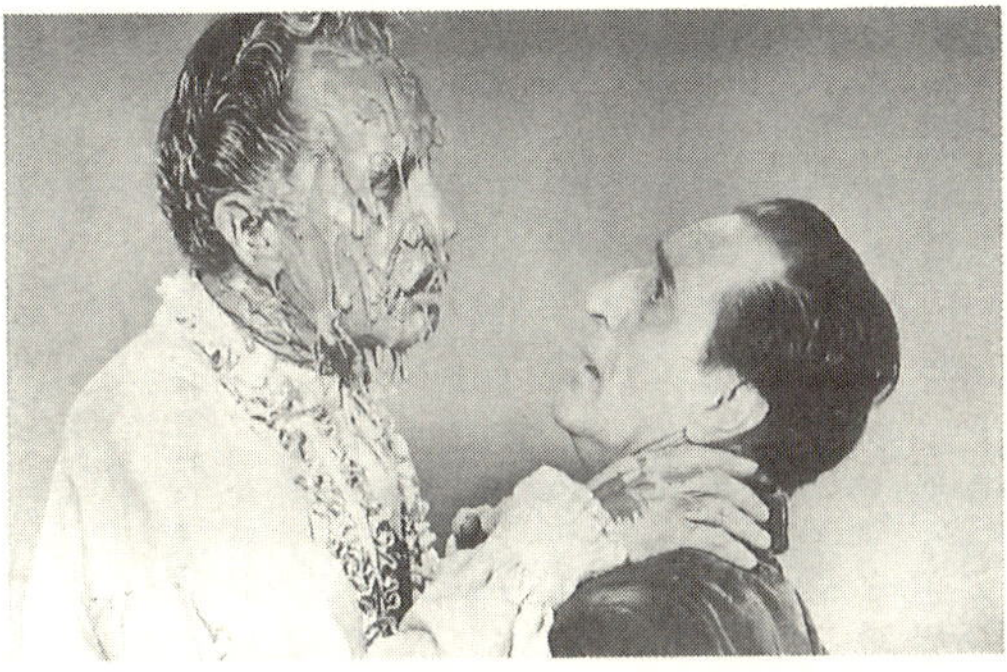

『ポーの恐怖物語』中の『人妻を眠らす妖術』で、ベイジル・ラスボーンに襲いかかるヴィンセント・プライス。

た。ボリスはあきらかにピーターのやり方が気にいらなかった。それはボリスを怒らせ、せりふをおぼえる苦労をむだにした。ボリスは何度かわたしのところへきて、ピーターといっしょのシーンの愚痴をいった。

ピーターは少々風変わりだが、滑稽で知性があり、たえまなく新しいアイデアを生みだす優秀な芸術家だった。彼はいつも新しいことを考えだした。わたしは、ジャックとピーターがふたりの出演場面をおもしろいものにしてくれるだろうと考えた。この考えは脚本には書かれていなかったが、この映画の撮影現場には、スタニスラフスキー・システム風のサブテキストが存在していた。わたしはこうした方法をコーリーのクラスで学んでいた。たとえば、こんな具合だった。ジャックはこの世の何ものにもまして、父親の愛と承認を望んでいる。ピーターのほうは、ばかな息子を遠ざけることしか考えていない。ジャックはいつもピーターにつきまとい、ピーターはそれを邪険にする。ジャックは父親の気をひこうとして、父親のマントの胸のあたりをいつもいじっている。ピーターは無視をつづけたあと、ジャックの手を二回たたいて大きな声でいう。「やめなさい、レックスフォード!」そして最後のほうのシーンで、ふたりいっしょに縛られたとき、ピーターが嘆く。「わたしは最低だ」ジャックは嫌悪感をこめたどんよりした目をして——彼のトレードマークの顔だ——、そしていう。「そんな甘いことばですませたくはないね」

★ジャック・ニコルソン

あの映画でロジャーはわたしにこう指示した。「ローレやカーロフやプライスのようにおもしろくやれ」わたしは彼らが大好きだった。いつもピーターといっしょにいた。彼に夢中だった。三人ともすばらしかった。あれはコメディだったんで、ロジャーはわたしたちが現場で即興でなにかやれるよう時間をくれた。

ピーターのマントの件は、役者のちょっとした思いつきだ。わたしはピーターのマントをひっぱった。画面には出ていないが、ほかにもいろいろなものをひっぱったんだ。そうやって彼の反応をひきだそうとした。もちろん彼は優秀な演技者だから、とても自然な反応をして、わたしをたたいてどなったというわけだ。

『忍者と悪女』のことでほかにおぼえているのは、鳥がところかまわず糞をしていたことだ。ずっとたれ流してた。わたしの右肩はいつだって鴉の糞まみれだった。

★ヴィンセント・プライス

ボリスとピーターとわたしはシーンにつけくわえるジョークを書いて、ロジャーに見せた。ロジャーはほとんどを認めて、手直しをして脚本にとりいれた。俳優と監督の共同作業が、おもしろい映画をさらにおもしろいものにしたいい例だったよ。

彼はポーの作品を知りつくしており、映画づくりに独自の心理学的な方法をとっていた。わたしたちといっしょに長い時間をかけて話しあい、分析し、そのあと役づくりをすべてこちらにまかせてくれた。現場でのロジャーの熱心さが、安い製作費や短い撮影期間を補っていた。彼は非常にいいにくそうに、撮影が始まる前に現場で打ちあわせをしたいのだが、といってきた。そうすれば、セットやほかの人間たちになじめるということだ。

彼のエネルギーは神がかっていた。何度か彼の家で会議をしたが、わたしはいつも冷蔵庫から食べ物を探して食べていた。とてもふしぎだったね。ロジャーは食べ物らしいものをなにひとつ食べないで、缶入りのメトルカルというハイ・プロテイン飲料を飲むだけなんだ。おどろいたな、この男はいったいどうやって生きているんだ?――わたしはいつも心のなかでそう思っていたよ。彼はいつも厳しい生活スタイルを守っていて、わたしはよくCARE（第二次大戦後に設立された米国援助物資発送協会）のパッケージを送ってやるよ、とからかった。

AIPは、つづけてポーの映画を撮るよう要求した。おなじつくりでつづけるのはよくないような気がしたが、それでもわたしは二本撮ることにした。そして一九六三年十一月、『赤死病の仮面』'64（日本ではテレビ放映）撮影のためロンドンへ飛んだ。出演はヴィンセント・プライスとジェーン・アッシャー、脚本はチャック・ボーモントだった。

　このときまで『赤死病の仮面』をつくらずにいた理由のひとつは、ベルイマンの『第七の封印』'56だった。そのなかでは、「死」がフードのついた黒いローブを着て、中世のスウェーデンの片田舎に姿をあらわし、疫病が各地で猛威をふるう。『赤死病の仮面』によく似た設定だ。おそらくベルイマンも〈赤死病の仮面〉を読み、なにかしらの影響をうけたのだろう。しかも『第七の封印』は後々まで語りつがれるすぐれた作品だった。わたしは、だれかにベルイマンの真似をしているといわれないかと心配し、この原作には数年間手をつけずにいた。『赤死病の仮面』は中世イタリアに舞台をおいた超現実的で哲学的なものがたりで、ヴィンセント扮するプロスペロ王子が主人公だった。プロスペロは残虐で堕落した悪魔の崇拝者で、領地で赤死病が猛威をふるっているなか、城にとじこもって放蕩三昧の宴会をひらくのだ。

　『赤死病の仮面』はポー・シリーズのなかでも、もっとも贅沢な作品となった。セットの倉庫に残っていた『ベケット』(註10)'63などの史劇のセットを使い、衣裳も豪華なものを使った。撮影監督はニコラス・ローグで、彼はこの仕事でヨーロッパの大きな映画祭の最優秀撮影賞を獲得した。撮影期間は五週間だったが、イギリスの撮影クルーはやや仕事が遅く、アメリカなら四週間で仕上がる撮影だったといってよいだろう。いまでも残念に思うのは、組合で決められたクリスマス・シーズンの特別料金を払っても、撮影を一日延ばすべきだったという点だ。そうすれば、大規模な宴会シーンが撮れたはずだ。エキストラを大勢使い、火をたき、さまざまなアクションを追加する——単にはなやかな場面というだけではなく、真の名場面が撮れたはずだ。

しかし『赤死病の仮面』の撮影について、わたしがよくおぼえているふたつの出来事は映画自体とは関係がない。ひとつはジョン・F・ケネディの暗殺だ。わたしたちは大きなショックをうけ、国を遠くはなれていたせいで落ちつかない気持ちだった。葬儀の日には、撮影を数分間中断した。

もうひとつも、歴史的な瞬間だった。わたしは『赤死病の仮面』の主演女優、ジェーン・アッシャーとつきあいはじめていた。ある金曜日の午後、わたしたちはいっしょにコーヒーをのむ約束をしていた。しかしジェーンは若い男をつれてきて、いった。「ロジャー、友だちを紹介するわ。リヴァプールから来たポール・マッカートニーよ。ポールは撮影の現場に来たことがないので、どんなふうにやるのか見たいんですって」

「いいとも。好きなところを見ればいい」

「ポールは」と彼女はつづけた。「リヴァプールの歌手グループのメンバーで、今夜ロンドンの初舞台を踏むの」

「それなら初舞台がうまくいくよう、幸運を祈ろう。ポール、ゆっくりして昼めしでも食っていってくれ」わたしは大物になったような気でいった。ビートルズがすでにイギリスでナンバー1のグループであることを知らなかったのだ。ビートルズは各地で演奏をしていたが、ロンドンでは、まだコンサートをひらいたことがなかった。つぎの日は街のいたるところで「ビートルズ、ロンドンを征服する」という見出しを見た。ジェーンは前からポールとつきあっていたが、彼がいつもツアーでいないので、ロンドンでわたしとつきあっていたのだった。

ポー・シリーズでは、製作費の面でも撮影期間の面でも、以前よりいくらか余裕のある映画づくりが許され、おかげで何作か見ばえがよくて強烈に心理にはたらきかけるホラー映画をつくることができた。しかしわたしは、基本的には、初期の作品で使ったアイデアやイメージやテーマやテクニックを使い、自分自身のやり方からはなれることはなかった。

ポー・シリーズについて話すとき、『古城の亡霊』'63を省略するわけにはいかない。わたしはしだいにポーの作品の基本要素——あるいはすくなくとも、ポーの映画の基本要素——に精通し、ポーよりもポーらしくあろうと試みて、そうした基本要素を組みたててゴシック・ストーリーを創作した。実をいうと『古城の亡霊』をつくろうと思いたったのは、『忍者と悪女』のセットをもう一度使って二日間の撮影をし、大胆にもゴシック・ホラー映画一本の大部分をつくってしまおうと考えたからだった。しかし、『古城の亡霊』の製作は、結局、わたしが手がけたものとしては最長の九カ月の撮影期間と五人の監督を要するやっかいなものとなった。それでも、この映画もまた『リトル・ショップ・オブ・ホラーズ』とおなじように、何もないところからつくりあげたことに変わりはない。

『忍者と悪女』の撮影が終わる一週間前、わたしはダニー・ホラーにいった。「このセットはすばらしい。これを来週の金曜日には全部こわしてしまうなんて、もったいない」ダニーはいった。「たしかにそうですね。いままでのポー・シリーズのなかでも最高のセットです」

日曜日はテニスをする予定だったが、雨ふりだった。わたしは家のなかで考えこみ、そして二日間、『忍者と悪女』のセットで撮影をすれば、もう一本の映画がつくれるだけの材料ができると判断した。必要なのは脚本だった。わたしは『クライ・ベビー・キラー』や『蜂女の恐怖』を書いたレオ・ゴードンに電話をかけた。「城がでてくるおもしろい話はないか？」

レオはそんなものはないと答えたが、わたしは相談のためにこちらにきてくれといった。わたしはさらにつづけた。「再来週から撮影にはいる。二日分、六十ページが必要だ。つまり来週のウィークデイ一日あたり十二ページ書けばまにあう。できないことじゃない」

そのときはっきり決めたのはエンディングについてだけだった。「今度は城を燃やす手は使えない」わたしは窓の外の雨をみつめ、そしていった。「これだ。火の反対——水だよ！　今度の城は洪水でおし流されることにしよう」レオが脚本にとりくんでいるあいだ、わたしは『忍者と悪女』を撮影し、完成した。

主役のフォン・レッペ男爵には、ヴィンセントの都合がつかなかった。ボリスは二日間の仕事ならという条件で主役をひきうけた。八十歳に近づいていた彼は健康状態がすぐれず、イギリスに腰を落ちつけたがっていた。わたしはボリスのエージェントに電話をかけ、出演料——AIPは『忍者と悪女』でボリスに約三万ドルの出演料を支払っていた——に歩合を上のせすることで話しあいがついた。

男爵の城を訪れる若いフランス軍将校には、ジャック・ニコルソンを起用した。そしてジャックの提案で、主役のヘレーナにはジャックの妻のサンドラ・ナイトが起用された。「男爵と大尉の城でのシーン、六十ページ分を撮影する」わたしは説明した。「残りの撮影は、全体の脚本とほかの場面のセットができてからだ」

★サム・アーコフ

あのころは映画を撮りおわると、簡単なクランク・アップ・パーティをひらいたものです。わたしの妻や義妹はユダヤ風の料理をつくってセットまで持っていきました。ロジャーはいつも常連の俳優たちを使っていて、彼らはいつだって腹をすかせていました。映画撮影のないときは何も食べてないいんじゃないかって思いましたよ。とにかく、わたしは『忍者と悪女』の現場へ行って、墓場のセットがそのまま残されているのを見て少々おどろきました。ふつうなら解体されて隅のほうに寄せられているはずです。ロジャーという人間をよく知っているので、わたしは怪しいと思いました。そこで月曜日の朝もう一度現場に行って見ると、撮影に使っているカチンコ（現像や編集に必要な情報を書きこんだボード。各テイクの前に撮影される）にはこう書かれていました――アメリカン・インターナショナル・ピクチャーズ作品『忍者と悪女』。撮影が終わったはずの作品です。ロジャーはわたしたちのセットを使って、勝手にほかの映画を撮っていたんです。カーロフもいました――二日間の仕事で三万ドルの出演料をもらってです。

わたしはロジャーに挨拶をしました。ロジャーがすごいのは、一瞬はどきっとしても、あとは平気な顔でにこにこしているところです。彼はいつも冷静でした。信じられないほど冷静沈着です。それで、わたしは何をやっているのかと訊きました。ロジャーはあいまいな返事しかしませんでした。彼がその映画を秘密にしても、つくったあとは配給の件でわたしたちのところへ持ってくるのがわかっていました。だから、どちらにしろＡＩＰの映画になるんです。

男爵の召使、ステファンにはディック・ミラー、口がきけないグスタフにはジャッキー・ヘイズが扮した。二日間の撮影は、四人の出演者を使っておこなわれた。決して楽な仕事ではなかった。おおよその筋書きはわかっていたが、具体的に何が起こるのかは決まっていないのだから、登場人物の役づくりどころではなかった。それでも、わたしは撮影をつづけた。時間におされ、二日目の残り時間が一時間というとき、わたしは撮影監督にいった。「カチンコはいれなくていい。写したものをどうするかはあとで考える。カメラをまわしはじめたら、そのまま行こう。わたしのほうの準備ができて『カメラ、スタート』といったら、一秒で問題がないかチェックしろ。きみが何もいわなければ、一秒後にわたしが『アクション』といって撮影を開始する。撮影した分は全部プリントすることにしよう。何を撮ったかは、わたしがおぼえておく」

「そんなやり方、きいたことありませんよ」彼はいった。もちろん、あるはずがなかった。ほかのだれもそんな経験はなかった。みんながおかしくなって声をあげて笑った。

わたしはセットを活用して撮影をしたが、映画はまだ半分しかできあがっていなかった。そして残り半分の撮影が完了するまでの数ヵ月間、ややこしい筋書きは変わりつづけた。

ジャックが扮するデュヴァリエ大尉はバルト海の沿岸でナポレオンの軍隊とはぐれる。そして海のそばで、ヘレーナという名の神秘的な若い女性と恋におちる。ヘレーナが姿を消す。デュヴァリエ大尉はフォン・レッペ男爵の屋敷にたどりつく。ヘレーナは城にいるのか、それともいないのか。ヘレーナはまた、ずっと前に死んだ男爵の妻、イルサの嘆きの幽霊であるのか、そうではないのか。グスタフは実は口がきけるのか、そうではないのか。グスタフは年寄りの魔女のために働いていて、その魔女の息子、エリックは二十年前男爵の妻と恋愛関係におちいり、ステファンとたたかって死んだ。のちになって、男爵がはたして男爵であるのか、そうでないのかも問題になる。そういう映画だった。デュヴァリエは謎をとくため、城にとどまる。

すべてはざっくばらんに撮影された。ヘレーナはまぼろしだと男爵がデュヴァリエにいったとき、疑いを持つデュヴァリエは答える。「最大の敬意をこめて申しあげます、男爵。幽霊にしては、彼女はたいへんに活発な若い女性でした」ボリスは愉快な軽いタッチで、ジョークをやっているように男爵を演じた。男爵がほほえんで「わたしが狂っていると思っているのだね？」といい、デュヴァリエが笑顔をつくって「男爵、いまのところ、そのようでもあるんです」と答える場面もあった。

わたしがほかの二作品の撮影のためヨーロッパへ出発する前に、ビッグ・サーでロケをおこなわなければならないことがわかった。ビッグ・サーを『古城の亡霊』のバルト海沿岸に見たてての撮影だった。わたしはＤＧＡ（全米監督組合）のメンバーだったので、組合にはいっていない監督が必要だった。そこで数カ月前に雇いいれた助監督に話を持っていった。ＵＣＬＡ映画学科を卒業したばかりの優秀な若い助監督、それがフランシス・コッポラだった。

フランシスのそれまでの仕事の多くはＵＣＬＡの演劇製作に関係したものだった。しかし映画の脚本でサミュエル・ゴールドウィン賞を受賞し、二千五百ドルを手にいれたこともあった。

彼の最初の仕事は、わたしが安い値段で手にいれたソ連のＳＦ宇宙映画の処理だった。アメリカの観客にもわかるよう英語のせりふをつけて、録音編集し、さらに別撮りした特殊効果部分を挿入するという仕事をまかせたのだ。この映画は『太陽のかなたの戦い』'63というタイトルで公開された。

のちに、フランシスはわたしを追ってヨーロッパに来て、『ヤングレーサー』'63（日本ではテレビ放映）の録音係の仕事をすることになる。さらにそのあと、アイルランドで、わたしが二万二千ドルの製作費を出した『ディメンシャ13』'63（日本ではテレビ放映）で初の監督をつとめる。

しかしヨーロッパへ行く前、わたしは彼がことわるはずもない申し出をした。

「フランシス」わたしはいった。「チャンスをやろう。ジャックやサンドラといっしょにビッグ・サーへ行ってこれを撮ってくれ」

「よろこんで」彼はいった。そしてフランシスはUCLAの少人数の撮影クルーをつれて北へ向かった。ビッグ・サーへ着いたあと、彼は脚本を変更してよりよいものにしようと決めた。

一週間後、彼はもどってきて撮影した分を編集した。それはわたしがすでに撮影をすませた部分とはうまくつながらなかった。しかし、かなりよくできていて、ビッグ・サーの風景撮影も美しく仕上がっていた。この男には才能があった。

★フランシス・コッポラ

演劇の分野での経験や、俳優とうまく仕事をしていけるという評判をきいて、ロジャーはわたしを週給九十ドルで助監督にした。映画の世界には、俳優とうまく共同作業ができるタイプの人間はすくなかった。ロジャーは、ゴールドウィン賞受賞者を雇っていることを自慢に思っていた。また、自分は週給四十五ドルで働いた時代があったという話をした。もちろん、わたしは無給でも、ときどき食事をすることができさえすれば、ロジャーのところで働いただろうと思う。

ソ連のSF映画の戦闘シーンは、観念的で象徴的だった。ロジャーはもうけは特殊効果にあると考えていて、アメリカの観客用にそれをつけくわえた。わたしは口の動きにあわせて、せりふを英語のストーリーにそったものに変えた。それから二体の月のモンスターが——はっきりとではないが男女に見えるモンスターだ——争っているところを宇宙飛行士が目撃する場面を撮影した。ロジャーがその場面を入れろといったのだ。わたしはいわれたとおりの場面を撮影して映画に挿入した。そのころ並行して、昼間は『怪談　呪いの霊魂』'63のせりふ監修の仕事をやった。ヴィンセントたち俳優のせりふを書いていたんだ。夜はほとんど寝ずに、SF映画にかかった。『太陽のかなたの戦い』の最終版は、見たおぼえがない。

ロジャーはいつも直截で、人にあやまった期待をいだかせるようなことはしなかった。何をやらなければならないか、それで何を得られるのか、それをはっきりとさせていた。わたしのような者にとってはすばらしい機会だった——金などよりずっとたいせつだった。

フランシスのUCLAの友人は、たいしたやつだった。『古城の亡霊』の洪水の場面として、セットの城にホースの水をかけてクローズアップ・ショットを撮ってあったが、わたしは『アッシャー家の惨劇』の火事に匹敵するような大洪水の映像がほしかった。フランシスは数カ月後にはヨーロッパへ行き、セヴン・アーツの作品で脚本家兼監督としての仕事をはじめることになっていた。そこで彼はかわりの助監督として、友人のデニス・ジェイコブを紹介した。デニスはUCLAの映画科を卒業したばかりだった。わたしはデニスに軽量のアリフレックスとフィルムを渡し、フーヴァー・ダムでの一日の撮影に送りだした。

「水が手前に落ちてくるところを撮ってほしい」わたしはデニスを送りだす前にいった。「三、四十のアングルから、百ミリか二百ミリのレンズできっちりと写すんだ。それをあとで編集する」

デニスは三日後になってやっと帰ってきた。「どうしてこんなにかかった?」わたしは訊いた。「あんなところで何をやってた? 水を写すだけなのに」

「曇ってたんです」デニスはいった。「うまく撮れないと思って、天気になるのを待っていました」わたしは気にいらなかった。

すこしして撮影用に使っていたヴァンのところへ行ったとき、うしろの荷台にいくつも南軍の軍服があるのをみつけた。ジャックの役はナポレオン軍の大尉で、ロバート・E・リー将軍とは関係がない。わたしはデニスに訊きにいった。「わけを話してもらおうか?」わたしはデニスのUCLAの卒業製作が南北戦争をあつかったものであるのを知っていた。「洪水を十分で撮って、あとの三日間、わたしのカメラ、わたしのフィルム、わたしの機材を使って図々しく自分の映画を撮っていたんだ。そうだろう、デニス？」

「でもとてもいい映画なんです」デニスはいった。「実をいうと、この映画はあなたに捧げるつもりです」

「まあ、いいだろう、デニス」わたしに怒ることができただろうか？　ある意味で、デニスはわたしがAIPやほかの会社を相手にやってきたことをやっていた——体制を利用して自分の映画をつくっていたのだ。運転手とカメラマンと監督を同時にこなし、そして兵隊役には友だちの応援を頼みでもしたのだろう。「あなたのやり方をおぼえるつもりです」デニスはいった。

それでもまだフランシスのあとをひきつぐ監督が必要だった。そこでわたしは才能のある若いモンテ・ヘルマン（註11）に電話をかけて説明した。「問題の二日分はわたしが監督し、北で撮影した一週間はフランシスが監督した。しかし、パロス・ヴェルデスの断崖でさらに撮影がある。その分の監督をひきうけてくれないか？」

「もちろん。ひきうけます」モンテはいった。

というわけで、モンテはジャックとディックをつれてパロス・ヴェルデスへ行き、断崖で屋外ロケをした。編集はモンテとわたしのふたりでした。モンテは脚本の一部を書きかえ、前とちがうところがいくつかあった。しかしできばえはきちんとしていた。このあとモンテはほかの仕事についた。

今度はわたしはジャック・ヒル(註12)に電話をした。彼はわたしのところで仕事をしたことがあり、独立して名前を知られるようになっていた。ジャックは残りのほとんどを監督したが、撮影の最終日まではいられなかった。あと一日の撮影のため、もうひとり監督が必要になった。

そのときになって、ジャック・ニコルソンがやってきていった。「なあ、このろくでもない街のだれもが監督をしたみたいだ。むずかしい撮影じゃない。最終日はわたしにやらせてくれ」

「いいとも、いけないわけがない」わたしは答えた。

五人の監督の仕事をひとつにまとめて、わたしは映画を完成させた。五人ともストーリーの解釈がすこしずつちがい、映画にもそれが露呈した。ふたつのくいちがう点があったし、合理性の面でも説明のつかないところがあったし、そして正直にいってあまりおもしろくなかった。ある日の午後を使って、レオといっしょに理屈にあった筋書きを考えはしたが、それでも精彩はなかった。すべてがありきたりだった。それに城で二日をかけて撮影した部分は照明が平板だった。一日で三十ページ分の撮影をしているときには、最高の照明などできないということだ。

　わたしはストーリーをひねってみた。男爵はじつは男爵ではなかった。妻とエリックの情事を知ったあと争いがあり、そのときステファンがあやまってエリックではなく男爵を殺した。その後二十年間、エリックは男爵の身代わりをしてきた。ステファンは、おどろいている魔女とデュヴァリエに説明する。「ほんとうは、エリックがフォン・レッペ男爵です」

　これは魔女にはよいしらせだった。息子のエリックは生きている。よくないのは、息子を男爵と思いこみ、ヘレーナを使って男爵夫人イルサの霊を呼びだし、実の息子を自殺に追いやろうとしたことだった。しかし、もう地下室の洪水をとめることはできなかった。イルサの霊を解放し、男爵――実はエリック――を自殺に追いやるための洪水だった。とにかくそんな話だった。もうずいぶん昔のことだ。

★ジャック・ニコルソン
　なんといっても映写室でいちばんおもしろい思いをしたのは、『古城の亡霊』のその日のラッシュをみんなで見たときだったよ。まずボリスが、男爵の青い上着を着て長い廊下を歩いている。ボリスがフレームの外へでると、わたしが廊下を歩き、わたしが見えなくなると——ロジャーはカメラをとめてカチンコをたたく手間を省いていた——サンドラが廊下を歩いてくる。つぎは召使の黒い服を着た奇妙な感じのディックだ。それからまたボリスが今度は赤い上着でやってくる。すべてがカットなしで、ひとつづきのシーンであるかのように撮影された。

そのあとフランシスといっしょに、海岸と岩山の撮影のためにビッグ・サーへ行った。ジャッキー・ヘイズや馬やヘレーナや若い女性や魔女の鴉やらもいっしょだった。サンドラはビッグ・サーで娘のジェニファーをみごもった。ロジャーはフランシスに腹をたてたと思う。なぜならそれまで製作予算を超過した人間などいなかったし、三日で撮影を終えるはずなのにわたしたちはそこに十一日かそこいらいたのだから。わたしたちはみんなで、機関銃で撃たれるかもしれないし、永久にこの世界で働けないようになるかもしれないと思っていた。

ビッグ・サーの海で、わたしはおぼれそうになった。ヘレーナを探して水にはいるシーンだ。これはフランシスの考えだった。ビッグ・サーのアーチ型の大波に飛びこむのはわたしだった。季節は冬で、スタント・マンはいなかった。ライフガードの経験があったので怖いとは思っていなかったが、あの大波は特別だった。

あそこの海はどこまで行っても深くならない。そこで沈んだように見せるため、わたしはひざをまげてかがみながら進んだ。最初の大波がやってきたとき、白い波頭をあそこじゃなくて頭からかぶるようにだ。水は凍るように冷たかった。そして波がわたしをのみこんだ。デュヴァリエ大尉の第五騎兵隊の制服を着て水の下にいると、立ちあがれないような気がした。制服の重みで水底におしつけられるんだ。すぐに苦しくなってきて一瞬パニックにおちいった。必死で水を出て、こごえ死にそうになって走りながら、制服を脱ぎすてたよ。

ハリウッドにもどったとき、フランシスは予算超過をわたしのせいにしようとした。もちろんフランシスは知らなかったんだ——わたしがロジャーの映画に何度もでていて、ジェフ・コーリーの授業以来のとても親しい仲だということをね。ロジャーは、わたしを責めるべきだとは考えなかった。フランシスを責めたわけでもなかった。だれのせいというより、ビッグ・サーでの撮影ということに原因があったんだ——しかもコーマンの映画ではけっしてやらないようなこともやったしね。下の岩から山へケーブルを敷いたんだ。ロジャーだったら、ただ道路から撮るだけだ。だがフランシスはロジャーと仕事をはじめて日が浅いから、製作費を節約するってことがまだ身にしみついていなかった。だから自分のやりたいようにやったんだ。

それから海岸を南へくだって、サンタ・バーバラやパロス・ヴェルデスで撮影があった。

モンテが監督して、鴉の場面やジャッキー・ヘイズとの場面を撮った。洪水場面の撮影で、わたしは地下室へつづいているはずの階段から二フィート半の深さしかない水に飛びこんだ。おかしな飛びこみかたをしているのは、そのせいだ。そのころにはサンドラは妊娠七、八カ月になっていて、外からわかるぐらい体型が変わっていた。わたしはそのサンドラを――びっしょりと水に濡れ、しかも妊娠しているサンドラを――抱きあげて階段の上へ運びあげた。

自分の出番がないあるとき、わたしはロジャーのうしろに立っていた。ロジャーは大きな消防用ホースの先を頭の上に持って、水が満ちてくる地下室にいる俳優たちに水をかけていた。わたしは吹きだしそうになりながら、彼に気づかれないようにホースを持ち、大きな水圧がかかってそうなったかのように、うしろから強くひっぱりまわした。むこうにいて水をかぶっているのがサンドラで、ほんとにバカみたいに見えたから、おかしくてたまらなかった。ロジャーはいつものようにニヤッと笑っていた。何かあると気づいていたんだ。あのときは楽しかった。家賃も払うことができたしね。いまではもうだれも、『古城の亡霊』みたいな映画をつくりはしない。

8　章

シネマスコープで撮った初期のポー作品を足がかりに、わたしはより大きな規模の映画づくりをはじめた。いっぽう同時期に撮った『侵入者』は、初めてわたしが深い政治的社会的関心を持ってとりくんだ作品だった。小さな街の人種偏見問題をあつかったこのモノクロ作品は、芸術的な意味でも商業的な意味でもリスクが大きかった。製作費はほとんどが自力で調達した八万ドル、撮影はすべてミズーリ州のロケでおこなわれた。完成した映画は多くの批評家の賞賛をうけ、ヴェネチア映画祭でも上映された。しかし商業的には、それまで三十本の映画を成功させてきたわたしの初めての失敗作となった。

一九六一年、ジョン・F・ケネディのニュー・フロンティア政策は公民権法成立を最優先課題とした。わたしは社会性のある映画をつくってみたかった。そこでチャック・ボーモントが一九五八年に書いた小説〈不法侵入者〉の映画化権を買いとり、さらに彼が書く脚本の権利も買いとった。この小説は実話をモデルにしていて、北部出身の偏狭な政治信条を持つ男がテネシーに行き、ファシストに近い政党をつくり、人々の心をひどく刺激して、州兵の出動を招く事態をおこすという話だった。

意外なことに、どの大手映画会社も話に乗ってこなかった。ユナイテッド・アーティスツは消極的で、AIPはかかわりになりたくないといった。アライド・アーティスツは、題材に問題が多すぎるようだとだけいった。そこでわたしはこの映画を自分の会社であるフィルムグループで製作することにした。製作配給の分野に進出したがっていたパテ・ラボが、経費の一部を出すことになった。弟のジーンが共同製作者となり、わたしとふたりして残りの製作費を負担した。

映画の信頼性を高めるため、わたしはすべての撮影をロケでおこなう方針をたてた。そして適切な樹、適切な建物、適切な道路標識、適切なかまえの商店をさがした。俳優については、主役のふたりだけをLAからつれていき、あとは地元の俳優を雇うことにした。ほんもののアクセントや抑揚を使いたかったからだ。

おもなロケ地はミズーリ州の南部の〝ブーツのかかと〟地域にあるサイクストンという街だった。サイクストンは分離教育問題の舞台となったリトル・ロックに近接していて、歴史的な意味でも適切なロケ地といえた。しかも、そこはまだ中南部であり、ミシシッピやアラバマとちがって極度の人種的偏見とあからさまな反対を避けることができそうだった。

　この映画は、当時の大きな社会問題ふたつをとりあげていた——強制バス通学（人種的融合を図るために、学童を居住区域外の学校に通学させること）と人種間の憎悪だ。白人優越論の煽動家、クレイマーがワシントンからやってきて、街ののどかな生活をおびやかす。地方紙の編集者の娘のエラの心をくすぐり、サム・グリフィンという名のセールスマンのさびしい妻を誘惑し、偏見にみちた演説で街の黒人や平等主義者への暴力を煽る。教会で爆弾が爆発し、黒人の牧師が死ぬ。筋金いりの差別廃止論者である地方紙の編集者は、差別主義者の暴漢におそわれ失明しかける。クレイマーはエラに、父を殺されたくないなら黒人高校生に強姦されたと嘘の告発をしろと命令する。エラはいわれたとおりにし、やがてリンチ集団は逃げるすべもない高校生を校庭のブランコに吊るす。しかしすんでのところでグリフィンが、クレイマーのやり方を暴露するようエラを説得してかけつける。クレイマーは糾弾され、高校生は助けられる。街の人々はクレイマーを見捨て、彼は力を失う。

　サイクストンはぴったりの街だった。撮影許可をもらったあとは、夏休み中の地元の大学生が中心になって街の人々との連絡役をはたしてくれた。黒人地区の学校で教えている白人教師がジーンを黒人の牧師にひきあわせてくれ、その牧師が黒人たちとの橋わたしをしてくれた。さらにわたしは撮影に必要な照明技師、メークアップ、ヘア・メークといった仕事に地元の業者を使った。エキストラは街の小劇場やハイスクールから集めた。暴徒におそわれる学生には、ハイスクールの名誉卒業生でスポーツ選手のチャーリー・バーンズという適材がみつかった。彼は道路工事の現場で働いていた。

幸運にもクレイマー役には、『スージー・ウォンの世界』や『暗闇でドッキリ』でブロードウェイのステージに立ったことのあるウィリアム（ビル）・シャトナー（註1）を起用することができた。サム・グリフィンには『蜂女の恐怖』や『クライ・ベビー・キラー』や『古城の亡霊』の脚本家で、俳優でもあるレオ・ゴードンが扮した。チャック・ボーモントも、進歩的な考えを持つ校長としてスクリーンに登場することになった。みんながこの映画を支持していた。全員が、この映画の意義を信じていた。

それでも、わたしたちはつねにトラブルと危険を感じていた。完全な脚本を持っているのはビル・シャトナーとわたしだけで、ほかの俳優たちには、街の人々への影響を配慮したおだやかなせりふの脚本を渡してあった。そして撮影当日、手直しがあったと説明して、その場でほんとうのせりふをおしえた。街の人々の協力が必要だったので、刺激することは避けたかった。

しかし反対はあった。街の学校は一年前に統合教育にかわったばかりだった。撮影スタッフとして雇った白人のひとりは、公然と——そして激しく——黒人を差別していた。この白人は、チャーリー・バーンズとおなじフットボール・チームで活躍し、ふたりそろってハイスクールのスターだった——事実ふたりは友人でもあった。ほんとうにおかしなことだった。撮影があったのは八月で、チャーリーは新学期からミズーリ大学へすすむことになっていたが、白人の青年はミシシッピ大学をめざしていた。わたしの問いに答えて、彼は鋭い口調でこういった。「黒人を入れる大学には行きたくない」わたしはいった。「だが、チャーリーは友だちだろう？　いっしょにフットボールをした仲じゃないか」彼の答はかわらなかった。「いやだね、ぼくは白人しかいないキャンパスに行く」

わたしたちは実質上、街のモーテルを占拠した。撮影がすすむにつれて、みんなが映画の内容を知りはじめた。脅迫電話がかかり、脅迫状がとどけられた。人々は、脚本よりさらにことばの激しいチャックの小説を手にいれようとした。図書館に〈不法侵入者〉という本が一冊あったが、それはミステリー・アドベンチャーの小説であることをジーンが思いだした。しかし街の人々は疑いを持ちだした。ひとりの気のきいた男がセントルイスへ行って、映画の原作のほうの〈不法侵入者〉を手にいれてきた。本が到着すると、事態はさらに悪化した。

息抜きに外出するときにも、緊張がやわらぐことはなかった。現場に出入りしていたきれいな女の子のひとりが、ビルとわたしのところへやってきた。わたしたちはすこし話をし、いっしょに昼食を食べた。つぎの日、彼女はもうひとり女性をつれてきた。土曜日の夜、ビルとわたしはふたりをつれて、土地の人が集まるカントリー・アンド・ウェスタンのバーへ行った。

月曜日になって、ある地元の人間がわたしにいった。「土曜の夜にいっしょにでかけた女が何者か知っているんですか？　どういうことになるかわかっているんですか？　あのふたりは亭主持ちですよ。しかもその亭主たちというのが強盗と銀行襲撃で州刑務所にはいっている犯罪者です。やつらがでてきたときには、たいへんなことが起こります」ロケ地でのかたときの恋というのには、リスクが多すぎた。

裁判所前の階段でクレイマーが煽動の演説をするときには、大勢のエキストラが必要だった。ジーンとわたしは地元のラジオ局に行き、金曜日の夜の撮影に郡の住民全員を招待すると発表した。映画がどうやってつくられるかを見にきませんかと誘ったのだ。思ったとおり二百人近くがやってきて、よい場面が撮れた。人々はビルが俳優であるのを知っていたが、白いリネンのスーツ姿を見て、彼を善玉だと思いこんだ。わたしはチア・リーダーが使うメガホンで反応をあおったが、そんなことをしなくても彼らはビルの煽動に反応した。ビルが大きな声でこういう。「白人の学校をまもれ！　アカのやつらは、この国をだめにするには人種統合がいちばんだと知っている」すると彼らは大声で「そのとお

『侵入者』の主役、ウィリアム・シャトナー。

り!」と答をかえした。

まず、わたしがどうしてもほしかった場面設定を説明するロング・ショットを最優先して撮影した。ビルの肩ごしに、彼の前に集まった大勢の人を撮るショットだ。一時間もすると、撮影現場に集まった人たちは退屈した。そして当然、帰りはじめた。そのときには、わたしは減りはじめた人のまんなかに立ち、前のほうにはプロのエキストラを配置して、ビルのミディアム・ショットを撮った。ビルのクローズアップに移ったころは、人はもういなかった。しかしビルはうまくやった。

古いカフェでクレイマーが人に会う場面があった。このときには、実にすばらしいいくつもの顔をカメラにおさめることができた——年老いて歯がぬけ、深いしわのある疲れきったアメリカの田舎の顔だ。着古したオーヴァオール、むっとする熱気をかきまわす天井の扇風機もぴったりだった。いかにもほんものらしく見えた。ビルは「黒んぼが人類を破滅させる」と差別的なたわごとをほざき、この老人たちがもぐもぐと声を発して、眠たそうにうなずいて賛成する。「そう、そうなんだよ。黒んぼどもをやっちまえ」老人たちはエキストラとして金で雇われており、これが映画であるのを知っていたが、ビル・シャトナーのことばに心から賛同していた。差別主義者のクレイマーのような人間が、彼らは好きだったのだ。

保安官と地元警察はどこにでもついてきて、わたしたちを威嚇しようとしているように思えた。一度だけ、彼らの協力を実感できたのは、ク・クラックス・クランがパレードをして十字架を燃やし、黒人地区――彼らの呼び方にしたがえば黒んぼ地区――にある教会で爆発がおこる夜間撮影のときだった。ク・クラックス・クランのメンバーには、バーにたむろしていた地元の青年を雇って演じさせた。役づくりはほとんど必要なかった。

しかしリンチ場面の撮影では、やっかいなことばかりがおこった。この場面の撮影は、わたしが求めている条件にぴったりの、十マイルはなれたイースト・プレイリー校の校庭でおこなわれる予定になっていた。二日間の撮影許可をもらってあった。二日目の朝、保安官が挨拶にあらわれた。彼は『夜の大捜査線』'67のロッド・スタイガーより頭がかたくて、わたしが彼の顔の前でふって見せた許可書類にも関心をしめさなかった。そしてわたしにうなるような声で「街を出ていけ」といった。わたしはきょう撮影しなければ、スケジュールがとりかえしようもなく遅れてしまうのだと話した。保安官はひきさがらなかった。「あんたたちはみんなアカだ。ねらいはちゃんとわかっているぞ。革命をおこそうってっていうんだ。そんな書類は見たくもない。街を出ていかないならブタ箱にはいってもらう」

ひきあげたほうがよいと判断して、クレイマーがチャーリー演じるジョーイ・グリーンを吊るす校庭のブランコはサイクストンで撮ることにした。ブランコと芝生があればよかったからだ。場面設定の基礎となる学校の外観はいつでも撮影できると考えた。そこで街の公園へ行き、準備をはじめた。しかしここにも、サイクストンの警官がやってきて公園を出るように命じた。

ジーンは、緊迫した状況で外交術を発揮するのが得意だ。わたしはジーンにたのんで警官と話をさせ——カメラのフレームの外でだ——、ひきのばし策をはかった。ジーンが頭に浮かぶあらゆることばを使って話をつづけた。わたしはできるかぎり敏速に仕事をすませた。最後のミディアム・ショットを撮りおえ、昼の休憩の時間になったとき——そのときまでに一時間がすぎていた——わたしはジーンに合図をし、すべて撮りおえたことを知らせた。ジーンは昼食をとったら全員が退去すると約束し、警官はそれで納得した。

昼休みにはいるとすぐ、わたしは自分の車に乗り、ロケ地探しのときに見ておぼえていた、いかにも田舎風の学校へ行った。そして昼食が終わるころもどってきていった。「よし、ジーン、みんなもだ。トラックに乗ってわたしについてきてくれ」わたしたちは許可なしで午後いっぱい、そこで撮影をした。賭けは成功し、午後を無駄にせずにすんだ。

それは、劇的で緊張感のあるクライマックス・シーンだった。三つのブランコ——公園のもの、田舎風の学校のもの、イースト・プレイリー校のもの——の高さとまわりの風景がちがっている点をのぞけば、別々の場所で撮影されたとはわからなかった。

それでも学校の外観ショットをイースト・プレイリーで撮る必要があった。わたしはカメラマンのテイラー・バイアーズに、日曜の朝わたしといっしょにアリフレックスを持って現場に行くようにいった。「ロジャー」バイアーズはいった。「いうとおりにしたいが、この一行からあの現場に行く者がいれば、その人間は留置場にぶちこまれる。そう話していたやつがいる。わたしはやつを信じる」ほかにも、わたしに同行しようという者はいなかった。

テイラーのいうことは正しかった。送られてくる脅迫状はすごみを増していた。一部の機材がこわされ、犯人はわからなかった。わたしたちは夜警を雇わざるを得なくなった。

「どうしてもあのショットが必要だ」わたしはあきらめなかった。「わたしはカメラマンではないから、準備をたのむ。カメラを三脚にのせてくれ。そして二十五ミリ・レンズの距離をあわせて動かないようにテープでとめてくれ」わたしは外に目をやってつづけた。「学校はあの方角の十マイル先だ。空を見て光を考えろ。風や天候はどうだ？　きっちり一時間後のイースト・プレイリー。それを想像して、露出を固定してくれ」

現場につくと、わたしは三脚に固定されたカメラ、焦点をあわせたレンズ、そしてバッテリーをとりだした。そのとき校庭のむこうがわに保安官の車がとまっているのが見えた。

わたしは落ちついて仕事をつづけ、機敏に行動し、しかしあわてた様子は見せずに、カメラを車から数ヤードはなれた位置へ移動させた。保安官が近づいてくるあいだカメラはまわっていた。それからわたしは保安官がそばにくる前に、バッテリーのコードをはずし、カメラを積み、自分も乗りこんで車を出発させた。これで映画が完成した。

★ウィリアム・シャトナー

あそこでは、一部の人が非常に感情的な反応をしました。命が惜しくないのかと脅迫されました。あのあたりで人種をこえたグループをつくっているのは、警察が狼団と呼んでいる前科者のグループだけのようでした。彼らは街の狼でした。その連中が、モーテルでわれわれを殺すといったのです。ロジャーといっしょに街を歩いていて、強そうな男たち三人に歩道からおしだされそうになったこともありました。

そのときの男ではないのですが、やはり体格のいい差別支持者がひとりいて、映画づくりに興味を持っていました。ロジャーはその男を特機係として雇っていたんです。彼はしだいに人種問題について深く考えるようになり、わたしとなかよくなりました。わたしに車を貸してくれ、また馬に乗るときの愛用の革ズボンの話をし、持ち馬の優勝馬に乗せてくれました。

しかしわたしが彼の車を借りた夜――あのあたりでいちばん速い車でした――、車が炎上したんです。わたしは車をおり、彼の革ズボンを使って火を消し、革ズボンは燃えてしまいました。つぎの日は馬に乗せてもらったのですが、馬をつまずかせてしまいました。せっかく人種統合に公平な心を持ちはじめていたのに、彼はふたたびわたしたちに反感をいだくようになりました。

白人優越主義者のパレードが黒人地区を通過するところや十字架を燃やすシーンの撮影は夜でした。そして撮影中に、見物していた人がナイフで刺されたんです。白人たちは、わたしたちが黒人の味方をしていると反感を持っていました。そして殺人事件が起こりました。あの三週間はとても長く感じられました。

そうした状況のなかでも、ロジャーはわたしが知っているどの監督よりも熱心でした。とくに学校の外で警官に脅しをかけられたときは、ほんとうに怪我をしたかもしれないのに、緊迫状態のなかでカメラをまわしたんです。

ロジャーは自分が何を求めているのかをはっきり知っていました。彼がこの映画に情熱を捧げているのがわかりました。この映画はすばらしい評価をうけましたが、きちんとした宣伝がされなかったと、みんなが感じています。それでもそのあと何年ものあいだ、わたしはこういわれつづけました。「この映画はきみの最高作だ。きみはこれから有名になるよ」

『侵入者』は、わたしのつくったものとしてはもっとも撮影に苦労が多く、もっともシリアスなテーマをあつかった作品だった。映画評は感動的だった。《ニューヨーク・ヘラルド・トリビューン》紙は「この作品は、映画産業全体の名誉である」と書いた。

わたしたちは『侵入者』をヴェネチア映画祭に出品し、賞を獲得した。春にはカンヌ映画祭で上映されることが決まり、さらにロスアラモス国際平和映画祭にも招待され、わたしもその映画祭に出席した。

最終審査の前のカクテル・パーティで――出席している審査員をかこむパーティだった――、だれかがわたしに、どの作品が気にいったかと尋ねた。わたしは遠慮深いところを発揮し、市川崑の『野火』がよかったと答えた。たしかによい映画だった。市川にグランプリを持っていかせたくはなかったのだが！　『侵入者』は第二位の賞をうけ、ビルは最優秀男優賞を手にいれた。

あとで審査員のひとりが話してくれた。「あなたが市川の作品をあれほど確信をもって賞賛しなかったなら、われわれはあなたの映画に投票していましたよ」

ほんとうの審査員である映画の観客は、『侵入者』の劇場公開に対して、もっとずっと気のめいる判決をいいわたした。すでによくない前兆はいろいろとあった。第一に検閲機関（MPAA）は、映画のなかで「ニガー」ということばが使われているとして、映画に認可証をいれるのを拒絶した。わたしは腹をたてた。マスコミで発言し、MPAA自体の差別的方針を糾弾した――彼らはインディペンデント映画製作を差別しているといったのだ。大手映画会社は映画のなかで、そのおなじことばを長いあいだ使ってきたのだから。

最終的にはMPAAの認可証はもらえたが、ミシシッピ大学でジェームズ・メレディスの入学登録をめぐって人種暴動がおきると、映画はカンヌからひきあげられた。さらにパテ・ラボが配給事業からいっさい手をひくという方針を決め、映画は大きな打撃をうけた。『侵入者』は実質上、公開の手立てをすべて断たれた。のちになって、フィルムグループの配給で公開はしたが、そのときには映画は時機を失していた。わたしは初めは怒りを、つぎにはショックと深い失望をおぼえた。映画の仕事をとおして、あのように大きな挫折感をあじわったのは、後にも先にもこのときだけだった。

皮肉なことに、一九六四年を舞台にした最近の映画『ミシシッピー・バーニング』'88は、公開後二カ月で五千万ドル以上の興行収入をあげた。この映画がつくられたのが実際の事件の二十年後であるため、人々はあまり脅威を感じなかったのだ。映画を見ても「あれはわたしではない」といえるからだ。しかしわたしの映画は同時代の問題をあつかっており、観客は「自分が攻撃されている」と考えた。

『侵入者』のあと、わたしは何がいけなかったのか、長い時間をかけて懸命に考えた。当時わたしは精神分析医に通っていたが、そこでくりかえされる五十分の治療は、自分の仕事に似ていなくもなかった。低予算の映画づくりでも、六十分から六十五分のあいだに真実を語り、効果をあげなければならない。

父がエンジニアであり、自分もエンジニアとしての教育をうけたという事実によって、わたしの進むべき方向はある程度決められていた。それなのに学校卒業後、わたしはハリウッドで脚本を書いたり、映画製作をしたり、演技の勉強をしたりした。未知の世界に魅了され、かけ足でこの世界にはいってしまった。

精神分析治療をうけたことで、わたしは自分の動機やまわりの人々の動機といったことについて考えはじめた。わたしは三十歳代なかばにさしかかっていた。友人のほとんどが結婚をしていた。なぜいままで、結婚という人との全面的な関係をつくらずにきたのか。わたしはそう自問した。

もうひとつ、さらに重要な問題があった。わたしはカトリック教徒として育ったが、堕落していた——恥じるべきおこないをしたわけではないが、神への信仰心を失っていた。心に穴のようなものが空いていた。

自分のなかに、自分自身では気づいていない感情があるように思えた。わたしはそれについて考えはじめた。映画業界にはいって八年たらずのあいだに、三十作以上の映画を監督した。それにもかかわらず、わたしは自分の芸術性や個性を充分に発揮していないような気がした。やるだけのことをやっていないような気がした。

たとえば当時ハリウッドで仕事をしていた若い脚本家や男優、女優、監督を大勢知っていたにもかかわらず、あきらかにわたしは業界の中心的グループの一員ではなかった。子供時代から大学まで、わたしにはいつもこうした傾向があったといえるかもしれない。人間ぎらいだというのではない。いつも友人はたくさんいた。ハイスクールではハイ－Yに所属し、スタンフォードでは学友会のメンバーだった。しかし心の底から、特定のグループの一員であると感じたことはなかった。現在はインディペンデントの映画づくりもさかんだが、あのころインディペンデント製作で成功している者の数ははるかに少なかった。大手映画会社に属していないために、わたしはハリウッドの反逆児や一匹狼という名で呼ばれた。

またわたしは、もっと良質の映画をつくり、もっと芸術的に高いレベルの仕事をするべきではないかとも感じていた。何年ものあいだ、まわりの人々から、監督業に専念して大手で大規模な映画づくりをしたほうがいいといわれていた。大手映画会社からは、監督をしないかとの誘いがくりかえしあった。しかし大手で映画をつくるたびにわたしはあとずさりをし、製作費が安く、質の面でも劣ることの多いインディペンデント製作にもどった。

わたしが中心の流れを避けていたのは、芸術家として道を見失うのがこわかったせいかもしれない。わたしはアウトローの製作者兼監督として成功し、順調に映画をつくり、全体をコントロールする力を享受していた。体制の外で能力が発揮できることを証明しなければならないと考えていたのかもしれない。中心の流れにくわわれば、芸術面と経済面での自立を失うと考えていたのかもしれない。中心の流れのなかでは、批評の面でも商業的な意味でも失敗の危険に曝されることにもなる。当時、こうしたことをはっきり意識していたわけではない。しかし『侵入者』のあと、当然ながらわたしは危険をおかして、また打撃をうけることには熱心ではなくなった。

わたしにとって、金を稼ぐことは、単に物質的な欲望を満足させる手段というだけのことではなくなっていた。スタンフォード時代にはよくポーカーをしたが、映画で儲けるということは、目の前にチップがどんどん高く積みあげられていく感じに似ていた。『侵入者』でわたしは失敗をした。それでもわたしの星とり表は三十勝一敗だった。この勝負で、これほどの成績をあげた者はほかにはいなかった。

9　章

六〇年代前半のあいだずっと、うすぐらいゴシック風のセットで撮影されるポー・シリーズだけを撮りつづけていたとすれば、きっとロデリック・アッシャーのように錯乱していただろう。それを意識してかどうかはわからないが、わたしはポー・シリーズと並行して、さまざまなテーマと設定を持つ映画――たとえば『侵入者』――をつくり、撮影のために変わった場所へ旅した。それは監督という仕事の特権だった。行ってみたい場所をえらんで調べ、そこをロケ地にした映画を考える。その結果、思いがけない映画をつくることになる。

アテネでは、わたしが経験したなかでももっとも奇妙な製作過程を経て、製作費七万ドルで古代ギリシャの英雄ものがたり『アトラス』を撮影した。車好きという趣味を仕事に結びつけ、さらに休暇がほしかったこともあって、ヨーロッパのグランプリ・サーキットをまわって『ヤングレーサー』を監督した。歯医者の待合室にあった《ナショナル・ジオグラフィック》誌でドゥブロヴニクの写真を見て、第二次大戦のアクションもの、『侵略戦線』’64をアドリア海で撮影しようというアイデアを得た。『侵略戦線』は、わたしにとってはひとつの転換点になった。初めて大手のユナイテッド・アーティスツで撮ったのだ。製作費は、それまでに手がけた最高額をはるかに上まわる五十万ドル。この作品で、わたしは大手映画会社のシステムのなかで映画がどんなふうにつくられるかを学んだ。

『アトラス』にまつわる話は、自分の映画をつくるなら、いかにしっかり自分の足で立っていなければならないかを教えてくれる。わたしがヨーロッパに行ったのは、『わたしは偵察機でロシア上空を飛んだ』という映画をつくるためだった。ソ連邦上空でおきたフランシス・ゲイリー・パワーズのU2事件をヒントにした作品だ。ボブ・タウンがわたしといっしょにストーリーを考えていた。ボブがゆたかな想像力を駆使し、パイロットがロシア上空で撃墜され、ソ連内部のふたつの対立する政治勢力のあいだの争いの捨て駒として使われるというストーリーを考えた。ボブは書くのが遅い。しかし、あのころも現在も、ボブの脚本はすぐれていて、待つだけの値打ちがある。わたしはボブからあらすじと最初の二十ページ分をもらい、旧世界の建物や風景が脚本の内容にうってつけだったヨーロッパへ出発した。強力な二十ページ分の脚本のおかげで、わたしの映画をヨーロッパに配給しているイギリスの会社、アングロ－アマルガメイテッドと共同製作の話がまとまった。

わたしは電話でよいニュースをしらせて、ボブにいった。「あとの分を送ってくれ。そうすれば契約できる」そして待った。待ちつづけた。ボブは昔からの友人だ。たっぷり時間をやれば、『チャイナタウン』や『シャンプー』のようなすばらしい脚本を書いてくれる。しかし、わたしの評判のなかに忍耐強いという項目はない。だれかに邪魔をされたのか、自分でいやになったのか——ボブは脚本を完成させなかった。夏は終わりかけ、わたしはついにあきらめた。

そして話はギリシャに飛ぶ。わたしは人を介してアテネのインディペンデント・プロデューサー、ヴィオン・パパミケリスを知った。パパミケリスが製作費の半分——約四万ドル——を出し、『アトラス』という映画をわたしと共同製作することが決まった。わたしはチャック・グリフィスがテルアヴィヴにいるのをつきとめ、三、四週間で『アトラス』の脚本を書いてくれといった。飛行機の切符を送ると、翌日、チャックがサンダルにリュックというでたちであらわれた。この映画で、チャックはプロダクション・マネージャー、助監督、脚本家の三つを兼任し、さらにギリシャの兵士となってスクリーンにも登場した。

チャックは脚本を書きはじめ、わたしたちは撮影の準備にとりかかった。撮影開始の一週間前、アメリカから三人の俳優を呼びよせようとしていたわたしを、パパミケリスが昼食に誘った。食事の最中、彼が突然泣きくずれた。後援者を失ったというのだ。「お金がありません」泣きながら彼はいった。「映画をつくることができないんです」

わたしは窮地に立たされた。しかし解決法がみつかった。ギリシャやローマの史劇といっても、基本的には西部劇と変わらないではないか？　西部劇なら、低予算で十日間で撮りあげたことがある。予定の半分の製作費で『アトラス』を撮ればいい。

『アトラス』のストーリーはこんなふうだった。セロニコスの圧政者、プラクシメデスは城壁にかこまれた都市、テニスを征服しようとしていた。しかしプラクシメデスの軍隊もテニスの軍隊も疲弊していたため、代表をひとり選出して戦わせ、戦争の勝者を決めることになった。プラクシメデスは妖艶な愛人、カンディアを使ってオリンピアの闘士であるアトラスを説得し、セロニコスのために戦わせる。アトラスは敵をたおし、プラクシメデスはテニスを手にいれた。アトラスは女を手にいれるが、やがてだまされていたことに気づく。彼はテニスを逃げだし、街の外の反乱軍に参加する。最後の見せ場で、アトラスはプラクシメデスを殺し、本来の市民のためにテニスを奪還する。

資金が半分になったあとは、脚本を大きく変えざるを得なかった。第一にセットがなかった。そこでわたしは考えた。セットがないなら、遺跡を使えばいいのではないか？　遺跡なら、無料で撮影できる。凝った内装がないのを説明するため、テニスへの長旅をつづけるアトラスとプラクシメデスに会話させる。アトラスがいう。「教えてください、プラクシメデス。このあたりの建物はどれも、廃墟のように見えます。どうしてですか？」

「これまで二百年ものあいだ、内乱がつづいていた。そのためにすべてが破壊されたのだ」とプラクシメデスが説明する。もうひとつの問題は、イントロダクションでもふれたように、どうしてプラクシメデスの軍団がテニスの城壁を襲い、テニスの軍隊を圧倒できるのか、その理由だった。兵隊を演じるエキストラは五十人しかいない。当然、主人公であるオリンピアの闘士、アトラスも――演じていたのはマイケル・フォレストで、スティーヴ・リーヴス(註1)のヘラクレスと比べると、かなり貧弱だった――、おなじ疑問をいだく。そしてふたたび質問する。「教えてください、プラクシメデス。少数の軍勢で、どうやってこのように大きな街を攻めるのですか？」

「わたしの軍事理論によれば」プラクシメデスは説明する。「高度な訓練をうけた少数の有能なエリート戦士の軍団は、烏合の衆がどれだけ集まろうとも負かすことができる」

たしかにそのとおりだった。ただし実際の撮影のときには、高度な訓練をうけた少数の有能なエリート戦士の軍団などいなかった。わたしは老兵基金に寄付をし、そのかわりに、わがままで非協力的なほんもののギリシャ軍の兵隊五十人を使った。撮影がおこなわれた夏の終わりのアテネはとても暑かった。大戦闘シーン用に、わたしたちは兵隊に張子の兜をかぶらせ、肌がちくちくする古代の衣裳を着せた。しかし兵隊たちは兜の鼻あてをちぎってとってしまった。あまりの暑さと、自分が映画に出ているのが家族にわかるようにだ。わたしが兵隊たちを怒ると、引率していた将校はわたしが怒ったことに怒ってどなった。わたしはひきさがらずに大声でいった。「何度でもどなるぞ。兜をこわすのをやめないかぎりは」

古代の建築物を見せるために、当時の都市を再現した街、アゴラでも、撮影がおこなわれた。しかし立ちならぶ円柱を撮るときには、あいだからアテネの繁華街が見えないように、つねに鋭い角度を保つよう気をつけた。

アクロポリスについては、スティル撮影の許可しかおりず、しかも人間が映ってはいけないということだった。建築学の博士論文を書いているわけではなかったから、都市国家テニスにふさわしいほかの場所を探さなければならなかった。車を乗りまわして探したあげく、アテネの郊外に恰好の修道院がみつかった。ただひとつ、幹線の高速道路がすぐそばをとおっている点に難があった。二十ヤードうしろにひいてテニスを撮影すると疾走する車がはいってしまうのだ。したがって、テニスの街を守る戦いは奥行きがとても浅く、コート半分だけを使ってバスケットボールの試合をしているようだった。

テニスの壁の外では、わたし自身の戦いもあった。三週間の撮影期間のさなかに、ギリシャ人撮影スタッフがストライキをした。製作費はすでに七万ドルになろうとしていた。「ストライキをしている時間などないぞ」わたしは腹をたてていった。「スケジュールが遅れている。仕事をしなくてはならないんだ。さあ、働いてくれ。夜は酒場でウーゾとレツィーナ・ワインをみんなにおごろう。そして問題を話しあおう」

そしてわたしたちは話しあった。彼らのほんとうの不満は、ギリシャのプロデューサーたちが彼らを合法的な労働組合として認めず、権限をあたえないことにあった。そこでわたしはプロデューサーとして、ギリシャ初の組合を認める文書に署名をした。さらに少々の賃上げ――週給の五ドル・アップ――にも応じた。その日、ギリシャ映画産業に労働組合が誕生した。わたしの契約がほんとうの支援になったのか、それとも心理的な支えになっただけなのかはわからない。しかし撮影が完了したとき、彼らはわたしのためにパーティをひらき、たくさんのプレゼントをくれた。それから四半世紀以上がすぎたあと、アテネで共同製作の話をすすめているとき、あるプロデューサーがわたしにいった。「ここではあなたの名前がいまだによく知られています。プロデューサー連中はあなたのことをあまりよく思っていないんです」なぜかと訊いたわたしに、彼はこう答えた。「あなたが、この国で初めて労働組合を認めて映画づくりをしたプロデューサーだからです」

『アトラス』は批評家たちの酷評をうけ、商業的にも経費を回収することができなかった。

フィルムグループは五作目にあたる『アトラス』を最後に配給をやめた。小規模な映画から毎年数千ドルの利益があがってはいたが、時間と手間をかけるだけの値打ちはなかった。

わたしは一九六二年の夏にＡＩＰの作品を一本撮ることになっていた。しかし当時、ＡＩＰは資金繰りが苦しく、通常なら必要な二十五万ドル程度の製作費を出したがらなかった。いっぽうわたしは以前から、レースの模様や集まった群衆の姿を映したグランプリ映画をつくりたいと考えていた。そういう特別な場所で撮影する映画には、少額の報酬で必要な人員を集めることができる。すでにハワイやプエルトリコで、わたしはそうやって映画をつくっていた。

三月終わりか四月の初めだった。レースは夏の初めにスタートする。ＡＩＰは十五万ドルの製作費で『ヤングレーサー』にゴー・サインを出した。あと必要なのは脚本だ。わたしは『あらくれ五人拳銃』や『機関銃ケリー』の脚本を書いたボブ・キャンベルに電話した。ボブはロン・チェイニーを描いた一九五七年の映画『千の顔を持つ男』でアカデミー脚本賞候補になっていた。ノミネートされた脚本家としては最年少だった。わたしは、彼がフォックスに売りこもうとして失敗した脚本を読んだことがあった。とてもよくできたその脚本は、スペインの有名な闘牛士とその妻、そのふたりと親密な交際をする若いアメリカ人の話だった。ボブはきっと少々の脚本の変更に応じてくれるだろう、とわたしは考えた。「闘牛士の話を、若いカー・レーサーが有名なグランプリ・レーサーとその恋人に関わりあう話に変えてくれないか？　カー・レースと闘牛はおなじようなものだ。どちらも危険で、週末にすべてが決着する。それまでの一週間、そのことばかりを心配する」

「いいよ」ボブはいった。わたしは二週間後にモンテカルロに出発するので、そのときまでに、書きかえた脚本がほしいといった。「ヨーロッパまでの旅費を出そう。そしていっしょにサーキットをまわり、こまかい手直しはそのあいだにやればいい」

わたしはなじみの友人たちに電話をかけ、最高のチームを結成した。報酬は少なかったが、周遊の航空券と宿と食事は提供した。まわるのはサーキットのある場所——モナコ、ルーアン、ベルギーのスパ、オランダ、そしてイギリスだ。レースは一週間おきの週末にある。土曜が予選で、日曜が決勝だ。レースのある週末にレース・シーンやドラマの部分の撮影をし、そのあとはまるまる一週間休んで、つぎのレースがある街で月曜に落ちあうという計画だった。

わたしが電話した全員が、ただちに仕事をひきうけた。フランシス・コッポラはファースト助監督であり、特機係であり、録音係だった。ボブ・タウンはサード助監督として、旅の一部に同行した。チャック・グリフィスも、やはり助監督としてやってきた。セカンド助監督には、当時ＵＳＣの映画科の生徒で、のちにキャノン・フィルムズの社長となったメナヘム・ゴーラン(註2)を起用した。メナヘムは夏に故郷のイスラエルに帰る手立てをさがしていた。「仕事がほしいなら」わたしはいった。「モンテカルロで会おう」どちらにしろイスラエルに帰るのなら、アメリカからの旅費を出すことはないと考えてのことだった。メナヘムはヨーロッパで車を買い、それに乗って中東へ帰るつもりだといって、「車の代金の一部を出してもらえませんか?」と頼んできた。「そうすれば、その車を映画で使うこともできますよ」

わたしは条件をうけいれ、彼に仕事をやった。彼の妻のレイチェルもいっしょにきて、メークアップと衣裳を担当することになった。

メナヘムは一行のなかで、おそらくもっとも勤勉な人間だったし、非常に聡明で頭のきれる男でもあった。翌日の仕事の準備のため、夜の半分を使って働いていた。彼は、製作アシスタント、助監督、プロダクション・マネージャーの三役を兼ねていた。ほかのスタッフのあいだにも活気があふれていた。

★フランシス・コッポラ

撮影でヨーロッパやハワイやプエルトリコへ行くとき、ロジャーがかならず自分の金を投資してもう一本映画をつくっているのを、みんなが知っていた。ヨーロッパの撮影で使いたいんだが、優秀な録音係を知らないか？　ロジャーがそう訊いてきたので、わたしは「いや、わたしがやりますよ。録音係はわたしです」といった。そしてすぐにオフィスのクローゼットからナグラ（ひろく使われているポータブル・テープレコーダーの商標名）を出して、うちにかえってマニュアルを読んだんだ。

ボブ・キャンベルは闘牛の話を書きかえた。新しい登場人物は、ジョー・メイチンという不良っぽいところのあるロータス・チームのチャンピオン、もとレーサーで現在はチャンピオンのプロフィールを綴る記事を書こうとしているライターのスティーヴン・チルドレン、それにスティーヴンのフィアンセでメイチンとも関係を持つモニークで、この三人のもつれた愛情関係がテーマだった。

むずかしい撮影になりそうだったが、わたしはすべてがうまくいくと確信していた。許可などはいっさいとっていなかった。ただし、大学を出たばかりの助手、メアリ・アン・ウッドを、レースがおこなわれる各都市へ先に乗りこませた。彼女はよい働きをして、ロケ地やホテルや地元で雇う人間の手配を整えた。

重要なレース・シーンの撮影には、ジミー・クラークとブルース・マクラーレンというふたりの国際的グランプリ・レーサー、さらにはそれぞれが所属するフォーミュラ1・チーム、ロータスとクーパーにも協力をあおいだ。たとえば、ジョー・メイチン役のビル（ウィリアム）・キャンベル(註3)がジミーのチーム・ロータスのヘルメットをかぶったところをクローズアップで撮り、レースではジミーのマシンを撮る。そしてあとでこのふたつを編集してつなぐ。

わたしはレースの開催者と交渉して、レース前の練習走行が終わったあとで、もう一周ジミー・クラークに走ってもらうことにした。ジミーはその一周を走り終わると車をとめ、そこでカメラは、ジミーのヘルメットをかぶったビルのクローズアップに変わり、それからビルが「優勝」マシンから走り出る。もうひとつ、別のショットでは、女性が走っていってビルの首に花輪をかけ、キスをする。ビルはそのあと十万の観客の前から去る。レース中の走行シーンについては、当時、クラークは世界でもトップのレーサーであり、いずれかの時点でかならず先頭に立つことがあると考えてよかった。それがどの周回であろうとも、映画の観客にわかるはずはなかった。

万全の準備を整えてクラークのマシンを写そうとしたとき――レースの場面では三台のカメラを使っていた――、突然コースにシェルのタンク・ローリーがはいってきた。信じられなかった。ていねいにリハーサルをしたこの場面を撮影するのに、十分間しか時間がなかった。グランプリ・レースで優勝する車のうしろに、シェルのタンク・ローリーが見えるのは問題だ。

　わたしは腹をたてて手をふりながらさけんだ。そして自分の持ち場から四分の一マイルほども走り出ていった。そのあいだも「出ていけ、車をどかせろ」とさけんでいた。シェルのタンク・ローリーはやっとうしろにさがった。時計を見ると、あと数分しかなかった。あのときの気持ちはいまでも忘れられない。レースに集まった人々も、わたしが監督であり、そして困っているのを知っていた。撮影を邪魔され、わたしが本気で怒っていることを知っていた。わたしがコースを横ぎると、十万人の群衆が喝采した。結局、わたしたちは撮影に成功し、すばらしいショットを手にいれた。

　もうひとつ、不可欠の緊迫した走行シーンの撮影のときにも問題があった。わたしだけでなく、ヨーロッパでレースの写真やニュース・フィルムや映画を撮る人なら、だれでもがこの問題を経験していた。それはサーキットの外側に観客がぎっしり詰まっていて、身動きがとれないことだった。おまけにレースが始まるまでは、サーキットの外側から内側へ移動してはいけないというおかしな規則があった。外側には人がぎっしり詰まっていて、わたしたちが場所をとるすきまはなかった。わたしは撮影担当のフロイド・クロスビーとチャックに、内側の最前列を確保しろと命じた。「絶対に」わたしはいった。「最前列に行く。ぎゅうぎゅう詰めの人間のうしろで撮影するために、ＬＡから来たのではない」

わたしは先頭に立って走ることにした。最後のマシンが通りすぎる前に、それが速度を落としたり停止したりせず数十人をはねることなど絶対にないかのように、大勢のカメラマンがトラックを歩きはじめた。「きみたちはカメラとバッテリーを持ってくれ」わたしはフロイドたちにいった。ほかのカメラマンたちがこのサーキットに慣れているのはわかっていた。こっちには初めての経験だ。争うようにして場所を確保したあと、わたしはバスケットでリバウンドをとるときのように必死になって、両ひじをはって場所を守った。そしてカメラを設置し、目的のショットを撮った。

この映画の撮影中、衝突事故は一度だけだった。ただしそれはレース中ではなかった。事故をおこしたのは、チーム・コーマンの一台だった。モンテカルロの撮影が終わったあと、北のルーアンだったかスパだったか、とにかくつぎの撮影まで、一週間の休暇があった。映画に出して宣伝するかわりに、使用車として提供してもらった車が何台かあった。小さくてスピードの出るサンビームは、主人公のジョー・メイチンがふだん乗っている車として使われていた。チャック・グリフィスは休暇中もこの映画の雰囲気にひたろうと決めた。そしてわたしにいった。「北へ行くのに、あのサンビームを使わせてくれないか？」イスラエルからつれてきたガールフレンドといっしょに、体裁のよいヨーロッパ製スポーツ・カーで一週間の休暇を楽しもうというわけだ。「いいとも、チャック。ただし気をつけてくれよ。これは主役が乗る車だよ」わたしはそういって許可した。
　そのあと、わたしはニースへ出発した。

★チャック・グリフィス
　ガールフレンドのアイリーナとぼくはモナコを出て北へむかってすぐ、豪雨にあいました。ぼくたちのうしろをイギリスのキャンピング・カーがぴったりくっついて走っていました。やがて大きな丘にさしかかると、フランスの警察《ジャンダルム》が出て一台ずつ車をとめ、路面がとても滑りやすいから気をつけろと注意をしていました。くだり坂では、どの車もスピードを落としましたが、そのキャンピング・カーだけは別でした。そのままつっこんできて、ぼくたちの車を横転させたんです。五回以上ひっくりかえりました。救急車で病院に運ばれたあと、電話をしてニースの空港にいたロジャーをつかまえて、事故をしらせました。「わかった」ロジャーは騒がずにいいました。「とにかく何とかして、できるだけ早くこちらにこられるようにしろ」

　ぼくたちは病院を逃げだしました。サンビームはなくなりました。そしてロジャーはサンビームが出てこないよう脚本を変えました。車で登場するはずだった箇所ですべて、メイチンは自分の足で歩いて登場したんです。

最終レースのために、わたしたちは機材をひそかにイギリスに持ちこんだ。リヴァプールの近くで撮影が完了したころには、映画の内容とはちがうもうひとつのレースがはじまっていた。わたしは自分で資金を出してもう一本映画をつくることに決め、フランシスとメナヘムの両方が自分に監督をさせてくれといってきたのだ。カメラ、照明、ドリー、ドリーの軌道などの機材はすべて、小型バスに載っていた。ただし労働許可だけがなかった。もう一本の映画をつくるのにいちばん都合がいい場所はダブリンだった。リヴァプールからバスをフェリーに載せれば、それで機材が送れる。しかもアイルランドは、労働許可に関してイギリスほどうるさくない。

製作費は三万ドルにおさえたかった。わたしはフランシスに自分の心づもりを話した。アイルランドで撮影する映画のアイデアを考えろ、そうすればその監督にしてやると。メナヘムがこの話をききつけ、わたしのところにきていった。「わたしがテルアヴィヴで撮影する映画のアイデアを考えたらどうします？　バスをアイルランドへ送るかわりに、テルアヴィヴへ送ってくれますか？」

わたしはそうしようと答えた。結局、フランシスとメナヘムの両方が映画のアイデアを持ってきた。わたしはフランシスの案のほうがいいと考えた――これは結局『ディメンシャ13』という映画になり、初監督作品としてはかなりの成功をおさめた。それに、機材を送るにはテルアヴィヴより海峡を越えただけのアイルランドを選ぶほうが賢明だった。メナヘムは、わたしがあのときフランシスを選んだことを、いまでもときどき口にする。

フランシスはつねに自分の仕事を的確に把握している、才能にあふれた知的な人物だった。あのころの彼は、主役を演じたこともあるとても美しいフランス人女優、マリー・ヴェルシニとつきあおうとしてふられていた。しかし彼女は、フランシスが助監督から監督に昇格して映画を撮ることになったと知るととても友好的になった。フランシスは、そのときには心を動かされなかった。

★フランシス・コッポラ

レース映画の撮影の仕事には、とても胸がおどった。わたしは録音担当で、第二班の監督で、そしてヨーロッパにいた。自分の金を出してアルファ・ロメオまで買ってしまった。ロジャーがもう一本の映画の監督を人にまかせるという話をきいて、わたしは彼に話しにいった。「わたしが監督をします。カメラ、それに機材とスタッフの一部を貸してください。低予算で心理スリラー映画をつくります」その夜、撮影が終わるとすぐに自室にもどって、たいへんに怖いシーン――ヒッチコック・タイプの斧を使った殺人シーン――を書きあげてロジャーに見せた。彼はそれをすこし直していった。「よし、残りの脚本もこんな感じでつづくなら、製作費は二万ドルでまかなえるな」

『ヤングレーサー』のあと、フランシスはダブリンへ渡って『ディメンシャ13』の撮影にはいった。わたしはアドリア海岸でひらかれるユーゴスラヴィアの映画祭に招待されていた――旅費、滞在費、すべてがむこう持ちだった。映画祭に行く前にフランシスをロケ地にたずねると、彼はすべてを管轄してきちんと仕事をすすめていた。まったく問題がないようだったので、わたしは映画祭のあと休暇をとることにした。ヨーロッパの国はすべて行ったことがあったので、今度はソ連を訪問することにした。ソヴィエトは前々から行ってみたいと思っていた国だった。

ヴィザ申請のため、ロンドンのソ連大使館をたずねたときのことはいまでもおぼえている。「一カ月かかります」と係官にいわれて、わたしは笑った。「アメリカだったら、こんなことは一日でやってしまいますよ」係官はいった。「わかりました。明日には用意しておきましょう」

夏の猛暑の日に、わたしはキエフ（現ウクライナ領キーウ）の空港でソヴィエトに入国した。飛行機をおりた乗客全員が、小さな窓がひとつだけついた波型トタンの小屋に案内された。小屋のなかは四十度以上はあっただろう。わたしたちは汗を流して、そこにすわって待った。何がはじまるのか、だれにもわからなかった。進入禁止の表示があるドアのむこう側は民間の空港だった。そして反対側には、空軍の爆撃機がならんでいた。あまりの暑さにたえられなくなって、わたしは小屋を出て歩いた。だれにもとがめられなかった。ソヴィエト空軍のまんなかへはいりこみ、ぴかぴかの爆撃機を自由に見て歩いた。男たちが燃料を補給したり、荷物を積みこんだり、空軍基地はふだんの活動をつづけていた。胸がどきどきしたが、機体に近づき、エンジンのすぐそばまで行ってみた。そして燃料を補給していたパイロットの顔を見て、親しみをこめてうなずいた。むこうもにっこりとうなずいた。それからさらにすすんで、コックピットから二フィートしかはなれていないところでソヴィエトの爆撃機を見物した。

戦闘機をたっぷりと見てまわったあと、わたしは小屋にもどった。そのとき、わたしは思った。秘密保持体制が厳しいなどというのは神話にすぎない。彼らの国もほかの国とおなじだ。官僚機構が巨大すぎて、能率のよい仕事をできないでいる。彼らは自分たちのやっていることがわかっていない。小屋にもどりながらわたしはそう考え、その考えはソヴィエトを旅行するあいだ一貫して変わらなかった。

キエフの一日目の夜から、わたしはニーナ・ザポークという若い女性とデートをはじめた。彼女自身のいうところによれば、彼女はキエフの共産主義青年同盟の書記長だった。わたしは彼女とパーティで会い、そのとき彼女はだれかにボーイフレンドがシベリアにいると話していた。「もちろん、自分の意志で行ってるんでしょうね」わたしは笑顔でそういって、話にくわわった。

キエフでは、日中はガイドを雇って街を見てまわり、夜は滞在した五日間ともニーナとデートをした。わたしは自分を、映画を何度かつくったことがあるだけのただの労働者に見せようと努めていた。あるとき、ふたりでわたしのホテルの部屋にもどってくると、アイルランドのフランシスから電話があったことを知らせるメッセージがあった。わたしはニーナの助けを借りて電話をかけた。そして彼女のそばで、フランシスの話をきいた。イギリスのプロデューサーが『ディメンシャ13』に二万ドルの製作費追加をするかわりにヨーロッパの配給権をほしがっているとのことだった。

「ヨーロッパの配給権は、二万ドルなんかじゃ絶対に売らない」わたしは強い口調でいった。「その人間に二万五千ドル以下ではだめだといってやれ」わたしは電話を切り、ニーナは電話の話が通常のプロレタリアート的な取引ではないことに気づいた。「こういうことだったのね」彼女はいった。「あなたは、あなたが自分で話してくれた人とはだいぶちがってるわ」

ある夜ニーナといっしょにキエフのディナモ・レストランへ食事に行ったとき、わたしはいつもの習慣どおり、店にはいってドアのそばに立ち、係が席へ案内してくれるのを待った。「どうしてここに立っているの？」ニーナが訊いた。

「ヘッドウェイターが席に案内してくれるのを待っているんだ」

「ソヴィエトには」ニーナはほこらしげにいった。「ヘッドウェイターはいないわ。でもすぐに、いるようになるわ」

「ニーナ」わたしは教えてやった。「ヘッドウェイターがいるいないは、文明や経済の発達の尺度にはならないよ」

それは、フルシチョフの冷戦時代の典型的な精神構造だった。月面着陸にしろヘッドウェイターにしろ、ソヴィエトは何についてもアメリカとの競争に勝ちたがっていた。そして遅れをとっているものがあっても、すぐに追いつくはずなのだった。

ユーゴスラヴィアのプーラ（現在はクロアチアの都市）映画祭の上映会は、古代ローマ式野外劇場でおこなわれた。映画を上映する場所としては、わたしが知るかぎりもっともすばらしい場所だった。わたしはそこで、国家が経営している映画製作所の重役に会った。ゲオルギという名の人物だった。「あなたはほかのだれよりもすばやく契約をまとめるときいています」彼はわたしにそういい、わたしは笑顔をかえした。

「イギリスで撮影したい犯罪ものの脚本があるんです」彼は話をつづけた。「主役の男優とその敵役の男優、それに英語のせりふの監修ができる人間。それだけを用意していただければ、映画をつくります。そして英語版の配給権を二万ドルでさしあげましょう」

「今夜すぐに脚本を読ませてください。二時間後に会いましょう」わたしはいった。そして〈ティツィアーノ作戦〉という題名の脚本を読んだ。ティツィアーノの絵を盗みだす話だった。真夜中近く、わたしとゲオルギはスリヴォヴィッツを飲みながら、取引を成立させた。映画製作所はわたしが派遣する人たちの食事や滞在の費用を負担し、わたしは彼らの飛行機代と出演料を負担することに決まった。わたしはそのあとダブリンのフランシスに電話をかけた。ちょうど『ディメンシャ13』の三週間の撮影が終わるときだった。

「フランシス」わたしはいった。「来週ザグレブにきてくれ。ビル・キャンベルとパット(パトリック)・マギーもつれてくるんだ」このふたりは『ヤングレーサー』の出演者だった。ビルが主役、パットが敵役、そしてフランシスがせりふの監修をする。フランシスならユーゴスラヴィアの俳優たちの英語のせりふを指導することができる。

一週間後、三人が到着した。わたしはすでにザグレブを発っていた。この映画が完成したあと、わたしは配給で少々の利益を得た。しかし、あまりできのよい映画ではなく、タイトルを変えても救いようがなかった。わたしはのちにゲオルギにそのことを話した。

「そうですね」彼はいった。「俳優たちはよくやってくれました。しかし、あのコッポラという男は自分のやるべきことがわかっていないんじゃないですか」

「さあ」わたしは東側世界でもっともすばやく取引をまとめる男にいった。「彼はかなり優秀だと思いますよ。ただしまだとても若いんです。これから学ぶこともたくさんあるんです」

ソヴィエトの話にもどるが、わたしはモスクワでSF映画を一本、モスフィルムから購入し、そのときモスフィルムのトップの重役ふたりに会った。ふたりはわたしをモスフィルムのりっぱな撮影所に案内し、とても魅力的な話をもちかけた。映画をつくるつくらないにかかわらず、一年間給料をもらってモスクワに滞在する。アパートメントも車も支給されるし、夏は黒海沿岸の別荘へでもどこでも、映画監督が行きそうな場所に滞在することができ、しかもつくった映画の利益の歩合をもらえる。映画は二カ国語でつくられ、英語版の配給権はわたしにある。

ソ連にも利益追求という考えかたがあるとは知らなかったが、彼らは自分たちの映画が利益をあげていること、監督たちはすべて利益を分配されていること、ソヴィエトじゅうのすべての映画館で彼らの映画が上映されていることを得意げに話した。バーバンクの撮影所と契約することさえ考えたことがないのに、ましてモスクワの撮影所との契約など思いもよらなかった。しかし、これは特別の経験だった。「未来を語るSF映画をつくりたいと思っています」わたしは彼らに話した。彼らがつくったSF映画を見ていて、いつかもう一度ここに来てほんものの大規模なSF映画をつくりたいと考えていた。

彼らはわたしの計画に承諾をあたえたいといって、オフィスにつれていった。そこにいるあいだに映画の概略を考えろということだった。そのあと、わたしは計画に評価をあたえる検閲官と対面した。その高度な教育をうけた紳士に、わたしは自分の考えを話した。それは、冷戦の問題もない遠い未来の話で、技術指向の強い映画だった。いま思いだしても、検閲官の答はおどろくべきものだった。「非常に興味深いアイデアです」彼はいった。「ソヴィエトでもサイエンス・フィクションは非常に人気があります。ひとつ、ご注意を申しあげましょう。大勢のソヴィエトの映画監督が未来に関するSF映画の企画を持ってやってきます。しかしその多くはつきかえさざるを得ません。なぜなら、どれも五百年、千年先の未来がどうなるかについて真実を語っていないからです。資本主義教育をうけたあなたがここで仕事をなさることについては、よい心がけだと思います。しかし、そういう教育をうけたあなたに、未来の正しい姿を描けるとは思えません」

思想テストに失格して、わたしはもっと親しみのある資本主義の世界にもどった。アメリカにかえったあと、わたしはＡＩＰの映画を一本つくった。未来を見ることはできないが、ものの内側を透視できる男の話だった。いっしょに昼の食事をとったとき、ジム・ニコルソンがいいタイトルを考えたので、それを映画にしてくれといった。ジムはそんなふうにしてアイデアを話すことがよくあった。そのタイトルは『X——X線の眼を持つ男』というものだった。それから一日か二日をかけて、わたしたちはあれこれ考えた。おかしな薬を愛用するジャズ・ミュージシャン、X線透視を強盗に使う犯罪者——どれを主人公にしてもものがたりの発展性がないような気がした。最後に、わたしは主人公を医学の研究者にすれば、もっとうまくものがたりが運ぶことに気づいた。科学や工学の勉強をしていたことが役にたったのかもしれない。わたしは主人公が透視できるようになったのは事故や偶然によってではいけないと考えた。主人公は科学者で、X線の利用について、でなければ視覚の拡張について研究している。X線透視はしだいにより奥深くを見とおすようになり、最後には宇宙の中心を見る、あるいは神のような存在を見るといった神秘的、宗教的な経験につながる。

ストーリーはレイ・ラッセルが考え、それをもとにレイとロバート・ディロン(註4)が脚本を書いた。わたしは製作費は二十万ドルから三十万ドルのあいだ、撮影期間は三週間と計画をたてた。製作費のうちの大きな額が、ジェームズ・ザヴィアー博士を演じるレイ・ミランドのところへ行った。

ザヴィアー（Xavier）すなわちXは人間の視力を高める実験的血清を発明し、それを自身に注射し、やがてすべてを見とおすようになって精神に異常を来たす。自分が神であるかのような錯覚におちいって、鎮静剤を注射しようとした同僚を窓からつきおとす。常軌を逸した天才は警察から逃げまわる身となる。

鉛でできたゴーグルが強すぎる光から守ってはくれるが、Xの毎日はつらく苦しいものとなった。ドン・リクルズ扮する詐欺師に助けられ、Xは見せ物小屋の読心術師や治療師として働く。やがてラスヴェガスで賭けに勝ち、解毒剤の開発ができる金、二万ドルを手にいれる。しかし警備員ともみあううちにゴーグルがおち、あわてた彼は金を宙に投げだす。客たちは金を奪いあい、Xは砂漠へ逃げだす。

砂漠へ向かう車のなかで彼は建物をとおして「いまだ生まれいでぬ街、光という酸に溶けた肉体、死んだ街」を見る。やがて車は衝突し、目の見えなくなったXはよろめきながら砂漠のテントでひらかれている伝道集会にまよいこむ。宇宙の中心で神の光を見たというXを、伝道師はマタイによる福音書のことばをもってたしなめる。「もしあなたの右眼があなたに罪をおかさせるなら、それを抜きだして捨てなさい」頭のなかで響く声に苦しめられ、Xは顔をふせ、そして両眼をえぐりだす。

予算が不足して、光学処理による特殊効果はあまり使えなかった。LAのセットとロケで撮影されたラスヴェガスのシーンにも、たいへんな苦労をした。Xが建物を透視する効果を出すため、わたしは建築途中の建物を何回かに分けて撮影し、それを逆に見せることにした。そして五、六階建てのビルを選び、カメラマンといっしょに撮影に行った。最初は鉄骨だけのときを写し、それから一、二カ月後、ビルが四分の三ほど仕上がったときにもう一度撮影した。完成したビルの撮影には、階数がおなじほかの建物を写した。初めのビルがまだできあがっていなかったからだ。それを逆に進行させ、初めに見えるのは完成したビルで、それから「X効果」がはじまり、博士がまばたきをすると建物の深部が見え、最後は鉄骨だけが残るように編集した。この作品には、ほかにも「スペクタラマ」と呼ばれる光学処理法など、いくつものトリックが使われていた。

『X線の眼を持つ男』'63（日本ではテレビ放映）は好意的な評価をうけた。そして一九六三年のトリエステ・サイエンス・フィクション映画祭で最優秀作品賞を受賞した。この作品は重要な映画ということになっていた。のちにわたしは、重要だったのは、研究者が科学を追求し、やがて宗教的な神秘体験へ導かれるというコンセプトだったことに気づいた。『X線の眼を持つ男』のテーマは五年後につくられた『２００１年宇宙の旅』'68に似ているといってよい。『２００１年宇宙の旅』では、主人公は旅の果てに光と動きでつづられた幻覚のような神秘映像を見る。キューブリック（註5）の旅は外宇宙へであり、Xの場合の旅は内宇宙へだった。
『美女とエイリアン』のポール・バーチ、『X線の眼を持つ男』のザヴィアー、『ワイルド・エンジェル』のピーター・フォンダ（註6）やブルース・ダーン（註7）など、わたしの映画にはサングラスをかけた主人公が大勢登場する。視覚、眼、映像――そういったテーマでこれらの映画をくくることができるのだろうか？　それとも単なる偶然の一致だろうか？　あるいは『先史世界』は、主人公がふだんの限定的な世界のむこうにあるものを探究するため、すすんで法をおかし社会から追放される危険をおかすという点で、『X線の眼を持つ男』や『白昼の幻想』と共通点を持つと考えてよいのだろうか？

　これらのものがたりは、わたし自身とも関係が深い。何度か既成システムに参入する機会があり、わたしはそれを実行した。しかしいつも、そのあとはもとの鞘に逆もどりした。一部の人たちが『X線の眼を持つ男』は、コーマンがシリアスにつくった映画だといったのは、そのためだろう――呪われた眼を持ち、社会からのけ者にされる科学者と自分を重ねあわせているとうけとられたのだ。

　わたしは「アウトロー」として大手映画会社のシステムから距離をおいていた。しかしきわめて自然ななりゆきから、大手の依頼に応えて映画をつくることもあった。わたしはUAの製作部門の最高責任者、デヴィッド・ピッカー（註8）から映画をつくらないかといわれて

『X線の眼を持つ男』のレイ・ミランド。

『侵略戦線』の広告イラスト。

いたが、そのときにはアイデアを持っていなかった。しかし『ヤングレーサー』のあと、ボブ・キャンベルが〈うたがわしき愛国者〉というタイトルの脚本を書きあげた。イギリス諜報部が五人の犯罪者を自由の身にし、最高位のイタリアの将軍をドゥブロヴニクの監獄から脱獄させろという任務をあたえる。将軍に部下を指揮させ、ナチスと戦わせるためだった。犯罪者が自身の罪をつぐなうため、自由を得るために善行をおこなう――これもまた、わたしの大好きなテーマだった。『ヤングレーサー』の撮影を終えて西海岸へ帰る途中立ち寄ったニューヨークで、わたしはピッカーに脚本を渡した。金曜日のことだった。ピッカーはわたしにいった。「読んでみよう。だが、いまは脚本が山積みになっている。二、三週間先でないと読めないだろう」

けっこうです。わかりました。わたしはそういった。大手映画会社の仕事をやる気がしないのは、こういうことがあるからだ。月曜日、LAのオフィスに着いて五分もしないうちに、電話が鳴った。ピッカーだった。「脚本を読んだ。映画をつくりたい」彼はそういった。

ことは早急に決まった。タイミングが合えば、こんなふうにうまくいく。

作品のタイトルは、観客への受けを考えて『侵略戦線』と変更された。UAは製作費を六十万ドルと決めた。ポー・シリーズの規模の大きいもののさらに二倍の額の製作費だった。撮影は一九六三年の夏におこなわれた。

最初の脚本では、監獄にはいっているのは原子物理学者だった。その男が、原子爆弾製造の方程式の、ただひとつ欠けている箇所の内容を知っている。つまり彼を自由にすることにより、五人の犯罪者は核戦争のひきがねをひくことになる。ＵＡはアイデアはよいが、主人公はよくないといってきた。そこで、わたしは原子物理学者をやめ、部下をひきいてナチスと戦い、連合軍のイタリア進攻を可能にするイタリアの将軍の話に変えた。ＵＡは、主人公の五人を徹底したヒーローとして描くよう要求した。わたしはもうすこし人物に深みをつけくわえ、ヒーローとなるまでの過程で、五人が愚かなことや、ばかなことをする形にしたかった。しかし、これは大手の映画で、彼らの金が六十万ドルもかかっていた。わたしには、この映画の登場人物が微妙な陰影を欠いていると思えた。しかし、これが大手映画会社の仕事のやりかただ――ストーリーがすべて会議で決められていく。

弟のジーンがプロデュースをすることが決まり、わたしたちはロンドンのＵＡのオフィスで撮影準備の作業をおこなった。ルールがすこしちがうことはすでにわかっていた。ＵＡは、ロケ地のユーゴスラヴィアに監査人を同行させるといった。わたしたちはすぐに、監査人が同行する費用――航空運賃、ホテル代、食事代、経費、交通費――が六十万ドルの製作費の一部であることを知った。ジーンはＵＡの重役に、なぜ監査人を同行させなければならないのかと質問した。「われわれを信用しないということですか？」

「もちろん信用はしています。しかし、帳簿をつけて小切手のふりだしを許可するために行くんです」これが答だった。

「ですが」ジーンが反論した。「監査人がだめだという小切手を、わたしか兄のどちらかが切りたいときはどうなります？」

「そのときは、お考えどおり小切手を切ってください。あなたとロジャーはなにが必要でなにが必要でないかをわきまえている。わたしはそう信じていますから」

「それなら、監査人のためによけいな金をかける必要はないじゃないですか？」

結局、彼らはわたしたちに金を持たせ、お目付け役なしでユーゴスラヴィアへ出発させた。

帳簿をつけるのはむずかしいことではなかったし、以前からわたしは、雇い入れる人員や支払いや機材のレンタル料金に気を配っていた。映画の製作費とは、実際に出ていった経費の合計に、少額の間接費をくわえたものをいう。スクリーンに製作費の額の分だけの効果があらわれていること、それが当時もいまも、わたしたちのプライドだ。

その夏の六週間、三十六日の撮影はつらく苦しいものだった。なまやさしいことでは映画はつくれないという事実が身にしみてわかる撮影だった。わたしは三十六日と製作費六十万ドルをかけ、スケールの大きな映画をつくろうとしていた。それは簡単なことではなかった。

最初の問題は、手配してあった軍隊の装備と兵隊がすべて使えなくなったことだった。大きな地震があり、物資も人員もそちらの救援活動にまわされたからだ。とにかくわたしたちはそうきかされた。もうひとつロルフという名のユーゴスラヴィア人の製作アシスタントも、問題だった。ロルフの仕事は、撮影中の現場の警備だった。アドリア海に面したあるリゾート地で海辺のシーンを撮影しているとき、わたしは背景からよけいなものを排除してくれと彼にたのんだ。ロルフは歩いてフレームにはいる位置にいる大勢の行楽客のところに行った。そして、だしぬけに銃をぬいて頭の上にふりかざした。「だめだ、ロルフ」わたしはさけんだ。「銃で人を浜から追いだすなんていけない。口でいってたのむんだ」

撮影中にもうひとつ問題が発生した。ナチスと戦ったユーゴスラヴィアのパルティザンの軍服の赤い星の問題だった。地元の役人は、ゲリラの服や軍服に赤い星をつけることを要望した。しかし、わたしの理解するところでは、パルティザンの多くはイデオロギーとは関係のない農民だった。そこでわたしは、それはできない、そんなことをする意味はないと拒絶した。ナチス占領下で地下のレジスタンスの戦いをしている者たちは、服に赤い星を縫いつけたりはしなかったはずだ。そんなことをすれば、星をみつけられたとたんにドイツ軍に撃ち殺される。

それでも地元の役人たちはひきさがらなかった。わたしは妥協し、何人かのエキストラの服に赤い星をつけることを約束した。そして、そのエキストラをずっと後方に配置し、星がはっきり見えない角度で撮影することにした。さらに行進する長靴や、銃がとりあげられる映像をモンタージュすることにした。そうすれば、邪魔な赤い星を編集でカットすることができる。

このほか、アドリア海上で夜の場面を撮影しているときにも、ばかばかしい時間のむだづかいがあった。船は全部で三隻あった。カメラの船、主役のふたり、エド・バーンズ(註9)とスチュワート・グレンジャー(註10)が乗った船、それに効果の霧を出す船だ。午前三時ころ、スチュワートがいった。「この場面のエドのせりふは、ぼくがいいたい」

「あれはエドのせりふだ」わたしはいった。「脚本がそうなっている。ほかの俳優のせりふがほしいとはどういうことだ？」

「せりふを譲ったりするものか」エドはスチュワートにいった。「重要なせりふなんだ」

ふたりは、おたがいの力関係をはっきりさせるために、ひとつのせりふを争っていた。

「せりふをもらえないなら、ぼくはこのシーンに出ない」スチュワートはがんばった。

「きみが降りようと、わたしはいっこうにかまわない」エドはスチュワートにそういってから、わたしに向かってつづけた。「あいつなしで、このシーンをやれないか？」

「できない」わたしはいった。こうしたやりとりが三十分以上もつづいた。わたしはやっと解決法を思いついた。スチュワートに新しいせりふをひとつあたえる。もちろんエドが気にいらないようなせりふを。しだいに夜は更け、しかも寒くて、みんな疲れきっていた。なんとかかたづけなくてはならなかった。

「新しいせりふは、エドのせりふとおなじぐらい重要だ」わたしはスチュワートにいいきかせた。「エドは絶対にあのせりふを譲らない。わたしが強引にとりあげてきみに渡したりしたら、撮影を降りてしまうだろう」スチュワートは納得したように見えたが、今度はエドがしゃべりだした。

「待ってくれ」彼はいった。「これが脚本だ。やつはこれを読んで出演をひきうけた。それなのに撮影の途中で、急に気持ちが変わったとでも――」

「そこまでだ」わたしはいった。もうたくさんだった。さらに議論をするつもりはなかった。「彼に新しいせりふをいわせて、かたづけてしまおう」

最終編集をおえた『侵略戦線』は非常に大がかりな感じに仕上がったが、実際の製作費は五十九万二千ドルだった。売上げは三百万ドルにのぼった。製作費の額を正確におぼえているのは、ＵＡから配給についての報告書がとどき、そこにあと二十万ドルで収支が合うと書いてあったからだ。わたしはＵＡの社長に電話をしていった。「この報告書を訂正してくれ。でなければ、監査人を派遣する。三百万ドルの売上げがあるのに、五十九万二千ドルの経費で、収支がトントンになるのにまだ二十万ドルたりないなんて、そんなことあるはずがない」

「こうしましょう」彼はいった。「監査はやめてください。あなたの関与分として四十万ドルを支払いましょう。明日小切手をうけとれるようにします。ただし、すべての権利を売却したという書類に署名をしてください。それから、われわれの会計が真正で正確であると認める書類にも署名をおねがいします」

「おたくの会計が真正で正確であると認めるとは、どういうことです？」

「われわれの会計が真正で正確でないなどと、だれにもいわれたくないからですよ」

ジーンとわたしは、ＵＡの会計が真正で正確であることを認める書類に署名をし、四十万ドルを手にいれた。

10　章

ユナイテッド・アーティスツの問題の決着から一年ほどあと、わたしはイギリスでロバート・タウンが脚本を書いた最後のポー映画『黒猫の棲む館』'65（日本ではテレビ放映）の撮影をした。そのとき、コロンビア映画から誘いがあった。「われわれと契約をしてください」彼らはいった。「そうすればもっと大がかりで質のよい映画がつくれます」わたしはひとまわり成長して、もっと意義のある映画をつくるときがきたのかもしれないと考えた。しかしすぐに、彼らがわたしに求めていたのは、意義のある映画ではないのがわかった。彼らは、それまでわたしがつくっていたような映画を、ほんのすこしよけいに製作費をかけてつくりたいだけだった。コロンビアでの事態にいや気がさして、わたしは契約の一時停止をねがいでた。そして一九六六年の初め、ＡＩＰのためにモーターサイクル・ギャング映画『ワイルド・エンジェル』の製作と監督をした。五カ月後には、この映画の粗つなぎができあがった。撮影期間三週間、製作費三十六万ドルの映画だった。

わたしはコロンビアで何もせずにすごしたわけではなかった。『黒猫の棲む館』の撮影がまだ終わらない時点で、わたしはロンドンに住む若くて優秀なアイルランド人の劇作家、ヒュー・レナードと契約を結んだ。彼の脚本によるジョイスの『若き芸術家の肖像』がBBCテレビで放映されていて、それを映画用に書きかえてもらうための契約だった。レナードは口頭で承諾をし、わたしのほうは許可をもらうため、ジョイス財団との交渉をはじめた。

わたしはオックスフォード大学をたずね、「アメリカのプロデューサーが助手を募集している」という内容のしらせをはりだした。またオックスフォードの個人指導教師に優秀な生徒を紹介してほしいともたのんだ。個人指導教師は手紙で、フランシス・ドールという英文科の二十二歳の女性を推薦してきた。セント・ヒルダズ・カレッジで「もっとも聡明な批評精神を持つ女性」と彼は書いていた。わたしはフランシスに会い、すぐに彼女がタイプも運転も計算もできないことを知った。どんなことにいちばん関心があるのかと訊くと、彼女は「演劇、そして文章を書くこと」と答えた。そこでLAのわたしの会社の仕事は、そのどちらともあまり関係がないものになると伝え、すぐには採用を決めなかった。そしてアメリカへ帰ってコロンビアとの契約を結んだ。契約の期間は一年間で、更新のオプションつきだった。わたしはジョイスの映画をつくることに夢中になっていた。『若き芸術家の肖像』はすばらしい作品だし、それにアイルランドであまり金をかけずによい映画がつくれるという自信もあった。しかしコロンビアは説明もなく、『若き芸術家の肖像』には興味がないといってきた。

　そのあいだもわたしは助手を探しつづけ、USCとUCLAの両大学の就職オフィスに推薦者を依頼した。そうしてやってきた若い女性のひとりが、UCLAからきたジュリー・ハロランだった。ジュリーは頭がよくてきれいな——とても美しかった——二十代前半の魅力的な女性だった。もうひとりはステファニー・ロスマン（註1）で、彼女はバークレーの英文科ではファイ・ベータ・カッパ、USCの映画科では修士コースをトップの成績で修了していた。さらにアメリカの大学の優秀な学生監督として、監督協会賞を受賞したばかりでもあった。ステファニーを採用しない法はなかった。そこで彼女には仕事を、そしてジュリーにはデートを申しこんだ。ふたりともイエスといった。ステファニーはみごとな仕事ぶりを見せ、その後いくつかわたしのもとで監督作品をつくることになる。ジュリーとわたしはデートをつづけた。途中ロケで中断することもあったが、ふたりはつきあいをつづけ、六年後に結婚した。

『若き芸術家の肖像』をあきらめたあと、わたしは興味の対象を、五十万ドルの金がかかった巨大なすばらしいセットを利用してつくる映画に変えた。ジェームズ・クラヴェルの小説〈キング・ラット〉[註2]の映画化に使用されたもので、第二次大戦当時の南太平洋の様子を再現したすばらしいセットだった。「このセットを利用できないだろうか？」まるでポー映画のときのＡＩＰのように、コロムビアの連中はそう訊いてきた。そしてわたしをリムジンに乗せて、セットを見せにつれていった。わたしは午前中のあいだセットを見てまわりながら、アイデアを考えた。いままでに知っているセットとはまったくちがっていた。すでに大金がつぎこまれていて、ほんとうに大がかりな映画が撮れそうだった。

　わたしは、カフカの〈流刑地にて〉の映画化に挑戦することにきめた。著作権には国際協定があり、またチェコスロヴァキアは共産圏の国だった。それなのになぜか、コロンビアは著作権問題が解決できないといってきた。「無謀なことをやるわけにはいかない」わたしはそういわれた。

「待ってくれ」わたしは腹をたてていた。「おたくは大きな映画会社だ。ここにも、ヨーロッパにも、いたるところに弁護士をかかえている。それだけの法律知識をもってしても〈流刑地にて〉に著作権があるのかどうかわからない。そんなことは信じられない」

　わたしは自分の手でちょっとした調査をし、問題は明確なのを知った。カフカは生きていない。チェコスロヴァキアは著作権の国際協定をみとめていないし、カフカの著作権をひきついだ者もいない。つまり、コロンビア映画をのぞけば、わたしに映画をつくるなという者はだれもいないのだった。現にオーソン・ウェルズはユーゴスラヴィアでカフカの〈審判〉を撮っている、とわたしは指摘した。コロンビアは著作権を買うことばかりを考えていて、買うべき著作権が存在しないことを見すごしていた。

問題はこじれ、映画は実現しなかった。つぎにコロンビア側の提案で、小説家のリチャード・イェイツが硫黄島の戦闘について書いた強力な脚本の映画化をすすめた。結局、また大がかりな戦争映画をつくることになった。しかし予算の面で意見があわず、コロンビアはそれ以上話をすすめようとしなかった。彼らは、当時の大手映画会社がつくる映画としても最高にちがいない、法外な額の製作費予算をはじきだしていた。「硫黄島の戦闘のすべてを再現するわけじゃない」わたしはそういいつづけた。「いや、再現しなければいけない」むこうはそういって譲らなかった。

この間、わたしは映画を一本も監督しなかった。そんなに長いあいだ監督をせずにいたのは初めてだった。一九六五年になってやっと、コロンビアのゴー・サインが出た。彼らが権利を保有している小説をもとにしたウェスタン作品『大いなる砲火』(註3)'67だった。わたしはボブ・タウンを雇って脚本を書かせた。

★フランシス・ドール

オフィスへ行った一日目から、ロジャーについては学ぶところがありました。昼ごろ何かの用事で外出するとき、彼は閉まったままのドアを指さして、わたしに指示しました。「フランシス」厳粛な調子で彼はいいました。「あのドアのむこうに脚本家がいる。ロバート・タウンという男だ。優秀な脚本家だが、筆がとてもおそい。十二時半までに、ドアの下から六ページ分を渡してよこすことになっている。たぶん六ページはないだろう。五ページかもしれない。いまいったように、書くのがとても遅いからね。それでも書いたものをドアの下から渡してよこしたら、インタフォンで昼に何のサンドイッチを食べるかを訊いて、買ってきてやってくれ。しかし何があってもドアをあけるな」

ロジャーが出かけるとすぐに、当然ですがタウンがドアをあけて部屋をみまわし、ロジャーは行ったのかと訊きました。

あのころ、ボブとロジャーのあいだには脚本について大きな意見のちがいがあったようです。ロジャーは最初の十分間に、印象的で強烈なアクションをいれるべきだと考えていたようです。タウンは、それはちがうといって譲りませんでした。観客はもうお金を払って映画館にはいっているのだから、登場人物の設定や雰囲気づくりに十分か十五分かけることができるというのがタウンの言い分でした。ロジャーはおなじ問題で、ほかの脚本家ともよく対立していました。それでどうなるかというと、たいていの場合ロジャーは人の脚本の最初の十ページをやぶりとってしまうんです。「せりふばかりだ」といって。

コロムビアと契約をしている身だったので、わたしはほかの会社の映画を監督することはできなかった。しかしいくつかの映画の資金を出すことはした。ジャック・ニコルソンが脚本を書き、モンテ・ヘルマンが監督をした二本のウェスタン作品『銃撃』'66と『旋風の中に馬を進めろ』'66、海岸を舞台にした青春もの二本、そして『血の女王』'66というサイエンス・フィクションだった。

『大いなる砲火』で何度か意見のちがいがあったあと、わたしはコロンビアをやめ、もう一度大手映画会社を試してみようと二十世紀フォックスへ移った。

フォックスでは、もっと順調だった。ここでわたしは、自分が手がけたものとしては最大の百万ドルをこえる製作費で、『マシンガン・シティ』'67を撮った。『マシンガン・シティ』は、ギャング映画のなかではもっとも正確で、事実に即した作品だと思う。わたしは、一九二〇年代の青年時代にシカゴの警察担当記者をしていた作家を雇ってシナリオを書かせた。したがって、どのシーンも事実をもとに多少の想像をまじえてつくられていた。フランシス・ドールの記憶によると、わたしは彼女に命じて、主要登場人物の精神や心理を簡単にまとめたものを書かせることまでしたらしい。俳優たちに、登場人物の行動やその動機を的確に伝えるためだった。

思うように行かなかったのは配役だけだった。わたしはいわゆる名優にギャング役を演じさせたくて、アル・カポネ役にオーソン・ウェルズ、バグズ・モラン役にジェイソン・ロバーズを考えた。オーソン・ウェルズの返事はまだこなかったが、フォックスは撮影開始日を早めた。「ウェルズの件はどうなっている?」とわたしは訊いた。フォックス側は、ウェルズには問題が多く、出演する映画をかならずのっとろうとするのだと説明した。「オーソン・ウェルズを雇えば、もめごとを背負いこむことになります。ロバーズをカポネにすればいい。ロバーズのエージェントに、そう話しておきました」

「しかし、それではおかしい。ロバーズはアイルランド系でやせている。モランもアイルランド系でやせていた。カポネはウェルズのような大きな男だ」

「いいですか」彼らはいった。「われわれはコロンビアでだめだったあなたにチャンスをさしあげたんです。問題をおこさないでください。われわれは映画がほしい。あなたに映画をつくっていただきたい」

映画製作を中途で投げだすことはもうできなかった。そこでわたしは優秀な俳優、ジェイソン・ロバーズと配役について話しあった。ふたりとも、ロバーズにはモラン役のほうが向いているという点では意見が一致したが、ロバーズはカポネ役をやってもいいといい、わたしは彼といっしょに仕事ができることをうれしく思った。モラン役にはラルフ・ミーカー、モランの右腕役にはジョージ・シーガルが決まった。このほか、ジャック・ニコルソンにも重要な役をあたえようとした。出演者には大手映画会社の規定に応じた出演料が支払われた。わたしはオフィスでジャックに役の話をした。机の上に製作表がおいてあった。各シーンの撮影日程を書いたほそ長い表もあった。

三十五日間の撮影は、当時のわたしの作品としてはもっとも期間の長いものだった。わたしはジャックに、一週間半の仕事になるとてもよい役をすすめた。しかしジャックは撮影日程表から、もっといい役、つまり三十五日間拘束される役をみつけた。二カ所しか出演場面のない端役――逃亡用の車の運転手――だが、出演場面の撮影が期間の初めと終わりにわかれていた。俳優はその二日間だけ顔を出せばいいが、SAGの規定により全期間の賃金が保証される。二カ所の撮影場面は、完成した映画ではひとつづきといってもいいくらいだったが、撮影には七週間近い間隔があった。

「ジャック」わたしはいった。「せりふがひとつしかない役などやりたくないはずだ」

「ロジャー」ジャックはいった。「せりふがひとつだってかまわない。七週間の仕事がほしい」

「しかし、きみにはいい役を用意してあるんだ。共演といってもいいぐらいの重要な役で、二週間の仕事になる」

「ロジャー、七週間分の金をもらうほうがいいよ」

わたしはブルース・ダーンにも、おなじように七週間分の給料がもらえる役——ガンマンのひとりだった——をあたえた。

『マシンガン・シティ』はよい評価を得た。物質的な意味でも、わたしが監督した最高の映画だった。というのも、撮影所のなかを歩きまわって、夢のようなセットを自由に選ぶことができたからだ。しかし大手映画会社の製作費というものについては、大いに学ばせてもらった。とくにわたしにとっては、すべてを撮影所の敷地内で撮影する初めての作品だったため、学ぶことが多かった。UAの作品を撮ったときには、撮影はすべてロケでおこなわれ、経費の計算もわたしにまかされていた。しかし、『マシンガン・シティ』では、フォックスの経理部が経費の管理をした。

彼らがよこした最初の報告書は、セット建設の費用についてだった。そこに書いてあることを理解するには少々時間がかかった。製作費とは、その全額をわたしが使えるわけではなく、彼らの側があらゆることにかこつけてばらまく膨大な諸経費を含んだものだった。「こんな報告書はほうっておけ」わたしはフランシス・ドールにいった。「これから渡される報告書も見なくていい。経費の総計がいくらになるのか知らないが、とにかくフォッ

『マシンガン・シティ』より。

クスが計算したとおりになるということだ。どうしようもないよ。われわれの映画づくりとはまったくちがっている」

この報告書には、セットの端から反対側の端へ丸太を移動させた費用まで計算してあった。セットを組みたてたとき、材木を所定の位置へ移動させるためだけに、何台かのトラックとトラック運転手組合に所属する運転手を使ったというのだ。わたしは考えた。このときのトラックと運転手の数は、おそらくそのとき何も仕事をしていなかったトラックと運転手の数とおなじにちがいない。たまたま一台しかあそんでいるトラックがなかったら、一台使用となる。三台がぶらぶらしていれば、少量の材木を運ぶのにも三台分の代金が請求される。彼らはそうやって永久に給料を保証される。特機係についてもおなじだった。五人がぶらぶらしてほかに仕事がないときに、ひとり分の請求しかしない法はない。

しかしそれでも、『マシンガン・シティ』のできばえは製作費の額が想像させるのよりずっとよかった。総額百万ドルのなかに映画会社がとる諸経費が含まれていることを考えると、信じられないほどのできばえだった。わたしたちは、撮影所にあった大金のかかった映画のセットを使った。たとえば、アル・カポネの家は『サウンド・オブ・ミュージック』'65の邸宅だった。『砲艦サンパブロ』'66に出てきたバーは、シカゴの娼館のバーになった。『ハロー・ドーリー！』'69の屋外セットは二〇年代のシカゴの繁華街に生まれかわった。映画評には好意的なものが多かったが、わたしがとくにおぼえているのは、イギリスの映画批評誌《サイト・アンド・サウンド》に載ったとても肯定的な評だった。それはこんなふうに書かれていた。「ロジャー・コーマンが金の使いかたを知っているかどうか、それに疑問があるなら、この映画が疑問に答えてくれる。答はイエスだ」

11　章

『ワイルド・エンジェル』と『白昼の幻想』――この二作品ほど、アウトサイダーや社会不適応者のものがたりに対するわたしの興味をよくあらわしているものはない。『ワイルド・エンジェル』はバイクに乗るアウトローたちを、『白昼の幻想』はLSDをきっかけに社会からドロップアウトした人間を描いた作品だった。わたしは、ハリウッドの本流からますますはなれたところに向かっていた。わたしの映画づくりの傾向は、わたしの政治的立場とおなじようにしだいに過激になっていた。この二本の映画で、わたしはピーター・フォンダ、デニス・ホッパー、(註1)ジャック・ニコルソン、ブルース・ダーンといった俳優たちといっしょに仕事をした。彼らは一九六〇年代のハリウッドにおける新しいカウンターカルチャーの担い手であり、全員が疎外されたアンチヒーローの演技で名を知られるようになった。わたしと彼らのあいだには創造的活動をする人間としての連帯意識があり、この二作品は彼らの働きに助けられ、わたしの作品のなかでももっとも激しい議論を呼ぶとともに、もっとも大きな商業的成功をおさめた。

『ワイルド・エンジェル』のアイデアは、わたしが《ライフ》誌で一枚の写真を見たことからはじまった。一九六六年一月に発売された《ライフ》に掲載されていたその写真には、チョッパーに乗って仲間の葬式に向かうヘルズ・エンジェルズの一団が写っていた。わたしはＡＩＰに企画を話し、ＡＩＰは『堕ちた天使たち』という仮題をつけて撮影準備を進めた。一九五四年、マーロン・ブランドとリー・マーヴィンが出演して『乱暴者《あばれもの》』というエンジェルズをとりあげた映画（註2）がつくられていた。しかしそれはエンジェルズという悪者たちの暴力におびえる街の人々の目からとらえたものがたりだった。ＡＩＰは今度の映画もおなじような作品にしたいと考えていた。

わたしは猛烈に反対した。「そういうのじゃだめだ」わたしはいった。「市民の目から見たものなんて撮りたくない。エンジェルズのものがたりを撮りたいんだ。彼らが主役だ。既成の体制側の視点に興味はない。アウトローたちの、はねのけられた者たちの立場から映画をつくりたい」

この時期は、わたしにとっても大きな転換期だった。四十歳の誕生日が迫っていた。それまでの十年すこしのあいだに、四十数本の映画を製作・監督し、さらにほかの監督を使って十五本ほどの映画の資金提供や製作をしてきた。すこし前には大手映画会社でも仕事をしたが、残ったのは幻滅、苦々しい思い、そして怒りだった。ハリウッドという体制のなかで、わたしは「スター」監督になれそうになかった。アウトローとして社会の辺境に生き、公然と社会のルールをやぶる乱暴で反抗的なライダーの写真にひかれたのは、そんな気持ちと関係があったのだろう。わたしは彼らの現実をそのまま伝える映画——彼らに共感する映画といってもよいだろう——をつくりたかった。

ＡＩＰは企画をすすめ、タイトルや宣伝方法を考えるのがとても得意なジム・ニコルソンが『ワイルド・エンジェル』というタイトルを考えだした。わたしはチャック・グリフィスに依頼して、いっしょに調査をして脚本を書いてもらった。いちばん初めに行ったのはイースト・ＬＡにあるブルー・ブレイズ・カフェというライダーたちのたまり場だった。やがてわたしたちはサウス・セントラル・ＬＡのウェスタン・アヴェニューにあるガンク・ショップで、エンジェルズの支部のリーダーに会った。チャックとわたしは持っているなかでいちばん古くて、しかも強そうに見える服を着ていったが、リーダーと六人のメンバーたちにはとうていかなわなかった。彼らはエンジェルズのマークとナチスの鉤十字のついたデニムの服に身をかため、凝ったカスタム仕上げのハーレーで乗りつけた。

酒をのみながら、わたしはこれが彼らのものがたりになること、そして映画に出演した者には金を支払うことを彼らに話した。「バイクにも金を払ってくれ」と彼らはいった。

「バイクを持ってきた人間には、その分を払おう。支払いは毎日する」

「女をつれてきたときには、その分も払ってくれ――バイクよりは安くていい」

「わかった。すべてオーケーだ」わたしはそう約束した。そのあともわたしはその店に出入りをし、必要なときには酒とマリファナをおごって彼らの話をきいた。すこしあとには、ヴェニスの治安のよくない場所で開かれたエンジェルズのパーティにも顔を出した。みんなにまざってビールをのみ、マリファナを吸い、話に耳をかたむけた。ひとりのとてもきれいな女性がライダーたちの文化についていろいろと話してくれた。チャックがそっと注意してくれたところによると、彼女はリーダーの情婦であり、純粋な調査目的以外では手出しは禁物だった。彼女は工場で働いていた。彼女のいうところでは、エンジェルズは働かずに女の稼ぎで暮らしていることが多かった。売春をやって生活の足しにしている女性もいるとのことだった。そこできいた話には、誇張やつくり話が多いように思えた。犯罪をおかして刑務所に送られることになった仲間を、エンジェルズが病院の病室からつれだしたという話もあった。わたしはそれが気にいり、その話とライダーの葬式を中心にストーリーを構成することにした。

　この映画は、高度技術社会のなかでハイスクールから脱落し、職業技術もなく、ときには読み書きさえできない人間たちのものがたりだった。心が病んでいる者たちもいた。製図工や工作機械メーカーや航空機デザイナーの募集広告に応じるような人間たちではなかった。ＩＱ八十の人間にどんな人生があるというのか？　掃除係、道路清掃員、それともガソリン・スタンドの給油係か？　どうしてそんな割りに合わない仕事をしなくてはならないのか？――彼らはこういう。「くそくらえだ。ちょっと人をおどして金をとったり、盗んだりするほうがいい。失業保険をもらうために、つまらない仕事を二カ月だけするともある。働ける女を情婦にして、そいつの失業保険もいただく。ふたりでいっしょに悪いことをして、結局おれが働いているのとおなじぐらいの暮らしをする。だが、すくなくとも、おれは自由だ。しみったれた仕事にしがみついているよりはずっといい」

わたしは自由にバイクを乗りまわすヘルズ・エンジェルズを現代のカウボーイに見たてた。彼らの馬はチョッパー、彼らの広野は砂浜や砂漠や山などの自由な場所だった。わたしはまた、ソニー・バーガーの「おれたちは負け犬じゃない」ということばをおぼえている。有力なオークランド支部の支部長で、エンジェルズとしてよく名前を知られている人物、ソニー・バーガーはこのことばに誇りを持っていた。世間でいう「勝者」になることは、売場の副主任のソニー・バーガーになることであり、轟音をあげるぴかぴかのバイクに乗ったソニー・バーガーではない。エンジェルズは社会が生んだ興味深い現象であり、わたしはありのままにそれを伝えたかった。

もうひとりの「勝者」、ビッグ・オットーはソニーたちと張りあうサンバーナディーノ支部の支部長で、エンジェルズたちへの連絡係になってくれたが、技術顧問としてはあまり役にたたなかった。彼はチャックの脚本を読み、何の異議も唱えなかった。脚本の筋書きは、架空のサンペドロ支部をめぐるシンプルでわかりやすいものだった。リーダーのジャック・ブラックと相棒のルーザーは仲間をつれ、山道を走ってメッカに行く。メッカで、ルーザーのバイクを盗んだメキシコ人の不良グループと喧嘩をする。バイクに乗った警官がふたりやってきて喧嘩を止めるが、ルーザーは警官のバイクに乗って逃亡する。警官は残ったバイクでルーザーを追いかけ、そして彼を撃つ。ルーザーを追う警官のバイクが崖から転落して大破する。ルーザーも傷を負って病院に運びこまれる。ルーザーが刑務所に送られると知ったエンジェルズたちは彼を奪いかえして、自分たちの家へつれて行く。ルーザーはそこで死ぬ。ルーザーの葬儀が教会でおこなわれるが、葬儀はやがて冒瀆的で暴力的な狂宴へと変わる。バイクの葬列がルーザーの故郷の街を走りぬけ、怒った住民たちとのあいだで乱闘がはじまる。警察のサイレンが鳴るなかで、エンジェルズたちは暴走をつづける。しかし映画の主人公、ジャック・ブラックだけは、いつものように感情をあらわさない顔でルーザーの墓に土をかけつづける。

撮影開始の前に、わたしはピーター・ボグダノヴィッチという映画マニアの映画評論家の青年に依頼して、チャックの脚本を全面的に手直しした。ピーターは《エスクァイア》の映画記事を書くために、一年ほど前にLAに移ってきたのだった。ある上映会で、ピーターとその夫人のポリー・プラットに会った数週間後、わたしは彼に電話をして映画の脚本を書きたくないかと訊いてみた。ピーターはイエスと返事した。そういうことが自分の身におこるのを期待して、彼はLAに来たのだった。

★ピーター・ボグダノヴィッチ

「スケールの大きい映画をつくりたい」ロジャーはわたしにそういいました。「『戦場にかける橋』'57とか『アラビアのロレンス』'62のようなのをね。しかし適当な製作費で撮影ができる設定にしてくれないとこまるよ。第二次大戦中のポーランドなどはどうかな」わたしはわかったといいました。それから二、三週間あとにロジャーがまた電話してきました。今度は、バイク映画をつくるので、砂漠でロケ地探しをしてくれないかという話でした。「奥さんもいっしょにつれていけばいい。いま脚本を送るから、すぐにパーム・デザートへ行ってほしいんだ」

わたしは『ワイルド・エンジェル』の脚本を読んでロジャーに電話しました。そしていいました。「あまり気にいりませんね。ディズニー映画みたいですよ。冒頭のハイウェイのシーンはこう書いてある。〝一匹のかえるがハイウェイに飛びあがり〟、そのあとカットでカメラは〝かえるの視点〟に変わり、やがてバイクが走ってくる。するともう一度かえるの反応にもどる。こんなのだれがよろこびますか？　それにどの登場人物も好きになれない。きちんとしたプロットもない」

砂漠のロケ地探しのあと、ロジャーがいいました。「きみに脚本の手直しを頼みたい。だが、きみは組合にはいっていないから、クレジットに名前は出せないよ」ポリーの協力を得て、わたしは脚本の八十パーセントを書きなおし、その結果プロットはずっとよくなりました。

ジム・ニコルソンは、『ウエスト・サイド物語』'61で好演したという理由で、ジョージ・チャキリスをジャック・ブラック役にしたがった。わたしは出演者はすべてバイクの運転ができる役者でなければいけないと決めていたが、チャキリスはバイクに乗れなかった。彼は一度は運転を習うことに同意したが、ふたたびわたしのところにきていった。「代役をやとってください。ぼくはバイクには乗れない」

「ジョージ」わたしはいった。「バイクに乗らないなら役を降りてもらわなくてはならない。すまない。しかし昔のウェスタンのように、代役とスタント・マンを使って、全編を編集してつなぐなどということはしたくないんだ」ジョージは役を降り、わたしはルーザー役をふりあてるつもりでいたピーター・フォンダをジャック・ブラック役に昇格させ、ルーザーにはブルース・ダーンを起用した。ブルースのことは前にニューヨークの舞台『シャドウ・オヴ・ア・ガンマン』で見たことがあった。彼はとてもすばらしく、アメリカでもっとも優秀な若手俳優のひとりだった。ピーターはそれまで『タミーとドクター』'63など数本の映画で若くロマンティックな主役をつとめていた。ＡＩＰの希望で、女性の主役であるジャックの情婦のマイクは、ナンシー・シナトラ（註3）に決まった。彼女の一家の名声と当時ヒットしていた〈にくい貴方〉の力を借りようとしたのだ。

★ブルース・ダーン

ロジャーとは、『ワイルド・エンジェル』の撮影の一日目、役の衣裳に着替えたときが初対面だった。ぼくの出演は、ロジャーがエージェントに電話をかけてきて、それで決まったんだ。そのあと、ロジャーはぼくに、一九五八年のブロードウェイでの演技がとてもよかったとほめてくれた。だが、ぼくの役はせりふが六つだけで、舞台にいたのは五十秒ぐらいだったんだ。あのときの主役はビル・スミザーズという男で、すばらしい俳優だった。ロジャーは八年間、ぼくの名をビルととりちがえておぼえていたようだった——ただし、それをロジャーにいいはしなかった。だからロジャーといっしょのときは、いつも自分がビル・スミザーズの代わりをしているような気がしたよ。

★ピーター・フォンダ

初めてロジャーに会いに行ったとき、ぼくはおかしなミラーの丸眼鏡をかけていた。服装もふつうじゃなかった。髪も長めだったし。海軍情報部のバッジまでつけていた。「そのバッジにはどういう意味がある?」ロジャーはそう訊いた。「あんたの車のタイヤに小便をひっかけるってことだよ、ロジャー」それがぼくの答だった。あのころは、何にでもくそくらえという態度をしていた。そんな話のあと、ロジャーはジョージ・チャキリスがバイクに乗れなくてこまっているといった。ぼくはこう返事した。「わかった。主役をひきうけてもいい。ただし、名前をジャック・ブラックでなく、ヘヴンリー・ブルーズに変えてくれなければいやだ」彼はその名前にどんな意味があるのかと訊いた。

「ヘヴンリー・ブルーというのは野生の朝顔の一種で、どこにでも生えている。この朝顔の種を三、四百粒集めて、胡椒ひきでひいて水といっしょにのむ。それでかなり強烈な幻覚症状がおこる」

ロジャーは「まさか」といった。それでぼくはいったんだ。「ほんとうだ。信じろよ。バイクのタンクに、その花の絵を描いてほしい」それで契約が成立した。ロジャーには得な契約だった。死んじまう役をやるのとおなじ一万ドルで、ぼくを主役に使えることになったんだからね。

エンジェルズのパーティにも何度か行った。エンジェルズのビール・パーティもほかのビール・パーティとおなじだった。ただストーンズの〈サティスファクション〉を百五十回以上もぶっつづけできいてたこと以外はね。

わたしはエンジェルズにひとり一日三十五ドル、それにバイクを持ってきた者に二十ドル、自分の女をつれてきた者に十五ドルをプラスして払うことに同意した。撮影は三週間の予定で、すべてヴェニスやサンペドロやパームスプリングズ近くの山や砂漠など、自然のなかのロケでおこなわれることになった。製作費は約三十六万ドルと決まった。

撮影は、わたしが経験したなかでもっとも苦労の多いものとなった。エンジェルズの関心は長つづきしなかった。約二十人のエンジェルズが出演していたが、しだいに数が減った。彼らは金を手にすると、いなくなってしまうのだ。ショットが変わると、背景のエンジェルズの顔ぶれがちがっていることが多かったが、それを問題にした評論家はいなかっ

『ワイルド・エンジェル』より。
左はピーター・フォンダとナンシー・シナトラ。

た。

わたしは状況を考えて、感情をまじえず事務的に指示をあたえるようにした。ライダーたちに命令をするつもりはなかった。命令してもそれをきくような彼らではなかった。しかしわたしは弱気なところを見せたり、へつらったりは絶対にしなかった。

それでも、砂浜や砂漠や山岳での十五日の撮影のあいだ、ヘルズ・エンジェルズをうまく使うのは骨の折れる仕事だった。ハーレーをスタートさせるのさえたいへんだった。山の気温は低く、彼らのバイクは古くて手入れがわるかった。

映画の冒頭の十分間は、ヴェニスからサンペドロ近くの油田へ行き、フリーウェイを進んで山へはいり、パームキャニオンのそばの曲がりくねった下りのハイキング道へと、舞台が移動する。一カ所で撮影をすませたあと、つぎの場所へ移動するのは大ごとだった。

ピーターとエンジェルズが砂漠のフリーウェイを走るオープニング・シーンでは、短時間だが許可なしで、人を配置して走ってくる車を止めなければならなかった。すばらしい形の雲がでていたが、カメラ搭載仕様車を借りる余裕はなかった。わたしはステーション・ワゴンのうしろのドアをおろし、そこから撮影した。揺れをすくなくするために、タイヤの空気をすこしぬいておいた。

撮影の第一日目、メッカの砂漠の撮影では、準備にとても長い時間がかかり、わたしはかなりいらだっていた。そのとき突然、第二次大戦でナチスが使用した後輪だけにキャタピラをつけたハーフトラックがやってきて、街のまんなかで鉤十字をつけたエンジェルズを攻撃しはじめた。そこいらじゅうに空砲が飛びちった。わたしもエンジェルズもわけがわからなかった。それでもわたしは助監督に向かってさけんだ。「撮影しろ。撮影するんだ。どこかで使えるぞ」

弟のジーンはロック・ハドソン主演の『トブルク戦線』'67を製作中で、おなじ砂漠の南のほう、ソルトン湖に近いところに滞在していた。そこを北アフリカの砂漠に見たてて撮影をしていたのだ。ジーンはこれで自分がつくっている映画の雰囲気が高まったといい、ナチス戦車の攻撃をおもしろがった。

撮影現場には、ほかにも武装した人間がいた。カリフォルニア州警察と郡の保安官だ。彼らは、撮影に参加しているエンジェルズを調べにきたのだった。警官はプロダクション・マネージャーのジャック・ボアラーにいった。「ほとんどの者が手配中だ。全員を逮捕するべきだ」ジャックは事態をどうとりまとめればいいかを知っていた。

「待ってください」ジャックはいった。「どれぐらいか知らないがとにかく長いあいだ、この連中は合法的な仕事をしていなかったが、いまは働いている。われわれが金を払っているんです。どうして、それをぶちこわさなくてはならないんです？　すこし金を稼がせてやりましょう。だれにとっても、それがいちばんいいんじゃないですか?」警察は了解したが、撮影のあいだじゅう丘のむこうに待機して見張っていた。

わたしは、動きの速い、こみいったカメラワークを快調にこなした。たとえば、ちんぴらの喧嘩がはじまったとき、ルーザーはいっぽうへ、ほかのエンジェルズはもういっぽうへ逃げる。カメラは商店の前の舗装していない道をカメラに向かって走ってくるルーザーの姿をとらえる。そしてドリーでうしろにひきながらパンして、走るルーザーを追う。ルーザーが交差点で警官たちのバイクのそばに行くと、カメラの動きはとまって固定した撮影に変わる。背景では、警官たちが逃げるエンジェルズを追いかけている。警官たちがエンジェルズに向かって発砲したとき、ルーザーが一台のバイクのエンジンをかける。気がついた警官たちは右手からルーザーにかけよるが、ルーザーは左の方向へバイクで走り去る。カメラは百八十度パンし、街の外へ向かうルーザーの姿が小さくなるまで追いかける。これらのアクションのすべてがワン・ショットで撮影された。驚異的なショットというわけではないが、三週間で撮影したものにしてはできがよかった。アメリカの評論家より映画というものを知っているヨーロッパの評論家たちが、わたしに対して、他のインディペンデント低予算映画の監督より技術的にすぐれているという評価をくだすようになったのは、そういったことのためだろう。

わたしはまた、やはり低予算映画としては異例のことだが、画面に動きや奥行きをつける努力をした。山のパーティの場面に、その努力のあとがあらわれている。このとき山には十八人の俳優と五十人ほどのライダーたちが集まっていた。宿は俳優たちのための用意しかなかったので、エンジェルズは実際に林のなかやモーテルの駐車場で野営をした。原始人の祭の熱狂状態にも似たエンジェルズの騒ぎの雰囲気をとらえるため、わたしはハンディ・カメラを使用し、ドキュメンタリーのような効果を出した。また、その場面がなめらかできれいな仕上がりになるのを避けた。エンジェルズの生きかたにふさわしい荒くざらついたエネルギーを感じさせる効果を出したかった。ルーザーの追跡劇のあと、画面は山でひらかれるエンジェルズのパーティとなる。どのショットにも奥行きと動きがあった。いちばん奥でメンバーがチョッパーを走らせ、その手前でほかのメンバーが女たちとパーティをし、さらに手前ではゲイル・ハニカット[註4](彼女にとっては映画デビュー作だった)をふくむ何人かがダンスを踊っていた。わたしはそのころゲイルとデートをしていた。彼女はあまりに美しすぎたので、すさんだ感じを出すためメークで顔に傷をつけなければならなかった。ほかの連中が狂ったようにボンゴをたたき、ダンスをするのを背景に、ヘヴンリー・ブルーズとマイクがクローズアップで映る。ブルーズはマリファナを吸っている。カメラがパンすると、地面で抱きあった男女、チキンを食べるゲイル、椰子の葉を剣に、チョッパーを馬に見たてて馬上試合をしているふたりのエンジェルズ、闘牛を真似て女がひろげた赤いケープにチョッパーを突進させる男が映る。ブルーズが立ちあがり、木にもたれてヘロインを吸入している仲間のところへ走り、彼をなぐりはじめる。

予定どおり山の場面の撮影を一日で終え、さらにチョッパーを円滑に現場に出入りさせるには、たっぷりのビールとマリファナを配ってエンジェルズをいい気分にさせておかなければならなかった。また彼らを飽きさせないよう、現場には音楽を流しっぱなしにした。

ハーレーが止まらないようにするのはもっとたいへんだった。故障ばかりしていて砂や泥のなかで立ち往生した。わたしはおかしくなりそうだった。何度もおんぼろバイクの修理が終わるのを待たされて、わたしはエンジェルズのひとりにこういった。「なあ、おい。わたしはきみたちのやることを知っている。街へ行って男をなぐり、女をレイプし、店では盗みをする。警察が追いかける。きみたちはチョッパーに走りよって、だけどそのいまいましいバイクのエンジンはかからない。そんなときどうするんだ？　故障ばかりとはどういうことだ？」

「かかるよ、すぐにかかる」彼はいった。「ちょっと運がわるいだけ、それだけさ」ピーターは、彼らのバイクに乗るのはいやだとわたしにいいにきた。そのとき彼はいった。「どうしてハーレーというか知ってるか？　めったに《ハーリー》エンジンがかからないからだよ」

★ポール・ラップ

あの映画の撮影には暴力、それもほんものの暴力がからんでいました。撮影の初めのころにはバイクが全部盗まれてしまいました。調達したバイクを、盗まれたものとおなじ体裁にしなければならないので、たいへんでした。盗まれたバイクは、オーヴァランド・アヴェニューとナショナル・ブールヴァードの交差点近くに止めたトラックのなかにしまってあったんです。ですから内部にいたわるいやつのしわざです。わたしは助監督をしていましたが、あのときは苦労ばかりでした。エンジェルズをおとなしくさせておくには、強そうなやつを最低ふたりはそばにおいておかなくてはならないんです。金も役にたちました。たとえばあるレストランでの撮影中のことでした。ナンシーが椅子にすわろうとしたとき、エンジェルズのひとりがその椅子をうしろにひいたんです。それより前のある夜、ナンシーの父親がパームスプリングズからふたりの用心棒をつれてやってきました。そして非常に礼儀正しいことばで、ナンシーの身の安全はすべてわたし個人の責任であると考えるといいました。つまり実質的には、彼女に何かあれば、わたしたちはただではすまされないということです。

それなのにエンジェルズのひとりがナンシーの椅子をひき、彼女は床に尻もちをついたんです。わたしはほかのエンジェルズが手を貸してくれることを祈りながら、その男を壁におしつけました。案の定、リーダー格のやつがとびかかって男をつかみ、それから彼らみんなで裏手へつれていってなぐりました。あとでわたしは彼らに数ドルずつ渡しました。

葬儀の撮影に、山中のアイディルワイルドへ行ったときは、とても寒かったんです。つぎの日の朝、俳優のコービー・デントンが姿をあらわしません。ロジャーはあわてました。ナンシーはあれこれ心配し、ピーターもひどく気にしました。それでわたしはコービーのモーテルの部屋へ行きました。ノックをしてからドアを蹴破ると、気を失ったコービーが床に倒れていました。種火が消えてガスが漏れていたんです。わたしをモーテルまで乗せていってくれた警官がヘメットから救急車を呼びました。コービーはどうにか意識を回復して、集中治療室にはいりました。わたしはもどって出演者とスタッフの前でロジャーに報告しました。みんなこわくてふるえていました。ロジャーは感情がないわけでも冷酷なわけでもありません。しかしそのとき、カメラと照明をセットしろ、すぐに仕事をはじめるとみんなにいいわたしたんです。

★ピーター・フォンダ

コービーのことをきいて、ぼくたちはみんな、その日は仕事をしないとロジャーにいった。エンジェルズは大よろこびした——彼らはそんなふうに責任者に向かって働かないといったりすることが好きなんだ。だが、ロジャーは撮影をつづけるといった。そして彼が正しかった。撮影はつづけなくてはいけないんだ。選ぶことはできない。映画は、世界でもっとも金のかかる芸術の形だ。あのときはなんて鈍感な人間なんだと思った。だがあとになって、たとえ悲劇がおこっても撮影はつづけなくてはならないことを学んだ。ロジャーはまちがっていなかった。ぼくたちが彼の態度を誤解しただけだった。二日後コービーは退院し、仕事にもどった。

★ブルース・ダーン

やつらの服を着ていたという理由で——ジャケットだった——、ふたりのエンジェルズになぐられた。ハリウッドのノース・アーガイル・アヴェニューぞいの教会の前だった。そこでルーザーの葬式の場面を撮影していたんだ。やつらが「こんちくしょう、そいつを脱げ」というので、ぼくはいった。「待てよ。映画を撮ってるんだ」ってね。するとむこうはいった。「おれたち抜きで、ヘルズ・エンジェルズの映画をつくろうってのかよ。脱げってば」しかしぼくは脱ぐ前に歩道で気を失った。映画のなかのぼくはもう死んでるっていうのに、それなのにまだなぐられていた。

こうした撮影にはつねに、二十年後にきいてもおどろくような裏話があるものだ。ポール・ラップはこのことを最近まで話さずにいた。すぐれた助監督とは撮影中によけいな話を監督の耳にいれないものだ。ポールのいうところによると、ハイウェイ・パトロールは高度な情報活動部門の人員を投入して、撮影のあいだわたしたちを監視していた。

彼らはポールに、複雑な盗聴装置が詰まっている車のトランクを見せた。また出演者やスタッフやエンジェルズの写真や盗聴テープを入れたアタッシェケース持参で、ポールの部屋へやってきた。ポールとガールフレンドがモーテルの自室にいるときのテープをきかせることまでしたという。ポールはCIAで働いていたこともあるのだが、そのポールによれば、彼らは監視のために百五十人の工作員を動員していると話したそうだ。街なかの車中の人物を演じたエキストラの年配女性も彼らの工作員だったという。最後に彼らは自分たちの目的は、警官殺しの容疑で手配されているエンジェルズのサンバーナディーノ支部のメンバーを逮捕することだといった。情報提供者によると、サンバーナディーノ支部はヴェニス支部のエンジェルズと交流を深めるため、その夜山のロケ現場を訪ねてくることになっていた。しかしその夜は雪がふり、サンバーナディーノのエンジェルズは途中でひきかえさざるを得なかった。

教会の内部シーン——エンジェルズが暴れて、ルーザーのなきがらを柩の外に出すシーン——は、ハリウッドのリトル・カントリー・チャーチで撮影された。教会の人々は途中で撮影の内容を知り、わたしたちを追い出そうとした。ロケの場所から追い出されることはよくあり、そのためジャック・ボアラーとポールは撮影の内容をごまかして許可をとるのが上手になっていた。わたしたちは教会の長椅子の一部を運び出し、かわりに用意してきた椅子をいれた。いったんカメラをまわしはじめたら止めるつもりはなかった。この映画のいちばん重要なシーンだった。いままでだれもスクリーンの上では見たことがないものを、わたしは撮っていた。わたしはこう思った。どこかで大声があがったら、それはこわれた椅子の代金を弁償しなきゃならないってことだ。しかし、それでもいい画が撮れる。そしてほんとうに、教会の長椅子やわたしたちが運びこんだ椅子を、壁や窓にうちつけてこわした連中がいた。

葬儀の場面は、それまでにわたしが撮ったどんなシーンともちがう奇抜なものだった。ルーザーの柩には巨大な鉤十字のついた真紅のナチスの旗がかけられていた。ばかにしきった顔のエンジェルズを前にして、牧師が死者に賛辞をささげる。ヘヴンリー・ブルーズは祭壇につづく通路に立っている。わたしは教会の後方からゆっくりパンをして、大きなナチスの旗と壁の大きな十字架を写した。

牧師の説教のあいだ、エンジェルズは牧師をばかにしつづける。ヘヴンリー・ブルーズがキリストを真似たかのように両手をひろげていう。「おれたちはイエスとやらにつべこべいわれたくない。自由にマシンに乗っていたい。おれたちは酔っぱらいたいんだ。パーティをしようぜ」

そして大騒ぎがはじまる。エンジェルズは暴れて手あたりしだいにものをこわしはじめる。ヘヴンリー・ブルーズは牧師の腹にパンチを、首に空手チョップをくらわせる。

わたしはこのときもまた、ハンディ・カメラを使ってみんなのなかにはいり、観客を騒ぎのまんなかに導入した。撮影監督のリチャード・ムーアがカメラを持ち、わたしはそのあとにつきそった。アドレナリンがからだをかけめぐるのを感じながら、わたしは「これをやれ、あれをやれ」と指示をした。出演者は「ええ、ええ、やりましょう」といって指示にしたがった。場の自然な勢いを表現するために、撮影は二倍速でおこなわれた。出演者たちはどんどん狂暴になり、わたしは「こっちだ、今度は向こう」といって撮影をつづけた。編集のときに、ウィップ・カット（カメラをすばやく動かした、ぼやけた映像でつなぐこと）やフラッシュ・カット（非常にみじかいショットをつづけて、つなぐこと）のテクニックを使って全部をつなげればいいのがわかっていた。

騒ぎが派手に盛りあがるなかで、わたしは機敏に行動し、撮影するシーンの演出をした。ビールとボンゴ・ドラムが到着して、パーティ・シーンの撮影がはじまった。エンジェルズはルーザーを柩から出し——ルーザーはエンジェルズの服を着てナチスの飛行士の帽子をかぶっている——、壁によりかからせる。ルーザーの顔にはサングラスがかけられ、唇はマリファナをくわえ、手は中指を立てた形に曲がっている。気を失った牧師が柩にいれられ、その頭にビールがかけられる。エンジェルズと女たちがこわれた長椅子の上でダンスをする。ルーザーの死を悲しむ恋人のゲイシュは——当時のブルースの妻、ダイアン・ラッド(註5)が好演をした——ふたりのエンジェルズにむりやりに服をぬがされ、ヘロインの吸入を強要される。

わたしはエンジェルズのひとりに柩に鉤十字の彫刻をしてくれと頼んだ。できあがったら、もどってきて撮るからと。しかしもどってみると、ひどいできあがりで鉤十字というより、まんなかに傷のあるZのようだった。エンジェルズはみんなこんなふうなのかもしれない、とわたしは思った。鉤十字を彫ることさえ満足にできない。それでもよかった。それもパーティの一部だ。だから、それを編集でカットはしなかった。

最後に、状況は絶望的なものへと変わる。ブルースはヘロインを吸入し、自分の女を拒絶し、別の女とルーザーの柩のうしろに横たわる。別の場所ではゲイシュがレイプされている。牧師は柩の外へほうりだされ、ふたたびルーザーの死体がそこにおさめられる。

葬列の撮影のときには、土地の人たちに十ドルずつ払い、道に出てエンジェルズたちをながめる見物人になってもらった。墓地の場面は、アイディルワイルドの公園で撮影した。アーチをつくり、墓石をいくつか建てて、うしろにたくさんのバイク、手前に見物人を配して墓地にした。最後の乱闘は、埋められるルーザーの柩に子供が大きな石を投げることからはじまる。わたしがすべて成りゆきにまかせる気になったのは、このときだった。三月末だったが、一日目に雪がふり、二日目にそれが溶けたため、あたりの様子がちがっていたが、それさえかまわないと思った。わたしが気にしなかったのだ。だれが気にするだろう。その日は撮影の最終日、時刻は午後四時で暗くなりかけていた。撮影監督は光がよくないといった。わたしはいった。「問題ない。どうしようもないんだ。もうこの映画は終わりだ。だから撮らなきゃならない」

★ピーター・ボグダノヴィッチ

最後には、ロジャーは疲れはてて必死になっていました。エンジェルズはそういうロジャーをきらっていました。ロジャーは高圧的で、いつも「急げ急げ。時間がない時間がない。どんどんやろう、どんどん」とばかりいっていましたから。おかげで、わたしもエンジェルズにきらわれました。ロジャーのうしろにいる無口なあいつ、あいつがいちばんの糞ったれだぞ。そう思われたんです。

乱闘シーンの前に、ロジャーがわたしにいいました。「走ってあのなかにはいれ」エキストラがあまり大勢いなかったんです。ですから乱闘がはじまったとたん、わたしは街の住民のふりをして騒ぎのなかにはいりました。そして地面に倒れて頭を手でかばいました。ロジャーが「カット!」とさけぶまで、エンジェルズはわたしをなぐりつづけました。『ワイルド・エンジェル』は、三週間で、ほかでは経験できない映画修行をさせてくれました。映画をつくるときにはさまざまなプレッシャーがある。しかし、それでも撮影は進行させなければいけない。そういうことです。

ピーター・ボグダノヴィッチはフランシス・コッポラとおなじように、コーマン・スクールを早々と卒業していった生徒だ。『ワイルド・エンジェル』のすぐあと、わたしは『標的』'68（日本では「殺人者はライフルを持っている!」としてテレビ放映）という映画に資金を調達し、ピーターに監督をさせた。この映画のきっかけは、『古城の亡霊』が大きな利益をあげたのを知って、ボリス・カーロフのエージェントが連絡してきたことにあった。カーロフには出演料のほかに、利益がある金額をこえた時点から十パーセントの歩合を払うことに決めてあった。その金額は、映画の実際のコストよりはだいぶ高い数字に設定してあった。これを知ったカーロフのエージェントは、数字の設定が高すぎる、もっと低い額を満たした時点からカーロフの取り分を計算するべきだと主張した。わたしは、カーロフがもう一本の映画の撮影に二日間つきあうのなら、という条件で申し入れを承諾した。そしてピーターのところへ行っていった。「チャンスだぞ。きみが脚本を書いて監督して、新しいボリス・カーロフの映画をつくるんだ」

★ピーター・ボグダノヴィッチ

ロジャーはいいました。「『古城の亡霊』のときにカーロフを撮影した二十分間分を使う。それから新たにきみの監督でカーロフを二十分間分、撮影する――わたしは二日でまるまる一本を撮ったんだが――それからほかの俳優を使い、十日間で四十分間分の撮影をする。二十分と二十分、それに四十分をたす。それで八十分のカーロフの映画ができる。どうだ?」

「もちろんやります」わたしはそう答えました。それと同時に、ロシアから買った『嵐の惑星』というSF映画の仕事をするようにいわれました。ロジャーはこういいました。「特殊効果がすごいんだ。AIPが配給できるように、いま英語の吹きかえをつけているところだ。だが、女がでてこない。だからレオ・キャリロ海岸へ行ってくれ。きっと黒海のように見えるだろう。設定では金星ということになっているがね。女を撮ってくれ。編集で挿入する。きみには両方の仕事で六千ドルを払おう」

わたしは金星の半魚女を雇いました――実際はキャリロ・ビーチを歩いていた女の子たちを雇って、貝殻で胸をおおって人魚のような恰好をさせたんです。とんでもなく安っぽい衣裳でした。それで彼女たちは翼竜だか何かに祈りを捧げ、テレパシーでマミー・ヴァン・ドーレン（註6）と話をするということだった。ばかみたいでしたよ。この映画は、『先史女性の惑星への旅』'68（日本では「SF・金星怪獣の襲撃」としてテレビ放映）とタイトルを変更して公開されました。

このあと『古城の亡霊』を見て思ったことをおぼえています。ジャックは俳優に向いていないようだ、監督か脚本家になるほうがいいんじゃないか。そう思ったんです。新しい映画については、カーロフが引退したホラー専門の俳優という設定を考えました。前に撮影した分は、ホラー俳優が最後に撮った映画ということにしました。ホラー俳優が演じる恐ろしい城を舞台にした空想の恐怖劇。それに錯乱したヴェトナム帰りの復員兵がドライブ・インで人を狙撃するという話を対比させたんです。チャールズ・ホイットマンによるテキサス・タワー事件から数年たったときでした。ロジャーはこのアイデアが気にいりました。わたしは自分で書いた脚本をサム（サミュエル）・フラーに見せ、彼もいいといってくれました。そのあとわたしは彼のオフィスで三時間をすごし、彼はそのあいだに文字どおり頭のなかで脚本を書きなおし、わたしは彼が話すのをきいてメモをとりました。そうやって練りなおした脚本を見て、ロジャーはいいました。「いままで製作した映画のなかで最高の脚本だ。だが、ボリスが映画の全編に出てくる。これを二日で撮影するのはむりだ」結局、一日か二日ボリスに余分に働いてもらったと思います。撮影のときロジャーは現場にきていいました。「ヒッチコックがどうやって映画を撮るか知っているだろう？　すべてのショットのプランをつくり、すべてを書きとめて、しっかり準備をする。ハワード・ホークスの撮影のやり方を知っているか？　なにも書きとめないし、プランを考えない。そして現場で脚本の手直しをする」

「そうです」

「この映画では、きみにはヒッチコックになってもらいたい」

　わたしたちはこの映画をＡＩＰではなく、大手映画会社をとおして公開したいと考えました。ロジャーは映画のタイトルを、大手から公開される場合には『標的』とし、ＡＩＰから公開される場合は『血とキャンディ』にするといいました。みんなが、そんなタイトルはいやだと思いました。そこでわたしはＵＳＣの映画科で教鞭をとっている映画評論家のアーサー・ナイトに電話をかけて話をしたんです。「頼みたいことがある。《ヴァラエティ》誌の評論家をひとり呼んで、いっしょに映画を一本見てほしい。ふたりが気にいったら、映画評のなかでまだ配給会社が決まっていないことを書いてくれないか？　もし気にいらなかったら、映画評を書かないでほしいんだ」アーサーはひきうけてくれました。ふたりの評論家は映画を気にいってくれました。ボブ・エヴァンズが彼らの映画評を見て、それをパラマウントの社長のチャーリー（チャールズ）・ブルードーンに送りました。パラマウントが配給をひきうけることになりました。

わたしは、利益の歩合分の前払い金としてパラマウントから二十万ドルか三十万ドルをうけとった。十万ドルの製作費を考えれば、よい取引だった。しかし実際には利益などなかった。この映画の主人公は狙撃者だった。一九六八年春のマーティン・ルーサー・キング・ジュニアとロバート・F・ケネディの暗殺がよくない影響をあたえ、『標的』は、一九六八年八月になってやっと公開された。ピーターは、パラマウントが八本しかプリントをつくらなかったのを記憶している。現在、この映画はビデオになり、パラマウントのカルト・クラシック・シリーズにおさめられている。

『ワイルド・エンジェル』のほうの成功は即座にあきらかになった。この映画は非常に名誉のあるヴェネチア映画祭の招待作品となり、初日の夜に上映された。アメリカからの公式の出展作品ではなかった。実はこのとき、国務省は暴力とセンセーショナリズムを理由に、『ワイルド・エンジェル』の招待を取り消そうとした。カンヌのときの『侵入者』とおなじだ。『ワイルド・エンジェル』はAIPの作品としては、もっとも大きな議論をよんだ映画となった。ドゥカーレ宮殿でおこなわれたヴェネチア映画祭のオープニング・レセプションは優雅だった。わたしたちは全員、男性はディナー・ジャケット、女性はロング・ドレスを着て、リド島のホテルからモーターボートに乗って宮殿に行った。『ワイルド・エンジェル』の反響は好ましいもので、上映中に数回拍手があり、最後は大きな拍手がおこった。映画祭の総代表、ルイジ・キアリーニはこの映画を「過去十年のアメリカ映画でもっとも重要とされる作品のひとつ」と称した。

その夜は雨がすこしふった。宮殿を出てモーターボートに向かう途中でサンマルコ広場をとおりかかった。運河に向かって歩きながら、わたしはふりかえり、そしてすばらしい光景を目にした。ヴェネチアのシンボルである翼を持つライオンの大きな像、明かりが光る運河、すばらしいヴェネチアの夜景が一望できた。そこに宮殿から帰路に着く人の姿があらわれた。女性がふたり、ひとりは鮮やかな赤のドレス、もうひとりは深いエメラルド・グリーンのドレスを着て、わたしのほうへ歩いてきた。ふたりのドレスの色が、濡れて光る広場の敷石に映った。あの瞬間、モーターボートに乗りこむ前にふりかえったときのことは、わたしが目にしたもっとも美しい光景としていまでも強く記憶に残っている。

『ワイルド・エンジェル』は一九六六年夏に公開され、AIP最大のヒットとなった。このわたしまでがおどろくほどの成功だった。観客は熱狂した。貸出料の合計は即座に五百万ドルをこえた。初日の金曜日、上映館のほとんどが満員になった。ドライブ・インでは、はいれずに帰る客もいた。週末があけた月曜日の朝には、ジム・ニコルソンをはじめとして、わたしたち全員が笑って歓声をあげていた。一回の週末で、AIPのだれも想像したことのないような高額の売上げがあった。ジムはわたしたちにこんな話をきかせてくれた。あるバイク乗りの一団がどうしてもチョッパーに乗ったまま映画を見たい、絶対にトラブルはおこさないからといってきた。そこで映画館主は初日の夜、前列の椅子を撤去し、グループのメンバーはバイクに乗って並んで映画を見た。

《ヴァラエティ》誌は『ワイルド・エンジェル』をその年の優秀作品の第十三位に選んだ。そしてこの作品は長いあいだに一千万ドル以上の収入をもたらした。わたしは製作・監督の報酬のほかに利益の歩合をもらうことになっていたが、うけとったのはわずか三十六万ドルだった。『ワイルド・エンジェル』に関するいっさいの権利をそれだけの額でAIPに売ったのだ。結果としてAIPは、わたしへの支払いを本来の契約よりすくない額ですますことができた。

映画評は賛否両論だったが、どの批評家も強烈な印象をうけていた。簡単に見すごすことのできない映画だった。《ヴァラエティ》は、「ショッキングな要素がたっぷりの、レザー・ジャケットに身をかためた不良たちのリアルな話」と書いた。《ニューヨーク・タイムズ》のボズリー・クラウザーはこの映画を、シネマ・ヴェリテの感触を持つ「残酷な小品」と書いた。しかし彼の印象は「とても不愉快——残忍なライダーたちの酒と喧嘩とマリファナと破壊とレイプを描いたおぞましい作品」だった。

《サンデイ・タイムズ》に評をのせたヴィンセント・キャンビーはもっと心がひろかった。彼は『ワイルド・エンジェル』をこう評した。「最新の映画作家の最高作——エネルギッシュで個性の強いスタイルを持つ監督の作品」彼はさらにつづけていた——わたしはときどき彼のつぎのことばを一字一句思いおこす——「映画作家として、コーマン氏はこの作品により、ジョン・フォード、ハワード・ホークス、ヒッチコック、D・W・グリフィス、ニコラス・レイ、チャーリー・チャップリン、サミュエル・フラーなど、現在活躍中の人間と故人が名をつらねる神殿の一員となるだろう」

彼のことばにしたがえば、わたしはすばらしい人たちの仲間になれたことになる——しかしエンジェルズはわたしを故人の仲間にくわえると脅迫した。初めに、サンバーナディーノ支部が、登場人物を歪曲しているといった内容の告訴をし、わたしの命を奪うと脅迫した。自分たちのグループは現実には「バイクに関する技術情報の普及に努める社会的な組織」であるのに、アウトローでバイクに乗った反社会的なギャングとして描かれたとして、四百万ドルを払えといってきたのだ。

あえていうなら、映画は彼らを二パーセントほどよく描いていた。彼らをほんもの以上にわるく描く方法などなかった。ビッグ・オットーは電話をよこし、わたしの命と金を奪うと脅した。「わかっているだろうな」彼はいった。「おれたちは四百万ドルをいただいて、あんたを殺してやる」

わたしは、もしわたしを殺せば四百万ドルを手にいれるのはむずかしくなること、もっとわるいことに、わたしが姿を消せば彼らがいちばん先に疑われるということを話してきかせた。「つまり」わたしは落ちついて説明した。「きみたちの利益は、わたしを殺さないだけではなく、ほかのだれかに殺されないように守ることにある。なぜなら、ことがおこればだれもがきみたちのしわざだと思うからだ。保険をかけてあるから、わたしは四百万を失おうと失うまいとあまりかまわない。だから、わたしを消すのは忘れることをすすめるよ。四百万ドルを取るほうにしろ」

オットーはわたしの状況分析に賛成した。問題の金を回収に来た者もいなかった。『ワイルド・エンジェル』の大成功のあと、AIPは続編を希望した。そして、このあと実にたくさんのバイク映画がつくられた。わたしはAIPで『デビルズ・エンジェル』'67を製作した。脚本はチャック・グリフィス、監督は美術監督をしていたダニー・ホラーだった。この映画も、貸出料で四百万ドル近くを稼いだ。リチャード・ラッシュが監督した『爆走！ ヘルズ・エンジェルス』'67は三百万ドル近くを稼ぎだした。あきらかにわたしたちは新分野を開拓し、新しいマーケットをつくりだした。

つぎのAIPの作品で、わたしはもう一度現代のアウトロー／アンチヒーローのテーマをとりあげたいと思った。前作ではピーター・フォンダがアウトローを効果的に演じてくれていた。商業的な成功の見こみも高かった。『ワイルド・エンジェル』のあと、わたしはジム・ニコルソンと話しあい、もうひとつの時の話題であったLSDのトリップをとりあげることに決めた。ときは一九六七年、主役には高度な知性と感性を持つ俳優、ピーター・フォンダを起用することにした。エンジェルズやバイクとおなじように、ドラッグ文化の話題も新聞や雑誌をにぎわしていた。LSD、グラス、ハシシ、スピード、ドラッグとヒッピー・ムーヴメント、ドロップアウト、波長をあわせる《トゥーン・イン》、フリー・ラヴ——こうしたもののすべてがヴェトナム戦争中に全米にひろがったアウトロー的な反体制意識にふくまれていた。大勢の「ストレート」な人たちがドロップアウトし、「自分自身の道をみつけた」。わたしはこうした話を、アシッドによる旅をとおして語ろうとした。

チャックが三カ月かかって書いた脚本は使いものにならなかった。スタートの時点から『トリップ』（『白昼の幻想』の原題）とタイトルが決まっていたこの映画を、どういうものにしたいのか、わたしには初めからわかっていた。ストーリーの展開よりも、印象を中心にした、あらゆる意味で自由な形のトリップを映像化したかった。ふつうのまじめな男が頭のなかで八時間から十時間の旅をし、そして帰還する。旅が終わるとき、映画も終わる。彼に何がおこったのか？　彼はどこへ行っていたのか？　旅のあと彼は生まれかわり、変身をとげて新たな人生をはじめる。

わたしはジャック・ニコルソンに話を持っていった。彼はそれまでにわたしが資金を提供した二本のウェスタン作品の脚本を書き、すぐれた書き手であることを証明していた。わたしはジャックに、主役はLAに住むバーンアウトしたテレビのコマーシャル・ディレクターで、わたしの身代わり、心理学用語でいえば「他我」ともいえる存在でなければならないと話した。映画監督では時代遅れだし、直接的すぎると考えたのだ。ジャックはよい脚本を書きあげた。金がかかる特殊効果が多用されている点が、少々問題ではあったが。

最初のチャックの脚本ができあがる前に、わたしは自分自身で特殊効果をテストした。すでにエンジェルズとはつきあった。良心的な監督として、今度はLSDのトリップにつきあうべきだと考えたのだ。チャックやジャックやピーターは全員、トリップの経験があった。あのころはみんな――ヒッピーや六〇年代のフラワー・チルドレンたち――がちょっと地下室や公園に行って、LSDをやる時代だった。

しかし、わたしはフロイトや精神分析学のときとおなじやり方でアシッドに接した。勉強をしたのだ。ティモシー・リアリーの本も読んだ。彼の考えでは、トリップは美しい場所で、知りあいといっしょにおこなうべきだった。わたしは友だちを何人か集め、北のビッグ・サーまで行くことにした。まずわたしの映画の美術監督で、ときどきデートをしていた若いシャロン・コンプトンを呼んだ。それからチャック・グリフィスも呼んだ。わたしの助手であり、ストーリー・エディターであるフランシス・ドールにも、いっしょにきて記録をとるよう頼んだ。またチベットの〈死者の書〉を読んで、わたしのトリップの下調べをしてくれとも頼んだ。ほかにも友だちが数人やってきた。わたしはヒップな人間たちとつきあっており、そのヒップなグループのなかでわたしはいちばんの堅物だった。わたしがLSDを試すときいて、みんなはロジャーが試すぐらいだから、だれでも体験できるのだ、安全でまったく問題がないのにちがいないと思った。わたしたち一行は車をつらねて北上し、ファイファー・ビッグ・サー州立公園のなかの、そばに滝があるセコイヤの森に着いた。何人かはビッグ・サー・インに泊まり、ほかの者たちは公園でキャンプをした。

わたしはアシッドをしみこませた角砂糖を食べたが、しばらくは何もおこらなかった。わたしは考えた。車で四百マイルもやってきて何もなしとは、とんだ時間のむだづかいだ。

た。『白昼の幻想』は、商業映画としてはLSDの効果を表現した初めての作品だったため、大きな論争を呼んだ。二、三年前、レーガン大統領が熱心にドラッグを非難するスピーチをしたことがある。そのとき《ニューヨーク・タイムズ》の記者が電話をかけてきて、わたしの感想を訊いた。「どうしてわたしに感想を?」わたしはそう尋ねた。「なぜなら」記者はいった。「あなたがドラッグ・ムーヴメントのスポークスマンだからですよ」「わたしは一度だけしかアシッドを経験していない。それでもドラッグ・ムーヴメントのスポークスマンになるのかね?」

★チャック・グリフィス

時間のむだだ、きかないアシッドで金をふんだくられた——そう文句をいうのをやめたとたん、ロジャーは腹ばいになり、他人のことはまったく気にしなくなって、ぼくが知っているなかでも最高のトリップをしました。模範といってよいほどのおだやかな得るところの多いトリップでした。アシッド・トリップのマニュアルがあるとしたら、こういうトリップをしろと書いてあるようなトリップです。一日目は、ぼくがロジャーの導師《グル》の役をしました——ロジャーがトリップするのを見守る役です。つぎの日はぼくの番でした。ぼくは十二時間、一片の樹の皮を見つめていました。木々のエネルギーの流れを感じ、森のなかで幻覚を見ました。そういう時代でした。

ロジャーはいいつづけました。「大地は女だ。地面は女で、わたしは女とやってるんだ」それからこうつづけました。「新しいタイプの芸術を発見したぞ。芸術家の脳を地面につないで、それをほかのみんなに伝える芸術だ」それから、空に浮かぶ宝石を積んだ金色の帆船です。すばらしいものでした。まるで映画です。

ロジャーは友だちのシャロン・コンプトンがそばにいるのを確認したがりました。安心感と現実とのつながりを持つためです。ところが彼女はそばの崖でフリーハンド・クライミングをしていました。おどろくべき人物ですよ!

「さあ、ロジャー」ぼくはいいました。「暗くなってきた。もう行く時間だ。公園がもうじきしまる」ロジャーは立ちあがって小便をしました。

「きみは嫉妬深い導師だ」彼は文句をいいました。「わたしをこの状態からつれだそうとしている。長いあいだいろいろな経験をした末にやっとここまできたのに、それなのにこれをとりあげようっていうのか?」

★ジャック・ニコルソン

ロジャーはぼくがアシッドを経験しているのを知っていた。そしてぼくもロジャーもアシッドのことを真剣に考えていた。ふたりとも一種の実地研究としてアシッドを経験していた。つまらないエクスプロイテーション映画の脚本なら書きたくない――ぼくはロジャーにそういったんだ。しかし、このときのロジャーはいつもより高い目標を持っていた。そのころのぼくの生活はロジャーに支えられていた。ウェスタン映画に出演しはしたが俳優の道をあきらめかけていて、ほかに仕事もなくいろいろなアルバイトをしていた。ロジャーはふつうのやり方では、ぼくぐらいの腕のあるライターを雇えないのを知っていた。ぼくはこの脚本を書くのがうれしかったし、意義のある映画をつくることによろこびを見出した。

脚本を最初に読んだ人間は――友人の俳優だったが――、読みおわると外へ歩いていって、うちのポーチから落ちた。主役はピーター・フォンダを念頭において書いた。ピーターと、『反逆を勧める者』'67でぼくと共演したダーンがバイク映画に出たことは知っていた。こちらの映画でダーンは導師《グル》の役をやったが、あの役はほんとうはぼくがやりたかった。しかしロジャーがぼくよりブルースを選ぶのはわかっていた。『ワイルド・エンジェル』や『マシンガン・シティ』でわかったんだ。映画は非常にマクルーハン的だった。現実が並列的にいくつも存在することを描いた映画だった。ぼくは大それたことは考えなかった。方針はただ、ものがどんなに早く動くかを見せること、それだった。映画の画面には材料がどっさり詰まっていて、一コマだけを見ても充分に楽しめた。

★ブルース・ダーン

『白昼の幻想』では、いらいらしたよ。なにしろ、ぼくの役はピーターにアシッドをあたえてトリップに導くんだが、ピーターは途中でパニックをおこして逃げだし、そのあとぼくはまったく画面に出てこないんだから。みんなは「アシッドではそういうことがよくおこる」といった。それでぼくはいったんだ。「そんなこと、知るもんか。ぼくはアシッドをやらないからね」こっちは俳優としていっしょうけんめいに役を演じるのに、それが突然、映画から消えてしまう。ぼくは全編に出たいと思ったよ。仕事をしたのはたった三日で、そのあとは消えてしまうというのに、それでも出演スターのひとりだった。

ロジャーは、この映画で映画づくりの格をあげていた。ジャックの脚本は、想像力豊かなものだった。ぼくは『反逆を勧める者』の映画づくりを手伝ったとき、ジャックが出演できるように尽力した。数年後、ジャックは『運転しろ、と彼はいった』(註7)'72に出演しないかと誘って、好意をかえしてくれたよ。

ブルースはオリンピック・チームに参加していた長距離ランナーで、堅物だった。ほかのみんなはカウンターカルチャーにどっぷりつかっていた。わたしは、ブルースの存在が映画にしっかりした感じを出してくれることを望んだ。映画のストーリーはむずかしいものではなかったが、当時、「ターン・オンしろ」とか「ドロップアウトしろ」といった社会的なプレッシャーが強力にかかるなかで、この話は大勢の「ストレートな」人たちが経験したことのひとつの典型だった。撮影がおこなわれたのは一九六七年の春で、ビートルズの《サージェント・ペパーズ・ロンリー・ハーツ・クラブ・バンド》が発売されようとしていた。サマー・オヴ・ラヴと呼ばれた夏が、間近に迫っていた。

映画の主人公はCMディレクターのポール・グローヴズ。彼はまもなく離婚することになっていて、自分の創造性の枯渇も感じている。友人でドラッグ伝導者のジョンはグローヴズにアシッドの助けをかりた自己探究のトリップをすすめる。そしてサンセット・ストリップにあるサイケデリックな人間たちのたまり場へつれていく。グローヴズはそこでデニス・ホッパー演じるヒッピーの高僧のマックスや、長身で金髪のフラワー・チャイルドのグレンと知りあう。グローヴズはジョンの部屋でアシッドをのみ、歓喜の体験をし、すばらしいエネルギーを感じ、それまで見たことのない濃密な色彩を見る。そしてトリップは突然、中世の時代に生きる自分を見るという悪夢に変わる。グローヴズは森のなかで追いかけられる。マックスとグレンがふたたびあらわれる。グローヴズは幻覚で自分の葬式を見る。彼はジョンの家から逃げだし、人でにぎわい、けばけばしい色の氾濫する夜のサンセット・ストリップに出る。外に出たあと、状態は悪化する。グローヴズはマックスをみつけ、マックスは彼をグレンのところへつれていく。夜が明けるころ、彼はトリップを終えて新しい人生をはじめる。

配役は、わたしがつくった映画のなかでも最高のものだった。ダーンは優秀だった。ある意味でわたしの身代わりでもあるグローヴズの役は、『ワイルド・エンジェル』のときよりもさらにピーターに似合っていた。いっしょに映画をつくろうとしているといってピーターが推薦したデニス（・ホッパー）は、マックス役でほかのだれにもできない演技をした。いかにもドラッグ的な雰囲気が漂うヒッピーの部屋のシーンは、すばらしく効果的だった。デニスはストーンした状態のマックスの預言者めいたとりとめもないおしゃべりを、みごとにこなした。わたしは、彼らに多少のアドリブを認めて演技をたのしませ、自分で考えたせりふをいわせた。床に輪になってすわったヒッピーたちが巻いたマリファナをまわしのみするとき、デニスはこんなせりふをいった。「とにかく、おれはぎんぎんになってて、どんどん吸ってたんだ。そこへおまわりがやってきた。それでいったんだ。『なあ、あんたもばかやってないで、こっちにつけよ。だってこれが真理だぜ』ってね」

車座になったみんなのまんなかでドリーを移動させ、ひとりずつマリファナを吸うところを撮ったため、この撮影は簡単ではなかった。ピーター・フォンダはいまでも、あれはほんもののグラスではなかったといっている。撮影がこみいっていたため、わたしはデニスのせりふをあまりよくきいていなかった。撮影が終わると、わたしはすぐにプリントにまわせといった。録音係がやってきていった。「デニスが記録をつくった。一回のせりふのなかで〝なあ《メン》〟ということばを三十六回も使ったよ」わたしはいった。「すばらしいじゃないか。プリントしてくれ、メン」

　街で三週間の撮影がおこなわれ、フラッシュバックの中世のシーンは北のビッグ・サーの近辺で撮影された。ピーターがサンセット・ストリップを歩くシーンはすごかった。当時サンセット・ストリップは、フラワー・チルドレン、ホームレス、疲れきった男たち、麻薬中毒者、うすぎたないヒッピー、観光バスなどで混沌としていた。わたしはデニス・ジェイコブといっしょに出かけて、ハンディ・カメラで撮影をした。デニスは動きをスムースにするため車椅子に乗っていた。それに軽量ライト《サン・ガン》をとりつけてピーターの顔に照明をあて、夜の人ごみのなかを移動したのだ。

★ピーター・フォンダ

みんなでビッグ・サーに行ったとき、だれかが「夕食の前にちょっといいことをしようよ」といった。「本気か？」ぼくはそう訊きかえした。一行は二十人ぐらいだったが、どういうわけか、最終日の夕食の前、みんながぼくの部屋に集まってきた。それでピンを使って「いいことを」したというわけだ。安全ピンをのばして、その先を、名前はいえないけどあるものの小さなかたまりに突きさす。その下にライターをあてて燃やし、炎を吹きけす。そして熱いスープをのむときのように唇をすぼめて煙を吸いこむ。それでみんなガーンときた。ネペンテの店は愉快だった。ロジャーもいた――ヒップな監督だからね。出演者もスタッフもいた。みんなメニューを読んで、まちがったものを注文して、涙を流して笑いころげた。

十五日間の撮影のあと、まだ足りない部分があり、だれか組合にはいっていない者に砂漠で撮影してきてもらう必要があった。わたしはデニス・ホッパーにピーターといっしょに行ってくれないかと頼んだ。そしてワイルド・カメラ――シンクロさせることができない、音の録音できないカメラだ――を渡した。ふたりは砂漠を歩くピーターのロング・ショットを撮ってもどってきた。わたしはそれをほかの中世シーンなどといっしょに編集で挿入した。

『白昼の幻想』のデニス・ホッパーとピーター・フォンダ。

『白昼の幻想』より。

★ピーター・フォンダ

デニスは仕事がなかったので、砂漠の撮影をとてもよろこんだ。ぼくとデニスはいっしょに脚本をふたつ書きあげていて、いつまでもこんなふうなのか、映画なんて永久につくれないんじゃないかと思っていた。デニスはいっしょに仕事をするのがとてもむずかしい人間で、だれも彼を雇いたがらなかった。そんなわけで、ぼくたちはユマで二、三日をすごしてビッグ・デューンに行き、そしてLAにもどった。デニスは、砂丘でぼくのうしろに滝を配したとても美しい画を撮った。滝の水がぼくの姿と重なるように落ちてきて、うしろで砕けて太陽の光をうけてきらきら光っていた。ぼくたちが撮ったのは、あの映画のなかでも最高といっていいショットだった。ロジャーはぼくたちが撮ってきたものを全部使った。

映画では〈ビーズ遊び《ビード・ゲーム》〉という名になっているクラブで撮影しているときのことだった。わたしはプレイボーイ・クラブから雇ったヌード・ダンサーの撮影をしていた。これもまた、わたしにとっては初めての経験だった。撮影の予定がだいぶおくれていた。店の主人はわたしたちを追い出したがっていた。店が開くのを待って客が列をつくっていた。わたしたちは店内での最後のヌード・ダンサーのシーンを撮っていたが、美術監督のレオン・

エリクソンはまだ店の入口のドアのペンキを塗っていた。店の表でのシーンには一回の撮影の時間しか残っていなかった。

わたしはピーターに店へのはいりかたを指示した。「ドアがまだぬれている。気をつけてくれ。ペンキが乾くのを待つ時間がないんだ。手でドアノブをまわして、そのままなかへはいれ。ドアで服をこするなよ」

「もう出てもらわないとこまります」店の主人が文句をいった。

「だいじょうぶ。あと一回で全部撮ってしまいます」

ピーターは歩道を歩いてくることになっていた。カメラは彼をドアのところまで追い、彼はドアをあけてなかにはいる。ドアのペンキが乾いていたなら、問題のない簡単な撮影だった。せりふのほうは無視した。時間のないときには撮影だけをすまし、音はあとで追加すればいい。リハーサルの時間はなかった。レオンはまだ刷毛を持ってかがみこみ、狂ったようにペンキを塗っていた。カメラがまわりだしたあと、わたしはピーターとレオンにこんなふうに指示をあたえた。

「そうだ、ピーター、そこを歩いていけ。傾斜をのぼって、ドアまで行け。そう、そうだ、いいぞ、そのまま前へ進め。ピーター、カメラがきみを追っているぞ。ドアのそばへ行け。**さあ、レオン！　刷毛を持ってフレームの外へ出ろ！**　ありがとう、レオン、そうだ、ピーター、ドアをあけてまっすぐなかにはいって、そうだ！　カットだ。プリントしてくれ」レオンはカメラがドアを写す直前に、フレームの外へ逃げた。一瞬のすばやい動きだった。これはわたしがただ一度だけ、ペンキ塗りをしている人間に立ち位置を指示した映画だった。実際よりもっと金と手間がかかっているように映画を見せたいなら、こういうこともしなくてはならないというショットだった。

ヌード・ダンサーのシーンはおもしろかった。このシーンの撮影で、プレイボーイ・クラブのダンサーのからだにサイケデリックな絵を描くときには、大勢の男たちが志願してきた。ダンスの場面では、若い俳優が大勢やってきて無報酬でエキストラをかってでた。

光の効果をつけくわえるため、わたしは撮影監督のアーチ・ドルゼルにトリック・レンズを探すよう命じた。彼は、長いあいだ使われていないカメラの倉庫から昔の特殊効果レンズを探しだした。プリズムによる多重効果を使ったレンズだった。レンズをまわせば、ひとりのヌード・ダンサーが八人になり、八人が円を描いてまわる。また色水を揺らして模様をつくる技術を持つ人間も雇い入れた。アシッド・トリップで見るものに似た映像をつくりだそうと、わたしたちは考えつくあらゆる効果を試した。

俳優たちのなかには現場でグラスを吸う者がいた。ダンサーや店の客のエキストラのなかには、ストーン状態の者もいた。それが彼らに強いエネルギーを与えていた。ダンサーたちはすばらしいからだをしていて、動きもよかった。わたしは当時のいわゆる「ムーヴメント」を支持していた。おそらく七十五パーセントぐらい支持していた。ピーターやデニスは百パーセント、ムーヴメントにかかわっていた。これは、彼らの考えによれば、水瓶座の時代の幕開けだった。彼らはそう信じて疑わなかった。わたしのほうは、おそらくなんらかの新しい時代がはじまるだろうといういいかたをした。

★ポール・ラップ

トップレス・ダンスのシーンでは、アーコフがやってきて奥のテーブルにすわっていました。わたしは亜硝酸アミルを何箱も買いいれました。当時はどこの店でもカウンターごしに買うことができたんです。あのシーンにはエキストラが大勢出ていて、彼らのエネルギーを高揚させておく必要がありました。エキストラたちは、こっちがリハーサルをしているときに、撮影をしていると思ってしまうんです。わたしはリハーサルのときにフィルムを入れたカメラをまわすなどという無駄はしません。それで撮影の準備が整ったときに、薬《ポッパー》を配って彼らの気分をあおって高揚させるんです。わたしのガールフレンドも胸を出して踊っていました。わたしは警察のヘルメットを彼女にかぶせてやりました。フランキーという女でした。

もうひとつの裸に関係のあるシーンでは、こちらが心配するまでもなくピーターのエネルギーは充分高揚していた。それは一夜のトリップの最後にある、サリー・サクス演じるグレンとグローヴズの寝室の場面だった。

★ピーター・フォンダ

ぼくがこういったとき、サリーはひどく動揺した。「わかってほしいんだが、このシーンではぼくは何も身につけていたくない」場所はマリブの水辺にある家だった。サリーはとても緊張していた。だから、気持ちを落ちつけるバイオフィードバックの方法を教えようとした。「ぼくの演じる人物と、きみが演じるグレンはとても親密な関係にあるんだ。それをわかってくれ。きみはぼくの上で裸になり、そしてぼくのからだの下に行く。心配することはない」

ベッドはツイン・ベッドを両側からあわせたもので、すぐに滑ってあいだに溝ができた。それでぼくたちふたりが落ちないようにするため、手のあいている連中が両側から体重をかけてベッドをおさえていた。ロジャーはこのシーンを真上から撮影していた。彼はこのシーンのあいだにベッドのまわりで三十回ぐらいカメラの位置を変えていた。ぼくたちは演技をつづけた。彼女が上になっているとき、ロジャーがいった。「きみが彼女のからだに手をすべらすところを撮りたい」
　ぼくは手を彼女の背中からあばら骨にまわし、乳房にふれようとした。ぼくの息子が目をさまして「ねえ、みんな、ぼくも映画に出たいよ！」と自己主張をはじめたのは、そのときだった。彼はずっとそのままの状態だった。カメラのまん前でだよ。おかしかった。サリーは脚をとじて、それがカメラに写らないようにした。上を見ると、ロジャーは撮影をつづけていた。

　この映画をつくっているあいだＡＩＰは口をはさまず、わたしに自由にやらせた。しかしあとになって、ドラッグへの関心が高まっている状況のなかで、この映画がＬＳＤ推奨映画と解釈されるおそれがあると心配しはじめた。そして映画が完成したあと、変更をくわえた。『ワイルド・エンジェル』の前まで、ＡＩＰは絶対にそういうことをしなかった。わたしは『白昼の幻想』のゼロ号プリントをつくったあと、それを彼らに渡し、別の映画の撮影のためヨーロッパへ旅立った。もどってきたとき、彼らが問題ありと考えた部分に新たな編集がおこなわれたのがわかった。また、彼らは映画の初めに警告をつけくわえていた。それには、この映画は「ショッキングなコメント」であり、「精神を歪曲する薬物」には命を奪う危険があること、製作者はドラッグの問題を遺憾に思う者であることが書かれていた。

精神が歪曲しているのは、わたしに知らせずに映画のラスト・シーンを変更したAIPのほうだった。グレンと一夜をすごしたあと、グローヴズは目をさまして砂浜まで歩き、サンタ・モニカ湾をながめる。彼のトリップは終わった。彼は生まれかわった。ドラッグはよいものかわるいものか、わたしはエンディングであえてそれを結論しなかった。ピーターが家のなかからデッキへ出るところをワン・ショットで撮ったこの場面は、ドリーの複雑な動きを組みあわせた手間のかかったものだった。

AIPはドリーで撮った部分をすべて削除してから、画面を静止させ、そこにぎざぎざの線をいれて、映像をふたつに切りさいた。まるで彼の人生がドラッグでうちくだかれたかのように。ジャック、ブルース、ピーター、デニス——みんながわたしといっしょに反対した。それは間違ったメッセージだった。おまけに映画手法の点から見ても、かなりうまく撮影できた美しい画面が損なわれていた。わたしは人にはいわなかったが、ひびのはいった画面の意味を正確に読みとる人間などいないと思った。

大手映画会社の仕事に窮屈さと不満を感じて、わたしはAIPにもどってきた。しかし、わたしとAIPのあいだもぎくしゃくしはじめた。映画を台無しにしたのは、リベラルなアーコフではなく、ジム・ニコルソンのようだった。ジムは時がたつにつれてますます保守的になり、わたしの映画づくりのほうはますます破天荒に、政治的にはますます急進的になっていった。『ワイルド・エンジェル』のあと、その対立がパターン化した。

AIPは『ワイルド・エンジェル』にも、まったく無意味な編集をほどこした。狂乱のパーティ・シーンの前に挿入された教会の外観ショットを削除し、そこが葬儀社であるのを示す看板を画面に挿入したのだ。映画のショットは台無しになった。わたしは、ヘルズ・エンジェルズをとくに支持したわけではなく、彼らを美化することもなかった。アシッドについても、擁護も推奨もするつもりがなかった。ただ感情をこめずに、ドキュメンタリーのようなやり方で映画をつくった。しかし、ジムはわたしが映画にこめた主張を間違ってうけとった。そしてそれに反発した。

わたしが映画にこめたのは、アシッドについての直接的な主張ではなかった。たとえアシッドがわるいものだとしても、ポール・グローヴズはそれを摂取することにより自分自身を知った。実際、わたしの場合もそうだった。すくなくとも新しい経験にむかって心を開くことは、のぞましいことだ。『ワイルド・エンジェル』と『白昼の幻想』は、既成の価値に挑戦する新しいライフスタイルを描いているだけだった。

あきらかに、わたしはこうしたメッセージを支持していた。大衆もそうだった。『白昼の幻想』は貸出料で六百万ドル以上を稼いだ。製作費の合計が七十万ドルでしかないアウトローのバイク乗りとサイケデリック・ドラッグの二本の映画は、あわせて千六百万ドルの貸出料を稼いだのだ。あきらかに、わたしたちは意義のあることをしていた。そして『ワイルド・エンジェル』がヴェネチアで上映されたように、『白昼の幻想』はカンヌ映画祭で上映され、会場から観客があふれた。

ピーター・フォンダとデニス・ホッパーが、バイクとドラッグを結びつけ、アメリカ横断の旅を描く映画をつくりたいといってきたとき、わたしはもちろん耳をかたむけた。

12　章

社会のアウトローやドロップアウトたちの映画で成功をおさめたあと、一九六〇年代の後半にわたしはちがう種類のアウトローやドロップアウトたちの映画を二本つくった。ひとつは大恐慌時代の女ギャングの映画で、もうひとつはユートピアを求めてさまようヒッピーたちの映画だった。二作とも、『ワイルド・エンジェル』や『白昼の幻想』の成功に大きな影響のあったのとおなじ、カウンターカルチャー的な反抗の精神と疎外感をとりあげたものだった。

この二作品――『血まみれギャングママ』'70（日本ではテレビ放映）と『ガス！』'70――を撮りおえたあと、わたしは監督業を休みたくなった。とても疲れていたし、何よりも大きな理由はこれらの作品が公開されたときのＡＩＰのやり方に腹をたてたからだった。わたしは大手映画会社の仕事に失望してＡＩＰにもどってきた。しかし今度はＡＩＰが問題になってきた。わたしは休む必要があると考えた。

映画の監督や製作のため、わたしはほとんどたえまなく旅をしていた。身のまわり品はスーツケースにおさまるだけしかなく、依然としてひとり身だった。作品から、人はわたしを政治の急進派や先端的な社会現象と結びつけて考えたが、実際のわたしは四十をこえており、とうてい若者のような暮らしをすることはできなかった。生活や仕事のやり方を大幅に変えるべきときだった。

ＡＩＰとの関係は悪化し、わたしは自分の作品だけでなく、あえて自分では関係しないことにした作品『イージー・ライダー』'69のあつかいについても不満を感じた。ピーターとデニス・ホッパーは、『ワイルド・エンジェル』と『白昼の幻想』の主要なイメージを融合した映画をつくることを考えていた。精神を変革するドラッグに力を得て、ふたりのドロップアウトのヒッピーがチョッパーに乗ってアメリカ再発見の旅をする話だ。恰好のコーマン映画に思えた。わたしはふたりの成功を確信した。

「デニスとぼくが脚本を書いて出演するとしたら、プロデュースしてもらえるだろうか？」ピーターはそういってきた。わたしはためらわずに「よろこんで」と答えた。わたしは企画を進め、ＡＩＰのサムに話した。ＡＩＰは準備をはじめた。わたしは、ホッパー、フォンダ、ブルース・ダーンと『白昼の幻想』とおなじ出演者を考えていた。ブルースは堅物の弁護士の役だった。

やがてジャック・ニコルソンとピーターのあいだにひとつ約束があるのがわかった。ジャックがコロムビアからの資金調達の話をまとめることに成功した場合は、ジャックがブルースの役をもらえるという約束だった。ジャックはそれまでもボブ・ラフェルソン(註1)やバート・シュナイダーといくつかの企画を進めていた。この二年後にジャックの『ファイブ・イージー・ピーセス』'70を監督したラフェルソンは、ホッパーやフォンダの友人だった。またシュナイダーの父親はコロムビアの重役だった。ふたりはモンキーズのテレビ・シリーズで成功をおさめ、コロムビアで発言権を持っていた。というわけで、契約をまとめた場合のジャックの報酬は堅物の弁護士の役ということになっていた。

　デニスとピーターはわたしの家へ来て、新しくつくる映画について話をした。ピーターが『ワイルド・エンジェル』の総合計算書を見せてくれというので、わたしはそれを彼に渡した。三十六万ドルの製作費の内訳が書いてある表だった。わたしたちは映画の企画を進めることに決めたが、三人でサムのオフィスへ行ったときに問題が生じた。サムはデニスの監督に反対を唱えた。わたしはほかにとりかかっている仕事があり、監督をひきうけたくなかった。そして『白昼の幻想』の第二班としてよい仕事をしたデニスを推した。

　サムはしぶしぶ了承したが、あとになって契約に、撮影が三日以上遅れた場合にデニスを解雇し、そのあとはすべてＡＩＰがコントロールする権利を持つという条項をいれることを要求した。わたしはデニスとピーターを家に呼んで、このことをしらせた。ふたりはひどく腹をたてた。ピーターはこういった。「そんなことは絶対に許せないよ。デニスは脚本家で、しかも共演者だ。彼にはものの形と実質を見る独特のすぐれた視点があるし、映画の美術や構図を理解しているんだ。ほんとうにいいショットを撮らなければ、この映画はただの旅の記録になってしまう。そんな契約じゃやれない」

ふたりが企画をAIPからひきあげたので、ジャックにチャンスがまわってきた。コロムビアとの話を成立させたなら、ブルースにかわって弁護士を演じることができるのだ。最初の監督作品『運転しろ、と彼はいった』をつくったとき、ジャックがまず声をかけた共演者はブルースだった。ジャックはそういうやつだった。

★ピーター・フォンダ

『イージー・ライダー』の話をどこに持っていこうか考えている一方で、デニスとぼくは〈女王〉というストーリーを映画にしようとしていた。マクジョージ・バンディ、LBJ、ディーン・ラスク、それにロバート・マクナマラといった連中が肩もあらわな白いビーズ刺繍のドレスを着て、ひとつテーブルをかこみ、手づかみでロブスターを食べながら、ジャック・ケネディの暗殺を謀議するという話だった。ボビーの事件がおこる直前のことだった。ぼくたちはこの映画を四日間の撮影、六万ドルの製作費で撮る計画をたてていた。その金をラフェルソンに出させようとしていた。彼はそれだけの金を持っていたんだ。ジャック・ニコルソンもその場にいた。全員が友人同士だったからね。そこへ背の高い男がはいってきて、それがバート・シュナイダーだった。バートはぼくたちの話をきき、ぼくの横の椅子にすわっていった。「その映画にどれだけの金がいるんだ？」

「六万ドル。安いもんだ。損はしない」

そのとき、場の雰囲気をやわらげたかったのか、ただ話題を変えたかったのか、ラフェルソンが口を出した。「ピーター、あのバイク映画のほうはどんな具合だ？」

ぼくはＡＩＰともめていることを話しはじめた。バートが興味をひかれた顔をし、ボブが説明した。「一生お目にかかれないぐらいすごいストーリーだよ。それに、商業的にも見こみがある」

「それで」バートはいった。「その映画にはいくらかかる？」

「脚本が完成していないので、まだ総合計算書をつくっていない」ぼくはいった。「でも、そうだな、三十六万ドルぐらいだろう。組合のトラックは使わないし、大工もいらない。ナンシー・シナトラにギャラを払う必要もないしね」ほんとうのところ、そこまで考えたこともなかった。

「きょうの二時にわたしのオフィスへ来てくれ」バートはそういい、デニスとぼくは映画を見にいった。

ロジャーと『イージー・ライダー』のあいだにはあきらかにつながりがある。よし、ロジャーならこれをどうやるだろうか？——ぼくはいつもそう考えていた。ロジャーは、彼自身は意識していないが教師だった。チャンスをあたえられたら、どれだけのことをやってのけるか、それを実例で身をもって教えた。いつも冷静沈着だった。『イージー・ライダー』の撮影中、デニスが冷静沈着でいたことはなかった。雷管をヒットしてから弾が発射されるまでの状態をハングファイアという。『イージー・ライダー』はデニスとぼくにとって、芸術的な意味でのすばらしいハングファイアだった。困難に直面しても冷静でいるロジャーを見ていなかったら、きっとぼくは撮影中に冷静でいることができなかっただろう。

わたしは『イージー・ライダー』はよい企画で、かならず成功するだろうと思った。しかし、あれほどの大成功までは予測しなかった。あの映画の製作費は、三十万ドルと四十万ドルのあいだだった。ＡＩＰが後援しているときは、わたしはぜひプロデュースをしたいと思った。ＡＩＰが手をひいたあとは、それだけ多額の金を自分ひとりで出す気にはなれなかった。それまでわたしが資金を出した映画の製作費は、すべて十万ドル以下だった。もちろん、わたしは後悔した。しかしハリウッドではいつでもこんなふうに勝負がきまるのだ。

★ジャック・ニコルソン

この映画は絶対にものすごい額の金を稼ぐと思う——バートとボブにそう話したとき、相手をだましているような気はしなかった。そしてそれがほんとうになったときには、昔からつづいていたロジャーとの論争に勝ったと感じた。あの映画の所有権を持っていたなら、ロジャーは二千六百万ドルを手にいれていたんだ。二千六百万ドルをもうけるには大勢の人に金を払わなければならない。そうだろう？　つまり、映画をいかに安くつくるかに意味があるというロジャーの説が間違っているのが証明されたんだよ。

わたしは一九六九年の春に、ＡＩＰでもう一本の映画をつくることになっていたが、特別のアイデアがなかった。アイデアがタネ切れになりはじめていた。ＡＩＰは検討用に脚本を六つ送付してきた。ほとんどがひどい出来で、映画にはできなかった。しかしロバート・ソム(註2)が書いた『血まみれギャングママ』はかなりよくできていた。わたしは別のライターを雇って、ストーリーに磨きをかけた。話の舞台は大恐慌時代の南部の農村地帯だった。ストーリーはレイプ、近親相姦、誘拐、ドラッグ中毒、殺人など暴力と悪徳のかぎりをつくした悪名高いケイト・〝マー〟・バーカーと彼女の四人の息子の実話をもとにしていた。マー・バーカーと四人の狂った息子たちは最後にフロリダで射殺された。この話にくらべると、『ワイルド・エンジェル』や『白昼の幻想』の暴力や悪行はたあいないものに思えた。

ジム・ニコルソンとわたしは話しあいをし、マー・バーカー役を完璧にこなせる女性はシェリー・ウィンタース(註3)しかいないと結論した。映画は、独特の皮肉なユーモアと一九三〇年代アメリカの農村風景を基調にした荒々しいギャング映画だった。シェリーが役をひきうけてくれたあと、わたしは彼女に手伝ってもらって配役を決めた。そんな仕事のやり方をしたのは、このときだけだ。そしてのちに、わたしと彼女は自分たちの配役の手腕を誇りに思うことになる。マーの四人の息子には、ロバート・デ・ニーロ(註4)、ドン・ストラウド、ロバート・ウォルデン、クリント・キンブローが決まった。彼らの仲間にくわわる前科者の青年にはブルース・ダーンを起用した。パット・ヒングルは誘拐の被害者を演じた。ダイアン・ヴァーシはストラウドの恋人の売春婦を好演した。シェリーはニューヨークの劇場に出ている役者やアクターズ・スタジオ出身の俳優に詳しかった。そしてわたしに、一九六八年ごろにブライアン・デ・パルマ[註5]が撮った低予算のアンダーグラウンド映画を見せ、デ・ニーロの演技のうまさを教えた。デ・ニーロはまだ大きな役を演じたことはなかったが、それを見れば充分だった。『血まみれギャングママ』はまた、才能ある撮影監督ジョン・アロンゾ[註6]の最初の作品でもあった。

　わたしはロケ地探しの旅行をし、アーカンソー州オザークスとリトル・ロック近辺に場所を決めた。四週間の撮影は、わたしの作品中、もっとも順調で、そしてもっとも成果の多いものとなった。出演者たちのあいだには強い連帯感があり、おかげでどの場面でもすばらしい演技をひきだすことができた。シェリーは、すばらしいの一言につきた。多少気むずかしいところがなかったわけではない。わたしはボビー・ウォルデンにこういったことがある。「シェリーとはあまりうまくやれないようだ」するとボビーはいった。「ぼくはシェリーをとてもよく知っているが、彼女が監督とこんなにうまくいっているのを見るのは初めてですよ。ふたりはとてもうまく協力している」シェリーはわたしのことをからかっていたのかもしれない。

　シェリーは、それまでわたしがいっしょに仕事をした女優たちとはまったく違っていた。彼女は重要なシーンの前には、カメラがまわりだす直前まで、好きなオペラのアリア――多くの場合は女声だった――を大音量できくのを好んだ。彼女はスタニスラフスキー・システムの信奉者で、アリアは集中力を高めるのだった。助監督が「カメラ、スタート！」とさけぶと、彼女はレコードを止め、演技にはいる準備をすっかり整えて登場する。

デ・ニーロが演じる接着剤中毒者、ロイドが死んで湖のそばの簡単な墓に埋められるシーンがあった。早朝にドン・ストラウドとボビー・ウォルデンのふたりのシーンの撮影があり、そのあとシェリーが出る墓のシーンを撮ることになっていた。わたしはふたりのシーンをすませ、シェリーのシーンを撮ることになっていた。午前中のあいだ、シェリーの所在は不明だった。ふいに丘の上から湖へ向かって、彼女が大声でさけびながら駆けおりてきた。

「だめ、だめよ、何をしたの？　お墓なんかだめよ。あの子は死んでなんかいない。どうしてお墓を掘ったりするのよ？」

「シェリー、これは撮影だよ。何をいってるんだ？」彼女はまったくの別世界にいた。おなじアクターズ・スタジオで訓練をうけたウォルデンがいった。「シェリーはこのシーンのためにほとんど寝ていないんだ」彼は説明をつづけた。「街の葬儀社に電話をして、特別に店を開けてもらったんだよ。そこで、ひと晩じゅう、きょうの朝もずっと、おいてあった柩をみつめてすわっていた。すっかりこのシーンにはいりこんでいるんだ。だから、このままつづけたほうがいい」

『ガス！』のロバート・コーフとイレイン・ギフトス。

『血まみれギャングママ』のシェリー・ウィンタース（中央）とロバート・デ・ニーロ（右端）。

★シェリー・ウィンタース

あのお葬式の場面はほんとうにやりがいがあった。わたしは葬儀社で長いあいだすわっていたけど、柩のなかの人は知らない人だったから、なんとか悲しみをわたし自身のものとしなくてはならなかった。あれは一九六九年だったかしら？　まだヴェトナム戦争がつづいていたでしょう？　わたしはあまりテレビは好きじゃないの。それでテレビで戦争を見たとき、映画だと思ったの。でも、それはヴェトナムからの中継だった。人が倒れて、顔が吹きとばされたのよ。ショックだった。それで、それを使ったの。

デ・ニーロは、わたしがいっしょに仕事をしたなかでも最高に熱心な役者でしょうね。自分の出番には、こまかいところまで準備をととのえて、感情をもりあげてやってくるのよ。オザークスにもみんなより早く乗りこんで、街をぶらついて人々の話をきいて、アクセントをマスターしてた。わたしたちは地元の人を雇ってアクセントを習っていたのだけれど、ボビー（デ・ニーロ）は生まれも育ちもニューヨークなのに、すぐにその人を手伝うようになったわ。

ロイドの役づくりのために、彼は『レイジング・ブル』'80のジェイク・ラモッタ役や『アンタッチャブル』'87のアル・カポネ役のときと反対のことをしたわ。食べるのをやめて、中毒が進むのにあわせて体重を減らしたのよ。撮影はだいたいストーリーの進行どおりに進んでいたから。ボビーはヴィタミンと水とフルーツ・ジュースをほんのちょっと口にいれるだけだった。それで三十ポンド近く体重を落として、ジャンキーのやつれた病的な感じをだしたのよ。彼はアメリカのどの俳優よりも演技に自分をささげている人物よ。

デ・ニーロはどんなことでもやってみようとした。ロイドが舗装していない険しい山道を、一九二〇年代当時の車で下るシーンがあった。いっしょにマーが乗っていて、追いかけてくる相手を窓からショットガンで撃つシーンだ。わたしは車のフェンダーの片側に消防士用のベルトで自分のからだをくりつけ、ジョニー・アロンゾも反対側の位置でおなじようにした。ジョニーのカメラもおなじように車にくりつけた。みんな、ふだんより緊張していた。そしてデ・ニーロがハンドルのうしろにすわり、車が動きだすと同時にカメラがまわりだした。

デ・ニーロはその車――モデルAか何かだった――が出せるいっぱいのスピードで坂を下った。エンジンをうならせ、狂ったような運転をした。わたしたちは何度かシーンをくりかえし、すばらしいショットが撮れた。全員が夢中になっていた。

最後から二番目のテイクのあと、シェリーがボビーのところへ行っていった。「すごく運転がうまいわね。ほんとうに目茶苦茶な運転してる人みたいだったわ」

「ほんとうに目茶苦茶に運転してたんだ」ボビーはニヤリとしていった。「運転のしかたを知らないんだ。大都市育ちだからね。免許も持っていない」彼は、わたしたちがスタント・マンを用意するのがいやで、それをいわなかったのだった。もし何かがおこっていたなら――ガタガタいいながら坂をおりる車が谷へ転落したなら――ジョニーもわたしも死んでいただろう。しかし映画をつくっている最中には、それに夢中でまさかの事態など考えないものだ。監督はときに、自分が全能である、すくなくとも無敵であると信じなければならない。

★ジョン・アロンゾ

わたしが《ナショナル・ジオグラフィック》やジャック＝イヴ・クストーのドキュメンタリーを撮っているとき、友だちのビル（ウィリアム）・アッシャーがロジャーの製作する映画の監督を務めることになりました。ビルはわたしにその作品の撮影監督になってくれといってきましたが、結局その映画は中止になりました。こちらは知りませんでしたが、ロジャーはわたしに借りがあると感じていたのか、映画を撮らせてもいいと考えたのか、『血まみれギャングママ』の仕事の機会をくれました。彼は自分の直感を信じたんです。わたしはとてもうれしく思いました。

ロジャーはいつも感情を表にださず、口さきだけで「きみはすばらしい、なにもかもすごい」などと騒ぎたてたりはしませんでした。わたしはロジャーによくしてもらい、『血まみれギャングママ』のあとは五十本近い作品を撮影しました。撮影監督というのは、楽な仕事だと思っていました。ロジャーには威圧的なところがなくて、ただレンズをのぞいて「これでいい」というだけだったんです。

あの映画では強烈な個性の出演者がそろっていました。シェリーが長男役のストラウドに腹をたて、彼をなぐる場面がありました。シェリーはそこでほんとうにストラウドをなぐり、ストラウドも反射的になぐりかえしました。シェリーはぶったおれました。わたしはロジャーのほうを見ました。彼は首をふりながら大笑いしてました。

シェリーが悲鳴をあげながら、神に対する怒りのあまり、空中に発砲するという重要な葬式の場面を撮るときのことでした。横のほうにシェリーが銃を持って立っていて、オペラをききながら感情を高めて泣いていました。ロジャーのほうを見ると、彼はにこやかに笑っていました。そしておだやかにいいました。「きみの準備ができたら、撮影にはいろう」

ロジャーはわたしにこういいました。「ハンディ・カメラを使え。単純なショットだ。シェリーを墓まで追っていき、銃を空に向かって撃つところで、かならず銃を大きくとらえろ」わたしは考えました。どうやればシェリーが確実にいくつかの立ち位置に立ってくれるだろう？　そうしなければ、彼女に焦点をあわせることができません。それでシェリーのところへいって話しはじめました。「すみませんが――」「話しかけないで」彼女はいいました。「準備をしてるのよ。いまは話なんかできないわ」「ですが」わたしはしつこくいいました。「あなたを追いかけるんです。顔と銃が撮れるように、打ちあわせどおりの立ち位置を守ってくれることを確認したいんです」「立ち位置なんか守れないわ。いまは準備をしてるの」

そのあいだ、ボビーはカメラの外の、地面の穴のなかで横たわっていました。そしてカメラがまわりはじめました。シェリーは、どういうわけか、すべての立ち位置を完璧に守った動きをしました。どうやればいいかを正確に把握していたんです――ほんもののプロの女優です。

★シェリー・ウィンタース

ロジャーは、スタニスラフスキー・システムにしたがって演技する俳優の繊細なメカニズムを理解していたわ。それにいろいろなタイプの俳優や脚本家やプロデューサーや監督を使ってみる勇気を持っていたけど、大きな映画をつくることには自信がなかった。それでも映画づくりのすべてを上手にコントロールしていたのよ。彼は頭のなかに画コンテを持っているの。わたしが仕事をした監督のなかには、どうしていいかわからなくて決断できず、そのために撮影現場を民主主義の実践地に変えてしまう人もいたわ。

ロジャーはすぐれた監督がやるべきことをすべてやってのけた。リハーサルをかなりていねいにやって、そのあとすぐに本番に移ったわ。そうすれば、意識して計画をたてたりはできないから、演技に自然な感じが出るの。それから、監督は時計を見ているところを絶対に俳優に見られてはいけないわ。「もっと早くやらなくてはいけないんだ。監督は退屈している」という具合に俳優が気を散らせてしまうからよ。ロジャーは決して時計を見なかった。わたしたちはいつもロジャーがいることを意識していなかった。彼が早撮りなのは知っていたけど、プレッシャーは感じなかった。たしかに撮影と撮影のあいだはあわただしかった。でもロジャーは、カメラの前だけでなく、カメラの後ろでおきていることもたいせつなんだってことを直感的に知っていたのね。そこで生まれる雰囲気はスクリーンやステージにあらわれるのよ。ロジャーはなごやかな連帯感のようなものをつくりあげていたわ。

ボビーが接着剤を吸って泣きだしたあと、わたしが壜を投げつけるシーンがあったの。

つくりものの壜をね。ボビーはストーリーなんて忘れてしまうくらい、ジャンキーの演技にのめりこんでた。水とフルーツ・ジュースをのむだけで何も食べないから、からだにはかさぶたができてたわ。わたしはあの子が心配だといったけど、ロジャーは「心配いらない。彼は役者だ。好きなようにさせてやれ」といったわ。

だけどあのシーンでは、ボビーはきちんと演技をしているようには見えなかった。ほんとうの感情を表現していなかった。だから接着剤を吸って泣き声をあげなくてはいけないのに、できないのよ——そうするつもりがなかったのかもしれない。ロジャーは予定を遅らせないために脚本のページを破って捨てることで有名な監督よ。あいだのページを飛ばしてもいいようにエンディングを先に撮るという話も伝わっていたわ。

だから七回目ぐらいのテイクのとき、わたしはほんものの酒壜をつかんで、そしてロジャーのほうを見たの。ロジャーはわたしが何をするつもりかわかっていた。カメラがまわりはじめ、ボビーは隅にうずくまってたわ。そしてわたしは彼に重いほんものの壜を投げたの。ボビーは頭を手でかばってよけてから、ひどくびっくりして泣き声をあげたわ。シエリー・ウィンタースが——マー・バーカーじゃなくてね——自分にそんなことをしたのにおどろいたのよ。

『血まみれギャングママ』ではロジャーは一シーンも省かずに撮影したけど、わたしたちはあと三日、時間をくれと必死に頼んだわ。あと十万ドルあれば、あの映画は『俺たちに明日はない』'67に負けない作品になってたと思う。

『血まみれギャングママ』はいまでもわたしの好きな作品のひとつだが、アメリカではたいしたことのない映画としてうけとられ、評論家たちに無視された。しかしヨーロッパでは評判がよく、きちんとしたあつかいをうけた。ただし興行的には『ワイルド・エンジェル』や『白昼の幻想』のようには成功しなかった。この二作品は一九六〇年代の若者文化を多くとりいれ、主役も若者だった。『血まみれギャングママ』のほうはシェリーが演じる主役は中年だったし、現代をあつかっていなかった。

この映画は家族、血縁、一族の力を描いた作品だった。歴史的な観点でいえば、国の起源をたどると家族に到達する。映画は、合理性の通用しない家族の世界をあつかっていた。一族が拡大家族となり、部族となり、やがて国家が誕生する。つまり、この映画は、もっとも重要な、ただひとつ重要な絆が家族であった文明以前の時代にもどるものだった。『血まみれギャング・ママ』はその後も海外で、あるいはビデオ作品として健闘した。また数年後、わたしの会社は『血まみれギャングママ』を発展させ、もっと若くて美しい主役、アンジー・ディキンソンを使って『ビッグ・バッド・ママ』'74や『ビッグ・バッド・

ママ2』'87を製作した。アンジーがふたりの娘をひきいて犯罪を犯すこの映画は、レンタル・ビデオの大人気商品となった。

『血まみれギャングママ』はかなり暴力的な作品だった。わたしたち人間は暴力的な動物だ。暴力的でなければ、いまごろは鋭い牙をした虎が地球の支配者となって悠々と散歩していただろう。しかし人間たちは彼らを殺した。一九七〇年代なかばにつくられたニュー・ワールドの作品『デス・レース2000年』'75でも、わたしはこれにふれている。絶滅せずに生きのびるため、人類は自分より大きくて強くて敏捷な肉食動物がすむジャングルや森のなかで、暴力的にならざるをえなかった。暴力は絶対的に必要なものだった。皮肉なことに、そして悲劇的なことに、もはや暴力の必要はなくなった。それどころか、かつてはわたしたちの存続を可能にした暴力が、わたしたちを破滅させるおそれもある。原子爆弾がよい例だ。生物兵器もある。どちらにしても、わたしたちは自分の手で自分を絶滅させてしまうことができる。

あきらかにヴェトナム戦争がエスカレートしたころの反戦運動の中心には、こうしたテーマ、こうした将来への予見があった。『血まみれギャングママ』のあと、わたしは『ガス!……世界を救うには世界を破滅させるしかないのかもしれない』というタイトルの、若者志向で冒瀆的ともいえる映画をつくった。わたしはこの映画を『博士の異常な愛情』'63のような政治的な批判をふくんだ予言的作品にしようとした。映画のアイデアはおもにジム・ニコルソンが考えたもので、三十歳以上の者を信用するなという一九六〇年代のスローガンにヒントを得ていた。映画のなかで、三十歳以上の人間がいない世界を描いてみようとしたのだ。アラスカの軍隊が研究開発していたガスが大気中に漏れだし、年齢にあたえる影響のせいで三十歳以上の人間が死に絶えるという設定だった。わたしはこれを暗いコメディに仕上げたかった。ジョージ・アーミテイジという若い脚本家といっしょに脚本を練り、社会に見られる現象をユーモアをとおして検証しようとした。問題がひとつあった。すでに一九六九年の秋がはじまっていたが、わたしはつぎの年の春から夏にかけて、ユナイテッド・アーティスツの映画『レッド・バロン』'71を撮影するためにアイルランドへ行くことになっていた。しかたなく、脚本が完成しないうちに、わたしは『ガス！』の撮影をはじめた。

『ガス！』でもまた、『ワイルド・エンジェル』や『血まみれギャングママ』のときとおなじように、ロケ地からロケ地へとわたり歩くことになった。テキサスの男女が毒性のガスから逃れ、ユートピアの生活をもとめてニューメキシコのコミューンに向かう。旅の途中、ふたりはビリー・ザ・キッドと名のる男に会い、おなじようにコミューンに救いがあると信じるヒッピーの「ファミリー」と合流し、ロック・フェスティヴァルに行き、ジェイソン・アンド・ザ・ノーマッズという名の全体主義的なフットボール・チームに出会う。やがてファミリーはコミューンがユートピアではないのに気づく。JFK、マーティン・ルーサー・キング、チェ・ゲバラ、それからエドガー・アラン・ポーなど、死の世界からよみがえったヒーローたちが登場する超現実的な行列の場面もあった。想像力を駆使した奇抜なアイデアがいくつも投入された。

出演者にも、ボブ（ロバート）・コーフ、イレイン・ギフトス、タリア・コッポラ（註7）、シンディ・ウィリアムズ（註8）（のちにテレビ番組『ラバーン＆シャーリー』に出演）、バッド・コート（註9）、ベン・ヴェリーン（註10）と才能ある実力者がそろっていた。しかし撮影は困難をきわめた。

この映画で学んだ重要な教訓は、第一稿だけで撮影をはじめてはいけないということだ。『地球最後の女』では、わたしはどうにかやりぬいた。しかし、あれは規模の小さい単純な映画だった。『ガス！』の撮影には脚本家のジョージも同行し、ビリー・ザ・キッドの役をやりながら脚本の手直しをした。撮影はダラスではじまり、ニューメキシコに移動し、アコマ・インディアンの家の屋根の上で終わった。場所はニューメキシコ州西部に多いみごとな台形状の岩山の頂上だった。つまり、わたしたちはこの撮影でアメリカ合衆国南西部のかなりの部分を旅したことになる。撮影準備のあいだテキサスの天候はすばらしかったが、撮影がはじまるとダラスで二日間もみぞれが降り、混乱がはじまった。わたしたちは落胆してダラスをあとにした。日が短くなり、寒さが増していた。クリスマスのあとは、このチームで仕事をすることは不可能だった。

ニューメキシコへ移動し、北上してアコマ地区にむかうあいだ、ジョージとわたしは夜間や日曜に働いて脚本の手直しをつづけた。さらにステファニー・ロスマンとその夫のチャールズ・スウォーツを雇って第二班を組織した。

結果として、この映画にはかなり奇抜で非現実的なイメージがいくつか登場することになった。それぞれのグループ・カラーを身につけ、チョッパーではなくゴルフ・カートに乗ったヘルズ・エンジェルズの一団。テキサス・A&M・フットボール・チームはデューン・バギーに乗って南西部を荒らしまわる盗賊になっていた。エドガー・アラン・ポーは鴉を肩に乗せ、ヘルズ・エンジェルズのチョッパーに乗り、ときどき意見を表明しながら画面を横ぎっていった。

完成はしているが、まだ一般車を通していないダラスのLBJフリーウェイでの撮影もあった。エドセルのコンバーチブルと州兵のトラックがいくつもの車の残骸のあいだを進むシーンだ。わたしたちはそこでの撮影許可をもらった。ポール・ラップは苦労して五十台のポンコツ車を一台につき十ドルで集めてきた。そしてわたしは車の残骸をぬってはなやかなドリー・ショットを撮った。ハイウェイ警察がやってきて、LBJフリーウェイで大きな事故があったらしいという通報が五百件以上よせられたといった。

みぞれの降るなかで、ケネディ暗殺の再現場面も撮影した。そして最後に、まがりくねった未舗装の山道を登らなければ行けない、文明からまったく隔絶されたアコマの岩山に着いた。その岩山の頂上で、大勢のエキストラを使って撮影をしなければならなかった。インディアンとの取引はかなりたいへんで、彼らは多額の土地使用料を要求した。そこが何世紀ものあいだ先祖が守ってきた聖地だから、というのが彼らの主張だった。

ほんとうに死んでいる死者だけではなく、生きている陽気な死者たち、グレイトフル・デッドとも金銭のトラブルがあった。デッドはアルバカーキのドライブ・インで、撮影のためにコンサートをすることになっていた。直前になって、彼らは出演料の大幅な値上げを要求してきた。わたしたちはかわりにカントリー・ジョー・アンド・ザ・フィッシュを出演させた。

★ポール・ラップ

わたしが知っているなかで、『ガス！』の撮影はロジャーにとってもっとも苦しいものでした。あれほど不機嫌なロジャーは、ほかでは見たことがありません。とてもおちこんで混乱し、疲れきっていました。ダラスの撮影があったのは感謝祭のころでしたが、記録的な寒さで雪嵐まであって、みじめでした。ロジャーは『スキー部隊の攻撃』のときとおなじパーカを着て、いつもふるえていました。それでもわたしたち全員をブレナンズにつれていって感謝祭のディナーを食べさせてくれましたよ。特別の個室でのディナーでした。

岩山のてっぺんで最後の撮影をした日、ロジャーはぼんやりしていました。インディアンといっしょに仕事をするのはとてもたいへんでしたし。ロジャーは人と話をせず、ロボットのように監督していました。最後の場面は、登場人物の全員、それにデューン・バギー、バイク、インディアンが総出演する大アクション場面でした。一回目のテイクは、混乱以外のなにものでもありませんでした。ロジャーはすわったままだったので、わたしはみんなをもとの位置に下がらせ、ロジャーのほうを見ました。彼はただうなずいただけでした。わたしはロジャーのかわりに「アクション」とさけび、おどろいたことに今度は完璧にうまくいきました。ロジャーはゆっくりと椅子から立ちあがり、全員に感謝をし、そしてとても小さな声でいいました。「さあ、家へ帰ろう」

一九六〇年代の終わりが近づくにつれて、わたしの映画と政治への意識はより急進的に、より「解放された」ものになっていった。やろうと思えば何でもできる。ほんとうにそんな気になっていた。『ガス！』が少々大胆すぎる映画になったのはそのためだろう。わたしとジョージは思いついたアイデアなら何でも、映画に入れてしまおうとした。夜に脚本を書き、それを翌日に撮影するという方法で、正しい視点を持つのはむずかしい。朝、目をさますと雪嵐だったので、その日の予定のページを破って書きなおし、急いで出かけて雪のなかで撮影をしたこともあった。わたしたちは二、三日おきに場所を移動する流浪の民だった。それでも撮影が終わりに近づくころには志気もあがり、よくできた奇抜な場面を撮ることができた。

撮影現場で、わたしは大量の現金を使っていた。材料費などの経費は現金で払うほうがめんどうがなかった。ＡＩＰの会計係のデイヴ・メラメッドはわたしにこういってきた。「あなたが不正をしていないのはわかっています。しかし、ほかのだれよりも現金出費の比率が大きい。あなたの映画の経費についてどうこういう者はいませんし、おなじ少額の製作費で、あなたのように大規模に見える映画をつくれる者はいません。しかし政府が頻繁に監査を要求してくるんです。三十万ドルの製作費のうち七万五千ドルも現金で出費しているのはおかしいということになるんです」

わたしは現金を使う理由を説明した。「わかりました」彼はいった。「とにかく領収証だけは持ってきてください。袋か何かにいれてでも。それでかまいません。国税庁に見せるものが必要なんです」

わたしはポールに、みんなに領収証をとっておけと伝えるよう頼み、ほかはいつものやり方で仕事を進めた。撮影が終わって数週間後、わたしがジム・ニコルソンのオフィスにいるとき、ポールがはいってきて領収証が詰まった巨大な袋を床に投げだした。デイヴがジムのオフィスにやってきていった。「ロジャー、こんなにすばらしい領収証を見たのは初めてです。出費は六万ドル、領収証は九万ドル分もあります」

『ガス！』の撮影後にあった楽しいことはそれぐらいだった。わたしはアイルランドで撮影する『レッド・バロン』の準備のため、ヨーロッパに出発した。何がおころうとしているのか気づくべきだった。『血まみれギャングママ』のときにも『白昼の幻想』のときにもおなじことがあったのだから。わたしが最終編集版をＡＩＰに渡してヨーロッパに出発したあと、彼らはわたしに知らせずに勝手な変更をした。わたしはそれを知って、ＡＩＰとのチーム・ワークを終わらせるときが来たと感じた。

もっとも意地の悪い編集は、ラスト・シーンだった。わたしは地平線まで六、七十マイルが見とおせる岩山のてっぺんで、壮大なシーンを撮影した。インディアンの一部族全員と出演者全員が登場した。それは一種の祝祭の表現だった。主役の男性が女性にキスをし、カメラはズーム・バックしてロング・ショットに変わる。映画のラスト・シーンとしてはありふれた手法だったが、わたしがその方法を使ったのは初めてだった。ありふれているのを承知で意識的に使ったのだ。地元のハイスクールの鼓笛隊も登場したし、ヘルズ・エンジェルズも全員登場した。デューン・バギーに乗った男たちも、フットボール・チームもいた。全員が集まって型やぶりな祝祭をくりひろげる様子を、ロング・ショットに変わったカメラがとらえる。そして全編にくりかえしあらわれる神が登場し、事態について最後のコメントをする。

岩山の上には三百人近くの人間がいた。それは、わたしが生涯で得たもっともすばらしいショットのひとつだった。AIPはそのショットをすべて削除し、映画をありふれた男女のキスの場面で終わらせた。神がいっていることが気にいらなかったせいだった。映画はそのまま終わり、まったく意味のないものになった。

『レッド・バロン』撮影のためにアイルランドにいるあいだに、わたしはエディンバラ映画祭に出席し、そこで『ガス！』も招待上映された。皮肉なことに『ガス！』は観客から絶賛され、批評もたいへん好意的で、上映は成功だった。しかしわたしはショックをうけていた。AIPはわたしが国外に出るのを待って作品に手をくわえたのだ。

映画の最終編集版の承諾について、わたしとAIPは文書で確認しあうというようなことはなかった。それはいつも、暗黙の了解ということでおこなわれていた。しかしわたしの最後の四作品は、反体制的だった。ＡＩＰはアメリカでも有数のインディペンデント会社に成長し、株式は一般公開されていた。映画が大胆になればなるほど、財政的な危機は高まった。人々が公開作品を見て感じる会社の政治的立場、会社の「イメージ」は、株式に大きな影響をあたえた。いっぽう一九六〇年代後半のわたしの作品には反体制的な感性が多くふくまれていた。おそらくライダーとドラッグの映画に対する世論におそれをなしたのだろう、ＡＩＰはしだいに弱腰になっていった。わたしは倫理的にも政治的にも、自分たちの映画はカウンターカルチャーの側にあるべきだと考えていた。

ヴェトナム戦争のあいだ、ハリウッドはふたつの世界に分断されていた。権力の側、財界関係者、そしてジョン・ウェインやチャールトン・ヘストンなど、一時代を築いた保守的な俳優の多くは戦争を支持し、ニクソンを支持していた。わたしの考えでは、ハリウッドで創造的な職業についている人間の八十パーセントはカウンターカルチャーの立場をとっていて、体制側は大勢の年寄りをふくむ二十パーセント程度でしかなかった。しかしＡＩＰの社長のジム・ニコルソンはプロの世界でも市民社会でも、ハリウッドの重要人物になり、保守的な度合いを増していた。アーコフはリベラルでありつづけた。保守的になったのは善良で常識をわきまえた人間、ジムのほうで、わたしの映画の削除も彼が異議を唱えたせいだった。

ジムはたてつづけに四本の作品でそれをやった。『ガス！』は最悪のケースで、あきらかにわたしに向けられた攻撃だった。結局この作品は、ＡＩＰでわたしが監督した三十三本の最後の作品、そして十五年のあいだにわたしが製作にかかわった四十八本目の作品となった。わたしは疲れきっていた。一九七〇年の春の四十四歳の誕生日が迫っていた。

ＡＩＰの時代はこれで終わった。しかし、それはまたわたしにとっては新しい仕事、新しい生活のはじまりでもあった。

13　章

『レッド・バロン』はわたしの映画のなかではあまり知られていない作品だが、この第一次大戦ドラマの撮影を機に——当時の複葉機による壮絶な空中戦シーンがあった——、わたしの人生は大きく変わった。アイルランドの撮影の最中に、わたしはその後の人生の流れを大きく変える重要なふたつの決断をした。ひとつはほかの人間が製作する映画の監督をするのをやめ、自身の製作配給会社をはじめること、もうひとつはジュリー・ハロランとの結婚だった。

そのころは、一年間だけ休憩し、ふたたび監督業にもどる気でいた。しかしアイルランドで六週間をかけ、製作費百万ドル以下で撮った『レッド・バロン』が、わたしの最後の監督作品となった。考えぬいた明確な計画があったわけではなかった。結婚をし、カメラではなくデスクに向かうことにしよう、家庭を築くために監督をやめることにしようと決めていたのではなかった。しかし心の奥には、それまでとちがう人生にしたいという気持ちがあったのかもしれない。とにかく、事態はそんなふうに進んだ。

一九六〇年代の初めにロバート・E・リー将軍についての映画を思いつき、脚本の草稿を書いたときから、わたしは戦争における貴族というテーマに興味を持っていた。わたしはその映画の話をユナイテッド・アーティスツに持ちこんだが、彼らは五十万ドルの製作費でつくれるというわたしのことばを信用しようとしなかった。「それでも、わたしにとっては大きな金額です」わたしはそう説明した。

そのとき、わたしはすでに南北戦争の重要な戦闘を再現する手配をすませていた。ヴァージニアの士官学校の生徒を使い、最上級クラスの授業の一環として戦闘を再現する計画を進めていたのだ。士官学校側は復元した戦場に五百人のエキストラを配置することを約束した。おもしろいことに、この学校の制服は南軍の制服とそっくりだった。わたしは彼らの建築物基金に寄付をすることにし、学校側はこの実技演習をその年の重要な行事と考えていた。

「できるはずがない。この映画には何百万ドルもが必要だ」UAはそういいはった。わたしはいった。「わたしは十五年間もこの仕事をしている。根拠のないことをいっているわけじゃない」

「ロバート・E・リーの映画を五十万ドルでつくれるわけがない」彼らは最後まで主張を

変えず、それでことは終わりとなった。

数年して、戦争時における貴族に対するわたしの関心は、フォン・リヒトホーフェン男爵《バロン》のものがたりに移った。男爵は第一次大戦のドイツ軍のもっとも優秀な戦闘機パイロットであり、戦争に参加した最後の騎士でもあった。レッド・バロンと呼ばれた彼は貴族階級出身のプロシア人で、士官学校を卒業し、戦前のドイツのエリート師団の一員だった。そしてすぐれたハンターでありスポーツマンであったことから、自ら志願して飛行部隊へ移籍した。

そのレッド・バロンを撃墜した男は名前をロイ・ブラウンといい、英国空軍に属するオンタリオ出身の自動車修理工だった。ブラウンは撃墜の命令にひどく緊張し、一クォートのミルクをのんで潰瘍のある胃をしずめた。しかし、彼は驚異的な反射神経を持った天性の飛行機乗りだった。

わたしはバロンとブラウンについての本を何冊か読み、この話は魅力的な映画になると判断した。テーマは戦争時における騎士道精神の終焉、騎士の消滅、そして戦車の時代のはじまりだった。それまでの戦争は、たがいの名誉を重んじる、いわば紳士的な戦いだった。しかし、いまでは戦争はスポーツのようなものではなくなり、塹壕の人々を大量虐殺するものに変わった。この変化の象徴がフォン・リヒトホーフェン——もっともたくさんの人間を殺した偉大なパイロット、ほんものの貴族、そしてドイツの勇気ある英雄——だった。

レッド・バロンと呼ばれるようになる前、男爵は飛行機を偽装しろという命令を実質上、拒否した。命令はすべての飛行機を塗りかえろというものだった。彼は自分の色を選び、機体を真っ赤に塗りかえたのだった。またそのころドイツにはすでにD7複葉機があったが、彼は速度の出ないフォッカーDR1三葉機に乗ることを主張した。操縦性のために少々のスピードを犠牲にする。彼はそういった。一瞬にして動きを変え、急降下して相手を攻撃できる飛行機を望んだのだ。

わたしはそういう人間を——規制をついてぬけ穴をみつけ、権威にたてつく人間を——大いに尊敬する。彼の論理は大胆不敵だった。勇気のあるやつはかかってこい。こっちは真っ赤なフォッカーDR1三葉機に乗っている。さあ、やってこい。待っているぞ。

戦争の形態の変化をあらわすもうひとつの象徴は、操縦席にすわるのをこわがっていたつつましい自動車修理工だ。その男がレッド・バロンを撃墜した。

今度はUAは企画に賛成し、わたしは弟といっしょに、一九六〇年代にふたつの飛行機映画——『暁の出撃』(註1)'70と『ブルー・マックス』(註2)'66が撮影されたアイルランドへ出発した。その二作品のために製造された飛行機を借りうける契約をしてあったのだ。しかし出発の前に、もうひとつ、撮影を楽に進めるために製作の体制を整える手配をした。そのころの作品の撮影現場で、わたしはトラブルに悩まされることが多かったからだ。

ジュリーとわたしはつきあいをつづけていた。彼女は映画産業の仕事を体験したあと、《LAタイムズ》紙で市場調査を担当していた。そしてこのときはちょうど、メキシコ・シティの六カ月の調査を終えて、休暇でヨーロッパに行こうとしていた。そこでわたしは彼女に、フランスへ行く前にアイルランドへ寄らないかと声をかけた。仕事が多く負担になりそうな気配だったので、ジュリーに製作アシスタントになってくれないかと協力をあおいだのだ。

わたしはすべての空中戦を二週間で撮影する計画をたてた。『ブルー・マックス』の空中シーンの撮影は五カ月かかり、『暁の出撃』のほうは二年分の夏いっぱいかかった。

わたしは二週間でどちらの映画にもひけをとらない飛行ショットを撮るつもりだった。そしてひとつの空中シーンを三組の班で同時に撮影して、それに成功した。このときもまた、ささやかな寄付が道を開き、スタント・パイロットだけでなく、アイルランド空軍の協力を得ることができた。

ロケ地はダブリン郊外のアイルランドの農村地帯で、撮影は付近でいちばん高い丘の上に三十フィートの高さの木製の塔を建てることからはじまった。塔の上には固定カメラがすえつけられた。低い位置を飛ぶ飛行機を水平な位置から撮って、空中から撮っているように見せるためだった。さらに空軍のヘリコプターを雇って、美術監督兼第二班のまとめ役だったジミー・ムラカミ(註3)を乗せた。こうやってふたつの戦闘を同時に撮影した――塔の上から撮影したものがひとつ、ジミーのヘリコプターから撮影したものがふたつめの戦闘になる。ジミーは漫画家兼アニメ作家だったが、自分で映画を撮りたいと希望していた。そこでわたしは空中シーンの多くを彼に撮影させた。彼の画コンテは非常に細部まで描きこまれたものだった。

しかしこうした手配をしたあと、三つめの戦闘を写す三つめの班が必要になった。スケジュールと製作費に制約があるせいだった。もうひとつ塔を建てることはできなかったし、二機目のヘリコプターを雇うには金が不足していた。わたしはいろいろな人にききまわり、石油会社が空中から石油探査をするために特別に開発した飛行機があることを知った。どのような高度でも超低速――時速五十マイルから六十マイル――で飛ぶことができる飛行機だった。これこそ理想的だった。時速百五十マイルで飛ぶ飛行機ではおそらく速すぎて、映像をしっかりとらえるのはむずかしい。わたしは三つめの戦闘シーン用に、オイル探査機をチャーターし、イギリスからパイロットを呼んだ。

つまり、ヘリコプターからジミーが撮影し、オイル探査機に乗った人間がもう一台のカメラをあやつる。わたしは塔から固定カメラの操作をしながら、戦闘機のパイロットやヘリコプターのパイロットやオイル探査機のパイロットに無線で指示をあたえる。わたしは監督であると同時に、三つの戦闘シーンにかかわる十台の航空機に指示をあたえる航空管制官だった。

いちばん楽しかったのは、早朝の打ちあわせだった。ダブリン郊外の小さな私営飛行場で、スタッフとパイロットの全員が集まって会議をした。俳優たちは操縦席のクローズアップ・ショットに出るだけなので、すこし遅れてやってきた。日が昇るころ、わたしたちはコーヒーとソーセージの朝食をとりながら、画コンテの確認作業をした。小さな木製の模型飛行機までつくらせ、子供のようにみんなが模型をわたしのまわりで移動させ、戦闘の形を打ちあわせた――わたしは管制塔だった。子供のころラジコン飛行機をつくっていたわたしは、グルーチョ・マルクスがフォックス撮影所の前で自分の車を降りていったことばを思いだした。「すてきなおもちゃだ。この電気じかけの列車は」といったのだ。

パイロットは混成部隊で、アイルランド空軍、契約で雇ったアメリカのもと戦闘機パイロット二名、イギリス人一名、カナダ人一名がいた。戦闘機のうち二機にはシートが前後にふたつあった。わたしはパイロットを前のシートにすわらせ、ふたつのシートのあいだにアリフレックスを固定し、うしろのシートに俳優を乗せた。アメリカ人パイロットのひとりはリチャード・バックという名だった。彼は飛行についての本を書いているといった。わたしは彼にいって、その本を読ませてもらった。〈かもめのジョナサン〉という題名だった。

機内に固定したカメラは、『ヤングレーサー』のときとおなじように、俳優たちに操作をまかせた。彼らがよいと思ったときにスイッチをいれてカメラをまわすことにしたのだ。パイロットはスタント飛行をする。空中戦を模したスタント飛行で、飛行機は旋回し、横転し、急降下をする。うしろに乗っている俳優は的確なときを感じとって、スイッチをいれる。監督と戦闘機パイロットの両方の気分が味わえるため、俳優たちはこの方法が気にいった。

このやり方はすばらしい効果をあげた。マット・ショットのようなかすかなブルーのふちどりが画面にでないだけでなく、いい画が撮れるうえに安あがりだった。急旋回のとき、旋回を感じている俳優の顔がそのまま映り、顔の筋肉が重力に影響されて動くのが見えるのだ。

前の二作の監督たちが撮影に長時間をかけた理由のひとつは、完璧な天候を待ったためだった。わたしたちは三種類のノートをつくって仕事をした。その日の天気予報によって、「青空の日」「曇天の日」「どちらでもいい日」に分けたノートだ。空中戦のシーンは全部で七回あり、このノートはバイブルとなった。第一次世界大戦では青空だけをバックに空中戦の戦闘計画が組まれたなどとだれがいったのか？　ほんもののパイロットたちは晴れた日を待ったりはしなかった。しかしわたしたちは、ひとつの戦闘のあいだはおなじ天候の空をバックにしなければならなかった。そこで、ショットをうまくつなげるためにノートをつけた。「どちらでもいい日」のノートは、青空の下ではじまり、やがて飛行機が雲のなかへはいり、灰色の空をバックにおこなわれる戦闘のためのものだった。そうした予防策のおかげで、雨の日以外一日も無駄にせずに撮影することができた。

空中撮影は、わたしが体験した撮影のなかでもっとも楽しいものだったと思う。ジュリーはヨーロッパ旅行の途中でやってきた。ちょうどBBCがインタヴューと撮影現場の取材を申しこんできたので、わたしはジュリーを広報係にしてBBCの記者と話をしてもらった。わたしには、そんなことをしている時間がなかったからだ。ジュリーは記者たちに撮影現場を案内し、そこでやっていることを説明した。番組のディレクターにどのぐらい長いあいだ広報係をやっているのかと質問され、彼女は「ええと、三十分ぐらいです」と答えた。ジュリーはそのぐらい堂々としていた。

英国空軍がドイツ軍基地を空襲するシーンの撮影の日はすばらしかった。わたしは地上三十フィートの塔の上にいた。それだけの高さから優秀なスタント・マンの仕事を見るのは驚異的だった。目の下でスタント飛行がおこなわれるからだ。あるパイロットは地面をかすめて低く飛び、翼のさきで草を根こそぎにした。「どうだ」彼はいった。「こんなに低く飛べるやつはいないぜ」わたしたちは全員、興奮しきっていた。

空襲シーンのときには、カメラをいたるところに配置した——大じかけの撮影だった。発煙弾があちこちにしかけられた。準備はすべて整ったが、どうしたわけか一機の飛行機の銃手が一名不足していた。後部の銃をあやつる者がいない。どうしようもなかった。六週間をかけた大作の成否がこのシーンにかかっている。一刻も時間はむだにできない。わたしの横にはジュリーが立っていた。「ヘルメットを貸してちょうだい」彼女がふいにいいだした。「わたしがやるわ」

わたしはびっくりした。「きみがやるって？」

「髪を上にあげてヘルメットを深くかぶって、ゴーグルをかけるわ。だれにもばれないわよ」

彼女はそういってコックピットに乗りこみ、飛行機は飛びたった。しばらくして、ほかの飛行機が時速百二十から百三十マイルで飛びかい、攻撃をして空砲を発射するなか、ジュリーの飛行機がわたしのいる塔に近づいてきた。たちのぼる発煙弾のなかからあらわれて、まるでプロのように機関銃をあやつる後部シートのジュリーに、わたしの目は釘づけになった。わたしは雑音とエンジン音でほとんど交信が不可能な無線に向かってさけんでいた。わたしたちのそんな仕事のやり方をジュリーが気にいっているのはあきらかだったし、わたしのほうは彼女の対応のしかたが気にいった。ロケ地にきて撮影の様子を見た人のなかには「じつにすばらしい。わたしもこれに参加したい」という人たちがいる。彼らにはすぐに参加してもらう。しかしそうでない人たちもいて、彼らは「これはひどい。わたしはもどってオフィスのデスクに向かうことにする」という。ジュリーは絶対に前者だった。

★ジュリー・コーマン

ロケ現場でのロジャーの特徴は、即物的で機械的なところです。ショットを終えると、すぐにつぎのショットにかかるんです。ロケ現場にはまだるっこしい時間があるのがふつうです。ショットをひとつ終えると、監督がカメラマンに「カメラ、うまくいったか？」と訊き、それから「録音、これでいいか？」と訊きます。みんなとちょっとした討論があるんです。そんなふうにしてショットごとに四、五分がたちます。一日に二十の設定があれば、「録音はどうだった？」という話で百分がすぎるということです。

ロジャーはそういう話に時間をとらないし、ほかの人がなぜ、そんなことをするのか理解できないんです。彼は監督としてつねに気を配っています。そして録音やカメラの人たちが何もいわなければ、ショットがうまくいったということなんです。

あの映画の撮影の初めのころの話です。ロジャーが「カット。プリントにまわせ。つぎのショットはあっちだ」といい、おなじ野原の二十フィートほど先にあるつぎの設定場所へ移動して、十秒ぐらい待っていました。撮影クルー、助監督、録音係、撮影監督、照明技師といった人たちはみんなイギリス人で、おしゃべりをしていました。ロジャーはみんなのところへ歩いて行っていったんです。「みなさん、つぎのショットはあっちだといいましたよ」彼らはすぐにロジャーについて、問題の場所へ向かいました。ロジャーが能率的に撮影を進めることができるのは、それがひとつづきの運動のようなものだからなんです。ロジャーが監督しているのを見るのは、まるでダンスを見るようでした。流れやリズムや集中力がありました。現場に二百人の人が集まっていても、彼はカメラの前にあるものに注意を集中することができるんです。

ジュリーに会うまでにわたしがつきあった女性のほとんどは女優だった。彼女たちのなかにも頭がよくて性格のすばらしい女性はたくさんいた。しかしジュリーのほうが、本をたくさん読み、教育に価値をおき、自身のなかに多様な価値観を持つなど、育ちかたや経験の点でわたしに似ていた。たとえば、当時は大学教育をうけた女優はほとんどいなかった。彼女たちは大学へ行けなかったわけではない。ただ十代のころに演技の道にはいり、その後大学教育をうけないままできたのだ。

わたしがジュリーに初めて会ったのは、助手に応募してきた彼女を面接したときだった。当時ジュリーはUCLA英文科の学生で、すでにロケ地探しなどの映画製作に関連した調査を経験していた。彼女はやがて《LAタイムズ》紙で市場調査の仕事をするようになった。《LAタイムズ》で書評欄をスタートさせることにも成功した。しかし彼女のいちばんの関心は映画にあり、また調査や研究に対して大きな情熱を持っていた。そしてもうひとつ、当時もいまも、ジュリーはとても美しいという事実がある。

数年間、わたしたちはデートをつづけていた。旅行、撮影、そのほかの仕事のせいで、ふたりの仲はなかなか発展しなかった。しかしわたしは監督業に疲れ、休みのない旅に疲れ、長く困難になるばかりの撮影に疲れていた。それに、わたしが恋におちているのは歴然としていた。夕食、パーティ、映画など、わたしたちはかなり伝統的なデートをつづけていた。ふたりの仲はどんどん深まり、ほとんど意識しないうちに婚約をしていた。そして『レッド・バロン』の撮影が終わったあと、わたしたちは結婚を決意した。

空中シーンが終わったあと、残っているのはふつうのドラマ部分の撮影だった。そしてそれは、おそろしく退屈な仕事になった。せめてもの慰めは、ダブリン郊外にある堂々としたポーズコート城での撮影だった。城には、十九世紀ふうの美しい装飾、美術品、風格ある図書室、そして夏のアイルランドの丘陵地帯を見わたせる壮大な展望がそろっていた。毎朝、撮影がはじまる前、さしこむ朝の光をあびながら、わたしは窓辺にすわってコーヒーをのみ、脚本やメモを読んだ。それは一日のうちで最高の時間だった。もちろんすぐに出かけて仕事をはじめなければならないとはわかっていたが。

ある日の朝、わたしたちが借りうけている時代物の飛行機の所有者、バーチ・ウィリアムズが、ヘリコプターで芝生に降りたつという派手なやり方でポーズコート城にやってきた。バーチはアイルランドに住むアメリカ人で、わたしたちのために何度か気前のよいパーティをひらき、アイリッシュ・ウィスキーをふるまってくれていた。その彼がひどく勢いづいてやってきて、第一次世界大戦の飛行船によるイギリス空襲を描く映画に、自分の戦闘機を貸す契約を成立させたといった。わたしたちのほうの撮影はほとんど終わっていたのだ。「あなたとジミーの仕事を見て、わたしもヘリコプターから空中戦の監督をしてみたいと思いましてね」

「問題がふたつある」わたしはいった。「ひとつは、夏のあいだ飛行機はわれわれが借りている。それをほかに貸すことはできない。もし事故がおこったらどうする？　まだ飛行機を飛ばせて、そのなかでいくつか俳優のクローズアップを撮らなくてはならないんだ」

「問題ないですよ。事故なんておこりません」わたしは意地悪な人間にはなりたくなかった。彼がすこしよけいに金を稼ごうというのなら、それでいいじゃないか？

「もうひとつ問題がある」わたしはいった。「空を飛びながらの演出は、きみが考えているほどやさしくはない。きみは地上での監督の経験もない。ヘリコプターの上で監督をするのはとてもむずかしいぞ。わたしが実際にやってみて、そういっているんだ。五十本も映画をつくったことのあるわたしがね」

「だいじょうぶ。世界一のカメラマンをつれていくんです」そのカメラマンはフランス人で、ほんとうに世界で最高の空中撮影カメラマンといわれている人間だった。わたしも彼を雇おうとしたのだが、あまりに料金が高かった。そこでわたしはアイルランド人のカメラマン、シェイマス・コーコランを雇い、彼はこの映画で優秀な空中撮影専門家として知られるようになった。

「わかった、バーチ」わたしはいった。「やってみろ。幸運を祈る」

バーチはコーヒーをのみおえ、ヘリコプターに乗りこんだ。いまやわたしたちはみんな、とても偉くなったような気分でいた。わたしたちには空軍があり、城でコーヒーをのんでいるのだ。ヘリコプターの回転翼がうなりをあげ、シートのバーチが無言で手をふった。

パイロット、カメラマン、彼らの映画の監督がおなじヘリコプターに乗っていた。ヘリコプターは木より高く上がり、旋回して方向を変えた。

生きているバーチ・ウィリアムズを見たのは、それが最後だった。

わたしがきいたところでは、その日の遅い時間、バーチはヘリコプターに乗って、アイリッシュ海上空で『ツェッペリン』[註4]'70の空中撮影の演出をしていた。彼は空中戦をする戦闘機二機に、急降下でヘリコプターに近づく指示を出した。しかし指示を間違え、戦闘機二機がヘリコプターに空中衝突した。バーチをはじめヘリコプターに乗っていた全員とアイルランド空軍のパイロットふたりが死亡した。

わたしは撮影のあいだ借りていたアパートメントにもどったとたんに、騒ぎに巻きこまれた。いたるところから電話がかかってきた。飛行機の衝突で、第一次大戦の空中戦の映画を撮影していた四、五人が死亡、なかには監督もふくまれていた、とラジオが放送したせいだった。

「ロジャーが死んだって?」みんなが訊いてきた。だれもが死んだのはわたしだと思っていた。

衝突は、わたしたち全員によくない影響をあたえた。アイルランド政府は危険すぎるとして、すべての飛行を禁止した。わたしたちの映画で事故がおこったのではないにもかかわらず、保険会社はわたしたちがかけていた空中保険を解約した。ジュリーは政府の役人と交渉した。ジーンはどうにか保険を復活させることに成功し、出演者やスタッフに支払う現金を持ってダブリンにもどってきた。ダブリンの銀行のストライキのせいで、わたしたちの預金がおろせなくなっていたからだ。

アイルランド政府は保険という保証では満足せず、空中撮影を再開する前に債券を買うよう要求した。ジーンは手持ちの現金を債券にかえることに同意した。彼は書類に署名し、わたしたちは空の撮影ができるようになった。

「ひとつ問題があります」ジーンは政府の役人にいった。「持っている現金をすべてお渡しすることになりますが、わたしたちはアイルランド人のスタッフや俳優を使って撮影しています。しかし彼らのホテル代も、装置の借用代も、何も支払えません。ですから資金をお借りしたいんです。債券を担保に十万ポンド貸してください」

信じられないことに、彼らはそれに応じて、ジーンはアイルランド政府から金を借りることができた。

その夜、わたしはジュリーといっしょに夕食をとった。ジュリーはジーンの手際に感心していった。「あれほどスムースに、しかも確信を持って仕事をする人を見たのは初めてよ」

このころには、わたしは監督業にいやけがさしていた。アイルランドにいるあいだに、自分の製作配給会社をはじめたほうがいいと考えるようになっていた。ジーンが製作のほうを担当すればいい。配給のほうは、前に仕事をしたことがあるニューオリンズの配給業者、ラリー・ウールナーを仲間にくわえてまかせよう。わたしは全体を総括することにすればいい。

わたしは毎朝、ダブリンのアパートメントから飛行場まで車を運転して通った。途中にわかれ道があった。片方の道はロケ地へ、もう片方の道はアイルランド西海岸の美しいゴールウェイ湾につづいていた。ゴールウェイの方向を指す標識をすぎるたびに、そのまま走りつづけてジュリーといっしょにゴールウェイへ行き、「映画のことなど忘れてしまおう」といいたい誘惑にかられた。

どうにか撮影を終えて、わたしたちはロサンゼルスに帰った。まだすこし、空中衝突シーンを撮る必要があった。わたしは野原に行き、エンジンつきのラジコン飛行機をつくって遊んでいる少年たちをみつけた。わたしが子供のころつくったのとおなじ翼幅の長い模型だった。わたしは少年たちに第一次大戦のときの飛行機の模型をつくってくれないかと頼み、それぞれに数百ドルの支払いを約束した。

彼らはとてもよろこんだ。いちばん年長の少年は、アイルランドの撮影で使用したのと

1970年12月26日、ジュリー・ハロラン
と結婚式を挙げるロジャー・コーマン。

1972年のカンヌ映画祭でのコーマン夫妻。

そっくりのフォッカー三葉機を組みたてた。アイルランドとおなじ澄みきった広い空が必要なため、わたしはアンドリューズ空軍基地と交渉した。そして日曜日にみんなで基地へ行き、ラジコン飛行機を飛ばして、戦わせたり、スタント飛行をさせたり、いろいろなことをした。子供たちは操縦席に、バルサ材でつくった小さな人形を乗せていて、わたしはズーム・レンズを使ってそのクローズアップを撮った。それからもっと小さいエンジンつきの模型を何機かつくって、ワイヤをつけて正面衝突の場面を撮った。

そこでの時間はすばらしかった。わたしはすべてを撮影した。一日の終わりに、少年たちは墜落シーンのために、つくった飛行機を地面にたたきつけてこわした。そのうちの二機はラジコン操作でぶつからせて、はなやかな衝突シーンを撮影した。それからカメラをとめて、機体の下に小さな焼夷弾をしかけ、もう一度カメラをまわして爆発の場面を撮った。わたしにとっても子供たちにとっても、楽しい一日だった。飛行機を全部、こわしてしまったのだ。子供にとっては、ほんものの飛行機をぶつからせるのとおなじぐらい心の躍ることだったろう。

監督休業の準備が整う一方で、わたしは私生活でも新しい局面をむかえた。『レッド・バロン』の撮影終了から数カ月たった一九七〇年十二月二十六日、ジュリーとわたしはウエストウッドのセント・ポールズ・チャペルでささやかな内輪だけの結婚式を挙げた。そのあと、ダニー・ホラーの家でパーティが開かれ、百人ほどの友人が集まった。かつてはわたしの映画の美術監督だったダニー・ホラーはその後監督を務めるようになっていた。またかつてのわたしの助手、キンタはダニーの妻になっていた。新しい製作配給会社のためにわたしが選んだ名は、ニュー・ワールド・ピクチャーズだった。その名とおなじように、わたしの生活にも新しい世界がひらけた。

14 章

わたしは、新事業が大きな転機をもたらすとは考えていなかった。自分が監督を引退し、小さな映画会社そのものになってしまうとは思ってもみなかったのだ。おなじように、その会社が数年のうちに、映画業界でもっとも成功したインディペンデント会社に成長し、ハリウッドのまったくユニークな会社としての地位を確立することも予想できなかった。

ニュー・ワールドには、創造性とエネルギーあふれる若い世代の映画のつくり手たちが集まってきた。彼らは、エクスプロイテーション映画を、大手映画会社で大規模な映画をつくるための近道と考えたのだ。このほか、ニュー・ワールドは、世界の偉大な監督たちがつくった芸術映画の配給の開拓者ともなった。

わたしはニュー・ワールドという名を選んだ。それは、広告関係の人物が書いたある本に、広告業界でもっとも重要なことばは「新しい」と「無料」とあったからだ。「無料」は、あきらかにわたしの映画づくりの方針からはずれていた。初めはニュー・ワールド・

フィルムズという名にするつもりでいたが、わたしの考えではフィルムはいつかすたれ、レーザーかテープか何かほかのものにとってかわられるように思えた。そこでどのような材料でつくられようとも、できあがった映画を指すことばであるピクチャーを選び、ニュー・ワールド・ピクチャーズとした。

この新しい事業は、わたしがアイルランドにいるころからはじまっていた。基本となる考えかたは、おもしろいと思えるものをみつけ、投資すべき対象をみつけることだった。それまでわたしの投資先は株式市場にかぎられていた。四十三歳でエンジニアの職を引退した父はその後投資家となった。そしてわたしの投資についても、いろいろ指導をしてくれた。わたしの投資はだいたいのところ成功し、すぐに仕事をやめても配当で一生食べていけるほどになっていた。それでも、わたしは映画づくりのゲームに参加をし、自分の映画といえるものをつくっていたかった。

それにわたしは人とちがうことがしたかった。不動産や株式に投資するなら、よく知っている分野に投資をしたほうがいい。配給に手を出すのはビジネス上の理由からだった。ひとつは映画の貸出料がいちばん先に補填するのは配給業者の取り分と経費――プリント代、広告費、郵送費など――であるからだった。金銭的には、配給業者がいちばん有利だった。

もうひとつの大きな理由は、映画をいつ、どの劇場で上映するかについて、大きな決定権を持てるからだった。自分の会社の映画にどれだけの宣伝費をかけるか決めることもできるし、上映館の巡回スケジュールを交渉するときにも有利だった。プロデューサーとして、あるいはプロデューサー兼監督として、ほかの業者が映画を公開する場合に持てないような権利のほとんどすべてを保有することができるのだ。つまり、AIPのように配給業者が映画製作にも手を出している場合、配給業者は自分たちが百パーセント所有する映画のほうに、よい公開時期を割りあてるということがある。AIPでは、わたしもつねに彼らが後援している映画と競争をしていた。しかし彼らのあつかいは公平で、いさかいは最低限におさえられていた。

つまり、わたしは利益のあがる場所、そしてより大きな決定権を持てる場所を確保したのだった。インディペンデント会社のなかで、自分たちで配給をおこない、定期的に商業的成功の可能性のある映画を供給するものはほとんどいなかった。わたしは、その数少ない例になろうとした。

そのころ、UAからもうひとつ仕事の話があった。ジョン・アップダイクの有名な小説〈カップルズ〉の映画化の話だ。UAはすでに、映画化権と脚本に莫大な金をつぎこんでいた。そして『カップルズ』をもうひとつの映画と抱きあわせてたがいに保証しあうかたちにする契約を望んだ。落とし穴になるかもしれなかった。

わたしは脚本が気にいらず、ひきうけたいとは思わなかった。抱きあわせとなるもう一本の映画『レッド・バロン』には利益があがる可能性があった。しかしその利益は、もうひとつの映画の担保に使われることになる。『カップルズ』にはすでに百万ドル近い金が投資されていた。『カップルズ』がうまくいかなければ、『レッド・バロン』の利益はまずそちらの映画の損を埋めるために使われる。つまり両方の映画の経費をすべて埋めたうえでなければ利益は生まれない。

わたしがもっと情熱のある芸術家であったなら、きっとこういったのだろう。「かまいません。意義のある仕事をするよい機会です。儲けをなくすことになるかもしれないなどという危険は、真面目な映画作家として前進できるチャンスにくらべれば、些細なことです」しかしわたしは、そんなことはいわなかった。わたしは申し出を辞退した。大きな注目をひく文芸作品に手を染めて、失敗するのがこわかったのかもしれない。はっきりそう意識していたわけではないが、無意識のうちにそうした気持ちがあったようにも思える。『侵入者』での苦い経験が、わたしの決断にまちがいなく影響をあたえていた。

話をニュー・ワールドにもどそう。わたしは製作関係の仕事を弟のジーンにまかせようとしたが、ジーンは自分のほうの企画でいそがしかった――その企画は結局、どれも実現しなかったのだが。そこでラリー・ウールナーに連絡をとった。ラリーは以前、兄弟のバーナードといっしょに『ティーンエージ・ドール』や『女囚大脱走』'55を公開した。ふたりはルイジアナ州全体にひろがるドライブ・イン・チェーンを所有していた。

ラリーは、わたしたちの会社の第一作目のアイデアを出した——女性見習い看護士の話だった。彼から話をきいて、わたしは即座に了承した。ただし、四人の見習い看護士それぞれのストーリーをつくり、それをからみあわせて、タイトルを『見習い看護婦』とする条件をだした。ラリーは賛成した。

『見習い看護婦』'70を監督したのはステファニー・ロスマンで、彼女はそれを三週間、十五万ドルで撮影した。ステファニー・ロスマンはそれまで一年ほど、わたしの助手をつとめていた。彼女の夫のチャールズ・スウォーツが製作と脚本を彼女と共同で担当したこの映画は、わたしがそのころ守っていた公式にのっとっていた。つまり、現代ドラマであり、政治的にリベラルでやや左寄りの視点を持ち、R指定のセックス・シーンとユーモアをふくんでいた。しかし決してコメディではなかった。

映画を成功させる条件として、左寄りの視点、あるいは何らかのメッセージをこめることが必要かどうかについては、正直にいって疑問がある。しかし映画をつくる者にとって、そしてわたしにとって、映画のなかで何らかの主張をするというのは重要なことだった。

『見習い看護婦』では、看護士のひとりは黒人で、もうひとりは反戦デモ行進にくわわっていた。時は一九七〇年で、文化的な意味では六〇年代の気分がまだ強く残っていた。主役の四人の看護士は美しかった。わたしは四人は男性にたよらずに問題を解決できる女性でなければならないと主張した。

映画は公開と同時に驚異的な成功をおさめた。貸出料は百万ドルをこえ、ニュー・ワールドに大きな利益をもたらしただけでなく、劇場主たちの頭にニュー・ワールドの名をきざみつけた。

みんながよろこんでいた。いや、ほとんどみんなが、というべきだろう。ある日ラリーがオフィスにやってきて、付添い看護士協会からきた手紙を読みあげた。そこには、女性看護士の性生活について、わたしたちが看護士の世界を正しく描いていないと思われると書いてあった。「これをどう処理したらいいのかな？」ラリーが訊いた。

「どう処理するって？　決まっているじゃないか」わたしはそういってつづけた。「この人たちは続編のタイトルを教えてくれたよ――『付添い看護婦』だ」

まもなくしてニュー・ワールドは『エンジェルズ・ダイ・ハード』’70『エンジェルズ地獄の暴走』（註1）’71などのバイク映画をつくりはじめた。後者は、プロデューサーのジョナサン・デミと監督のジョー・ヴァイオラがいっしょに脚本を書き、チームを組んでつくった最初の作品だった。このあとは『残酷女刑務所』'71や『檻のなかの女たち』'71などの女囚ものがつづいた。わたしたちは三、四作たてつづけにヒット作を提供し、配給業者としての取り分は三十五パーセント程度に設定されていた。その取り分は、経費――プリント代、発送費、宣伝費、写真ラボのコストなど――をまかなうために、通常請求されるものだった。

ラリーはそんなにたくさんの金がはいるのを経験したことがなかった。一年後、彼は自ら希望して独立し、自分の会社をつくった。それは友好的な訣別だった。わたしは彼の権利を買いとったあと、いっしょに酒をのみに行った。ラリーは生涯最高の一年だったといった。彼は一年間働いて大金を持って出ていき、その後いまもよき友人でありつづけている。

最初の一、二年のあいだ、ニュー・ワールドの作品の多数が、部分的に映画館チェーンのオーナーたちの後援をうけてつくられていた。彼らの多くが製作に関わった経験を持っていたが、これほどの大きな見返りをうけとるのは初めてだった。全国で約二十人のオーナーが参加していた。彼らは配給業者の取り分――たとえば三十五パーセント――の一部をうけとり、さらに利益の一部をうけとった。

投資の額は、彼らのチェーンのある地区の大きさにしたがった公式で決められていた。

たとえばニューヨーク地区、ダラス地区、デンヴァー地区、ニューオリンズ地区などがあった。投資の額は決まっていて、交渉で変わることはなかった。たとえば五パーセント地区のチェーンのオーナーは、製作費が二十万ドルの映画であれば、全額がチェーン・オーナーの投資でつくられる場合は一万ドルを、わたしたちの会社が資金の半額をうけもつ場合は五千ドルを投資した。地域のオーナーたちの配給末端業務に関する取り分は通常は一パーセント以内とされていた。投資に対する見返りは、出資額に応じて決められていた。

わたしはいまでも、あるフランチャイズ・チェーンの持ち主の話を思いだす。カトリック色の濃いニューオリンズでフランチャイズ・チェーンを持つこの男は、金曜日の夜に『残酷女刑務所』の大ヒットを目の当たりにしたあと、日曜日に教会でこの映画のために蠟燭を捧げた。そんなに儲けたのは初めてだと彼はいった――四十年間もおなじ商売をしていた男のことばだった。

オーナーたちには、金曜日の夜の初回の興収を電話でしらせるよう指示してあった。上映開始が七時であれば七時十五分には連絡がはいり、そのあと金曜日の夜全体の結果の連絡もあった。さらに月曜の朝には、週末の総計をしらせる電話がわたしたちの配給事務所にはいった。その時点で、おおかたの予想がついた。

いつも成功を祝ってシャンパンの栓をぬいていたわけではないが、自分たちの手からヒットが生まれたと知って、オフィスのみんながいい気分になることは頻繁にあった。初日の結果を見れば、その後の様子は予想がついた。十回のうち九回は予想があたった。

わたしたちは早い時期から、多数同時上映の方法を採用した。それはわたしたちの会社の特徴ともなった。ひとつの街にまず百本のプリントを送り、そのあとも百本をまとめたまま、街から街へ移動させる。それを追って、さらに百本のプリントをどこかほかの街へ送る。作品によっては、いちどきに三百から四百のプリントが出まわっていることもめずらしくなかった。この方法で映画一本につき、多くの場合、四カ月から六カ月で全国を網羅した。

しかし経済効率から見て、わたしは低予算映画の大規模封切り――全国的規模の、千本のプリントをつくるといったような封切り――には賛成ではない。プリントを一本つくるには千ドルから千五百ドルがかかる。つまり配給業者は百万ドル以上を出資することになる。わたしたちの場合は初めは百本か二百本のプリントしかつくらずに、出費を十万ドルか二十万ドルにおさえた。

最初の二年間は、ほとんどすべての映画がフランチャイズ・オーナーとの共同出資で製作された。われわれの出資分は多くの作品で六十パーセント程度だったと思う。その後は業績が非常に順調で、ほかに資金をあおいでリスクを減じる必要はなくなった。

たとえば『残酷女刑務所』の製作費は十二万五千ドルだったが、貸出料は三百万ドルにのぼった。もし配給収入を三十パーセントと決めてあれば、九十万ドルになる。わたしたちはその一部をフランチャイズ・オーナーたちに分配する。この額のほか、配給経費と製作費を全体から引けば、それが利益となり、それもフランチャイズ・オーナーとわける。しばらくしてからは、自信もついたし、利益も蓄積されたので、ほとんどすべての映画を会社の自己資本でつくるようになった。

ラリーがやめたあと、わたしは営業担当としてフランク・モレノを雇い入れた。フランクはエクスプロイテーション映画だけでなく、芸術映画の分野の経験が豊富で、それを生かしてのちに大きな働きをしてくれることになる。一年後、わたしたちの利益は増大し、アメリカ最大のインディペンデント配給業者ＡＩＰに迫るまでになった。みんな、自分たちのやりとげたことが信じられない思いだった。インディペンデント業者としては前例のないことに、わたしたちは早くも二本目の作品から、試写をせずに次作を上映予定に組みこませることに成功した。ふつうインディペンデント映画の場合は、小さな街でテスト公開をし、確実な入場者数が見こめることを証明しなければならなかった。やっかいな仕事だ。そのため配給手つづきに時間がかかり、出費はふえるのに利益はなかなかはいってこないことになる。しかしわたしたちは、大手映画会社のように「これこれの日に封切りのニュー・ワールドの映画はこれだ。予定を組んでくれ」ということができた。

ほかの会社は大勢のスタッフで仕事をはじめ、一ヵ月に五十万ドルもの経費を使い、そのせいで大きな負債をかかえてから、作品を探しはじめる。わたしはもっと周到にことをはこんだ。『レッド・バロン』の撮影中から低予算映画の製作をはじめさせたし、オフィスを借りたのは映画公開の二週間前だった。おかげで経費は最小ですみ、会社はすぐに黒字になった。

わたしはまるで、マイナー・リーグでプレイしたこともないのに大リーグの野球場へ行き、初めて振ったバットでヒットを打った子供のようだった。

ニュー・ワールドの映画は、十五歳から三十歳までの観客を中心にした若者市場を開拓した。わたしたちの映画はどれも、売りになる要素を盛りこんでいた。とくにアクションとセックスがよくうけた。リベラルな左寄りの政治姿勢もうける要素のひとつであり、同時に映画に社会的な視点をいれることはわたしの好みでもあった。そうすることで低予算映画に欠落しがちな論理的一貫性がくわわることになり、作品の質が向上した。

この姿勢はまた、あるタイプの若い監督たちをひきつけることにもなった。当時わたしのもとに集まってきた監督たちの多くは、一九六〇年代の左翼的な反戦意識を持っていた。わたしのオフィスの壁には、一九六八年のパリ騒乱を描いた一連のフランスのポスターが貼ってあった。友人のプロデューサー、ピエール・コトレルから送られたものだった。ポスターはどこかわたしたちにぴったりのセミ・アブストラクトの荒けずりな手法で、フランスの保守的伝統にたてをつき、空中に突きだした拳で警官に対抗するバリケードの学生革命闘士たちを描いていた。それはオフィスをたずねてくる人々に、わたしたちの立っている場所を語るとともに、彼らにもハリウッド業界のバリケードのどちら側に立つべきかを教えていた。

こうした例にぴったりのニュー・ワールド初期の「発見」のひとりが、ニューヨーク大学（NYU）映画学科出身の若く熱意のある監督、マーティ（マーティン）・スコセッシ（註2）だった。マーティはわたしのところで『明日に処刑を…』'72という風格ある衝撃的な映画を監督した。彼としては初めての商業作品だった。『明日に処刑を…』はまた、のちに二十作の映画を企画製作することになるわたしの妻、ジュリーが初めて手を染めた作品でもあった。ジュリーは以前から〈旅の姉妹たち〉という本に目をとめ、映画化を考えていた。このものがたりは、ボックスカー・バーサ・トンプソンと呼ばれる若い女性の話で、彼女は大恐慌時代にホーボーとなり、鉄道労働者と交流を持ち、列車強盗や売春などにかかわった。当時、アッパーミドルの階層でさかんだった女性運動とはまったく関わりのないところで、強く自分を主張したこの女性を、ジュリーは興味深い人物だと感じていた。

わたしとジュリーが直接、いっしょに仕事をしたのは、それが初めてだった。わたしたちはこの映画を『有蓋貨車《ボックスカー》のバーサ』（『明日に処刑を…』の原題）と名づけ、主役にバーバラ・ハーシーを採用し、出演契約を結んだ。のちに組合運動のリーダーとなる鉄道労働者には、彼女のボーイフレンドだったデヴィッド・キャラダインを起用した。AIPがこの映画を公開することになった。彼らが考えていたのは、『血まみれギャングママ』の続編のような作品だった。

★マーティン・スコセッシ

当時ぼくは二十八歳で、マス・マーケット向けでもアンダーグラウンド作品でもない『ドアをノックするのはだれだ？』'68を撮りおえたところだった。NYUにいたから映画がつくれたわけじゃない。NYUで学んだことなどなかった。あそこでは、生徒に『野いちご《ワイルド・ストロベリーズ》』'57を勉強させる。だが、ぼくは映画館で『ワイルド・エンジェル』を見て大いに勉強をした。NYUではイングマール・ベルイマンのために毎朝蠟燭をたてて、おまいりをするんだ。そこいらじゅうにベルイマン神社があるって感じだった。ベルイマンの映画は大好きだが、ぼくたちがニューヨークのあちこちにある暗い特別教室で勉強したのはコーマンの映画だった。

『ドアをノックするのはだれだ?』は『J・R』というタイトルで公開された。ぼくはワーナーの『メディスン・ボール・キャラバン』'71という映画の編集監修とアソシエート・プロデューサーを兼ねて、LAで仕事をしていた。そこでぼくのエージェントを介して、ロジャーに会ったんだ。ロジャーはぼくの映画を見て、おもしろかったといってくれた。そしてぼくに『血まみれギャングママ』の続編を撮らせたいといった。ぼくはもちろんひきうけると答えたよ。映画関係の仕事だったら、なんでも「はい」といっていたんだ。どうにかして商業映画を撮りたいと、いわれることなら何でもやっていたからね。

それから六カ月間、ロジャーからは連絡がなかった。よくある話だなと思っていた。実際に何があったのかというと、ロジャーは結婚をし、どこかへ行って、それからもどってきたんだ。そのころには、ぼくはジョン・カサヴェテスを手伝ってユニヴァーサルで『ミニーとモスコウィッツ』'71という映画の音響効果の仕事をしていた。ぼくのエージェントがジョンのオフィスへ電話をよこし、ロジャーがぼくを雇って、ぼくの初監督作品がつくれることになったと連絡してきた。ジョンのオフィスの人たちは、みんなぼくの友だちだったんだけど、だれかがぼくをからかっていると思って電話を切ってしまった。でも、最後にはぼくのところへしらせが届いた。

ロジャーは約束した脚本を送ってよこした。脚本を書いたのはジョイス・Hとジョン・

ウィリアム・コリントン（註3）ということになっているが、ほんとうはぼくが全部書きなおした。一九七一年の終わりのことで、撮影はアーカンソー州でおこなわれた。映画をつくるにはDGAに加盟しなければならなかった。製作費は百万ドル以下で、ぼくは規定どおりの監督報酬をもらった。脚本を書きなおした件については報酬をもらっていないと思う。でも初めての監督作品を撮らせてくれたんだ、ロジャーに金を払ったってよかった。

ロジャーは一週間だけアーカンソーにきて、ロケ地探しや撮影準備のあいだそばにいて、そのあと撮影の様子を数日見ただけで帰ってしまった。豪華とか贅沢とは無縁のロケだった。ジュリーはアソシエート・プロデューサーとしてやってきた。ぼくはロジャーの人物をハリー・コーン（註4）のようなタイプと考えていた。人々が何を求めているか、人々が求めているものをどう売ればいいかを知りつくしている天才で、荒々しい粗野な人間だと想像していた。でも、そうではなく、とても礼儀正しく紳士的な人間だった。しかも丁重さを失わずにおだやかで冷静なことばで、エクスプロイテーション・マーケットに関する型破りの戦略を語る、厳しくて手ごわい人物でもあった。考えてみればおもしろい。ロジャーはそういう人物であると同時に、稀少なタイプの芸術家でもあった。というのも、彼は決して深刻ぶることなく、嫉妬や気むずかしいところを見せずに、寛大にほかの才能に接し、その才能を刺激し成長させることができるんだ。

あるとき彼がこんなことをいった。「マーティン、まずやらなくてはいけないのは、映画の冒頭をとてもうまく撮ることだ。観客は何がはじまるかを知りたがっているのだからね。それから映画の最後にも力を入れなくてはいけない。観客は、どんなふうにすべてがおさまったのかを知りたがっている。ほんとうはほかのことはどうでもいいんだよ」これは、ぼくの知るかぎり最高の映画づくりのセンスといっていい。

ぼくは念入りに撮影の準備をととのえた。二週間の準備を終えてアーカンソーに行ったときには、約五百枚の絵を用意していた。ロジャーは絵の一部を見て、残りは見なくてもいいといった。ぼくがちゃんと準備をととのえているのがわかったんだ。撮影の進め方や技術的な面では、ロジャーのやり方をよく知っているポール・ラップが現場の指揮をとって助けてくれた。ぼくは『ミーン・ストリート』'73でも彼を使った。『ミーン・ストリート』のあと、『ニューヨーク・ニューヨーク』'77『レイジング・ブル』'80『キング・オブ・コメディ』'83と、百日間かけて撮影する映画がつづいた。それでコーマン映画のやり方を自分に思いださせるために、『アフター・アワーズ』'85という低予算映画を撮った。そうやって気持ちをひきしめたのがいい効果をもたらした。『最後の誘惑』'88のときは、昼も夜も編集をしてロジャーの教えどおり時間をむだにせず、聖書の雄大なものがたりを六十日で撮り終えたんだ。

★サム・アーコフ
『明日に処刑を…』については、いいたいことがあります。ロジャーは若い監督にこまかい注文をつけたりはしません。しかしよくない点があれば、すぐにそれを指摘します。撮影がはじまって四、五日のあいだ、上がってくるラッシュには、ひたすらまわる汽車の車輪のほか、何も映っていませんでした。ひとつの方角へ進む車輪がすむと、つぎはちがう方向へ進む車輪、という具合です。わたしはすぐにロジャーに電話しました。「ロジャー、いったいこれは何なんだ？　汽車の秘密記録か何かなのか？」

ＡＩＰの人間たちは、マーティを解雇してわたし自身が監督をしろと要求した。彼らはマーティには能力がないと決めつけていた。わたしはＡＩＰの要求を拒否した。彼らは人をよこしてわたしに圧力をかけようとした。わたしはその人間にこういった。「きみがここに来る理由も、またマーティを交替させなければならない理由もない。撮影はスケジュールどおり、予算どおりにおこなわれている。マーティはすばらしいものを撮っている」わたしの考えでは、この件はすべてＡＩＰ内の権力争いから生まれたものだった。ジム・ニコルソンが死去し、製作担当の重役たちはなんとか自分の手柄をたてて昇進したいと競いあっていた。

いまもおなじようなことが、大手映画会社や、インディペンデントの会社のなかでも、おこなわれている。ある種の人たちは権力を持ちたいがために、意図的に危機や問題を発生させ、自身の手でそれを解決してヒーローぶる。わたしはＡＩＰの設立時の様子を知っている最後のひとりだった。そして監督交替の問題は、わたしの信用を失墜させ、新しい体制による全面的コントロールを可能にするために、わたしの存在という脅威をなくすための策略だったと思う。皮肉なことに、こちらはＡＩＰといっしょに映画をつくる気などとっくになくしていた。『明日に処刑を…』は、サムが是非にとたのんできたからやっただけのことだった。

歴史は、マーティを支持したのは正しかったと証明した。マーティ・スコセッシは大監督になった。マーティのあと、ニュー・ワールドはチャンスを求める野心的な才能が集まる聖地となった。

★ジュリー・コーマン

わたしがニュー・ワールドで最初にプロデュースした作品は『夜勤看護婦』’72でした。ジョナサン・カプラン(註5)の初めての監督作品です。その撮影現場に、ジョン・デイヴィソン

(のちに『ロボコップ』'87をプロデュースした)が「ロジャー・コーマン」と書いたバッジをつけてやってきたんです。

わたしはいっしょに脚本を書いていたダニー・オパトシュに、あの人はだれかと訊きました。「ああ、ジョンね」ダニーはいいました。「やつはぼくたちの親しい友だちだよ。大学のキャンパスでロジャーの映画の海賊上映をして、その金で学校を卒業したんだ」

その夜、家でお酒をのんでいるとき、ロジャーにジョンの話をしました。「どう思う?」わたしはそう訊きました。

ロジャーは、すぐに笑っていいました。「そうだな、配給部門にその男のための仕事があるはずだ」

★ジョナサン・カプラン

ぼくは一九七〇年に全国学生映画祭でグランプリを受賞し、おなじ年にNYUを卒業しました。受賞すれば、ハリウッドから電話がかかってくる。そんなふうに思ってました。もちろんハリウッドからの電話などなく、電話してきたのはジュリー・コーマンでした。ジュリーはこんなふうにいいました。「もしもし、ジョナサン。こちらはジュリー・コーマンです。マーティン・スコセッシから『夜勤看護婦』の監督にあなたがいいと推薦されたの。月曜日にカリフォルニアへ来られません？　二週間後に撮影がはじまるこの映画の監督をひきうけていただきたいの」

「でも、どうやってカリフォルニアへ行くんですか？」ぼくは訊きました。「車の運転ができないんです。マンハッタンのアパー・ウェスト・サイドに住んでいるものですから」

「運転なんかどうでもいいのよ。運転手になってくれと頼んでるんじゃないんですもの。監督をしてくれといってるのよ」

「ええ、します。ひきうけます」

「まず二千ドルと飛行機の往復チケットを送るわ。あとのことはあなたのエージェントと交渉するから」

「エージェントはいないんです」

「では、わたしのエージェントを使えばいいわ。そう、それから脚本にすこし手直しが必要なの。マーティンからあなたは脚本も書くときいたわ。それに編集もするって」

「ええ」

「よかった。じゃ、脚本の手直しと編集もお願いするわ。では月曜日に」

　ぼくはフィルモア・イーストでいっしょにはたらいていた仲間のジョン・デイヴィソンに電話しました。ダニー・オパトシュはジョンの下の部屋に住んでいました。三人ともN

ＹＵに通った仲間だったんです。ふたりはぼくの話をきいて興奮しました。そこでジョンとダニーもいっしょにＬＡに行き、脚本のほうは彼らが書きなおすことにしたんです。ハリウッドのおなじ部屋に泊まって、ぼくが配役などの準備をする二週間のあいだ、ふたりをとじこめて仕事をしてもらいました。ときどきは、一九五九年型の赤いシェヴィのコンバーチブルを借りて、免許なしで運転のしかたもろくに知らないまま、ふたりを乗せてハリウッドの街や人を見せにもいきましたよ。

ロジャーは公式をくわしく教えてくれました。裸、アクション、ヴァイオレンス、ただしヴァイオレンスはすこしだけ。ユーモラスな看護士の話、奔放な看護士の話、社会意識を持った看護士の話――これは、ふつう人種的なものです。ロジャーはそれまでの看護士映画のポスターを見せてくれました。すでに新しい映画のタイトルと宣伝コピー「夜勤看護士の夜はいつもたいへん」が決まっていました。どうして撮影所の能なしたちはロジャーのように考えないのでしょうか？　キャンペーンする気のない映画をつくってどうするっていうんです？

ロジャーは撮影の前に、ぼくがいまでも心にとめているすばらしい助言をしてくれました。

シーンを撮るときは、いつも自分自身にこう訊け。だれの視点から撮るショットなの

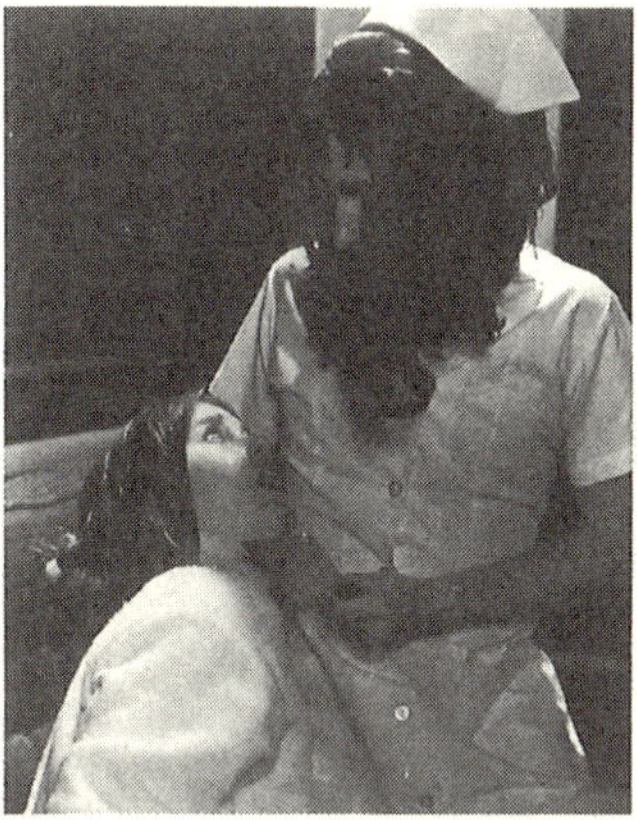

人気の〝看護婦もの〟シリーズより。

か？　どの登場人物がいちばん重要か？　観客をどの登場人物の立場にたたせたいか？　だがそれは、ハンディ・カメラをパンしながら登場人物の視点から写す主観ショットを意味するのではない。観客にも、登場人物がとらえているように設定をとらえさせるということだ。ロジャーは映画のつくり方を知っている人間でした。だから何げない機会をとらえて、こういう貴重なことがいえるんです。

十三日間の撮影が終わった五日後、一回目の編集をした作品をロジャーに見てもらいました。彼は一日目のラッシュを見ただけで、あとは見ていなかったんです。最初の編集を終えた作品はひどい出来で、それとくらべると『見習い看護婦』が名作に見えるほどでした。二度と仕事はもらえないだろうと思っていました。でもロジャーは親切でした。彼は黄色いメモ用紙を持ってきて、そこに約三十項目の具体的な注意事項がきれいな字で書いてありました。それをぼくに読んでくれたんです。映画のことでだれかから具体的な注意をしてもらったのは、あのときが最後です。ロジャーは、ふたりの会話の間合いをカットして映画をスピード・アップさせられる箇所を教えてくれました。三コマを削除できる箇所も教えてくれました。大手映画会社の重役のなかに、そういった微妙なちがいがわかる人間がいるなら教えてほしいですよ。

ニュー・ワールドのなごやかで家族的な、若い者を育てようという雰囲気は、とても魅力的でした。ジョンは、ニュージャージーで《フィルムジャーナル》を編集していた友だちのジョー・ダンテ（註6）といっしょに脚本を書いていました。結局は映画になることのなかった脚本です。しかしジョンはロジャーに雇われて広告宣伝の責任者になりました――彼はロジャーのところで仕事をするのが夢だったんです。『夜勤看護婦』はチャタヌガのある映画館で入場者数記録を更新しました。ジュリーがパリから電話でそうしらせてくれたんです。おかげでぼくはもう一度雇ってもらい、『学生教師』'73を監督しました。ダニーとぼくが脚本を書いたんです。それからジョンはジョー・ダンテをつれてきて、この作品の予告編の編集をさせました。

ロジャーは映画配給ビジネスで利益をあげる方法を、ほかのだれよりもよく知っていました。ぼくは一九七四年にいかにもロジャー・コーマン作品らしいトラック運転手の映画『爆走トラック'76』'75を撮りました。封切りは水曜でした。金曜日の午後四時、ロジャーが電話してきていいました。「きみの映画は世界じゅうで三千五百万ドル稼ぐだろう。わたしの予測はいつも正しい。誤差は十万ドル以内だ」最終的に、その作品は三千五百万ドルを稼ぎました。

わたしは早い時期から、ニュー・ワールド・ピクチャーズがエクスプロイテーション映画にのめりこみすぎるのはよくないと考えていた。そしてまったくちがう方向の事業——海外のすぐれた監督たちによる芸術映画のアメリカ公開——をはじめるべきだと思うようになった。芸術映画を手がけようと思った理由のひとつは、営業責任者のフランク・モレノがその分野にくわしかったためだ。また会社が急速に成長し、まわりからもその存在を認められるようになったためでもあった。この配給事業ははじめ、製作事業を補佐するかたちで少額の投資ではじめられたが、すぐに大きな成功をおさめ、ニュー・ワールドの強力な部門となった。

最初に配給した外国芸術映画、イングマール・ベルイマンの『叫びとささやき』'72はすばらしい成功をおさめた。一作目がヒットしたあと、一九七四年の秋には、ニュー・ワールドが二年前から確保していた人材、バーバラ・ボイルがフランクのほかにくわわり、外国映画買いつけのために世界じゅうをとびまわった。

フランクはベルイマンのエージェントと知りあいで、ベルイマンが、政府から助成金をうけ、それまで彼の作品のほとんどを後援した映画会社、スヴェンスク・フィルムインドゥストリといさかいをおこしたのを知っていた。ベルイマンは『叫びとささやき』を自分で集めた資金でつくった。そしてわたしのきいたところでは、世界各国に、予想される興行収入の比率を割りあてた。たとえばオーストラリアは三パーセントの国とされた。それは、オーストラリアにおける興収が世界全体の興収に対してそれだけの比率を占めるということだった。ベルイマンはその方法で、各国の配給業者から金を回収しようとしていた。

わたしは条件を交渉するつもりはなかった。コックン・ブルとおなじように映画業界の人間が出入りして、企画を話しあったり契約を成立させたりするレストラン、スカンディアで、ベルイマンのエージェント、ポール・コーナーとあって昼食のテーブルをかこんだ。そしておいしいスカンディナヴィア料理を食べながら契約をまとめた。ポールはまずわたしのために作品を映写しようといった。しかし、わたしは見るまでもないといった。

わたしの意識のどこかに、自分のイメージを変えたいという気持ちがあったのだろう。自分のイメージがエクスプロイテーション映画づくりとぴったり重ねられてしまうのはいやだったし、そういう烙印をおされるのさえいやだった。しかし、わたしは会社を経営し、会社のオーナーであり、ある意味ではわたしが会社そのものだった。したがってニュー・ワールドの新しいイメージが、わたしのイメージとされた。

それまでベルイマン、黒澤明、フェリーニなどの巨匠たちの作品を配給していたのは、芸術映画愛好家が経営する小さな会社だった。そういった会社には、適切な条件で映画を市場に送りだしたり、四週目の興行成績がわるいときにねばって五週目も上映を持続させたりする力はなかった。外国の巨匠の作品が大手映画会社の「名作」部門によって配給されることもあった。しかし比較的少額の収入は会社全体から見ればあまり意味がなかったからだろう、彼らはそういった作品の市場を理解していなかった。わたしのほうは配給事業で実績をあげていて、小さな芸術映画の会社よりもずっと大規模な興行系列で上映ができた。

わたしはこう考えた。大手は理解していないし、小規模の会社は力不足。それこそ、わたしたちが進出すべき市場だと。

外国作品の輸入によって、ニュー・ワールドは分裂的性格を持つ会社となった。おなじ年に『叫びとささやき』と『夜勤看護婦』を、その二年後に『フェリーニのアマルコルド』'73と『女刑務所　白昼の暴動』'74を、一九八〇年には『ブリキの太鼓』'79と『モンスター・パニック』(註7)'80を公開できる会社がほかにあったろうか？

分裂的性格は大いに会社の評判を高めた。それは社会の先端を行く、しゃれた楽しいこととして評価された。ニュー・ワールドはエクスプロイテーション映画と芸術映画の両方をあつかい、どちらの分野でもアメリカの指導的な存在となった。

ベルイマンには、アメリカとカナダの配給権からあがる利潤に対するものとして、七万五千ドルを支払った。利益分配は利益が一ドルをこえた時点から計算され、わたしたちはだいたい、七十対三十の比率で利益をうけとった。バーバラ・ボイルは何年かのあいだにニュー・ワールドが権利を取得した二十数本の作品についてもおなじ公式を適用した。『叫びとささやき』はアメリカですばらしい興行成績をおさめ、オスカーを受賞した。ベルイマンがアメリカでこれほど大きな成功をおさめたのは初めてだった。

ベルイマンの作品を初めてドライブ・インに導入したのも、マンハッタンの西と東の映画館というようにおなじ街の複数の映画館で同時に上映したのも、わたしたちが初めてだった。わたしたちは当時のドライブ・インが——十年前や十年後の供給過多の時代とちがって——作品不足に悩んでいるのを知っていた。したがってドライブ・インでの上映は意味があったし、利益にもつながった。

『叫びとささやき』は貸出料で百五十万ドルを記録し、利益は百万ドル近いものとなった。多数のプリントをつくらなかったため、広告宣伝費やプリント代は少額だった。公開に際しては、ウェストウッドのアート・シアターで少々変わった優雅なプレミアをおこなった。映画のなかで黄色のバラが象徴的に使われていたことから、会社の若くてきれいな女の子ふたりにロング・ドレスを着せ、試写を見て出てきた女性客に黄色のバラを渡す係にしたのだ。この映画を特別の芸術作品、特別の映画にするための入念な演出だった。大手映画会社は芸術映画のためにここまで気を配りはしない。

何年か後、わたしは初めてベルイマンに会った。彼は作品のドライブ・イン上映をすばらしいことだと考えていた。「いままで、だれもそれを思いつかなかった」彼はいった。「わたしは以前からできるだけ多くの人に作品を見てもらいたいと思っていた。ニュー・ワールドのおかげで、それまでわたしの作品を見たことのなかった人が見てくれた」

つぎの年には、ジャマイカの有名な映画で、レゲエ・ミュージックをアメリカに紹介するのに一役かった『ハーダー・ゼイ・カム』’72、さらに驚異的なサイエンス・フィクション・アニメーション『ファンタスティック・プラネット』’73の公開もおこなった。フランクはルネ・ラルーのすばらしいアニメーション作品『ファンタスティック・プラネット』を前に見ていた。フランクの薦めで、わたしはカンヌ映画祭でジュリーといっしょにそれを見て購入を決めた。その場でプロデューサーと契約をしたのだ。簡単な契約メモをつくり、契約の成立を祝ってプロデューサーが持ってきたシャンパンをのみ、いっしょにホテルの部屋から地中海をながめた。『ファンタスティック・プラネット』はオスカーのノミネート作品となり、二十万ドルを稼いだ。

ニュー・ワールドはこのほか、のちにいくつもの偉大な外国作品の権利を獲得した。そのなかには、最大の利益を生んだ『フェリーニのアマルコルド』、フランソワ・トリュフォーが監督し、イザベル・アジャーニが出演した『アデルの恋の物語』’75、同監督の『トリュフォーの思春期』’76、アラン・レネの『アメリカの伯父さん』’80、黒澤明の『デルス・ウザーラ』'75、さらに数年後にはオーストラリアの監督、ブルース・ベレスフォードによる『英雄モラント』'79がある。『英雄モラント』はＨＢＯとの非独占契約で三十五万ドル、ペイ・テレビで百万ドル、そして貸出料三百五十万ドルを稼ぎだした。

権利の取得にもっとも高額を払ったのはフォルカー・シュレンドルフの『ブリキの太鼓』の四十万ドルだった。バーバラは何度も中断した長い交渉をうまく切りぬけた。彼らの七十五万ドルの要求と、こちらの三十万ドルの提示からはじまった交渉だった。この映画の貸出料は、アメリカとカナダをあわせて二百万ドルになった。

また、わたしがニュー・ワールドを売却する前、最後にあつかった映画は閉幕にふさわしく、この事業がスタートしたときとおなじベルイマンによる『秋のソナタ』'78だった。この映画もまたオスカー受賞候補となった。一九七〇年代はじめから一九八〇年代はじめまでの十年間のアカデミー外国語映画賞受賞作品のうち、ニュー・ワールドがあつかった作品は、ほかの会社の作品すべてをあわせたものより多かった。

★バーバラ・ボイル

カンヌではほんとうにすごかったんです。ニュー・ワールドの評判が高まったせいで、人に呼びとめられたり、ホテルの部屋のドアの下からチラシが差しこまれたりしました。

ヨーロッパ、とくにフランスではロジャーは映画人として高い評価をうけ、みんなが集まってきました。コーマンのニュー・ワールド社の関係者だというだけで、重要人物になるんです。そういう意味で、ロジャーは外国の映画関係者のあいだではゴッドファーザー的存在でした。

一九七四年の十月、わたしがニュー・ワールドで仕事をはじめた直後のことでした。わたしはニューヨーク映画祭にいき、ニューヨーク支部の人がトリュフォーの『アデルの恋の物語』の試写につれていってくれました。

そのあとロジャーに電話していいました。「その映画を見てきたのだけれど、とてもよかったの。あなたもぜひ見たほうがいいと思うの。むこうの要求は十万ドルよ。あなたに決めてほしいんだけど」

「心配いらない」ロジャーはいいました。「きみを信頼している」そして電話を切ってしまいました。

わたしはもう一度電話をかけました。「どういうこと？　わたしはあなたの会社の弁護士よ。買いつけ係じゃないわ」

「きみは映画を見た。わたしは見ていない。こんな話をする必要はない——こんな無駄づかいをする必要もない。その映画を買うんだ」そしてまた電話を切ってしまいました。無駄づかいとは、もちろん権利取得のための十万ドルではなく、長距離電話のことでした。ニュー・ワールドが大きくなるにつれて、ニューヨークでの公開に三十万ドルの宣伝費を投入するといった方法を使う大手映画会社の「名作」部門が参入し、当然のことながら外国映画の値段をおしあげました。現在、そういった部門は全部つぶれています。

それから『デルス・ウザーラ』では、芸術的な価値をたいせつにするロジャーの一面を見ました。

ロジャーは「この映画を買うことにしよう」といいました。でもわたしは賛成しなかったんです。「この映画を見たいなんて人は世界に三人しかいないわ。しかもそのうちのふたりはこの試写室にすわっているのよ」絶対に大損をすると思っていました。売り手の要求は七万五千ドルでした。

「いいんだよ、バーバラ。『デルス・ウザーラ』はアメリカで上映する価値のある映画だ」わたしは危険だといいつづけましたが、この作品をアメリカの観客に見せるべきだというロジャーの決意はかたいものでした。『デルス・ウザーラ』は貸出料で四十万ドルを稼ぎ、オスカーの最優秀外国語映画賞に選ばれました。ロジャーのお金に対する直感はいつも正しかったんです。

フランクとバーバラは会社のためにいっしょうけんめい働いてくれたが、初期のコーマン・スクールの卒業生、フランシス・コッポラの『ゴッドファーザーPARTⅡ』'74への出演という事態からわたしを守る役にたってはくれなかった。わたしはマイケル・コルレオーネ逮捕を決定する上院委員会の委員に扮した。そして照りつけるまぶしいライトをあびて、クローズアップ・ショットを撮られた。たいへんなことだった。委員に扮しているのはすべて、フランシスの友だちの脚本家かプロデューサーか監督だった。事前に昼食をとりながらフランシスが話してくれた。彼はキーフォーヴァー委員会の公聴会のニュース・フィルムを見て、上院議員たちが知的で威厳のある人物でありながらテレビ・カメラの前であがっていたことから、わたしたちを出演者にすることを決めた。「考えたんです」フランシスはいった。「どうやれば、そういう効果が出せるだろうか？　それで映画のことはよく知っていても俳優の訓練をうけてはいない脚本家やプロデューサーや監督を選ぶことにしました。そういう人たちはライトの下できっと緊張するだろうと思ったわけです」

フランシスは正しかった。わたしは二日間ライトの下にいた。強烈なライトがあてられていた。向こう側にあるものを見ることができなかった。撮影がはじまる直前、向こうの暗闇から大きな声がわたしに話しかけてきた。手をかざして見ると、ジャック・ニコルソンだった。彼は隣接するスタジオで撮影中で、わたしがセットにいることをきいた。そして『リトル・ショップ・オブ・ホラーズ』でマゾヒストの患者の役をふりあてたわたしを、ひやかすためにやってきたのだった。わたしが大型映画で初めてせりふをいうという、たいへんなときが迫っていた。

「あがるなよ、ログ」ジャックはお得意のいたずらっ子のような笑顔をつくっていった。「だが、せりふをとちるな。ハリウッドでのきみの将来がかかっているぞ」

15 章

監督休業中の趣味としてはじめたことが、またたく間に映画産業内の大きなインディペンデント勢力として成長した。わたしはニュー・ワールドのスケジュールを円滑にすすめるために、新しい方策を考えざるを得なかった。わたしは自分が何をつくりたいのか、何が金になるのかを知っていた。また拡張をつづける配給網に供給をつづけ、わたしたち社員の給料を捻出する必要もあった。ますます大勢の若くてやる気のある監督たちが勉強のつもりで集まり、デビュー作品を監督して商業映画界にデビューできるならと、ただ同然の報酬で仕事をした。

それはニュー・ワールドが急速な拡張をし、強烈な創造エネルギーにあふれていた時代だった。わたしたちは外国作品の輸入、そして低予算映画の製作と公開に新しい道をみつけた。三大ネットワーク、ペイ・テレビ、ケーブル・テレビなどの市場がひらけたことにともなって、映画の製作開始以前に製作原価を埋めるだけの金額を確保する新しい方法もみつけつつあった。ニュー・ワールドはハリウッドの中心からは遠いところにいたが、いくつもの企画で高率の利益を保証することができたおかげで、利益分配というかたちの支払いを確実に実行する会社という定評を得た。利益はなしというハリウッドの伝統はニュー・ワールドにはあてはまらなかった。

映画会社を経営するとき、まず第一にやらなければならないのが、作品にするだけの価値がある脚本をみつけることだ。しかしわたしが若くて野心的な脚本書きだったとしたら、ロジャー・コーマンの会社のような低予算映画を製作するインディペンデント企業に作品を送りはしない。まずユニヴァーサルやコロムビアやパラマウントやフォックスに作品を送って読んでもらう。これは当然のことだ。大手映画会社のほうが支払う額は大きいし、より規模の大きい映画がつくれるし、そこで仕事をしたことが名誉となり、売れっ子の脚本家になることもできる——ただしそれはすべて、脚本の映画化が実現した場合の話だ。そこに大きな落とし穴がある。

たいていの場合、脚本はどの大手映画会社からもそっぽをむかれる。そして初めてロジャー・コーマンの会社に送られる。わたしたちのところに来る脚本は——当時もいまもおなじだが——大手映画会社システムが排出した紙クズともいえる。その意味ではインディペンデントは脚本のリサイクル工場だ。いろいろ失敗を重ねてはいるが、大手映画会社を経営しているのは愚かな人間ではない。したがってほんとうにすぐれた脚本であるなら、彼らはそれを買い入れる。しかし彼らの問題は、優秀な作品をすべて買うだけでなく、自分たちを守るために駄作もたくさん買い入れてしまうところにある。すこしでも使えそうなものを全部買ってしまうため、どの大手映画会社も膨大な数の映画にならなかった脚本を抱えこんでいる。

このため、わたしたちの会社にはいつも充分な数の脚本がまわってくるわけではなかったし、わたしは脚本家ではなかったので、何か方法が必要だった。創設から数年間、ニュー・ワールドがつくる映画の四分の三はわたしのアイデアから生まれたものだった。わたしはいつも真夜中や仕事を終えて家へ帰ったあとに、思いついたアイデアを四、五行、あるいは十数行、紙に書きつけた。そして会社の優秀なストーリー・エディター、フランシス・ドールにアイデアを話し、彼女はそれを脚本を発注するときに必要なストーリー企画書にまとめた。

わたしたちには企画を社内でつくるか、的確な判断で外部の企画に便乗するしか方法がなかった。たとえば、わたしが、モデルの映画の企画を思いついたとする。看護士、キャビン・アテンダント、囚人、教師、そう、今度はモデルでいこうという具合に。わたしはフランシスと会議をし、あらすじや内容のまとめをつくって脚本家のところへ持っていく。

脚本家は二カ月ほどで脚本を仕上げる。

　ニュー・ワールドは脚本家協会に加盟していたので、脚本家への支払いは協会の報酬基準にしたがっておこなわれた。しかし協会の報酬基準が低予算映画にとっては意味をなさないほどの高額にひきあげられたため、わたしは更新時にあえて署名をしなかった。一九八〇年代には、報酬の最低額が三万ドルにまであがった。これにその他のコストをくわえると五万ドルをこえる。大規模な予算の映画でなければ、脚本家協会の基準を守ることはできないということだった。

　初期のニュー・ワールドの映画には、製作スタッフが考えた企画によるものが多かったが、外部からのものも少数だがあった。芸術映画のほかに、他社で製作された映画や、資金の一部を提供するかわりに配給権を獲得した国内外のエクスプロイテーション映画――『女フランケンシュタイン』'71『火葬人』『悪魔の恋人のさけび』など――も公開した。

　ほかにも映画をつくる方法はあった。たとえば、ちょうどブルース・リーのカンフー・ブームがはじまったときだった。わたしはショウ兄弟から非常に安い価格で、武闘シーンのたくさんある中国の王朝時代の映画を買い入れた。『水の闘士』といったようなタイトルの映画だった。英語への翻訳と吹きかえには、わたしの友人で、香港のショウ兄弟と仕事をしていた女優のリサ・ルーが協力してくれた。映画はとても長くてせりふが多く、わたしたちはそれを短縮してアクションを強調する再編集をおこなった。『ドラゴン、七つの攻撃』というタイトルで公開されたこの映画は、かなりの利益をもたらした。

それからエド・シェレックが脚本を持ちこんできた映画もつくった。彼はハナ・グリーン著の〈デボラの世界　分裂病の少女〉（原題は〈私はあなたに薔薇の庭は約束しなかった〉）の映画化権[註1]を所有していて、脚本と資金の一部を用意して共同製作を申しこんできた。ニュー・ワールドのほかの作品とは毛色がちがったが――ドラマティックでたっぷり感情のこもった深刻な作品だった――、わたしたちは承諾した。この映画は高い評価をうけ、商業的にも成功し、アカデミー賞の脚本賞候補となった。

もうひとつ、非常に変わった経緯でつくられたのが『ハリウッド・ブルバード』'76だ。この作品のきっかけは、シラノズで昼食をとっているときにジョン・デイヴィソンが賭けてもいいといって話をはじめたことから生まれた。ニュー・ワールドのほかのどの映画よりも安い製作費、九万ドルで映画をつくってみせる――彼はそういったのだ。「よし、その賭けにのろう」とわたしはいった。

話がまとまり、監督は、わたしの会社で予告編の編集をしているふたりの若い監督の卵、ジョー・ダンテとアラン・アーカッシュ[註2]に決まった。脚本はチャック・グリフィスとダニー・オパトシュがそれぞれ一本ずつ書いてみることになった。事前のうちあわせで、ジョンがニュー・ワールド・ピクチャーズのストック・フィルムを自由に使えることが決められた。映画の題材が低予算の映画づくりに関するものであるのはあきらかだった。撮影期間は十日間。ポール・バーテル(註3)が低予算のエクスプロイテーション映画の監督を演じることになった。

★ジョー・ダンテ

　とても熱心でひとつのことをひと晩じゅう考えて、そのために死んでも、気がふれてもかまわない――そういう人間なら、ロジャーとうまくやっていけます。ぼくがそういう人間でした。ジョン・デイヴィソンとはジャージーにいた十代のころからの知りあいです。ぼくはフィラデルフィアの映画業界誌で働いていましたが、一九七四年、ジョンが予告編づくりの仕事をみつけてくれました。初めての仕事は『学生教師』とデミの『女刑務所白昼の暴動』でした。三十五ミリの編集はそれが初めてでした。どうやっていいかまったくわからなかったんです。とにかくクビにならないよう必死にやっていく過程で、多くを学びました。

『ハリウッド・ブルバード』では、迫力あるアクション・シーンを撮影する予算はとうていありませんでした。どちらにしろ、ぼくは演出方法など知りませんでしたけど。ぼくたちに許されているのは、人が話しているシーンの撮影くらいでしたが、ぼくたちには人が話している映画をうまく撮ることはできませんでした。ぼくたちは予告編をつくってロジャーの作品のすべてを知りつくしていました。それでニュー・ワールドのような映画会社の映画をつくって、ストック・フィルムを使うことにしたんです。でなければ、フィリピン人の男性が木からおちるシーンを何度も使ったりはできないでしょう?

それで撮影がはじまる前に、ありものの映画から必要な部分をぬきだして編集しました。そしてそれにあわせて、撮影をしました。スカイダイビングのショットがあったので、ぼくたちの映画でも、三人の女優がスカイダイビングでフィリピンの映画ロケ地におりるという設定にしました。

しかしロジャーは脚本を読み、スカイダイビングはおかしいといいだしました。「税関の問題はどうする?」というんです。ロジャーはとても論理的な人間で、ときどきユーモアのセンスに欠けることがありました。ロジャーといっしょにコメディを撮るのはむずかしいという人がいるのは、そのためです。製作の費用は八万ドルであがりました。編集は、ぼくたち三人にエイミー・ジョーンズがくわわってみんなでやりました。映画はかろうじてトントンというところでした。それでも、ぼくたちは映画をつくりました。すごいことです。ぼくたちは大きなものを学びました。

外部の材料を使った企画で、もっとも大胆だったのは『大津波』[註4]'75というタイトルで公開された作品だった。わたしはどう見てもそのままの形ではアメリカで公開できない日本製の大災害映画を購入した。特殊効果にはよいものがふくまれていて、多額の金がかかった作品だった。わたしたちはプロデューサーの了解を得て内容を凝縮して短くし、国連事務総長に扮したローン・グリーンが日本を救おうと奮闘する場面を十分間から十五分間、挿入して再編集をした。そしてせりふをすべて英語に吹きかえて上映した。おどろいたことに、この映画はわるくない興行成績を示した。意外にもかなりの利益をあげたのだ。ただし、こういった方法は例外的だった。ほとんどの映画は買ったときのままの形で公開された。国内公開用にこれほどの大胆な再編集がおこなわれた例は、おそらくほかにはないだろう。

★アラン・アーカッシュ

ロジャーが買った映画は『日本沈没』'73という作品です。『ゴジラ』[註5]'54をつくったのとおなじ人たちが撮ったものです。環境を破壊する大災害が日本をおそう話でした。長さは三時間。かなりよくできた映画でした。でもロジャーはこういいました。「七十分に縮めろ。日本語のせりふのシーンをできるだけカットするんだ。『大津波』というアメリカ映画をつくるんだからな」

それからローン・グリーンを雇って国連事務総長の役をやらせました。そしてスタジオでローンが心配そうな顔をしたり、ばかばかしい質問をしているところを撮影しました。ジョーやジョンや会社の秘書たちがみんなで、日本人のアクセントを真似て英語の吹きかえをしました。

ローンのシーンは、画面を揺らしたり大きな音をいれたりして地震らしい感じを出しました。上から小麦粉を降らせて埃のように見せたりしました。予告編は、日本人が出てくるシーンは全部はぶいて、まるでアメリカの大災害映画のように見せたんです。ストック・フィルムのなかから「どうしたらいいのだ？」というように男が両手を高くあげているシーンを挿入しました。おかげで映画はあたりました。

★フランシス・ドール

どちらにしても、どの映画もわたしがあらすじを考えているのだから、わたしが自分で脚本の第一稿を書けばいい——ロジャーがそう考えるのに長い時間はかかりませんでした。最初は『ビッグ・バッド・ママ』のときでした。ロジャーとわたしはこう考えました。A

ーPの『血まみれギャングママ』はうまくいった。もう一本、今度はフィクションで女ギャングの映画をつくり、息子ではなく娘といっしょに犯罪をおかす話にしたらどうだろう？　ロジャーがアイデアを話しました。主人公が何を強奪するかとか、主人公はマー・バーカーより色っぽい女でなければならないとか、アクションはどんなものがいいか、といったことです。そこからわたしが、これまで何度もそうしたように、ストーリー・ラインを考えました。つぎにすることは脚本家探しでした。水曜の朝、ロジャーがわたしの書いたあらすじを持ってオフィスにやってきました。いつものように、彼が内容をつけくわえたり削ったりしたものです。

「よくできている」彼はそういって話をはじめました。「フランシス、いまかかっている仕事を全部中断しろ。金曜の午後六時までに、きみに第一稿を仕上げてもらいたい。長さは百ページか百十ページ程度。映画は視覚のメディアだということを忘れないでくれ。せりふが多すぎるのはよくない。一日に三十から三十二ページを仕上げる計算だから、一日八時間として一時間に四ページ書けばいいことになる。一ページにつき十五分程度ということだ」

わたしはたいへん苦しみました。真夜中までオフィスに残りました。原稿は手書きで書いたんです。オックスフォード時代からタイプは苦手で、そのときになっても上達しててはいませんでした。そして毎朝、ロジャーが雇ってくれたタイピストに原稿を渡しました。そのタイピストが毎晩電話をかけてきていうんです。「なんてひどい出来なの。わたしのほうがうまく書けるわ」って。

つぎの苦痛は、リライトのために雇ったほんものの脚本家、ウィリアム（ビル）・ノートンに会わなければならないことでした。原稿の出来がひどくてはずかしかったので、ロジャーが若い映画専攻の学生を雇って脚本を書かせたということにしたんです。わたしは、その学生はほんとうに能無しだったと徹底的にけなしました。そしてビルにまったく自由に変えてもらってかまわないといったんです。

ビルはわたしに――ニュー・ワールドのストーリー・エディターとしてのわたしにです――、登場人物の行動の動機、娘と母親のあいだの絆、脚本に書かれている奇妙な性関係などについて質問をしました。そして「これを書いた映画科の学生に会ってみたい」といいだしたんです。

「でも」わたしはあわてました。「その人、もういないの。海外へ行ってこちらへはもどらないわ」書きなおした脚本が完成するころには、ビルも気づいて「これを書いたのはきみだね？」といいました。彼はとても思いやりがありました。共同脚本ということでスクリーンにわたしの名前を出すといいはって、ロジャーも承諾してくれました。六本の脚本でおなじようなことをつづけたあと、わたしは「おねがい、もう勘弁してちょうだい」とロジャーにいいにいきました。

ニュー・ワールドは何本もの映画で成功をおさめたが、失敗作もあった。うまく行くと考えて製作した『コックファイター』'74も、そのひとつだ。これはわたしが読んでおもしろいと思った小説を映画化した作品で、著者はチャールズ・ウィルフォードという作家だった。南部で闘鶏用の鶏舎を経営する男を描いたストーリーは、豊かな映像のよい映画になりそうだった。監督にはモンテ・ヘルマンが決まり、撮影監督にはネストール・アルメンドロス(註6)を起用した。ネストールにとっては、初めてのアメリカ映画だった。ネストールのことを知ったのは、わたしの製作でダニー・ホラーが監督をした『ワイルド・レーサー』'67で彼がすばらしい仕事をしたときだった。友人のフランス人プロデューサー、ピエール・コトレルが彼を推薦してくれたのだった。わたしはこう考えた。ネストールをパリからジョージアに呼ぶのと、ハリウッドからカメラマンを呼ぶのとでは、それほどのちがいはないのではないか？　おまけにネストールは、わたしたちが使っているハリウッドのほとんどのカメラマンよりずっと腕がよく、要求する報酬は少なかった。一九七九年、ネストールは『天国の日々』でオスカーを受賞した。

わたしの知るかぎり、闘鶏をあつかった映画はそれが初めてだった。どうして闘鶏の映画がつくられなかったのか、わたしはいまでは理由を知っている。闘鶏の映画を見たがる人間などいないからだ。映画は失敗した。アメリカ農村の暗い一面を描く興味深い映画で、商業的にも成功する——わたしはそう思いこんでいた。弁解はしない。わたしがまちがっていた。

しかし、とにかくわたし、ジュリー、ネストール、モンテの四人はジョージアの山間部で映画のロケ地探しをした。そして、建てられてから五十年か百年を経て、壁板がくずれかけ、波形鉄板の屋根に穴のあいた古い闘鶏場がみつかった。建物のなかでは、天井の穴からさしこむ光のなかで埃が舞っていた。あちこちに嚙みたばこの広告があり、いかつい顔のジョージアの農民たちがオーヴァオール姿でビールや密造酒をのんでいた。彼らは泥のリングをとりまく木製のスタンドにすわって、賭け金を投げおき、声をはりあげて鶏を応援していた。

わたしも仲間にはいって金を賭け、酒をのんで地元の人たちと話をした。そして負けた。それを不吉な前兆と見るべきだった。わたしにはどの鶏もおなじように見えた。鶏を見て「あれより、こっちの鶏のほうが強い鶏だ」などとわかるわけがなかった。

ジュリーとネストールはわたしの様子を見ていた。ネストールがジュリーにいった。

「うん、なかなかいいじゃないか」わたしも同調した。「これを写せば、とてもセンセーショナルなシーンになる」

「モンテはどこに行ったのかな?」ネストールが訊いた。モンテは外の駐車場にいた。

「モンテ、こんなところで何をしてる?　なかはすごいぞ」とわたしはいったが、モンテはわたしに賛成せず、嫌悪をあらわにしていった。「ああいうものは見たくない」やれやれ、わたしの闘鶏の映画はうまく行くのだろうか。当の監督が闘鶏を嫌悪している。

モンテはウォーレン・オーツ(註7)を主役にしてよい映画を撮ったが、血なまぐさいアクション・シーンをはぶき、絶対に必要な、見栄えのするクローズアップもなかった。わたしはあとで第二班をつくって必要なシーンを撮らせることにした。

モンテが撮り終えたあとの闘鶏シーンの撮影には、映画編集者のルイス・ティーグ(註8)が志願した。「わたしにはできます」そういって、彼はみごとな監督ぶりをみせた。彼はカメラマンといっしょに、ジョージア州とおなじように法律で闘鶏が許されているアリゾナ州へ出かけた。装備はカメラだけだった。彼にとっては大きなチャンスだった。彼はよくできた血だらけのアクションのクローズアップを撮影し、わたしたちはそれを最終編集版に挿入した。みんなは映写室でラッシュを見て顔をそむけた。わたしをふくめて、だれもルイスが撮ってきたものを見たがらなかった。なまなましすぎたのだ。ルイスはその後、もっと大きな作品にめぐまれていい仕事をした。ジョン・セイルズ(註9)が脚本を書き、ジュリーが製作した『赤いドレスの女』'79や商業的に成功した大型アクション・アドベンチャー作品『ナイルの宝石』'85などだ。

『コックファイター』はアメリカのサブカルチャーのひとつを描きだす魅力的な作品になる——わたしはそう確信していた。しかしわたしの「魅力的」ということばと反対に、ほかの大勢が「いまわしい」ということばを使った。

この映画の公開で、わたしたちは損をした。そのあと作品を救うため、題名を『生まれ《ボーン》ついての殺し屋《・トゥ・キル》』と変えてもう一度公開した。この作業にはジョー・ダンテにも協力してもらった。ジョーには本編をこえる予告編をつくれる腕があった。

★ジョー・ダンテ

『コックファイター』は芸術映画に近い作品でした。ウォーレン・オーツが演じる主人公が闘鶏の年間優秀賞のようなものを獲得するまで沈黙の誓いをたてるんです。変わった話です。予告編をつくるのに、手真似で話しているウォーレンとたくさんの鶏の映像があるだけでアクション・シーンがないんです。それでいったい何ができるっていうんですか？

それでもかなりいい出来の予告編をつくりました。ロジャーはこの映画がジョージア州でヒットすると確信していたので、公開はまずジョージアからでした。公開のとき、ロジャーはヨーロッパにいました。しかし、ジョージアでは闘鶏は当惑の対象だということがわかりました。幼児に対する性的暴行みたいなもので、人がおおっぴらに話すことではなかったんです。だからだれも映画になんか行きません。映画評にもひどいことを書かれ、最悪でした。ふつうよりコストのかかった映画をかかえて、ロジャーはせっぱつまりました。

ぼくがほかの映画の編集をしているとき、ロジャーがヨーロッパから電話してきました。「いまからやることを話す」彼はいいました。「まず『夜勤看護婦』からはでなトラックのチェイス・シーンをぬきだし、『付添い看護婦』'71から寝室の場面をぬきだす。それを編集して一分間のフィルムをつくるんだ。それからウォーレンが女の子にいっているせりふをぬきだして――彼がほんとうにしゃべっているときのせりふだ――、変わった音楽をかぶせる。それを映画のなかでウォーレンが眠ったすぐあとと目をさましたときに挿入する。それで夢のシーンができる」

ぼくはわかったといいました。「それから」ロジャーはさらにつづけました。「タイトルを『生まれついての殺し屋』に変更する。予告編をつくりなおして、いま話した新しいシーンを全部入れて、トラックと女と裸と銃の映画のように見せるんだ。ほんとうにはなくても、そういうものが全部ある映画のようにする。そうやって映画を救ってみよう」

ロジャーは、映画を十五分削りました。もちろん映画を救うつもりでしたことです。しかし、おかげでいちばんよいシーン、意味のあるシーンが失われました。でもロジャーのすばらしいところは、最後まで映画を見捨てないことです。大手映画会社の連中は高額の製作費がかかった映画でも二日であきらめてしまいます。ロジャーは決してあきらめません。

映画を売りこみやすくするために、ぼくたちは予告編であらゆることをしました。フィリピンで製作した映画のヘリコプターの爆発シーンの話は有名です。どの映画の予告編でも、画面が退屈になったら、その興奮するシーンを入れるんです。男が銃を撃っているショットのつぎに大空のショットを入れ、つぎにヘリコプターの爆発を入れる。実際の映画にそんな場面がなかったことにはだれも気がつきません。気がついたにしても、入場料は払ってしまっています。もちろん倫理的には正しいことではないけれど、でもおもしろかったんです。〔冗談みたいな気持ちでした。

ロジャーは自分でもとめようがなかったんです。彼の倹約精神は生まれつきのもの、衝動のようなもので、ときに判断を誤ることがありました。彼は自分の力で富を築きあげましたが、金を使わないせいで自分や映画を損なうこともあったんです。

週間で脚本を仕上げた。彼が『羅生門』のバイク版と形容する作品だった。つぎの機会にロンドンへ行ったとき、わたしはヒルトン・インターナショナルのバーでふたりに会った。脚本を渡して出ていこうとするふたりにわたしはいった。「どこへ行く？　いま読んでしまうよ。すこしのあいだ飲物でものんでいてくれ」わたしはすばやく脚本に目をとおした。「よし決まった」わたしはいった。「ジョーはコマーシャルの演出をしたことがあるし、ジョナサンはそれをプロデュースしてきた」

「はい」ふたりはうなずいた。彼らは事態を信じられずにいた。バーにはいってきてから一時間もたっていなかった。

「二カ月以内にきみたちふたりにLAに来てもらう。そのとき脚本で変更してほしい箇所を書いて渡す。ジョーが監督、ジョナサンはプロデュースをする」

　ふたりは結局、この作品のタイトルを『エンジェルズ　地獄の暴走』とした。この作品のすぐあと、ふたりは『ザ・ホット・ボックス』'72でもチームを組み、ジョーがストーリーの概略を考え、ふたりで脚本を書きあげた。わたしはそのころ、フィリピンの若いプロデューサー、シリオ・サンチャゴ（註10）と製作契約を結んでいた。そのシリオがハリウッドにやってくることになり、わたしはジョーに、翌日シリオに見せるためのストーリーの概略を考えるようにいった。ジョーはその日の午後を使って、それをやってのけた。

フィリピンの撮影で、監督のジョーはジョナサンを、コッポラやボグダノヴィッチやホッパーやティーグがスタートしたときのように、第二班の監督にした。ジョナサンは戦闘シーンやトラック隊列のシーンを撮影した。この作品の撮影が終わった直後、ジョナサンは監督として一本映画を撮りたいといいにきた。彼が手がけた二作品はよくできていたし、また金にもなった。そこでわたしは答えた。「いいとも。女囚ものの映画の企画を考えてくれ」

ジョナサンはフランシス・ドールの指導をうけながら一年後に脚本を完成させた。わたしは製作中の作品が飽和状態だったので、資金を出さないことに決めた。しかしジョナサンの脚本は気にいっていた。彼は自分で十八万ドルの資金を調達し、わたしは配給をひきうけた。この作品は一九七四年『女刑務所　白昼の暴動』として公開された。

★ジョナサン・デミ

初めて監督する人間は、撮影にはいる前にロジャーといっしょに昼食のテーブルをかこむのが決まりのようになっていたんですが、『女刑務所　白昼の暴動』の撮影にはいる前のロジャーとの昼食は、とても特別な時間でした。おどろきましたよ。ロジャーが伝票をとったからじゃなくて——もっともそれはシラノズが無料で提供してくれた食事だったんですが――彼が機関銃のようにつぎつぎに監督のルールを話してきかせてくれたからです。たとえばこんなことです。カメラを動かすときには、説得力のある根拠を持って動かせ。ただしつねにカメラを動かすことを考え、その根拠を探せ。彼はこういいました。眼だよ、観客動員には眼という器官がもっとも有効な効果を生む。眼を楽しませることができなければ、脳のなかにはいりこむことなんてできない。できるだけたくさんのアングルを使え。おなじ構図のクローズアップをくりかえすな。眼に、おなじものを前に見たぞと感じさせてはいけない。悪役を主人公とおなじぐらい魅力的にしたてろ。一面性しかない悪者より、性格が複雑で心ひかれる悪者のほうがずっとこわい。ほんとにすごい話でした。あとで『サムシング・ワイルド』'86をつくったときには、自分は一九八〇年代のコーマン映画を撮っているんだと思っていました。

ロジャーは『女刑務所　白昼の暴動』をとても気にいり、すぐに次の作品を撮ることになりました。『怒りの山河』'76という作品で、『明日の壁をぶち破れ』'71や『ウォーキング・トール』'73を真似て、南部男の復讐劇をモチーフにして儲けを狙ったものでした。ロジャーは、露天採鉱の鉱山と権利を剝奪された農民を設定として使うことをすすめ、ぼくはそのとおりにしました。今度の製作費は六十万ドルでした。

アーカンソーでの撮影の一日目は、十八輪のトラックが通りすぎるシーンでした。トラックが向きを変えるのを待っているとき、めずらしい犬が——豹のような斑点のあるテキサスの猟犬です——やってきて、ぼくたちになついていろいろかわいいことをやりました。場面転換用にどこかで使えそうだったからです。トラックはまだ回転し終わっていませんでした。スタッフも出演者もただ待っていました。そこへ一台の車がやってきて、ロジャー・コーマンが降りてきました。恒例の撮影初日の現場訪問です。ひとつの設定の撮影が終わっても、二秒がもったいないからといって「ありがとう、お疲れ」とはいわないこともある人間がやってきたんです。みんなは顔を見あわせました。ロジャーがそういうことをどんなに嫌うかわかっているからです。ほんとうに緊張した一瞬でした。「どうした、何をやっている?」ロジャーがそう訊きました。

ぼくはカメラマンにカメラを三脚からはずして、犬の仕種を撮るようにいいました。

「場面転換用にこの犬を撮っておこうとしてるんです」

ロジャーは犬を見て、そしてくすりと笑いました。

そしていいました。「うん、なかなかいいアイデアだ」ロジャーはいつも、そういう意外なところを見せる人間でした。彼はそのあと犬を写すぼくたちを手伝ってくれました。とても機嫌がよく楽しんでいるように見えました。

一九七〇年代が進むにつれ、製作費は三十万ドルにはねあがったが、わたしたちは確実な、そして多くの場合予想以上の成功をおさめた。わたしはイブ・メルキオー(註11)の未来を描いた暴力的な短編小説の権利を獲得して映画化し、一九七五年に『デス・レース2000年』というタイトルで公開した。主役のフランケンシュタインにはデヴィッド・キャラダイン、敵役にはシルヴェスター・スタローンを起用した作品だ。スタローンにとっては、役のついた三本目の映画出演だった。俳優兼脚本家であり、ニュー・ワールドの映画で第二撮影班の仕事をしたことがあるポール・バーテルは、『フラットブッシュの大物たち』'74に出ていたスタローンを見て、わたしがフォックスで製作中だった『ビッグ・ボス』'75のフランク・ニッティ役にと推薦してきた。ポールはさらにそのころわたしが同時進行させていた『デス・レース2000年』の敵役にもスタローンを推し、主演女優には『ハリウッド・ブルバード』で共演したメアリ・ウォロノフをつれてきた。

映画化されるストーリーのなかには、独創的でないものも多くある。しかし、このものがたりはユニークだった。舞台はニューヨークからロサンゼルスまでの大陸横断自動車レースで、このレースはどれだけ速く運転できるかと同時にどれだけ多数の歩行者をひき殺すかを競う。スポーツ競技を死への可能性、死の危険と結びつけて考え(ボクシングやフットボールもそういう競技だ)、さらにつきつめて見物人がほんとうに死んでしまうレースを描いてみせている点にわたしはひかれた。

原作を読んだとき、わたしはこう考えた。これを直接的なシリアスな映画にしてはいけない。通常の社会では禁止されている暴力について描く、暗く社会風刺的な『博士の異常な愛情』的なコメディにしたてよう。こういった仕立てかたは、一九五八年の『機関銃ケリー』から一九七〇年の『血まみれギャングママ』、一九七五年の『デス・レース2000年』、わたし自身のアイデアでつくった一九八八年の『犯罪地帯《クライム・ゾーン》』などでくりかえし使用されている。『マッドマックス』'79『マッドマックス2』'81のシリーズをつくった人たちは、ある雑誌で『デス・レース2000年』からアイデアを得たと語っていた。

ロバート・ソム、チャック・グリフィス、それにポール自身が脚本の草稿を書き、そのあとポールが監督して『デス・レース2000年』は完成した。約三十万ドルの製作費——当時のわたしたちとしては最高額のレベルだった——でつくられたこの作品は、ニュー・ワールドでもっとも成功した作品のひとつとなった。主演のデヴィッド・キャラダインは交渉の結果、利益の歩合をうけとる契約をしていた。彼がこの作品のあと、何年かのあいだにニュー・ワールドの五、六本の映画に出演したのは、わたしたちが確実に利益をあげて歩合を配分するのがわかっていたからだ。ポールはこのあと、高い評価をうけた風変わりなコメディ、『イーティング・ラオール』'82にとりかかった。ポールとメアリはこの

『デス・レース2000年』より。

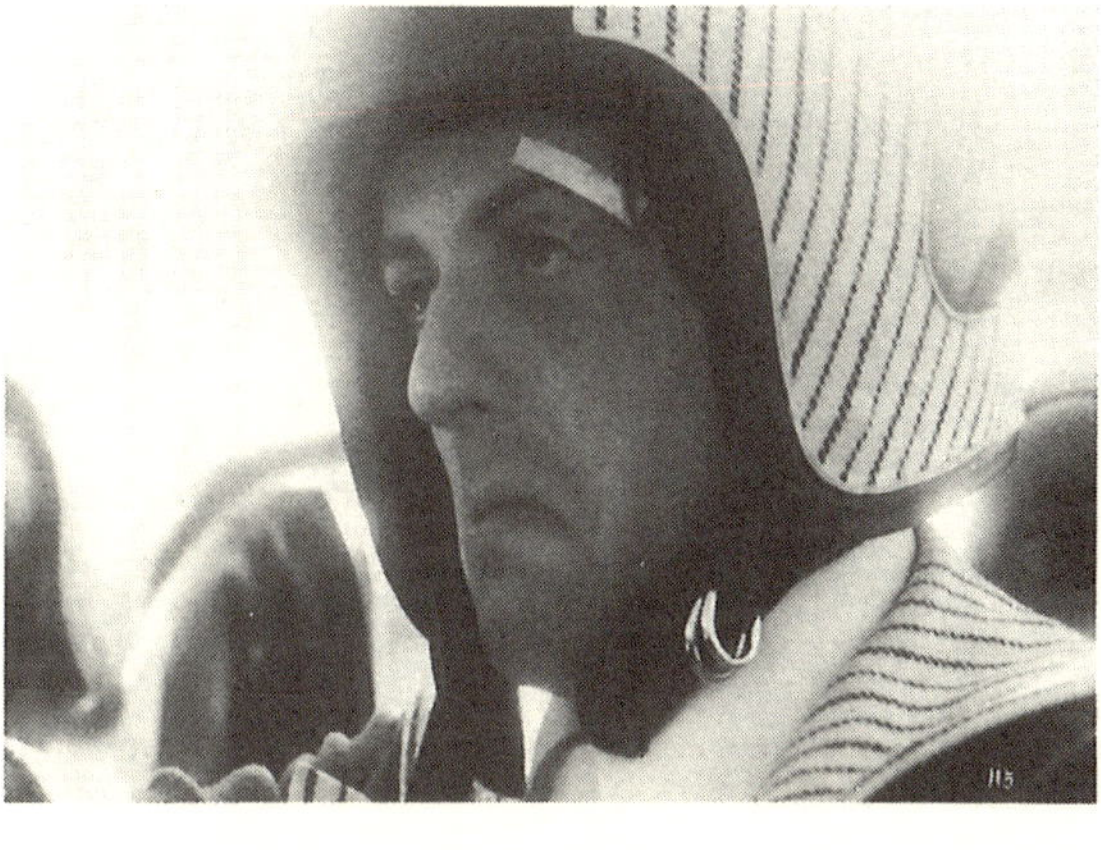

『デス・レース2000年』のシルヴェスター・スタローン。

作品でスターになった。

一週間に約千ドルの報酬で雇ったスタローンは自分のせりふを書きなおす権利がほしいといってきて、わたしはそれを許可した。一年後、彼は『ロッキー』'76をつくった。『ロッキー』でエイドリアン役を演じたのは、もうひとりのコーマン・スクールの卒業生、タリア・コッポラ・シャイアだった。タリアは、わたしがヨーロッパで製作した『ワイルド・レーサー』に出演して、コーマン・グループの価値あるメンバーであることを証明した。わたしはその映画のセットの費用を節約するために彼女がしてくれたことをいまでもおぼえている。セットの装飾がそろっていなかったので、彼女はホテルの部屋からカーテンや電気スタンドやいろいろなものを失敬してきたのだ。ホテルのマネージャーが彼女の犯行をみつけ、すべてをホテルにもどしてしまったが。

五年後、スタローンは映画一本で一千万ドルの報酬をうけるようになった。大勢の人間が気づかずにいるが――わかろうとしないのかもしれない――、彼はスタートの時点からすぐれた演技者だった。『ランボー』'82が公開されるすこし前、偶然スライ（スタローンの愛称）に会うことがあった。わたしの友人たちが『ランボー』の仕事をしているのを知っていたので、わたしは「どんな調子だった？」と訊いた。「うまくいった。だが、途中、粗つなぎの段階では、眠たくなるほどだらだらしていた」それで彼は編集者のところに行って――

この編集者は、わたしの映画を編集したことのある人間だった——こういったのだという。「もっと動きをいれろ。ロジャーが映画を編集するときのようにするんだ」『デス・レース2000年』の撮影後の作業にはいったところで、主役のフランケンシュタインの車がセントルイス郊外のまがりくねった道を走るショットが必要になった。実際にはセントルイスではなく、サンフェルナンド・ヴァリーのパラマウントの敷地周辺の道だった。チャック・グリフィスが監督して撮影がおこなわれることになった。わたしも出かけることにした。映画で使用した未来の車は、オークションで買い入れた六台の中古のリア・エンジンのVWを改造してつくってあった。VWは安くて信頼性が高かったし、リア・エンジンのためファイバーグラスでつくったボディをかぶせやすかった。奇抜なデザインのボディだった。

現場についてみると、スタント・ドライバーの全員がフランケンシュタインの車に乗るのを拒否した。第二班が撮るせりふのない場面だったから、キャラダインはいなかった。「ナンバーもないし、ヘッドライトもバンパーもない。法律に違反しているところばかりだ」スタント・ドライバーたちはわたしにいった。「これで公道は走れませんよ。逮捕されます」

しかしどうしても必要なショットだったので、わたしはいった。「いいよ。わたしが運転する」

わたしは撮影助手にカメラの速度を遅くするようにいった。車が実際より速く走っているように写すためだった。角を曲がるにしろ街のなかを進むにしろ、わたしは時速約五十マイルで走るつもりだった。「車がとぎれて道路にいるのが一台だけになるまで待とう」

あのときほどおどろいたことはなかった。数ブロックはなれたところで別の映画会社が撮影をしていて、交通を遮断するために警官があちこちに立っていたのだ。わたしのほうは、ナンバーもライトもクラクションもない、ワニの形をしたばかばかしい未来のレーシング・カーに乗っていた。どこをとってみても法律違反の車が時速五十マイルでビジネス街を走っている。その車が警官のそばを通った。しかし警官はまったく注意をむけなかった。わたしたちは二回のテイクで撮影を完了し、このときのショットは映画に生かされた。

一九七六年の『ジャクソン・ジェイル』は外部から持ちこまれ、大ヒットとなった数少ない作品のひとつだ。精力的だが挫折を感じた広告会社の女性重役が仕事をやめ、途中アメリカを見ようとLAから故郷のニューヨークまで車の旅をする。南西部の小さな街で、警察の留置場で一夜をすごす羽目になる。そして酔った監視人に襲われそうになり、監視人の頭に椅子をふりおろして殺してしまう。彼女はそのあと、となりの房にいた流れ者にそそのかされ、監視人の鍵を奪って流れ者といっしょに逃げだす。そこから映画は追跡劇へと変わる。いいストーリーはこびだ。マイク（マイケル）・ミラー[註12]も監督としていい仕事をした。逃亡するふたりはイヴェット・ミミュー[註13]と、主演はこれが初めてのトミー・リー・ジョーンズ[註14]だった。作品は批評家の注目をあび、大の成功作となった。

この映画は、バルコーというシカゴに拠点をおく全国不動産チェーンから資金の一部を提供されてつくられた。このころには製作費が六十万ドルにのぼる作品が出現していて、わたしは資金の一部をほかの会社に提供してもらうほうが自身のリスクが少ないと考えた。バルコーはロン・ハワード[註15]の初監督作品で、『レーシング・ブル』'76の続編的な作品、『バニシング in TURBO』'77にも資金を出していた。チャック・グリフィスが監督・脚本の、十代の若者を主人公にしたアクション・アドベンチャー、『レーシング・ブル』は大成功をおさめ、三十万ドルの製作費で数百万ドルの貸出料を稼いでいた。ロンはこの映画では主演俳優として、十万ドルと歩合をうけとっていた。彼は製作費六十万ドルの『バニシング in TURBO』を予定どおり、二十二日で撮りおえた。この映画は貸出料で六百万ドルを稼ぎ、ロンは『レーシング・ブル』と『バニシング in TURBO』の二作をあわせてかなりの額を利益配分で手にいれた。

『ジャクソン・ジェイル』について、わたしは脚本を気にいっていたものの多少の不安を感じていた。しかし批評家たちは大きな関心をよせ、映画は大あたりした。実際、『バニシング in TURBO』と『ジャクソン・ジェイル』のおかげで、バルコーは法律で許されている限界までの利益を得ることになった。わたしたちもこの二本の映画で投資した額の三倍の利益を得た。バルコーは大よろこびした。彼らは映画でこんなに儲かることがあるとは知らずにいた。

一九七〇年代の終わりには、わたしたちはもうひとつ別の資金調達法をみつけていた。それは映画の製作にはいる前に、三大ネットワークやペイ・テレビやHBOのようなケーブル・テレビに権利を売却するという方法だった。なかでも最大の売却はヴィアコムという系列テレビ・グループに対するものだった。バーバラは一年をかけて交渉し、ニュー・ワールドの映画、六十本のテレビ放映権――アメリカのみ――を六百万ドルで売ることを決めた。最初の提示額は三百五十万ドルだったので、バーバラは驚異的な仕事をしてくれたことになる。

この場合の支払いは現金だったが、大きな会社に保証をさせ、その保証でわたしたちがバンク・オヴ・アメリカから資金を借りいれる方法をとることもあった。わたしは二十二年間バンク・オヴ・アメリカと取引をし、大きな信用を得ていた。したがって他社の保証がなくとも借り入れは可能だったが、保証があるほうが安心して映画を製作することができた。

ロック・ハドソンとミア・ファーロウが出演する大災害映画『アバランチ　スキー天国を襲う大雪崩』の撮影のため、コロラドのスキー観光地へ行ったときのことを思いだす。撮影が開始されたときには、さまざまな権利の売却により、映画の製作費をかなり上まわる百八十万ドルの収入が決まっていた。コロラドの撮影の一日目が終了したとき、わたしとジュリーはシャンパンのボトルを割ってお祝いをした。作品の監督とプロダクション・マネージャーの腕前は充分に信用できた。あとは映画が完成しさえすれば、利益が出るのは確実だった。

こうした事前売却のおかげで、わたしたちはだれも「利益」を見たことがないという映画産業界で、経費を確実に回収することができた。千五百本ものプリントをつくって配給するという時代になり、配給にかかる経費は高騰した。そのため、製作にかかった費用の三、四倍の総売上げをあげないと、収支はゼロにならなかった。しかし当然、金勘定にはいかがわしい部分がある。

フォックスで『ビッグ・ボス』をとっているとき、わたしもその問題にぶつかった。ある報告書に、広告経費については額を二倍にして総売上げから差し引くと書いてあった。これは少ない額ではない。わたしはフォックスに電話した。「契約はそのように解釈できます」彼らはいった。「これこれのページを見てください」

わたしは頭に来た。たぶん、あいまいな条項が長々とした契約書の五十三ページかどこかの下のほうにひっそりとあるのだろう。しかし、わたしは話しあいをする気分ではなかった。「そんなページを見るつもりはないし、百二十万ドルの二倍の計上を正当化することばを認めるつもりもない。わたしの取り分が二百四十万ドルも少なくなるんだ。そんな契約書は見たくもない。その話をしたくもない。そんなことより全員を詐欺で告訴して刑務所にぶちこんでやりたい」

二倍額の計上の件は——契約書にはそんなことは書いていなかったのだった——やがてとりさげられた。これは極端な例で、ほかの映画がすべてこんなふうだというのではない。しかしこういうことが実際におこるのであり、その意味でもできるだけ確実で安全な方法をとる必要がある。

一九七〇年代の終わりには、いくつかの低予算映画の大ヒットのおかげで、ニュー・ワールドは投資に対して確実な利益で応える誠実な会社という評判を得た。わたしたちは利益分配に関して告訴されたことも、告訴すると脅されたこともなかった。帳簿は数えきれないほど何度も監査をうけたが、つねにそれをパスした。ニュー・ワールドほど一貫して利益をあげ、利益分配をつづけた会社はほかにないと思う。また分配額の比率についても、ほかより高い比率をとっている場合が多かったはずだ。デヴィッド・キャラダインやロン

・ハワードのような俳優たちがニュー・ワールドの仕事をつづけたのも、このためだった。

★ロン・ハワード

『レーシング・ブル』はカー・クラッシュ・シーンばかりのくだらない映画で、演技者にとってあまりいい仕事とはいえなかった。だが、ぼくは父のランスといっしょに〈いまがそのとき〉という脚本を書いていて、それを自分で監督して映画をつくりたかった。ロジャーがチャンスをくれる人間だという評判はきいていた。それでロジャーに会いに行くときには、エージェントには来るなといった。報酬とか名前の大きさとかの問題じゃなかった。ただチャンスをあたえてもらえるかどうかの交渉だった。「この映画にはあまり乗り気じゃありません。でもぼくの映画をつくらせてくれるなら、そちらの映画にも出演しましょう」そういって、ぼくは脚本を渡して帰った。

しばらくしてロジャーが電話をよこして、あの脚本の映画はつくりたくないといってきた。いまつくりたいのは、若者が逃亡する映画なんだとね。それからつづけた。「しかし『レーシング・ブル』に出演するなら、映画の梗概を一本書かせると約束する。脚本がよくできていれば、きみが出演してくれるという条件で監督をまかせる。きみが出演しない場合でも、第二班の監督をまかせる」

ぼくは承諾した。そして半日はテレビの『ハッピーデイズ』をやりながら、十日間をかけて『レーシング・ブル』の撮影をした。撮影はクリスマスの前後にまたがっていた。『レーシング・ブル』は公開後、ロジャーの作品のなかでも記録的な大ヒットとなった。ぼくたちが観客に受けるのを知って、ロジャーはぼくにストーリーのアイデアを出せといってきた。ぼくはサイエンス・フィクション、暴力的な警官映画、おかしな主人公のコメディなどのアイデアを話し、ロジャーはよろこんでいった。「すごいじゃないか。今度からストーリーは役者に考えてもらったほうがいいかもしれないな。だが、わたしがつくりたいのはすこしちがうものだ。もう一度若者の逃避行の映画をつくってみたい。もちろんきみが主演するんだ。『自動車大泥棒』（『バニシング in TURBO』の原題）というタイトルがつけられるストーリーを考えてくれないか。コメディでカー・クラッシュがある若者のアクション映画にするんだ」

ロジャーがそういう映画をつくりたいといったのは、『レーシング・ブル』が成功したからだった。またロジャーの会社では、映画ファンを使ってテストをしていたようだ。テストでいい結果が出ていたんだ。ぼくは父といっしょに一日でストーリーを考えて、電話でロジャーに話した。十分後、ロジャーはぼくにゴー・サインを出した。クリスマスのころには映画の製作がスタートし、ぼくの誕生日の翌日にあたる三月二日には撮影がはじま

『レーシング・ブル』のロン・ハワード。

『クレージー・ママ』のクロリス・リーチマン。

った。

監督することが決まったあと、昼食のテーブルをかこむロジャーとの会議には万全の準備を整えた――ショットの図を九十枚書いて持っていった。ロジャーは一日にすくなくとも二十種のショットを撮れといった。充分な準備、原則厳守、断固とした編集、スケジュール厳守――これがロジャーのやり方だった。いまでもぼくは複雑なシーンの撮影は、一作目とおなじ方法で処理をする。昼食の会議の最後にロジャーはうれしそうな様子で予想を話した。「予算はすくなく状況はきびしい。だが、きみがこの映画でほんとうにいい仕事をすれば、二度とわたしのところで働く必要などなくなる」

モノクロのプリントができあがったとき、ぼくはロジャーに呼ばれてASIという会社にいった。ASIは観客に関する調査をする会社で、上映室にやってきた人たちにテレビのパイロット版やコマーシャルを見せて、統計をとるのだった。どの椅子にも判定器がついていて、好き嫌いに応じてボタンやレバーを押すと、それがコントロール・ルームのコンピューターに読みこまれて数字がでる。この方法だと、画面の進行にしたがって随時観客の反応がわかる。ロジャーは映画を編集するときに、この結果を参考にしていた。

困ったことになったとぼくは思っていた。まだ音響効果がはいっていなかったし、ゼロ号プリントはまだなので、ぼくはモノクロの画面しか見ていなかった。ASIに行くと、上映室にいるのは歩行補助器につかまった男性や白髪の女性といった年寄りばかりだった。ぼくの映画は、若者向けのにぎやかで奔放なコメディ作品だ。それなのにすくなくとも上映室の七十パーセント以上が五十歳をこえていた。

「客が年寄りすぎているんじゃないんですか?」ぼくはいった。

「ああ。しかし観客であることにちがいはない」ロジャーはそう答えた。この映画をプロデュースしていたジョン・デイヴィソンがやってきていった。「ロジャーはASIと特別の契約を結んでいる。無料で映画を見せて、無料でテスト結果を手にいれるんだ。ふつうは一万五千ドルかかるテストだよ。ここに来ている人たちはただで映画やテレビ番組を見ることができると思ってやってくる。そしてASIが二、三本コマーシャルを見せると、映画を見るつもりでやってきたのにと怒りだす。だから映画を見せるんだよ」彼はつづけた。「ときには観客がデータには不適当な場合もある。ロジャーはそのことも計算にいれているよ」

このときの上映は最悪だった。ぼくは気分がわるくなった。しかし実際の観客はこの映画を好み、ロジャーの作品のなかでも貸出料が六百万ドルをこえる大ヒット作のひとつになった。この映画でもまた、ぼくは主演男優として利益から配分をうけることになっていて、二本の映画から相当な額の利益配分をうけた。

しばらくしてロジャーが電話してきていった。「おめでとう。『バニシング　in　TURBO』がテレビに売れた。百万ドルだ。百万ドルなんて初めてだよ」

「ほんとうですか？　すごいな！」

「きみの取り分の七・五パーセントがすてきな数字に見えてきただろう？」

「ええ。まったくです」ぼくはいった。ロジャーはつづけた。「しかし、わたしの分の九十二・五パーセントのほうが、もっとすてきに見えるね」

16　章

わたしは製作した映画と利益のほとんど百パーセントを所有していて、会社を売りに出したいと思ったことは一度もなかった。しかし、どのような会社でも価格が適正であれば、売却の対象になるというのも一方の真実だ。一九八二年の春、拒絶できない条件を提示され、わたしはニュー・ワールド・ピクチャーズを売却した。

当時は予想できなかったが、この売却は思ってもみなかった苦々しい問題を生み、わたしにとって初めての大きな告訴事件に発展することになる。告訴、そして法廷での争いはつらく苦しいことだった。しかし結局は裁判に勝ち、わたしはこのときもまた体制に対抗して勝利した。

会社を売却し、つらい経験をする結果になった理由は、会社の収益が一九七〇年代末をピークに下降をはじめたせいだった。それまでニュー・ワールドは、若者向けの数々のヒット作、海外芸術映画の思いがけない成功、若手の監督や脚本家が集まり、さまざまな分野の映画を可能にしたことなどのおかげで、成長をつづけた。映画製作配給会社として順調に実力を発揮し、一年に十数本ずつ映画をつくってきた。ほとんどあらゆる面でニュー・ワールドは世界一のインディペンデント製作配給会社だった。しかし、急激な成長を十年間つづけたあとの一九八〇年代はじめ、市場の変化、映画産業自体の変化、配給コストのたえまない上昇のために、成長のスピードが鈍化した。そのときまでは、自分が創設して育てた会社を売却することなど考えられなかった。

それまでは会社をコントロールする権利を失うのがいやで、わたしは株を公開することさえ本気で考えたことがなかった。その件については、弁護士であり渉外責任者でもあったバーバラ・ボイルと激しく対立した。一九七七年から七八年にかけての時期、バーバラは五千万ドルから一億ドルの資本金を集めて大きな会社をつくり、スケールが大きくて儲けも大きい映画づくりをはじめる好機が到来したと考えた。彼女が指摘したとおり、ヨーロッパではペイ・テレビやビデオのマーケットが急激な拡大をはじめようとしていた。会社が損をするようなことがあったのなら、わたしも長いあいだに一度か二度ぐらい、株を公開して広く資金を募ることを考えただろう。しかしわたしは『レーシング・ブル』『バニシング　in　TURBO』『アバランチ　スキー天国を襲う大雪崩』『ピラニア』などの意外なヒットで多大な利益を得ていた。『ピラニア』は一九七八年につくられた映画で、監督はジョー・ダンテ、脚本はこれが第一作のジョン・セイルズだった。

株の公開は得策でないとわたしは思った。バーバラはわたしのこの決断を会社成長の機会を逃した最大のミスと考えるようになった。しかしわたしはサム・アーコフがニコルソンといっしょに会社の株を公開した日を呪っているのを知っていた。その日から突然、彼らは他人の金で会社を経営することになり、きびしい視線に曝されることになった。有価証券取引委員会や株主たちに経費を報告するための専任の人間を雇うことになったのだ。おまけに予算規模が大きくなれば、リスクも大きくなる。

★バーバラ・ボイル

わたしはロジャーに「あなたは会社を大きくしたいはずよ」といいました。そのことについては何度も話しあいましたが、納得できませんでした。わたしはただロジャーの資産を守って、危険を避けようとしただけなんです。株を公開すればそれが可能になるし、映画産業界での会社の地位も高くなります。でも、ロジャーはいつもあとずさりしました。公にすること、審査されること――それがいやだったんです。コントロールする権利を手ばなしたくなかったのです。会社を自由に支配できなくなるのがいやだったんです。それに株を公開するときのさまざまな手続きや規則も嫌っていました。

ニュー・ワールドという会社は特別でした。ロジャーの信用度がチェックされることはありませんでした。彼を調べることなどだれもできないんです。彼はそれを好みました。やましいことなんてありません。ロジャーが何かを隠していたというのじゃないんです。会社は訴えられたこともないし、疑われるようなことをしたこともありません。すべてが法律にしたがって慣行どおり良心的におこなわれていました。きびしく管理されて、いつもお目付け役がいる――ロジャーにはそういう状態が恐怖だったんです。

株を公開しなかったおかげで、製作費をおさえることができたし、会社の進む方向を好きなように決める独立性を保つことができた。危険に曝されるのが自分の金であるかぎり――最高の業績をあげているときにもつねに危険はあった――、能率よく低予算で映画をつくる方法を実践し、わたしの方法のよさを人にわかってもらうことができた。

たとえば、のちに『ピラニア』という題で公開された脚本の改訂が必要になったとき、わたしはジョン・セイルズに一万ドルでそれを依頼した。わたしはいつもフランシス・ドールに命じて、ハリウッドで少々稼いでみたいと思っている若手の小説家や原作者を探していた。フランシスは《アトランティック》誌でジョンの短編小説を読んだ。彼はすでに〈組合の掟〉という小説を書いていて、ハリウッドには〈エイトメン・アウト〉というタイトルの脚本の売りこみ先を探しに来ていた。この脚本のおかげで彼にはエージェントがつき、わたしの会社で脚本改訂の仕事を手にいれた。

　ジョンは二本の脚本を書きなおし、わたしは『ピラニア』の監督に、予告編製作部門のジョー・ダンテを起用した。ジョーは金曜日に、LAで十分間のオープニング・シーンの見本を撮影してきた。しかしコストが高すぎるので、わたしはその週末、ジョーとジョン・デイヴィソンに会い、製作費を切りつめることができなければ製作を中止すると申しわたした。実際には中止など考えにくかったが、とにかくただちに製作費を減らさなければならないのはわかっていた。

★バーバラ・ボイル
　ジョンがパシフィック・パリセイズのガソリン・スタンドから電話してきたんです。日曜の午後に電話してくるなんてめずらしいことでした。ロジャーが映画をキャンセルすると脅した、というんです。彼が『ピラニア』の製作費予算をロジャーに見せたあとでした。ロジャーを崇拝しているジョンはひどく動揺していました。彼はこういいました。「七十五万ドルになったんだ。ロジャーはそれを六十五万ドルに抑えろといった。どんな方法でもいいからとにかく予算を削れといった」

わたしはロジャーに電話しました。そしてUAとの契約交渉がつづいていることを思いださせました。外国での配給権とひきかえにUAが製作費の半分を負担するという契約です。ロジャーの態度がかなり軟化しました。「UAはあと五万ドルは出すわよ」わたしは自信を持っていいました。

「ほんとうにそう思うか?」そう思うとわたしはいいました。「わかった。それならジョンにいってくれ。ジョンがきみに電話したのはわかっているよ。彼にここにもどってきていいといってくれ」

このころ、製作費は六十万ドル程度にあがっていて、五万ドルはいつも予算超過するのがふつうでした。ロジャーはコントロールを失うことを気にかけていたんです。


『ピラニア』もヒット作となり、公開がニューヨークの新聞ストと重なったのにもかかわらず国内の貸出料で六百万ドル、UAを通した海外の配給でも多額の金を稼いだ。『アメリカの伯父さん』『アデルの恋の物語』などの第一級の海外作品もヒットをつづけ、わたしたちは好調のうちに一九七〇年代の終わりをむかえた。わたしが実際に見て衝動的に購入した、やや風変わりな日本の作品さえもが、一九八〇年の公開で意外な多額の収益をもたらした。

この作品は『将軍の暗殺者』(註1)というタイトルで、日本で大ヒットした子連れ狼《ベビー・カート・フィルムズ》シリーズのなかの一作だった。ひとりのサムライとその幼い息子のものがたりで、すべてをひどく大げさに描いているのが特徴だった。わたしはいまでも、前半にあった重要なシーンをおぼえている。サムライが出かけた留守に、城が襲われてサムライの妻を初めすべての人間が殺され、まだ話すこともできない息子だけが生きのびる。もどってきたサムライは虐殺の首謀者への復讐を誓う。そして激情が高まったとき、彼は床におもちゃと刀をおき、そのあいだにはいはいをしている子供を置く。そして日本語も英語もわかるはずのない子供にいう。「そなたが玩具にむかうなら、仇討ちの足手まといになるゆえ、生かしてはおけぬ。だが剣にむかうなら、ともに連れていこう」

　当然、子供はおもちゃにむかって動きだす。しかしそのとき、ひと筋の陽光がさし、銀色の刃先に反射する。きらりとした光が子供の目をとらえ、子供はすばやく手をのばし、刀をつかむ。わたしは心のなかでいった。すばらしいシーンだ。こんなシーンは、一生かかってもわたしには思いつけないだろう。このアイデアを考えた人間は狂気に近い才能を持つ天才にちがいない！

　それまでにまったく映画を撮ったことがないか、あるいは一本を撮っただけの若い監督たちに、多数の映画を監督させるというわたしの行動もまた、狂気に近いものだったのかもしれない。そうした監督たちのなかには女性も数人いた。コーマン・スクールはほかでは見られないほど、女性のライターやプロデューサーや編集者や監督の比率が高かった。というのも歴史的に見ても、また現在も、映画産業は経験のない女性の進出が困難な業界であるからだ。しかしわたしはつねに、女性にも同等の機会をあたえようとした。ただし、当時はエクスプロイテーション映画の仕事をしたいという女性は多くはなかった。バーバラ・ピータースは『モンスター・パニック』を撮った。ジョーやアランといっしょに予告編部門で仕事をしていた有能な編集者、エイミー・ジョーンズは初監督作品『パジャマ・パーティの大虐殺』'82で驚異的な敏腕ぶりを発揮した。この映画はある意味で、ニュー・ワールド最高の作品といってもよいものだった。

この映画の脚本は、リタ・メイ・ブラウンの〈ドアをあけないで〉という脚本から生まれた。わたしはエイミーがウェルズリーとMITの映画科で表彰されたのをきいて、アシスタントの仕事をしないかと誘った。彼女はそれを断ってきた。一年後、映画の編集の仕事をしていたエイミーが電話してきて、監督をさせてもらえないかといってきた。わたしはスケジュールがいっぱいなことを告げたが、フランシスが何作か脚本を渡し、エイミーはそのなかからリタ・メイ・ブラウン作のホラー・ストーリーを選んだ。わたしが知らないうちに、エイミーはUCLAの学生を何人か俳優にしたて、四人の撮影クルーとともに

「端尺」——未使用の残りフィルムを短いロールにまいたもの——を持って出かけた。そして脚本の最初の七ページまでを撮影し、ジョー・ダンテが『ハウリング』'81を仕上げているあいだに彼のムヴィオラを使って編集し、音楽と効果を録音した。彼女はジョーにそれを見せ、ジョーはただちにわたしに電話してきた。「ぜひ見るべきです。あなたのところにある脚本の最初の七分間を撮っていて、とてもよくできています」わたしはいった。「ジョー、わたしの知りたいことはひとつだけだ。彼女は十六ミリで撮っているのか、それとも三十五ミリか？」

「三十五ミリです」つぎの日、エイミーがわたしのところにやってきた。彼女の作品はとてもよくできていた。「これをつくるのにどれぐらい費用がかかったか教えてくれ」わたしは訊いた。「千ドルです」エイミーは答えた。

「よし、その調子ならこの業界で成功できるよ。それで脚本の残りの部分は最低いくらで撮影できる？」

「二十五万ドルです」わたしは一万ドルの報酬で彼女に監督をまかせ、彼女はただちに仕事にとりかかった。『パジャマ・パーティの大虐殺』のあと、わたしはエイミーに次作をつくりたいかと訊いた。「芸術映画で、しかもエクスプロイテーション的な商売の要素があって、事前の売りこみが可能なものをつくることができます」彼女はそういった。

「では書いてみてくれ」わたしはいった。彼女は『ラヴ・レターズ』'83を書いた。フランシスはストーリー・エディターとして、このみごとな脚本に協力した。一ヵ月のうちに、わたしたちは撮影準備にはいっていた。

★エイミー・ジョーンズ

ほかの映画会社では絶対にできないことでした。予算は五十万ドルから六十万ドルのあいだで、撮影期間は六週間。ジェイミー・リー・カーティスは『プロムナイト』'80や『ハロウィン』'78で百万ドルのギャラをとっているのに、二万五千ドルで出演をひきうけてくれました。脚本をすごく気にいって、勇敢な賭けをしたんです。最初はメグ・ティリーに出演を依頼しました。彼女が出演料などかまわないといったので、わたしはよろこびました。メグも脚本が気にいって「おねがい、わたしにやらせて。出演料がただでもやりたいの」といったんです。

メグのエージェントは三万ドルを要求しましたが、ロジャーの許容限度は二万五千ドルでした。エージェントはわたしにいいました。「メグに三万ドル出すようロジャーを説得してくれ。きみならできるはずだ」

「待って」わたしはいいました。「ロジャーにはとても世話になっているし、それでなく

『ピラニア』（脚本／ジョン・セイルズ）より。

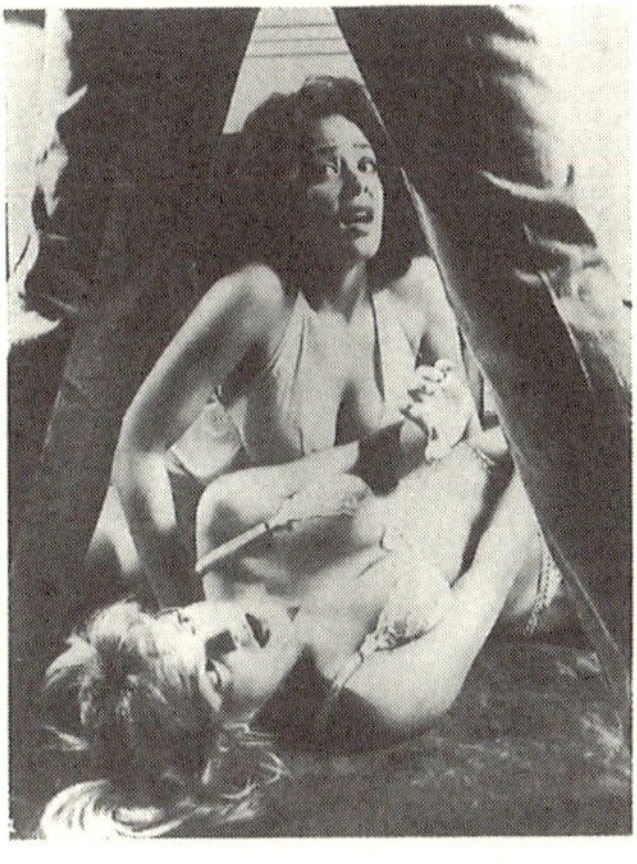

『パジャマ・パーティの大虐殺』より。

ともロジャーに何かをさせようなどというつもりはないわ。ここでは、ものごとはそんなふうにすすまないの。これはロジャーの映画、お金はロジャーのお金なのよ」

『ラヴ・レターズ』はニュー・ワールドのほかの映画とはちがって、ドラマ性の高い雰囲気のあるラヴ・ストーリーで、ニューヨークでの批評はまずまずといったところだったが、映画評論家のジーン・シスケルとロジャー・エバートに絶賛され、ニューヨーク以外の場所ではよい評価を得た。ちがうタイプの映画をつくったときには、それまでのニュー・ワールドの伝統が障害になることはよくあった。そうした映画の「専任教師」として、わたしは新人の監督たちがぶつかるさまざまな問題を処理した。しかし『ロックンロール・ハイスクール』'79では、一九七〇年代後半の流行の音楽に投資して儲けることを「生徒」から教えられた。ニューヨークのパンク・バンド、ラモーンズが出演し、ジョーといっしょに予告編をつくっていたアラン・アーカッシュが監督した作品だった。ジョーもそうだったが、アランもロック映画をつくりたがっていた。わたしはジョーに『ピラニア』を撮らせ、アランには音楽映画を撮らせた。わたしは当時流行していたディスコ・ミュージックの映画でひと儲けするつもりだったが、パンク・ロックで金を稼ぐことになった。

★アラン・アーカッシュ

最初のロジャーの希望は『ガールズ・ジム』という女の子の体操選手の映画をつくることでした。ジョーとぼくとで脚本の草稿を書きましたが、ロジャーは途中で考えを変えました。そして『カリフォルニア・ガールズ』になり、最後に『ディスコ・ハイ』になりました。

のちにジョーといっしょに仕事をするようになったプロデューサーのマイク・フィネルとぼくは、一年半をかけてこの映画の準備をしました。いざ撮影にはいろうとしたとき、ロジャーから四日間の予定で、すでに撮影を終えている映画の「てこいれ」を頼まれました。撮影現場でいくつもトラブルにみまわれた映画でした。これが初めての作品だった監督がロケ地の砂漠で主演女優をおどし、真夜中に彼女に電話をかけ、誇大妄想にとらわれてスキー・パーカの下に四五口径を隠し持っていたんです。おまけに彼らは一般道路用のヤマハでスタント場面を演出しようとしました。

ぼくは四カ月をかけてこの映画の「てこいれ」をしました。初めから編集をやりなおし、新たなスタントの企画を練り、ストーリーをなおし、ひどい出来のミュータントを削りました。

「もうひとつ追跡シーンを追加しろ」ロジャーはいいました。

た。

「走れるバイクはもう四台しか残っていないんですよ」ぼくはロジャーに思いださせました。

「だから、どうだっていうんだ？　だめになったやつは爆発させてしまえ。大爆発がいい」ぼくはロン・ハワードの『バニシング　in　TURBO』の第二班で追跡シーンを撮ったことがありました。あのときはとてもすてきでした。でも今回はちがっていました。サンペドロに使われなくなったナイキ・ミサイル基地があり、ぼくたちはそこをみつけて爆発シーンを撮ろうとしていました。「ミサイル格納設備とコンクリートの掩体壕で未来的な感じが出ます」ぼくはロジャーにいいました。「追跡シーンに最適の場所なんですが、行きどまりで距離が五十ヤードしかない。でも四分間の追跡シーンが必要なんです」

「ポラロイド写真を見た」ロジャーはいいました。「『イワン雷帝』のように撮ればいい」

「第一部ですか、それとも二部のほうですか？」ぼくがそう訊くと、ロジャーは笑っていいました。「二部のほうだ。カラーだったからね。『イワン雷帝』の写真が載っている本を見てみろ。おなじ城が別の場所にあるという設定で何度も使われている。わたしもポーの映画ではおなじことをやった。カメラの前にちがう前景をおけば、おなじ場所でもちがう場所に見えるんだ」それからロジャーはその場で、こまかい点まですらすらと指示してみせました。

「うすいベニヤ板を用意して、セメント色にペンキを塗る。それを前景において、ちがう曲がり角、ちがう道のように見せる。それから別のベニヤをちがう色に塗る。さらに樽をおいて赤と白に塗りわけ、危険と書く。

まず車がそこを走るところを撮ったら、手前にコンクリート塀のセットを置く。もう一度車がそこを走るところを写し、つぎは赤白の樽をおく。もう一度走行シーンを写し、つぎに樽を燃やして、もう一度車を走らせて撮る。つなげれば四分の追跡劇になる走行シーンが、あっという間に撮れるさ。バイクが動かなくなったら、塀にぶつけて炎上させるんだ」

ぼくは木曜日に撮影を終え、月曜日にロジャーに映画を見せました。ひどい出来でした。ロジャーはいいました。「とてもよくできている」

そのあと『ディスコ・ハイ』にとりかかりました。しかしロジャーがそこにディスコ・ミュージックを入れるようにと指示したとき、ぼくたちは『ディスコ・ハイ』ではなく『ロックンロール・ハイスクール』をつくることに決めたんです。学生がロックンロールをはずみにして校長に対する憎悪をつのらせ、学校を爆破する話です。撮影前の準備のあいだ、『ディスコ・ハイ』を撮ると思っているのはロジャーだけでした。『ディスコ・ハイ』というタイトルの脚本を持っているのはロジャーだけだったんです。ほかの人たちの脚本には『ロックンロール・ハイスクール』と書いてありました。一九七九年に『ディスコ・ハイ』なんていう脚本を読んで出演を考えてくれるロックンローラーなんていませんよ。撮影開始の二週間前、ぼくたちはロジャーにラモーンズがディスコ・バンドではなく、パンク・ロック・バンドであることをうちあけました。「どうしてディスコじゃいけないんだ？」ロジャーはそう訊きました。ぼくたちは答えました。「ディスコ・ミュージックに合わせて高校をぶっとばすなんてできないからですよ」

『ピラニア』の海外配給で大きく儲けたため、UAはひきつづき契約をまとめたがっていた。しかしUAはバンク・オヴ・アメリカに買収され、バンク・オヴ・アメリカの親会社であるトランザメリカの傘下にはいった。ハリウッドのUAの幹部たちは突然、トランザメリカの組織に組みこまれることになった。マイク・メダヴォイはそれまでジャガーやロールスロイスやメルセデスに乗っていたが、新しい会社が彼に支給したのはビュイックだった。「ビュイックなんかじゃ撮影所に行けない」と彼はいった。彼はまた、トランザメリカの社長の給料が、彼のUAでのそれまでの給料より安いのを知った。『ピラニア』のあと、マイクはほかの三人のUAの幹部重役——アーサー・クリム、ビル・バーンスタイン、エリック・プレスコウ——といっしょにトランザメリカの枠にはめられるのを拒絶し、

UAをやめてオライオン・ピクチャーズを設立した。それまでに二本のニュー・ワールドの映画の製作費の半分を負担し、かわりに海外配給権を獲得するという方法で成功していたので、彼らはオライオンでもひきつづきニュー・ワールドとの取引を希望した。

その結果生まれたのが一九八〇年、わたしとしては最高の製作費、二百万ドルをかけてつくった『宇宙の7人』だった。この作品はわたしがつくった『あらくれ五人拳銃』とジョージ・ルーカスの『スター・ウォーズ』'77からヒントを得た「七人の侍の宇宙版」で、五人の宇宙のカウボーイたちが、武力を持たない星を悪者セイダーの手から救おうとするものがたりだった。脚本はジョン・セイルズ、監督はジミー・ムラカミで、リチャード・トーマス、ジョージ・ペパード、さらにかつてわたしの映画で石器人の少年を演じたロバート・ヴォーンが出演した。特殊効果の一部は二十三歳の天才、ジム（ジェームズ）・キャメロン(註2)が担当した。ジムはのちに『ターミネーター』'84の脚本と監督、『エイリアン2』'86の監督で知られるようになる。このふたつの巨大ヒット作を彼といっしょにプロデュースした妻のゲイル・アン・ハード(註3)はスタンフォード大のファイ・ベータ・カッパ出身で、わたしの助手をしているときにジムと知りあった。ジムは『ターミネーター』を撮りおえたあと、「すべて『宇宙の7人』のときとおなじことを、ただ大規模にやっただけだ」といっている。

ジムがゲイルに会ったのは『宇宙の7人』の撮影中だった。わたしはゲイルが書いたすばらしい映画評を読んで、彼女を採用した。彼女が非常に明晰な頭脳の持ち主であるのはあきらかだった。『モンスター・パニック』の製作中、ゲイルは製作アシスタントに昇格した。そして『宇宙の7人』のときには一足飛びにプロダクション・マネージャー補佐になっていた。

わたしは『宇宙の7人』の脚本を持って、特殊効果専門の会社をまわり、五百万ドルから七百万ドルの費用がかかるといわれた。わたしがつくろうとしているのは製作費が二百万ドルの映画だというのにだ。『スター・ウォーズ』のあと、特殊効果は儲かる商売になっていた。彼らはスタンフォードを卒業したエンジニアを相手にしていることを知らず、知識のあまりないプロデューサーに、ひとつのショットに八十万ドルがかかると説得しているつもりでいた。わたしはかならず、「わかった。図面を見せてもらおう」といった。

ある特殊効果専門の会社で働く感じのよいチャック・カミンスキー（註4）という人物のおかげで、よい解決法がみつかった。わたしは給料の増額を提示して彼をひきぬき、ニュー・ワールドの傘下に新しい特殊効果専門の会社を設立し、そのトップにすえた。そのチャック・カミンスキーがジム・キャメロンを雇ったのだった。

このとき使われたのはエリコンという名の、非常に複雑なすぐれた機械だった。二十万ドルもするその機械は、コンピューターによる遠隔操作で動きを再現することができた。このシステムは、その年の最優秀新技術としてアカデミー賞を受賞した。ジムは模型制作者、特殊効果カメラマン、美術監督の三役を同時にこなした。そして映画の最高の見せ場では——セイダーの宇宙船を破壊するシーンだった——、炎上効果の考案と演出をし、独特の火薬を調合し、自分がつくった模型を爆破した。ニュー・ワールドのヴェニスのスタジオで、真夜中のことだった。ジムは、わたしが『侵入者』の最後のショットを撮ったときのように、時間に正確に敏速に行動した。

　わたしたちは百万ドルと少々の金で三百五十の特殊効果ショットを撮影した。観客は熱狂し、評論家は映画を絶賛した。多額の貸出料はわたしたちに利益をもたらし、テレビ放映権は二百万ドルで売れた。しかし、最高の製作費をかけた好成績にもかかわらず、気になる兆候があらわれはじめていた。会社の成長が鈍化しはじめていた。外国の芸術作品、若者向けのアクションとアドベンチャーとコメディというニュー・ワールドの路線は、映画館の客やペイ・テレビ市場の変化で以前ほど有効でなくなっていた。まだ利益をあげつづけてはいたが、一九八〇年代の一、二年は、利益の額が減りはじめた。実際、ある年には損をした。わたしにとっては初めての、そしてただ一度の金を失った一年だった。

　それでも会社はある程度の純利益をあげつづけた。しかし製作本数が減っていた。低予算のエクスプロイテーション映画のマーケットは縮小していた。大手映画会社がおなじような映画を――サイエンス・フィクション、中世の剣士と魔法の物語、アクション・アドベンチャー、若者のコメディ、ホラー映画などを――平均千五百万ドルから二千万ドルをかけて、スケールの大きな作品としてつくりはじめたからだ。

そして一九八二年なかば、わたしは非常によい条件で会社を買うという提示をうけた。申し入れてきたのは三人のハリウッドの弁護士たちだった。ハリー・スローンとラリー・クッペンは共同で、スターのテレビ関係の渉外代行を専門にする弁護士事務所を経営していた。もうひとりのラリー・トンプソンは弁護士であると同時にテレビ・プロデューサーでもあった。

交渉がはじまったとき、ハリーとふたりのラリーは、ニュー・ワールドがそれまでに製作した約百本にのぼる作品ごと会社を買いとることを希望した。そうした作品には価値があり、わたしは非常に高い値をつけた。話はそこで決裂した。ラリー・クッペンはとくに手ごわい交渉相手だった。一方とても愛想のよいハリー・スローンは、ある日わたしを昼食に招いた。「ふたりだけで、弁護士や会計士はぬきで食事をしましょう。そちらの希望は理解しています。われわれの希望もご理解いただけると思います。ふたりで話して、歩み寄れないかやってみましょう」

「ハリー」わたしはいった。「弁護士はいるじゃないですか？ あなたですよ」わたしたちはブレントウッドのサンヴィセンティ・ブールヴァードにあるギャッツビーズに行った。昔、ジムやサムとやりあっていたころから、わたしは昼食のテーブルをかこんでの交渉ではついていていた。ハリーもわたしもこのままではどうにもできないのがわかっていた。そして当然のことながら妥協した。わたしは要求を少々ひきさげ、ハリーのほうは提案より少々多く出すことに同意した。

しかし条件はそれまでとはちがっていた。彼らは会社を買い、資産、つまりそれまでに製作した作品はわたしの手元に残ることになった。一九八三年二月の深夜、わたしたちはセンチュリー・シティの法律事務所で契約に署名した。シャンパンの栓をぬいたとき、ラリー・トンプソンがいった。「ロジャー、これできみは恐竜を養う権利を売り渡したわけだ」これが、この取引のいちばん重要な点だった。ラリーは、アメリカとカナダに多数あるオフィスの維持と従業員の給料に多額の経費がかかるのを知って、そういったのだった。それはまさに恐竜であり、餌代は莫大だった。

わたしは会社を、実際の価値より高いと思われる価格で売却した。発表された数字は千六百五十万ドルだったが、それには配給契約などから生じる不確定な数字がふくみこまれていた。この配給契約は計画したようには機能しなかった。しかしこれはまた彼らにとっても有利な取引だった。彼らにとっては仕事が楽になった。一夜にして、国際的に定評があり、実際に機能している会社を手にいれた。なにもないところからはじめて五年をかけて会社を成長させるという作業をせずにすんだのだ。

わたしが失ったものは配給業務と会社の名前だけだった。わたしは売却の翌日から、新会社で映画製作をスタートさせた。売却契約の条件もまた、そうするのに好都合だった。ハリーたちが配給事業という恐竜を買いとってくれたおかげで、過去の作品と製作スタッフだけがわたしの手元に残ったのだ。ニュー・ワールド売却の翌日、わたしはミレニアム・ピクチャーズという会社を設立した。

ブレントウッドのオフィスは六カ月のあいだハリーたちが使用することになっていたので、わたしはスタッフをつれて通りの向かいの大きなオフィスに移った。しかしあまり経費を使いたくなかったので、オフィスを縮小してミレニアムの事務所をヴェニスのメイン・ストリートにある製材所を改造したわたしのスタジオに移した。やがて約束どおりニュー・ワールドの連中はブレントウッドのオフィスを出て、センチュリー・シティのとても高価なオフィスに移っていった。

そのあと、わたしはもとのブレントウッドのオフィスにもどった。結局、それまでと何も変わらず、ただ配給というやっかいなものから自由になれただけだった。わたしは大いにほっとしていた。

わたしは新しいニュー・ワールド社とのあいだに、かなり有利な配給契約を結んでいた。交渉のなかで、わたしは向こうの取り分が十五パーセントという低い率を提示した。向こうは会社を手にいれたくて焦っていたのだろう、その比率で六年間、わたしの映画を配給することに同意した。通常の配給業者の取り分は二十五から三十パーセントだった。

これは、わたしが自分で配給するより安あがりだった。わたしは数年間、映画館への配給事業に進出しないことに同意した。頼まれてもやりたくなかった。

新しいニュー・ワールドのためにわたしが映画をつくるという噂もあった。《ヴァラエティ》誌上でクッペンはこういっていた。「きっとロジャーがわたしたちのためにおもしろい映画をつくってくれると思っています」

莫大な経費の必要がなくなり、赤字を出す心配が消え、映画製作がスタートした。わたしの新会社は一九八三年末か一九八四年には利益をあげはじめた。わたしはふたたび表舞台にもどった。そのあいだにニュー・ワールドの新オーナーたちは本性をあらわした。彼らの狙いは会社の株を公開して巨額の資本を集めることにあったのだ。売却契約成立の二カ月後、彼らはカンヌ映画祭に繰りだして、わたしがひらいたのよりずっと盛大なパーティをひらいた。彼らの目的は映画製作より株式市場にあり、よく知られた会社の名をウォール・ストリートの関心をあおるために利用した。

やがて、この売却契約にふくみこまれた配給に関する事項がわたしをこまらせることになる。考えてみれば、あまりに条件がよすぎた。彼らはわたしが製作した映画を一本も大きな規模で公開しなかった。映画が稼ぎだしたはずの金も支払おうとしなかった。

ラリー・トンプソンはすでに自分の持ち分をほかのふたりに売っていた。そしてまもなくして、彼らはわたしの映画を配給しても利益があがらないといいはじめた。わたしは対抗していった。「それは契約にふくまれている。きみたちは、一部は現金、一部は非常に有利な配給条件という形で支払いをしたんだ」彼らにとっては、わたしの映画を配給することが無駄な手間であるのは明白だった。しかし、こちらとしては契約の規定に縛られて配給業務ができないので、絶対に彼らに配給してもらう必要があった。ニュー・ワールドにはすでに四、五本の映画を渡してあったが、支払いはなかった。

問題は単純に思えた。それまでの弁護士、ポール・アーモンドはニュー・ワールドとともにわたしのもとを去っていたので、わたしは新たにブラッド・クレヴォイという若い弁護士を雇い入れた。ブラッドはわたしの同窓生であり――ビヴァリー・ヒルズ・ハイとスタンフォードの両方の卒業生だった――、わたしの会社の弁護士としてスタートし、やがて外国への映画売却やビデオ販売に進出した。わたしはニュー・ワールドに対してこう表明した。「そちらが金を払わずに契約に違反したのだから、わたしも配給事業をしないという約束に縛られる必要はないと考える」配給事業にもどりたくはなかったが、ほかに方法がなかった。わたしの映画を配給し、上映しなければならなかった。

一九八五年三月初め、わたしは支払いを求めてニュー・ワールドを告訴し、ニュー・ワールドは配給事業への復帰を契約違反として、わたしを告訴した。非常に緊張した雰囲気の聴取会や会談のあと、わたしたちは事件を裁判にもちこんだ。二日間を法廷ですごしたあと、ニュー・ワールドに勝ち目がないのがあきらかになった。わたしたちは裁判の延期と和解の話しあいに同意した。二日のうちに和解が成立した。彼らは未払い金を精算し、さらにわたしの配給事業の再開を認めた。

これは不幸な体験だった。わたしはしかたなく配給事業にもどることになった。そしてあまりに気乗りがしないので、潤沢な資金を調達できる四人のインディペンデント・プロデューサーと組んで、共同の配給会社をつくる計画をたてた。

会社の名前はコンコード・フィルムズとすることにした。今回は、製品を売るには、コダック、コカコーラといった具合にkの音がもっとも効果的だ、とある本で読んだからだ。コンコードには、その音がふたつもはいっていた。さらに辞書によれば、コンコードとはおなじ目的を持った同質のものが集まって調和した状態という意味だった。声をかけた四人はいずれも有名なプロデューサーで、たくさんの金を集められそうだった。共同の配給会社の目的は経費を分担しあって、それぞれの映画を配給することにあった。

しかし会社設立のときになると、みんなが脱落した。わたしはおどろいた。四人のなかのだれひとりとして金をつくることができなかった。四人は、わたしの見たところ、ハリウッドでも最高レベルの人たちだった。それぞれの負担分は二十万ドル。もっとも成功し、もっとも有名だと思われている人たちが、それだけの金さえ用意できなかったのだ。

成人してから人生のほとんどをハリウッドですごしてきたわたしは、この業界の資本力の弱さにおどろかされた。この四人が金をつくれなかったのだ。その下のレベルの人たちが金をつくれるはずはない。わたしはあまりに現状を知らずにいた。結局、わたしはひとりでコンコードを設立することにした。

17　章

一九四七年、スタンフォードを卒業するすこし前、わたしはさまざまな職業への適性と関心をしらべるテストをうけた。十の職業分野に関するテストだった。テストのつぎの日、女性が電話してきていった。「こんな変わった結果は初めてです。あなたは九つの分野で百点満点中、九十九点か百点をとっています。でも残りのひとつでは十一点しかとっていないんです」

「どの分野で十一点しかとっていないんです？」わたしは訊いた。

「簿記と経理の分野です。テストの結果によれば」彼女はつづけた。「帳簿と経理に関わりがないかぎり、知性を要するどのような分野においてもあなたは成功するということです」

三十五年間仕事をつづけ、二百以上の映画をつくったあとでも、その点にはあまりかわりがなかった。正直にいって、わたしは自分の帳簿に書いてあることを信じない――理解できないといったほうがいいのかもしれない――ハリウッドの映画会社の幹部にはめずらしいタイプの人間だった。

ほかの多くの映画会社の経営者とちがって、わたしはこの時点でも映画づくりの作業にかかわっていた。コンセプトからストーリーづくり、脚本、編集、ゼロ号プリント、広告デザイン、ビデオ・カセットのパッケージにいたるまで、なんでもやった。しかしコンピューターの暗い画面でまたたくいくつもの緑色の数字は苦手だった。

一九八〇年代末、低予算の映画づくりをするほかのインディペンデント映画会社をおさえてトップに立つためには、コンピューター化された帳簿をみつめるよりほかにすべきことがあった。もっとも大きな仕事は、作品の製作にはいる前に、急成長する家庭用ビデオのマーケットにできるだけ有利な条件で売りこむことだった。一九八七年と一九八八年の両年で、わたしたちは四十四の作品をつくった。どの大手映画会社も、この二年間にこれだけの数の作品をつくってはいない。こうしてつくられた映画の大半は事前にビデオ会社への売却が成立していて、どれもが成功した。

会社はしだいに大きくなり、ヨーロッパ、アジア、南アメリカ、カナダなどで複数の製作契約をむすび、ほんとうの意味での国際的勢力に成長した。わたしは第三世界での映画製作に条件つき交換という方法を使った。通貨を現地通貨に交換するとき、交換した全額をその国内での映画製作に使用すると約束して、特別に有利な比率で交換したのだ。このおかげで、三分の一程度よけいに製作費をかけることができた。

映画の分野については、それまでとおなじ若者向けのコメディ、アクション・アドベンチャー、ホラー、サイエンス・フィクションなどの作品がつくられていた。しかし『勇者ストーカー』'84『失われた王国の魔法使い』『'84バーバリアン・クイーン』などからはじまったファンタジーや剣と魔法のものがたりのシリーズは、とくに急成長をした。またわたし自身が監督した『血まみれギャングママ』につづく『ビッグ・バッド・ママ』『ビッグ・バッド・ママ2』'87『ダディーズ・ボーイズ』の犯罪一家路線も成功した。最近はファミリーものの『ダート・バイク・キッド』'86『まんちぃず』'87『クライ・イン・ザ・ワイルド』'90、さらにフィルム・ノワールの『ドリフター』'88『オーヴァーエクスポーズド』'90『ボディ・ケミストリー』'90なども製作している。

わたしはストーリーの構成や脚本をよいものにすることに力を集中しようとしたが、一九八七年なかごろには、かなりおちこんでいた。大の苦手のふたつのもの――契約と帳簿――に時間をとられすぎていた。ちょうど『ビッグ・バッド・ママ2』を製作中のことだった。働きすぎるほど働いているのに仕事がはかどらず、頭がおかしくなりそうだった。怒りがどんどん大きくなっていた。これ以上はたえられなかった。

ウィルシャー・ブールヴァードに近いサンヴィセンティ・ブールヴァードに面したオフィスにすわって、わたしは自分にいっていた。こんなことをしていなければならない理由はない。もういらいらはたくさんだ。わたしは立ちあがってオフィスを出て、サンヴィセンティを横断し、退役軍人管理局の広い敷地に隣接した公園に行った。その日は、朝に見た『ビッグ・バッド・ママ2』のラッシュがよくできていたことぐらいしか、いいことがなかった。しかし『ビッグ・バッド・ママ2』は予算を超過しはじめていて、わたしは動揺していた。法律や数字のごたごたにはもううんざりだった。映画をつくろう、そしてこのいらいらと苦痛から逃れよう——わたしは自分にそういった。それは一種の薬のようなものだった。目をさましている時間の半分が法律と経理の事務にとられていた。配給業務と経営の仕事は大きらいなものだったのに。

わたしは『リトル・ショップ・オブ・ホラーズ』や『古城の亡霊』のときのことを思いだした。あのときはいいセットができているのを見て、それに合わせて映画をつくった。あのむこうみずな創造への意欲がなつかしかった。そこで考えた。『ビッグ・バッド・ママ2』のセットはとてもよくできている。さらにセットがつくられることになっている。かなりの費用がかかっている。車、衣裳、そのほかにも一九三〇年代の品々がそろっているが、数週間のうちにすべてがとりこわされる。しかし、とにかくいまはセットがそのままある。今夜のうちに脚本をつくって、『ビッグ・バッド・ママ2』につづいて映画をもう一本撮るべきではないか？　セットがつくられ、撮影がおこなわれたすぐあとなら、照明も小道具もすべてそのまま使える。もう一組、撮影クルーと出演者を送りこめば、つぎの日から映画を撮ることができる。二本目の映画は実質的にただでつくれることになる。

　この思いに胸をおどらせて、わたしは元気をとりもどした。これがだいじなことなのだ。映画をつくることが。退役軍人たちが休憩しているベンチのあいだや芝生の上を歩きながら、わたしはおおざっぱなストーリーを考えた。そして一時間後オフィスにもどり、会社の製作部の責任者、マット・ライプジグとアンナ・ロスを呼んでいった。「作品をひとつつくることにする」マットもアンナもふたりとも、信じられないほどぎっしりつまった製作スケジュールをかかえていた。「作品はもう充分あるんじゃないですか？」ふたりともがいった。

「かまうものか。わたしは映画をつくりたい。会社の仕事にはうんざりだ。これからつくる映画の話をしよう」わたしたちは計画を話しあい、一九三〇年代の農村を舞台にしたギャング映画をつくることが決まった。わたしはタイトルを『ママズ・ボーイズ』とした。

「本が書ける監督が必要だ」わたしはアンナにいった。「大至急、脚本がほしい。二、三日のうちに『ビッグ・バッド・ママ2』のセットを使って撮影をはじめる。『ビッグ・バッド・ママ2』の撮影が終わったセットから順に撮っていく」

アンナはNYU時代の友人で、豊かな才能と鋭い感受性を持った若手ライター、ジョー・ミニオンに電話をかけた。彼はマーティ・スコセッシの映画、『アフター・アワーズ』の脚本を書いていた。わたしも前に彼の作品を読んだことがあった。彼が書いた『バンパイア・キッス』'88を、脚本、共同プロデュース、監督の報酬として二十万ドル・プラス歩合で映画化しないかと申し入れたことがあったのだ。この提示額はわたしとしてはそれまでで最高の金額だったが、彼はもっと高額を出す映画会社にこの作品を売った。しかし映画化の実現までにはずいぶん時間がかかった。アンナはわたしからいわれたとおり、報酬は五千ドルだが、十日以内にかならず撮影をはじめることをジョーに伝えた。わたしは彼の映画会社との契約がうまく機能していないのを知っていた。ジョーは飛行機に乗り、その日のうちにわたしのオフィスにやってきた。彼はダリル・ヘイニーをつれてきて、脚本を書くのを手伝わせるとともに、映画に主演させたいといった。そのため主役は女から男に変わり、タイトルは『ダディーズ・ボーイズ』と変更された。この映画の製作費は三十万ドルで、撮影は『ビッグ・バッド・ママ2』のあとを追って、おおよそわたしの考えたとおりに進行した。できあがった映画はヨーロッパでかなりよい成績をあげ、アメリカでビデオが発売されたときにも健闘し、少々の利益をあげた。

しかし重要なのは、わたしが何かをやったということだった。四十年間、オフィスで書類をめくっていたとしても、送り状の山のほかに何が残るだろう？　現実に何がおこったというのか？　何かが生みだされたのか？　きみが存在したという証拠が形となって残るのか？　映画をつくる場合には、すくなくとも証拠が形になって残る。きみは何かを創造した。初めは何もない。そこからきみが考える。その結果、映画ができあがる。はじまりとまんなかと終わりがある、ものがたりができあがる。

契約の交渉では、昔はわたしもなかなかのやり手だった。しかしこのころには忍耐力をなくしていた。ねばって交渉をつづけ、相手を根負けさせて有利な契約を勝ちとることができなくなっていた。契約についてはバーバラ・ボイルのときとおなじようにブラッド・クレヴォイを表にたたせ、わたしはコーチのように指示を送ったり戦略を話しあったりするだけにした。ブラッドは海外での売却や大手ビデオ会社とのあいだの大きな取引に、とくに手腕を発揮した。

会社の生き残りに重要な役割をはたしたのが、家庭用ビデオだった。理由は簡単だ。低予算映画は――わたしたちの作品の製作費が三百万ドルをこえることはあまりなかった――、かつてのように劇場ではよい成果をあげなくなっていた。しかしビデオでは非常に好結果を生むことがたびたびあった。現在、低予算や中程度の予算でつくられる映画の活路はテレビとビデオにある。

契約交渉では心理やイメージといったものが大きな役割をはたす。前にわたしはメディア・ホーム・エンタテインメント社に国内のビデオ販売権を一本五十万ドルで合計三本売ったことがあった。メディア・ホームのスティーヴ・ディーナーと、十作品をまとめて売る商談中に、彼が大型映画の国内販売権を一本百五十万ドルで買い入れているという話をした。しかもその種の作品よりわたしの会社の映画のほうがビデオ売上げ総額が大きいという。ブラッドとわたしは「わたしたちの頭の働きが鈍いのか？　なんで、こんなことがおこるのか？」といわんばかりに顔を見あわせた。

どうみても、わたしの会社の作品の商業的価値に対するスティーヴの見方はあやまっていた。数字がそれを証明している。おそらく百五十万ドルをうけとった人間は、広告費に百万ドルをかけ、多数のプリントをつくって金をかけた大規模な公開をすることを保証して、それだけの値段をつけたのだろう。しかしビデオの売上げは、わたしたちの作品のほうが大きいのだ。

このときの交渉の結果、わたしたちはメディア・ホームとのあいだに映画館公開を最小規模にするという条件で、一年間に十作品を供給する契約を結んだ。メディア・ホームはひとつの作品を見ないうちに、かなりの額の支払いをともなう契約を結んだことになる。

インディペンデント映画会社が十本の新映画の契約を結ぶこと自体が特別なことだった。ふつうのインディペンデント業者は一年に十作もの映画をつくらない。わたしたちにはこのほかにMGMなどの会社と契約するだけ作品の余裕があった。ビデオやそのほかのマーケットからはいる前払い金のおかげで、製作をはじめる前からすでに経費分が回収されている場合もよくあった。劇場公開の貸出料が、一九七〇年代のように大金を稼ぐことはなくなった。かわりに劇場公開は、少々の利益はあるかもしれないが、むしろビデオの売上げをのばすための広告宣伝の一部とみなされるようになった。

こんなふうにして、わたしたちは業績をあげた。もっとも重要だったのはMGMとの契約だった。最近、MGMは当初の契約を拡大して期間を二年間延長した。おかげでわたしたちの映画はほとんど無制限ともいえる作品の供給先を獲得することになった。

MGMとの契約は、最低六百回の上映を条件にしていた。一回の上映とはひとつのスクリーンで一週間の上映、ふつうの金曜から木曜までを意味する。ほかの会社との契約にはこれほどの上映回数は必要とされず、もっとも少ないものは劇場公開したとはいえないほどの数回の上映をすればよかった。家庭用ビデオの権利に関する契約ではほとんどの場合、製作側はある程度の額——たとえば三百万ドル——を製作費にかけることを約束する。しかしわたしはビデオ権を売るときに、製作費を約束することも、話題にすることもしなかった。たとえばこんなふうにわたしは話した。「われわれには自前のスタジオがある。それに第三世界のさまざまな場所で撮影をしている。経費のことでとやかくいわれたくはない」そしてかわりに、それまでにつくった作品を見せて、それとほぼ同等規模の作品をつくると約束した。わたしは自分がつくった映画を参考にするのが好きだった。それはある意味で、三十年のあいだの自分の仕事をふりかえることでもあった。

残念ながら、家庭用ビデオの成功は既存のテレビ局の番組づくりには生かされなかった。テレビに進出すれば大きな利益があがるのはわかっていたが、障害もおなじぐらい大きかった。三大ネットワークの番組づくりの過程は閉鎖的で、ヒット番組のあとばかり追っていて独自性に欠けると評判がわるいが、一九八八年、NBCがサイエンス・フィクションの番組制作の話をもちかけてきたとき、わたしはそれを体験した。

NBCとの初めての会議には、何人かのエージェントとNBCの制作部門のトップだったブランドン・ターティコフが出席した。ブランドンが考える最高《ハイ・コンセプト》のアイデアはこうだった——「父と息子が宇宙へ行く」のだ。わたしは、いいでしょうといった。いけないわけはない。ブランドンはNBCを三大ネットワークのトップにした人物だ。わたしは契約をかわし、パイロット版のストーリー企画書を書いた。脚本にはマイクル・クライトン(註1)を使うつもりだった。しかしクライトンのエージェントは、プロデューサーとしても資金提供者としてもわたしの取り分がほとんど残らないぐらい、多額の報酬——法外だった——と、大幅なコントロール権を要求した。わたしは数カ月、そのまま何もせずに待った。するとエージェントは、彼をわたしのエージェントにするなら、もっと有利な契約を結んであげることができるといってきた。「抱きあわせ」システムというものがこんなふうにはじまるのをわたしが知ったのは、このときだった。「すでに自分のエージェントに委託料を払っている」わたしはいった。「ターティコフが話を持ってきたからといって、もう一度エージェント料を払うのなどごめんだ」

もうひとりのライターが病気になったあと、NBCはほかのシリーズである程度の成功をおさめて過大評価されている感のある若手脚本家を使えといってきた。NBCの人間たちは脚本家のアイデアを気にいっていたが、わたしはあまり気にいらなかった。それでも彼らはナンバー1の優秀な人たちだ、するべき仕事を知っているはずだ。わたしはそう考えた。

わたしたちは問題の脚本家と何度か話しあいをした。やがて、そこで話されているアイデアはどれも、既存のヒット番組から借用したものであることがわかった。みんながおたがいを誉めあってばかりいる企画会議で、こっちにはいうことがなかった。彼らは「いいね、最高」とばかりいっていた。プロデューサーのわたしはどう考えても新しいアイデアを好きになれず、黙りこんでいた。そしてここにいるやつらは間違っていると感じていた。何かをいわなければならなかった。だが何をいえばいい？　わたしは自問した。トップの人間たちは何を考えているのか？　『ザ・コスビー・ショー』（註2）だ。それならここの流儀にしたがっていうべきせりふはこうだ。「宇宙飛行士親子を黒人にしよう」すごいアイデアじゃないか。

だめだ、とわたしは思った。わたしがそれをいえば、いやみをいって会議に茶々をいれ、部屋にいる人たち全員を侮辱したことになる。そこでわたしはかわりに、あたりさわりのない答をしておいた。数分後、問題の脚本家が新しいアイデアについて話しはじめた。

「もうひとつ」彼はいった。「宇宙飛行士親子を黒人にするのもいいんじゃないかな」

信じられない会議だった。中国語のメニューを見て注文しているようにわけがわからなかった。正面から非難することなく、うまいことばでこれらのアイデアを退ける重役たちのやり方に、実のところわたしは尊敬の念を感じた。もうひとつ提案されたアイデアは、親子が暮らす遠い惑星に、どういうわけかマイアミのラジオ局の電波がとどき、そのラジオから一九五〇年代のヒット曲が流れるというものだった。正確にはおぼえていないがそんなようなアイデアだった。わたしは考えた。その遠い惑星の文化はどうなっているんだ？　その惑星固有の音楽があるはずではないか？　どうして銀河系のはるかかなたの惑星で、五〇年代のアメリカのロックなのか？

なぜか？　おそらく、当時一九五〇年代の音楽がリバイバル流行中であり、その音楽を使って宇宙のかなたのドラマのサウンドトラックLPが発売できるといった程度のことだったろう。どうしてマイアミなのか？　『マイアミ・バイス』があったからだろう。部屋に集まっているのはばかな人たちではなく、テレビ局で制作を担当し、テレビを知りつくし、テレビ界で活躍をしているトップの連中で、それがこんなふうだった。わたしが脚本家への不満をもらしたとき、テレビ局側は親切にもいってくれた。『ザ・コスビー・ショー』の最初のプロデューサーたちもパイロット版制作の前におこなわれた多少の変更について、おなじような懸念を持っていた。そしてそういう不安を持っていたプロデューサーたちが、番組がネットワークされたときには取り分として一億ドル以上を手にいれた。

「きっとそうなりますよ」テレビ局の重役は自信たっぷりにそういった。

そういうこともおこるのかもしれない。しかし、実際はそうならなかった。しばらくして問題の脚本家が脚本の草稿を提出し、テレビ局側は脚本家のアイデアは間違っていると判断した。そしてわたしには、この企画が「保留」になったことがつたえられた。「保留」は、わたしがもっときらいな状態だった。
一、二度、問題がおこったとき、映画会社の社長のわたしが、監督のわたしにいうことがあった。監督をやめると決心したのは大きな間違いだったと。正直にいって、監督をつづけていたほうが人生は快適だったろう。たいした金は稼げなかったかもしれないが、心は満たされていただろう。ニュー・ワールドの創設期のころ、わたしがのぞむような形で会社を運営してくれる人材がみつからなかっただけのことなのだ。その意味では、ニュー・ワールドの即座の成功は不運だったのかもしれない。

一年後に監督業を再開していたらどうだったのか、それはだれにもわからない。わたしは監督としての定評を確立していたし、より大きな規模の映画製作の申しいれもうけていた。しかしニュー・ワールドにはずみがついて、そこからぬけられなくなった。

わたしは不安から監督をやめたのだろうか？　芸術家としての真価を問われるのがこわくて、それに直面せずにすむように、ニュー・ワールドの仕事に没頭したのだろうか？　あれはちょうど、わたしが低予算のエクスプロイテーション映画づくりを極め、より良質で洗練された映画づくりに移行すべきときだった。わたしの監督でアップダイクの小説を映画化するという話があった。わたしが大手映画会社でもやっていけるか、それがテストされるときだった。そしてカメラではなくデスクのうしろにいることで、わたしは芸術上の失敗という危険から身を守ることができた。

わたしにとってニュー・ワールドとは、創造的自由と経済的独立性の妥協を意味する映画づくりの本流を拒絶し、自分の宇宙の王者でありつづけるための方便だったのだろうか？　ＡＩＰや大手映画会社は、テーマが急進的で反体制的だったわたしの後期の作品に勝手な検閲をおこなった。そのことを思いだすと、わたしはいまでも激しい怒りを感じる。

また、会社の株を公開すべきだったのだろうか？　そしてもっと規模の大きい、リスクの大きい映画づくりをすべきだったのか？　しかし、この点について後悔はない。わたしの手を離れたニュー・ワールドを初めとしてキャノン、デ・ラウレンティスなどのインディペンデント映画会社は株を公開して多額のドルを集め、膨張しすぎた。そしてどの会社も株価が七十五パーセント以上、下落するというような深刻な財政的危機においった。どの会社も、巨額の維持経費と負債に対処するだけの連続ヒット作をつくれなかったからだった。

一九六〇年代の終わり、わたしは疲れきっていた。六〇年代の十年間にはだれもが疲労を感じていたが、わたしはつぎからつぎへと映画をつくり、家に落ちつくこともなく、世界じゅうのロケ地を飛びまわっていた。意識してはいなかったかもしれないが、わたしはおだやかな安定した家庭生活に魅せられた状態にあったようだ。独身生活はもうたくさんだった。わたしは監督をやめたのとおなじ年に結婚し、ニュー・ワールドを設立した。数年後の一九七五年、ジュリーとわたしに初めての子供が誕生した。現在ではキャサリン、ロジャー、ブライアン、メアリの四人のすばらしい子供たちに恵まれている。

わたしたちの物質的な欲望はささやかだった。自家用飛行機もヨットもほしいと思ったことはなかった。遊びといってもせいぜい海外への旅行ぐらいだ――撮影のロケ地や映画祭、そして保養地へも行った。わたしは観光客として、そして映画製作者として世界じゅうに旅をした。

もうひとつ、わたし自身の贅沢は速い車を手にいれて、つぎつぎに乗りかえることにあった。メルセデスを数台、ポルシェを数台、ジャガーを数台、ジェンセン、アルファ・ロメオ、ロータスに乗っていたこともある。

わたしたちは現在、テニス・コート、プール、数エーカーの土地がついた広い家に住んでいる。家から数分で太平洋の海岸に行けるため、ジュリーもわたしも海辺の別荘をほしいと思ったことはない。五年間、マンハッタンの近代美術館の上のコンドミニアムを所有していたが、使うことはほとんどなかった。そして友だちや同僚に貸したりしたあと、結局手ばなした。

★ジュリー・コーマン

ロジャーのことを考えるとき、いつも思いうかぶのは「保守的」と「奇想天外な」のふたつのことばです。初めて会って夕食をしたとき、ロジャーがいったことをいまでもおぼえています。「いまは仕事が手いっぱいだ。毎日が目茶苦茶だが、二週間のうちにはすべて整理できるはずだ」といったんです。ロジャーはあれ以来、いつでもそういってます。ただ整理できるようになるまでの期間がちがうだけ——短くて一週間、長くて一カ月といったところですが、「いまは手いっぱい」であることに変わりありません。

父親としてのロジャーは、あらゆる面で四人の子供たちの幸せを考えています。二年間、男の子たちのバスケットボールのコーチをして、チームは二年ともブレントウッド・リーグで優勝しました。優勝しないはずはありません。ロジャーはすごく熱心で、両親たちが彼のコーチぶりを見学にきたほどです。四百人の人がまわりに立って、彼がつぎに何をするか見守っていて、まるで映画を撮っているみたいでした。

ロジャーがコーチをしているあいだ、一家の生活はバスケットボールがすべてでした。たとえばロジャーは練習からもどって沈みきっていうんです。「子供たちの集中力が落ちている。なにか新しい目標をつくらなくては」二年目にはからだに障害のある子供がチームにはいってきました。ロジャーはその子が試合で得点をあげることができるようになるまで満足しませんでした。そしてその年もまた、チームは優勝しました。

ロジャーは恩返しを求めたり、何かを無理じいしたりは決してしません。自分の会社で働いていた人はいつまでたっても友人です。好条件を求めてよそへ移っていった人に対しても、いつまでも友だちづきあいをつづけます。

わたしたちはいっとき、中部カリフォルニアのサン・ウォーキン・ヴァリーに五百エーカーのぶどう畑を所有していた。当時、そのあたりではとても景気がよかった。しばらくのあいだはぶどうをまとめてガロー・ワインに売り、かなりの金を儲けた。カリフォルニアの人たちがこぞってぶどう畑を買いあさり、ワイン用のぶどうが過剰生産される前のことだ。

わたしたちはそのぶどう畑を現場を見ずに買い入れた。見にいく時間がなかったのだ。ぶどう畑を持っていたのはヒューズ・エアクラフト社の重役退職者年金財団で、ヒューズのジェット機で畑に案内すると申しでてくれた。しかしわたしたちは行かなかった。そのあたりでシーザー・チャヴェス、そして農業従事者統一組合と契約しているのはその畑だけだった。初めて現地に足を運んだのは、売却契約に署名する式典に出席し、チャヴェスと組合の役員がひらいた感動的な昼食パーティを楽しんだときだった。

わたしはなぜか、大昔のカリフォルニアのミッション建築の農園――アーチがある、白く輝くスタッコ塗りの壁、赤いタイルの屋根、そして地平線までひろがるぶどう畑――を思いえがいていた。ぶどう園の土地はふたつに分割されていた。畑の総管理人が昼食のあと、わたしたちを案内してくれた。わたしの勝手な夢はやぶれた。シャトー・コーマンは収穫用の道具をしまう波型鉄板でつくられた大きな小屋でしかなかった。ちょうど真夏で、はてしなくひろがる畑の気温は四十度はあるにちがいなく、強烈な太陽が鉄製の小屋を焦がしていた。

「何か好きなものを建てればいいんだ」わたしはジュリーにいった。「休暇用の別荘か何かをね。いいんじゃないか？　ぶどう畑で夏をすごすなんていうのは」わたしたちは車で走りまわり、ワインになるぶどうを見た。「向こうの畑もごらんになりますか？」総管理人が訊いた。

「いや、見るのはよそう」わたしはいった。「いいぶどうもわるいぶどうも、わたしには見分けがつかないからね」わたしはジュリーのほうを向いていった。「いまここを出れば、夕食までにLAにもどれるな」

わたしたちはこのほか、カリフォルニア北部に農場をふたつ購入した——売った側は農場をランチと呼んでいた。このときも、現地を見ないまま買うことを決めた。しかし一九八〇年代末には、ワイン畑もふたつの農場も思わしい収益をあげず、結局手ばなすことに決めた。

ステータスのためにワイン畑を所有するのは、ばかばかしい考えだ。ロートシルト男爵に会ったときにも、わたしはそれを痛感した。友人のイーリン・ヴァンダリップが彼女の友人、ロートシルト男爵のためにパーティをひらいたときのことだった。一九八六年ごろのことだ。ロートシルト男爵が所有するシャトー・ロートシルトは、世界でも有数のワイン畑であり、ワインの名称でもある。イーリンはわたしたちを彼にひきあわせていった。「ロジャーもサン・ウォーキンにワイン畑を持っているんです」わたしはできるだけ友好的に、しかし謙虚にいった。「ええ、それはほんとうです。しかし正直に申しあげて、うちの畑とあなたのぶどう畑をくらべるのは、フォルクスワーゲンとロールスロイスをくらべるようなものです」

男爵がこのことばをおもしろがるのがわかった。彼はにっこりしていった。「いいえ、フォルクスワーゲンではありません。ⅡＣＶとくらべるようなものです」二馬力のⅡＣＶはおそらく世界じゅうでもっともなさけない車だ。わたしはグラスを握りしめたままそこに立って考えた。ほら、そこにプールがある。この男を突きおとしてやったっていいんだ。あきらかに、わたしの収入源は映画だけだった。ジュリーは土地やそのほかの贅沢につ いてこういっている。「わたしたちは必要なものを持っている。それ以外は、お金は紙の上の数字にすぎない」

ハリウッドでは、この数字は莫大だった。映画事業に携わるものはだれも、現実の世界にくらべると、多くを手にいれすぎている。メナヘム・ゴーランは『オーバー・ザ・トップ』'87のスライ・スタローンに千二百万ドルと歩合を払った――ふたりとも、わたしのところでスタートした人物だ。この金額を、ＬＡの学校体系のなかの教師の給料と比較すれば、それはよくわかる。ハリウッドは大金を稼げるところだ。きらきら輝いていて官能的ではなやかだ。需要と供給の関係がそうさせている。

ハリウッドはまた、充実感と目的達成と、そしていくばくかの後悔の街でもある。わたしはかなりの金を手にいれたが、監督をやめずにもっと大きな規模の作品をあつかっていたとしても、おなじぐらいを、あるいはもっと多くを手にいれたかもしれない。わたしは仕事の場でおおかたの目標を達成したが、完璧に達成したわけではなかった。しかし完全に目標を達成できる人間などいないと思う。だから、きっとわたしの人生はそれほどわるくなかったのだろう。わたしは仕事に恵まれ、そしてよい仕事をしてきた。目標のすぐ近くまで迫ったが、完全には到達しなかった。

★ジョナサン・デミ

はっきりといっておきましょう。ロジャーはまちがいなく、アメリカ映画界で最初の、そしておそらく最後の偉大なインディペンデントの映画のつくり手です。ロジャーのうしろだてによって、さまざまな分野の優秀な新人たちが高度なレベルの想像力を具現化し、休むことなく大量の映画をつくりつづけました。そうした作品全体にロジャーの個性があらわれています。彼は強大な映画のつくり手でした。ロジャーは、自分からそうしようと決めたときには、才能にあふれ、すぐれた技量を持つ監督でした。最高の配役、カメラ・ワーク、編集、あざやかですばらしいフレーム、驚異的なものがたりの展開——そのすべてを自分で決めることができる人物でした。彼にあたえられたチャンスがきっかけで、映画界の仕事ができるようになった人間が大勢います。映画に関するあらゆる分野で、ロジャーはまさに巨人です。彼の映画への貢献には畏敬の念を感じます。

わたしの作品のなかには、創造活動のためにものを破壊するか自分が破滅する芸術家をあつかったものがある。思いだすのは、『X線の眼を持つ男』『血のバケツ』『リトル・ショップ・オブ・ホラーズ』などだ。これらの作品には、あきらかにわたしのなかにある何かが投影されている。創造という過程は、わたしにはつらいものだった。ふらりと現場に行き、そのまま撮影にはいることができる監督たちに、わたしは羨望の念を感じる。『戦場の小さな天使たち』'87『エクスカリバー』'81をつくった優秀な監督で、わたしの友人でもあるジョン・ブアマンは、映画を完成させるたびに、自分がどうやって撮影をし終えたかわからないといっている。もう一度おなじようにやれといわれてもわからないというのだ。わたしは限度をこえて短期間にたくさんの映画をつくりすぎたと感じていた。それでもやがて、評論家たちからすこしずつ認められるようになった。わたしをカルト的な監督と考える人たちがいるようだが、わたしが賞をもらったのはそれを反映してのことなのだろう。賞を重大に考えすぎるのはよくない。わたしはダラス映画祭ではドライブ・イン映画産業に貢献したとして、ジョー・ボブ・ブリッグズから彫刻をしたホイールキャップを授与された。そのときわたしは、車のホイールキャップが盗まれたことにして、そういう受賞スピーチをした。またサイエンス・フィクション、ファンタジーおよびホラー映画アカデミーからサターン・アワードを受賞したこともあった。その後は、さらに重みのある大きな映画祭でいくつか受賞をした。またパリのシネマテーク・フランセーズ、ロンドンのナショナル・フィルム・シアター、ニューヨークの近代美術館では回顧上映がおこなわれ、こうした場所で回顧上映をおこなった監督のなかで、わたしはもっとも若かった。しかしシリアスな映画評論家たちは、ひとりとしてわたしを的確にとらえてはいなかったように思う。たとえば一九六〇年代と一九七〇年代、もっとも影響力のあったシリアスな映画批評誌《サイト・アンド・サウンド》の編集者、ペネロープ・ヒューストンはあるとき、こういった。「ロジャー・コーマンは、評論家たちの恋人とはならなかったかもしれない。しかしすくなくともマスコットになった」最近ではパリの有力紙《ル・モンド》が、わたしのことを「大衆映画の法王《ポープ・オヴ・ポップ・シネマ》」と形容した。

自分の映画会社を経営していくうえでは、わたしは恋人でもマスコットでもなく、師匠の役目をはたし、わたしの映画に携わる若手ライターやプロデューサーや監督といっしょになって働いた。わたしはいまでも、メモ用紙と鉛筆を持って廊下のつきあたりにある小さな映写室へ行き、粗つなぎや最初の編集結果を見る。そして構成にかかわる大きな変更から、数コマを削除する箇所まですべてメモする。コーマン・スクールはいまでもデビューの場であり、プロデューサーや脚本や演出の技術を学ぼうとする入学希望者が大勢いる。彼らが学生時代につくった映画や脚本などの作品を持っていない場合、わたしは知性とやる気をテストしているはずのアメリカの大学システムを信じることにしている。大勢の名門大学の卒業者がわたしの助手として仕事をした。メアリ・アン・フィッシャー、ゲイル・アン・ハード、ローレット・ヘイドン、ヴァージニア・ニュージェント、マット・ライプジグ、シェリル・パーネル、ケヴィン・リーディはスタンフォード大学の出身者であり、フランシス・ドールとルーパート・ハーヴィーはオックスフォード大、ロドマン・フレンダーとキャサリン・サイランはハーヴァード大、アリダ・キャンプとアンナ・ロスはコロンビア大、サリー・マティソンはイェール大の出身だ。またストーリー・エディターのビヴァリー・グレイはUCLAで英文学の博士号を取得し、映画の仕事をはじめる前はUSCで助教授の地位にあった。その大勢が現在もわたしといっしょに仕事をつづけている。また去っていった者の多くも自身の会社を設立するか、大手映画会社やテレビ局でプロデューサーや重役として活躍している。

ある人は、わたしの会社をコーマン映画科大学院と呼ぶべきだといった。ハリウッドではコーマンの「学位」に価値があることをみんなが知っている。希望に燃える監督たちはわたしの承諾をとりつけようと、わたしたちの会社に的をしぼった特別の企画を練っている。大学の映画科は監督の卵たちに将来にそなえて充分な教育をしているので、映画科の卒業生にただちに監督を依頼することもある。しかしふつうは、六カ月から二年程度のあいだ、製作担当の一員として働いてもらい、そのあとに監督としての仕事をあたえることが多い。

★ゲイル・アン・ハード

ロジャーの特別な点は、昔もいまもそうなのですが、映画業界で働く女性にとって、議論するまでもなく百パーセント最高の人間ということです。わたしは大手映画会社で『エイリアン2』『ターミネーター』『アビス』'89をプロデュースしました。ロジャーの会社をやめるまでは、ハリウッドのどこに行ってもロジャーのところとおなじように、女性にはチャンスがあたえられ、それだけでなく女性はほかの多くの男性より映画づくりの適性を持つ人材と考えられていると思っていました。ロジャーは女性と仕事をするのが好きなのだと思います。ニュー・ワールドを出るまで、わたしはハリウッドに性差別が存在することにさえ気がつかなかったんです。ロジャーは昔もいまも何のためらいもなく、女性の監督、女性の編集者、女性の美術監督、プロデューサー、ライターを起用しています。ニュー・ワールドにいるあいだ、わたしはロジャーのせいで映画業界には性や年齢による差別はないという素朴な幻想を持っていました。ロジャーのところをやめて大手映画会社をまわった最初のころには、「どうしてあなたのようにかわいい女の子がこんなに大きな映画をつくりたがるんですか？」とよくいわれました。わたしの性と年齢はそんなふうに表現されたんです。

わたしがデスクにむかってすごした時間は、一九八八年末には、監督をやめるまでカメラのうしろですごした時間とおなじ長さになった。そしてわたしはユニヴァーサルから『ロジャー・コーマンズ・フランケンシュタイン』という映画を監督しないかと誘いをう

『フランケンシュタイン　禁断の時空』のセットで。

ロジャー・コーマン（中央）と、その家族。左からキャサリン、ロジャー、メアリ、ジュリー、ブライアン。1989 年のクリスマスに。

けた。ユニヴァーサルはわたしが手にいれるものとしては最高の報酬と利益の歩合という条件を示した。何度か草稿を重ね、妥当な脚本が完成するまでには長い月日がかかった。それでも一九八九年のなかごろには、ソム・マウントを共同製作者にむかえ、『フランケンシュタイン　禁断の時空』というタイトルで撮影開始の準備が整った。二十世紀フォックスが国内の配給を、ワーナーが海外の配給を担当した。製作費は九百万ドルで、撮影はミラノ郊外で二カ月をかけておこなわれた。この映画は、わたしが経験したものとしては最大の製作規模だった。

　フランケンシュタインの怪物の前にも、わたしはたくさんのモンスターをスクリーンに登場させた。スクリーン上の登場人物をとおして、わたしはどの程度自分をさらけだしたのだろうか？　プロデューサー兼監督は、表現者であるのか？　プロデューサー兼監督がものがたりに対して抱く情熱が映画化を実現したのなら、彼は芸術表現をする者であるはずだ。彼の作品は彼の性格や不安や夢や執着をあらわしているのか？　そのはずだ、とわたしは思う。なぜなら、映画をつくるときには、心の意識的な部分だけでなく、無意識的な部分が働いているからだ。どのようなテーマやものがたりを選んだかということだけでも、心の奥をのぞくことができる。わたしの作品のすべてに、わたし自身がちりばめられている。しかし、わたしのどんな部分がちりばめられているのか？

すさんだ狂気を持つロデリック・アッシャーがいる。『X線の眼を持つ男』の、すべての物体を見とおして宇宙の核にまで達し、苦しんだあげくにみずからの目をくりぬいたドクターXがいる。名声と社会的承認を切望し、殺人の犠牲者を粘土で塗りかためることで人気者の造形作家になった『血のバケツ』の小男がいる。二種の植物をかけあわせ、人を食うモンスターをつくって、思いがけなくスターになった花屋ではたらく小男、シーモア・クレルボインがいる。『白昼の幻想』でピーター・フォンダが演じたポール・グローヴズはアシッドを知ってディレクターとしての仕事をやめた。また『ワイルド・エンジェル』の主人公たちは体制的な慣習を毛ぎらいし、社会の周辺で自由に生きるアウトローのバイク乗りだった。

第一次世界大戦の時代に生きた誇りたかく、おそれを知らないバロン・フォン・リヒトホーフェン、そして彼を空で撃墜した鋭い反射神経と技量を持った小心な工場労働者、ロイ・ブラウン、このふたりには、わたしのなかの相反する性格——エリートの芸術家、そしてそれを打ち負かすことを運命づけられた敏腕な一匹狼——が反映されている。

ある意味でこのふたつの性格は、ハリウッドと映画文化に対するわたしの見解を要約するものでもある。映画は妥協した芸術形態だ。映画は、半々のわりあいで芸術であり商品である。アメリカ人が映画づくりにすぐれているのは、おそらくこのためだろう。現在アメリカの各産業はほかの国に追いこされているが、映画産業だけは世界でも群をぬいた繁栄をつづけている。芸術性と商業性を組みあわせたもの——それがわたしたちアメリカ人の得意とするものなのだ。

わたしの個性がもっともよくあらわれているのは『呪われた海の怪物』ではないかといわれている。この映画のエンディングがわたしの好みどおりにつくられた点を考えると、その意見は正しいのかもしれない。わたしはこのラスト・シーンを発作的に思いつき、プエルトリコからチャック・グリフィスに電話したのだった。映画のストーリーは、バチスタ政権のもとで、将軍たちの一団が黄金のはいった櫃を持ってキューバから脱出しようとするというものだった。しかし将軍たちが船をあやつるために雇った船長はギャングだった。ギャングは将軍たちをつぎつぎに殺し、それを隠すため、海に人食いモンスターが住んでいるというつくり話をする。しかしモンスターはほんとうにいた。「いままではいつも、炎や電気や洪水などでモンスターを殺してきた」わたしは電話でチャックにいった。「今度はモンスターが生き残る。映画の最後は」わたしはどうしてもそうしたいのだといった。「海底でモンスターが黄金いりの櫃の上にすわっている画で終わる。まわりには映画の登場人物全員の骸骨がちらばり、モンスターは楊枝を使っている。そうだ、モンスターが勝つんだ」

訳　　註

2　章

（1）**ダリル・F・ザナック**　一九〇二年、ネブラスカ州ワフー生れの、ハリウッド全盛期の伝説的な大物プロデューサー。ワーナー・ブラザース社の製作部長として活躍し、独立して二十世紀社を興し、さらにフォックス社と合併して、二十世紀フォックス社の副社長に就任。プロデューサーも兼ね、センセーショナリズムと社会性をほどよくブレンドした、『怒りの葡萄』『イヴの総て』『革命児サパタ』『キリマンジャロの雪』など数々の名作異色作を発表。その後、同社の社長となり、『史上最大の作戦』『トラ！トラ！トラ！』といった超大作を生み出した。伝記『ザナック』（レナード・モズレー著、邦訳早川書房刊）が出版されている。

（2）**デブラ・パジェット**　一九三三年、デンヴァー生れ。四八年に二十世紀フォックス社の『都会の叫び』で、期待の新人としてデビュー。同社の専属女優として、『折れた矢』『南海の劫火』『女海賊アン』などに、エキゾティックな容貌を生かして出演するが、大成せず。後にコーマン映画『ポーの恐怖物語』『怪談　呪いの霊魂』でヒロインを演じた。

（3）『拳銃王』　ヘンリー・キング監督による、異色の西部劇。ある拳銃使いの末路を、きわめて苦く、しかも二枚目ペックに演じさせたため、当時としては異様な印象の一編となった。「インテレクチュアル・ウェスタン」のはしりとも称される。オリジナル・ストーリーを書いたのは、後にやはり西部劇をいろいろ監督する、アンドレ・ド・トス。

（4）リチャード・コンテ　一九一〇年、ニュージャージー州ジャージーシティ生れ。四三年、二十世紀フォックス社の『ガダルカナル日記』で映画デビュー。以来、『出獄』『都会の叫び』『他人の家』などに準主役で出演し、タフで渋いキャラクターを売り出した。時には娯楽作の主役も演ずる、しかし重厚なバイプレーヤー。『オーシャンと十一人の仲間』『ゴッドファーザー』などが代表作。

（5）『ドラグネット』　アメリカ本国では一九五一年より、わが国では一九五七年よりNTV系で放映された、三十分シリーズの捜査物テレビ映画（日本では、後に『刑事フライデー』と改題)。主人公のジョー・フライデー刑事を演じた、ジャック・ウェッブ自身の企画作品で、この種のテレビ映画では初めての大ヒットとなった。

(6) **ジーン・コーマン**　ロジャー・コーマンの実弟で、映画プロデューサー。兄と協力して『X星から来た吸血獣』『暗黒街の掟』『恐怖のロンドン塔』『レッド・バロン』などを製作した他、単独でもロック・ハドソン主演の『トブルク戦線』、トニー・カーティス、チャールズ・ブロンソン主演の『アドベンチャー』、リー・マーヴィン主演の『最前線物語』などもプロデュースした。

3 章

(1) **アメリカン・リリーシング・コーポレーション(ARC)**　一九五四年にジェームズ・H・ニコルソンとサミュエル・Z・アーコフが創設した、低予算映画専門のプロダクションで、後のアメリカン・インターナショナル・ピクチャーズ(AIP)の母体。

(2) **ジョン・アイアランド**　一九一四年、カナダ、バンクーバー生れ。四五年、『激戦地』で映画デビュー。『荒野の決闘』『赤い河』『OK牧場の決斗』など名作西部劇の、屈折した半悪役ぶりが印象的なバイプレーヤーだが、コンテと同様、低予算の娯楽作ではときおりヒーローも演じている。

（3）**ドロシー・マローン**　一九二四年、イリノイ州シカゴ生れ。四三年、『ギルダースリーブ・オン・ブロードウェイ』で映画デビュー。『夜も昼も』『死の谷』『殺人者はバッヂをつけていた』などの美人型準主役として、手堅く地位を築き、五六年の『風と共に散る』でアカデミー助演女優賞を受賞した。

（4）**R・ライト・キャンベル**　一九二七年、ニュージャージー生れ。コーマンの初監督作品『あらくれ五人拳銃』以下、『機関銃ケリー』『恐怖の獣人』『ヤングレーサー』『赤死病の仮面』『侵略戦線』などのコーマン作品を担当したシナリオ・ライター。後に小説家となり、『すわって待っていたスパイ』などの秀作を発表した。コーマン作品以外のシナリオでは、怪奇スター、ロン・チェイニーの伝記映画『千の顔を持つ男』が代表作。

（5）**ジョン・ランド**　一九一一年、ニューヨーク州ロチェスター生れ。四六年、『遙かなる我が子』で映画デビュー。パラマウント社の有望な新人としてスタートし、主演作もあるのだが、個性に欠け印象の薄い存在ではあった。

（6）**マイク（タッチ）・コナーズ**　一九二五年、カリフォルニア州フレズノ生れ。五二年に『突然の恐怖』の端役で映画デビュー。初期のコーマン映画『あらくれ五人拳銃』『原子怪獣と裸女』『女囚大脱走』に出演した以外は芽が出ず、五九年になって『秘密指令』（後に原題のままの『タイトロープ』）、さらに六七年には『マニックス』と、テレビ・シリーズが当たり、スターとなる。

（7）**フロイド・クロスビー**　一九三一年、F・W・ムルナウの『タブウ』でアカデミー撮影賞を受賞した、名カメラマン。写真学の講座を持ち、後進を育成するかたわら、たとえば『真昼の決闘』などの名作をも手がける学究派。コーマンとはよほど気が合うのか、第一作『あらくれ五人拳銃』以来、ほとんどの作品に協力している。

（8）**ルー・ラソフ**　脚本家。コーマン作品以外には、『闇に狂う女豹《ザ・キャット・ガール》』'57（日本ではテレビ放映）がある程度。なお六二年には、レイ・ミランド監督主演のAIP・SF『性本能と原爆戦』の、プロデューサーを担当している。

（9）**ロイド・ブリッジス**　一九一三年、カリフォルニア州サン・レアンドロ生れ。四一年に『ローン・ウルフ・テイクス・ア・チャンス』で映画デビュー。『真昼の決闘』を含む西部劇などの、半悪役を得意とする性格俳優で、低予算娯楽映画やテレビ・シリーズではヒーローも演ずる。俳優ボー・ブリッジス、ジェフ・ブリッジス兄弟の父親。

(10) **ディック・ミラー**　一九二八年、ニューヨーク州ニューヨーク生れ。舞台、テレビの体験後、脚本家をこころざしてハリウッドに。コーマンに出会い、『荒野の待伏せ』で映画デビュー。コーマン映画にはジョナサン・ヘイズとともにその初期から、時には主演までもしてつきあってきたが、それ以外ではほとんど知られていない、ユニークな性格俳優。コーマン・スクールの「生徒」であるジョー・ダンテが、ほとんどの作品に登場させている。

4 章

(1) **チャールズ・B・グリフィス**　コーマンの監督第五作『早射ち女拳銃』以来、ほとんどコーマン近辺の作品のみを書き続けてきたシナリオ・ライター。代表作は『リトル・ショップ・オブ・ホラーズ』で、脚本のほかに、あの食人花オードリー・ジュニアの「声」も担当した。ロジャーの弟であるジーンのプロデュースした『魔の谷』なども、グリフィスのシナリオ。

（2）**マーク・ハンナ**　脚本家。コーマン作品以外には、『戦慄！プルトニウム人間』'57（バート・I・ゴードン監督、日本ではテレビ放映）、『妖怪巨大女』'58（ネイザン・ジュラン監督、日本ではテレビ放映）などのSF映画がある。

（3）**アリソン・ヘイズ**　一九三〇年生れ。コーマン作品出演の後に、『モラ・タウのゾンビーズ』'57（エドワード・L・カーン監督、日本未公開）、『妖怪巨大女』などに主演した、典型的なB級ヒロイン女優。

（4）**ビヴァリー・ガーランド**　一九二六年生れ。コーマン作品以外では、『恐怖のワニ人間』'59（ロイ・デル・ルース監督、日本ではテレビ放映）、『恐怖の夜』'63（シドニー・サルコウ監督、日本ではテレビ放映）などの恐怖映画のほか、『シカゴ秘密情報局』'57（日本ではテレビ放映）、『西部の渡り者』'58『テキサス・レンジャー／サンドバルの決斗』'63といったプログラム・ピクチャーで知られる、典型的なB級ヒロイン女優。

（5）**ジャッキー・グリーソン**　一九一六年、ニューヨーク市ブルックリン生れ。十五歳の時からショー・ビジネスの世界に出入りし、十九歳で旅興行の一座に参加して、芸人としての苦労を重ねる。わが国では『ハスラー』のミネソタ・ファッツ役など、重厚な性格俳優としてのみ知られているが、本国ではラジオ、テレビ界のボードビリアンとして、それ以前から高名。

(6)**リー・ヴァン・クリーフ**　一九二五年、ニュージャージー州サマーヴィル生れ。五二年、『真昼の決闘』で映画デビュー。以来、無数の西部劇や犯罪映画の悪役を演じ続け、六五年のマカロニ・ウェスタン『夕陽のガンマン』で初めて主演級となった。

(7)**ポール・ブレイズデル**　六〇年代の低予算プロダクションのSF映画の、そのモンスター造型を一手に引き受けていた、今でいうSFXマン。この『金星人地球を征服』に登場する「金星怪物」は、とりわけその低予算ぶりで、逆にファンの間では有名。

(8)**『ペイトン・プレイス物語』**　一九五七年に映画化（邦題『青春物語』）されてヒットした、グレース・メタリアスのベストセラー小説の、一九六四年放映のテレビ・シリーズ版。わが国でも翌六五年にNET系で放映された。地方都市を舞台に、性と因習をスキャンダラスにとらえたことで有名。

(9)**ジャック＝イヴ・クストー**　アクアラングの発明者である、フランスの海洋学者。一九五六年に、長編ドキュメンタリー映画『沈黙の世界』を、ルイ・マルの協力によって製作監督。同年のカンヌ映画祭のグランプリを受賞した。

(10)**リチャード・デニング**　『大アマゾンの半魚人』の助演を経て、コーマン作品『原子怪獣と裸女』で主演、さらにエドワード・ルドウィグ監督の『黒い蠍』でも主演と、SF映画のほうではなじみ深い中堅俳優。

(11) **フランシス・フォード・コッポラ**　一九三九年、ミシガン州デトロイト生れ。つまりコーマンとは故郷が同じ。UCLAで映画を学んだ後、コーマンのもとでさまざまな現場を学び、コーマンのプロデュースにより六三年『ディメンシャ13』で監督として本格デビュー。大成後、自らのプロダクション「ゾエトロープ・スタジオ」を、ジョージ・ルーカスらのデビューに利用させたのも、コーマン的な方法の影響。

(12) **スーザン・キャボット**　一九二七年、マサチューセッツ州ボストン生れ。五〇年、『サモア島にて』で映画デビュー。コーマン作品以外では、『抜き射ち二挺拳銃』『皆殺し砦』といった西部劇に出演。

(13) **ジャック・ニコルソン**　一九三七年、ニュージャージー州ネプチューン・シティ生れ。五四年、MGM社の漫画部に入るが、プロデューサーのジョー・パスターナクに俳優になることを勧められ、ジェフ・コーリーのハリウッド・アクティング・ワークショップで演技を学び出す。そこでコーマンと出会い、コーマン作品に出演し、さらには『白昼の幻想』などではシナリオも書き、さまざまに実力をつける。その結果、やはりコーマン・スクールのピーター・フォンダ、デニス・ホッパーらと共に作った

『イージー・ライダー』をきっかけとして、大物スターになる。

(14) **ロバート・タウン**　一九三四年、ロサンゼルス生れ。五八年にハリウッド・アクティング・ワークショップに入り、そこでコーマンと知りあい、コーマン作品に参加。六〇年のコーマン映画『地球最後の女』で、シナリオ・ライターとして本格デビューした。以後、コーマン作品以外にも、『さらば冬のかもめ』『チャイナタウン』（仲間のニコルソン主演。後者ではアカデミー脚本賞を受賞）、『ザ・ヤクザ』『グレイストーク／ターザンの伝説』を手がける。八二年には『マイ・ライバル』で監督にも進出。

(15) **『ロック・アンド・ロール／狂熱のジャズ』**　一九五六年にコロンビア社が製作したロックンロール映画。前年のMGM映画『暴力教室』の、そのテーマ・ソング「ロック・アラウンド・ザ・クロック」（このコロンビア映画の原題でもある）で超ヒットを飛ばしていたビル・ヘイリー&ヒズ・コメッツをフィーチャーし、プラターズなども出演させたドラマ仕立ての速成映画だが、これも異常にヒット。世界中のティーンエージャーの興奮ぶりが社会問題ともなった。フレッド・F・シアーズ監督、77分。

(16) **アビー・ダルトン**　わが国では、セシル・B・デミルの大作西部劇『平原児』の、そのチープなリメイクである六六年の『シャイアン砦』で、カラミティ・ジェーンを演じたこと程度が知られる、典型的なハリウッドのＢ級女優。

(17)『第二の記憶――前世を語る女ブライディ・マーフィ』　前世では別な人間だったと主張する、ある主婦を描いたベストセラー実録(?)。五六年にテレサ・ライト、ルイス・ヘイワード主演、ノエル・ラングリー監督で、速成映画がつくられた。

(18)**ジャック・ラビン**　最初は『過去のうめき声』'53など、次にルイス・デウィットと組んで『原始怪獣ドラゴドン』'56『恐怖の人喰い植物』'57、さらにはアーヴィング・ブロックとトリオで『宇宙への冒険』'57『マカバー』'58『キャンディ・ロックの30フィートの花嫁』'59などの低予算ＳＦホラーを手がけた、ハリウッドの特殊効果（ＳＦＸ）マン。

(19)**アーヴィング・ブロック**　ジャック・ラビンと共に低予算ＳＦホラー映画を生み出した、特殊効果（ＳＦＸ）マン。ＭＧＭの傑作ＳＦ映画『禁断の惑星』の原案者でもある。

(20)**デヴィッド・クラマースキー**　コーマン製作の『百万の眼をもつ刺客』の監督でもある。

5章

(1)**ショウ兄弟**　一九五七年に「邵氏兄弟有限公司（ショウ・ブラザース）」を創立して、本格的な活動を開始した、香港最初の国際的な映画プロデューサー兄弟。

(2)**レオ・V・ゴードン**　一九二二年、ニューヨーク市ブルックリン生れ。『ホンドー』『十人のならず者』等々の無数の西部劇、犯罪映画に出演した、悪役専門俳優。同時に、ロジャー・コーマン映画『クライ・ベビー・キラー』『蜂女の恐怖』『恐怖のロンドン塔』、ジーン・コーマン映画『トブルク戦線』『アドベンチャー』などのシナリオも手がけた才人である。

(3)**チャールズ・ブロンソン**　一九二一年、ペンシルヴァニア州エーレンフェルド生れ。炭鉱労働者、ボクサーなどを転々とした後、五一年に端役で映画デビュー。以後、『アパッチ』『ヴェラクルス』といった西部劇などの悪役として活躍し、『機関銃ケリー』で初主演してツキがまわり、『荒野の七人』『大脱走』を通過して大物スターに変貌した。

(4)**スティーヴ・コクラン**　一九一七年、カリフォルニア州ユーレカ生れ。四五年、『ボストン・ブラッキー・ブックト・オン・サスピション』で映画デビュー。半悪役キャラクターとしてさまざまなアクション映画の準主役、主役をつとめ、コーマン映画に主演の直後にミケランジェロ・アントニオーニの『さすらい』の主役に抜擢され、新境地をひらく。その後、独立プロを作り監督にも乗り出すが、第一作の撮影中にグァテマラで事故死。死後に監督・脚本・製作・主演の作品『テル・ミー・イン・ザ・サンライト』'65が公開された。

(5)『**わたしは十代のフランケンシュタインだった**』　わが国では『怪人フランケンシュタイン／生きかえった死体』のタイトルでテレビ放映されたのみ。ハーマン・コーエン製作、ハーバート・L・ストロック監督、ウィット・ビセル主演のホラー映画。

(6)『**わたしは十代の狼男だった**』　これもわが国では『心霊移植人間』のタイトルでテレビ放映されたのみ。やはりコーエン製作で、ジーン・フォウラー・ジュニア監督、マイケル・ランドン（!）主演のホラー映画。ちなみにAIP＝コーエンは、この二作を合体発展させて、ストロック監督で『怪物を造る男』（これもわが国ではテレビ放映のみ）もつくっている。

(7)**ロバート・ヴォーン**　一九三二年、ニューヨーク生れ。五六年に映画デビューし、コーマン映画で初主演。六〇年の『荒野の七人』のガンマン役で本格的に注目され、六四年からのテレビ・シリーズ『０011ナポレオン・ソロ』で大人気を得た。

（8）『魔の谷』　Ｈ・Ｇ・ウエルズの『蜘蛛の谷』を、チャールズ・Ｂ・グリフィスが自由脚色し、モンテ・ヘルマンが監督デビューした、前半ギャング映画、後半ホラー映画。

6　章

（1）**ダン（ダニエル）・ホラー**　一九二六年、カリフォルニア州グレンデール生れ。シュイナード美術学校に学んだ後、ＡＩＰに入社、美術監督となる。ポー・シリーズを含むコーマン映画のほとんどを担当し、自身のプロデュースでやはりヴィンセント・プライス主演のポー物『深海の軍神』'65（ジャック・ターナー監督、日本未公開）をつくり、同年コーマンの助力でＡＩＰホラー『襲い狂う呪い』を監督デビュー作とした。これは、Ｈ・Ｐ・ラヴクラフトの『異次元の色彩』を原作とし、ボリス・カーロフが主演した、きわめてコーマン調の秀作。

（2）**ゲフィンの映画**　プロデューサー、デヴィッド・ゲフィン製作の『リトル・ショップ・オブ・ホラーズ』。一九八六年、ワーナー・ブラザース配給。テレビ『セサミ・

ストリート』『マペット・ショー』のフランク・オズが監督した。シーモアがリック・モラニス、オードリーが舞台版も演じたエレン・グリーン。

7　章

(1) **ヴィンセント・プライス**　一九一一年、ミズーリ州セントルイス生れ。イェール大を卒業後、ロンドン大、さらにニュルンベルク大にも学ぶが、演劇を志しロンドンで初舞台。ブロードウェイを経て、三八年に『青春問答』で映画デビューし、個性的な性格俳優として知られるようになる。五三年にカラー、3Dの『肉の蠟人形』に主演し、これがきっかけでホラー映画が多くなり、コーマンのポー・シリーズでこのジャンルの大スターとなった。

(2) **リチャード・マシスン**　一九二六年、ニュージャージー州アレンデール生れ。SF、ファンタジーの短編の名手。映画化されたものには、『縮みゆく人間』'57『地球最後の男』'64（日本未公開）、『激突!』'71『オメガマン』'71『ヘルハウス』'73『トワイライトゾーン／超次元の体験』'83等々……。なお、マシスン自身もAIPホラー『コメディ・オブ・テラーズ』'63（日本未公開）を、脚色を兼ねてプロデュースしている。こちらの出演者は、カーロフ、プライス、ローレに、なんとベイジル・ラスボーンとジョー・E・ブラウンまでが参加！　監督はジャック・ターナー。

（3）**マーク・ダモン**　一九三三年、シカゴ生れ。いわゆるティーンエージ・スターのひとりで、UCLA在学中より歌手として活躍。五六年に映画デビューし、『アッシャー家の惨劇』を含む十本ほどのアメリカ映画に出演した後、イタリアに渡り、マカロニ・ウェスタン『リンゴ・キッド』などに主演した。

（4）**ジョン・カー**　一九三一年、ニューヨーク生れ。ブロードウェイの舞台劇『お茶と同情』で注目を集め、五六年の映画化作品でも同じ役で出演。彼の演じた役の呼称である「シスター・ボーイ」という言葉が、当時流行語になった。今でいうアイドル型の若手スターで、ほかに『南太平洋』などにも出演しているが、線が細すぎ後年はふるわず。

ちなみに『アッシャー家の惨劇』のマーク・ダモン、『恐怖の振子』のジョン・カーというキャスティングは、若年層を摑むためのAIP的な戦略であり、彼ら以外にもかなりの数のティーンエージ・スター、アイドル・タレントがここの映画に出演している。

（5）**チャック（チャールズ）・ボーモント**　一九二九年、シカゴ生れ。リチャード・マシスンと同様の、SF、ファンタジーの短編の名手。マシスンと同様、テレビ・シリーズ『トワイライトゾーン』（日本では『未知の世界』または『ミステリーゾーン』）のメイン・ライターでもあった。ボーモント脚本の他の代表作には、『ラオ博士の七つの顔』'64がある。

（6）**レイ・ラッセル**　一九二四年、シカゴ生れ。マシスン、ボーモントと同様の、SF、ファンタジーの短編の名手。日本ではこの三人とも、早川書房の「異色作家短篇集」にそれぞれの短編集が加えられた。（マシスン『13のショック』、ボーモント『夜の旅その他の旅』、ラッセル『嘲笑う男』）

（7）**レイ・ミランド**　一九〇七年、英国ウェールズ生れ。舞台、映画を経験して後、三〇年に渡米しパラマウント社でスターとなる。四五年のビリー・ワイルダー監督の『失われた週末』でアカデミー主演男優賞を受賞。五四年のアルフレッド・ヒッチコック作品『ダイヤルMを廻せ！』が代表作。コーマン作品の直後には、同じAIP社で『性本能と原爆戦』をつくっており、これは自身の監督第四作。

（8）**ピーター・ローレ**　一九〇四年、ハンガリーのローゼンベルク（現在はスロヴァキア領のルジョムベロク）生れ。ウィーン、ブレスラウ、チューリッヒ、ベルリンと、舞台や映画界を転々とした後、三一年にフリッツ・ラング監督のドイツ映画『M』で、主人公の殺人魔を演じて好評を得る。以後、フランス、イギリス、そしてアメリカの映画にも出演し、風貌演技ともに独特なキャラクターとして、とりわけ無数のアメリカ映画に登場した。彼が日本人探偵を演じた、「ミスター・モト」シリーズ（日本未公開）もある。

(9) **ボリス・カーロフ**　一八八七年、ロンドン生れ。カナダを経てアメリカに渡りボードビルなどの下積み生活の後、一九一九年にエキストラで映画デビュー。以来、無数の映画に出演し、三一年に『フランケンシュタイン』の怪物を演じ、このジャンルの伝説的なスターとなった。

(10) **ニコラス・ローグ**　一九二八年、ロンドン生れ。十代から撮影所の仕事につき、六〇年よりカメラマンとなって、コーマン作品のほか、フランソワ・トリュフォーの『華氏451』、リチャード・レスターの『ローマで起った奇妙な出来事』、ジョン・シュレシンジャーの『遙か群衆を離れて』等々の撮影を担当。六八年、監督にも乗り出し、『赤い影』『地球に落ちて来た男』『マリリンとアインシュタイン』などの異色作を手がけている。

(11) **モンテ・ヘルマン**　一九二九年、ニューヨーク生れ。スタンフォード大学で演劇を専攻。地方劇団の演出などを経験中、コーマンに認められ、五九年に弟ジーンのプロデュースによる『魔の谷』で監督デビュー。その後、やはりコーマン・スクールのジャック・ニコルソン主演で『バックドア・トゥ・ヘル／情報攻防戦』『銃撃』『旋風の中に馬を進めろ』などを手がけ、独自の道を歩み出した。

(12) **ジャック・ヒル**　フランシス・コッポラの事実上の第一作はヌード映画の『グラマー西部を荒らす』'61。製作・脚本・監督を兼ね、父親のカーマイン・コッポラが音楽をつけた、それなりの風刺喜劇なのだが、彼自身はあまり自分の作品と思いたくないらしい。この「珍作」の、カメラマンだったのがジャック・ヒルである。

8　章

(1) **ウィリアム・シャトナー**　一九三一年、カナダのモントリオール生れ。ニューヨークで舞台を体験して後、ハリウッド入りしたが映画ではふるわず。六六年よりNBC系で放映された、テレビ・シリーズ『宇宙大作戦』(つまり『スター・トレック』)で、宇宙船エンタープライズのジェームズ・T・カーク船長を演じてから、爆発的な人気を得た。

9　章

（1）**スティーヴ・リーヴス**　一九二六年、モンタナ州グラスゴー生れ。高校時代からさまざまなボディビル・コンテストに出場。ミスター・ユニヴァース等々で優勝して後、イタリア映画『ヘラクレス』'58の主役を演じ人気スターとなる。他に『ヘラクレスの逆襲』『ポンペイ最後の日』『バグダッドの盗賊』『マラソンの戦い』『闘将スパルタカス』等々といった、イタリア史劇あり。なお、マイケル・フォレストはコーマン兄弟製作の『魔の谷』の主演者でもあった。

（2）**メナヘム・ゴーラン**　一九二九年、イスラエルのティベリア生れ。五一年、ロンドンに渡り演出を学ぶ。帰国し、舞台演出家として活躍の後、渡米。六三年には自らをコーマンに売り込み、映画製作に参加。さらにイスラエルで、従弟のヨーラム・グローバスとノア・フィルムズを設立し、製作した二本の映画がアカデミー外国語映画賞にノミネートされる。七四年には監督も手がけた『カザブラン』がアメリカでも公開。

七五年にはアメリカ映画『暗黒街の顔役』を監督。七九年にはグローバスとともにキャノン・フィルムズを買収し、たとえばショー・コスギの「ニンジャ」シリーズ等々で精力的な活動を開始した。

（3）**ビル（ウィリアム）・キャンベル**　一九二三年、ニュージャージー州ニューアーク生れ。一九五〇年、『破局』で映画デビュー。非行青年的な役を得意とし、五五年には『死刑囚2455号』で主役を演じたが、その後も役柄はほとんどかわらない、半二枚目。コーマン監督の『ヤングレーサー』『侵略戦線』では助演、コーマン製作の『ディメンシャ13』では主演。

（4）**ロバート・ディロン**　このころ、六〇年代にコーマンと競ったホラー映画の巨匠ウィリアム・キャッスルの、『戦慄の殺人屋敷』'63（日本ではテレビ放映）のシナリオも書き、後にジョン・フランケンハイマーと組んで、『殺し屋ハリー　華麗なる挑戦』'74『フレンチ・コネクション2』'75を担当した、脚本家。

（5）**スタンリー・キューブリック**　一九二八年、ニューヨーク市マンハッタン生れの、異色の大監督。コーマンとは「反ハリウッド」的なスタンス以外にも、小説家のシナリオ・ライターとしての起用、ベテランと新進の俳優に関する個人的なこだわり、さまざまなジャンルに対する興味と、共通点がいろいろある。その典型が、コーマン一家のニコルソンを主演させた、「生きている家」型のホラー映画『シャイニング』。なお、『2001年宇宙の旅』が公開された六八年には、これぞコーマンという、もう一本のメジャーSF映画『猿の惑星』も公開されている。こちらはモロに『恐怖の獣人』である。

(6)**ピーター・フォンダ**　一九四〇年、ニューヨーク生れ。父は俳優のヘンリー・フォンダ、姉も女優のジェーン・フォンダ。ブロードウェイの舞台で評価された後、青春スターとしてハリウッド入りするが馴染まず、反ハリウッド的なコーマンに接近。『ワイルド・エンジェル』『白昼の幻想』の二本の体験を生かし、六九年にコーマン仲間のデニス・ホッパー、ジャック・ニコルソンとともに、同系列に属する映画『イージー・ライダー』を製作、脚本、主演。三人まとめて時代のヒーローとなった。

(7)**ブルース・ダーン**　一九三六年、シカゴ生れ。リー・ストラスバーグのアクターズ・スタジオで演技を学んだ後、六〇年にエリア・カザンの『荒れ狂う河』で映画デビュー。『ワイルド・エンジェル』『白昼の幻想』『血まみれギャングママ』と、コーマン・スクール体験を通過した、個性派スター。ダグラス・トランブルの『サイレント・ランニング』やヒッチコックの『ファミリー・プロット』では主演、フランケンハイマーの『ブラック・サンデー』やウォルター・ヒルの『ザ・ドライバー』では準主演と、幅のひろい守備範囲で活躍している。

（8）**デヴィッド・V・ピッカー**　リチャード・レスターと組んで、『ジャガーノート』や『ローヤル・フラッシュ』といった、通むきのエンターテイメント映画を送り出したプロデューサーだが、その大典型が彼のプロデュースした、『名犬ウォン・トン・トン』と『スティーブ・マーティンの四つ数えろ』という二本のコメディ。前者は、ゲスト・スター七十数人というとんでもない趣向。後者は、『断崖』『白熱』『深夜の告白』等々といった古い名作から、ケイリー・グラント、ジェームズ・キャグニー、フレッド・マクマレイ、さらにはボガート、バーグマン等々を「セリフごと」借り出して、スティーヴ・マーティンと「共演」させた、これまたとんでもない大趣向だった。

（9）**エド・バーンズ**　一九三二年、ニューヨーク生れ。五七年に映画デビューした青春スター。五八年からスタートしたテレビ・シリーズ『サンセット77』（日本ではTBS系で六〇年から放映）の、クーキー役で人気をさらう。六〇年代後半には『荒野のお尋ね者』『黄金の三悪人』『黄金無頼』といったマカロニ・ウェスタンに助演。

（10）**スチュワート・グレンジャー**　一九一三年、ロンドン生れ。三三年にイギリスで映画デビュー。『シーザーとクレオパトラ』『キャラバン』『魔法の楽弓』などに出演し、そのロマンティック・ヒーローぶりがハリウッドに認められ、五〇年のMGM映画『キング・ソロモン』でハリウッド・スターのひとりとなる。以後、『血闘（スカラムーシュ）』『ゼンダ城の虜』『情炎の女サロメ』『悲恋の王女エリザベス』『兄弟はみな勇敢だった』といった史劇、時代劇に主演し、主としてMGMで活躍した。

10 章

（1）**ステファニー・ロスマン**　南カリフォルニア大学で映画製作を学んだ後、コーマンのアシスタントをつとめる。『見習い看護婦』'70（日本未公開）、『ベルベット・ヴァンパイア』'71、『ターミナル・アイランド』'73（日本未公開）などの監督作品がある。

（2）**〈キング・ラット〉**　一九六五年にブライアン・フォーブス監督によって映画化された、第二次大戦中の日本軍のチャンギ捕虜収容所のドラマ。主役のキング伍長を、ジョージ・シーガルが好演した。

（3）**『大いなる砲火』**　コーマンの後、フィル・カールソンが受け継ぎ、グレン・フォード、ジョージ・ハミルトン主演で六七年に完成公開。南北戦争を背景とした西部劇。脚色はハルステッド・ウェルズが担当した。

11　章

(1)**デニス・ホッパー**　一九三六年、カンザス州ダッジ・シティ生れ。十代の時から映画出演し、ジェームズ・ディーン映画『理由なき反抗』『ジャイアンツ』で、サル・ミネオらと共に「あの世代」を演じて印象を残す。その後は同タイプの役での助演が続き、鳴かず飛ばず状態だったが、コーマン・スクールを体験した結果、仲間のピーター・フォンダ、ジャック・ニコルソンらとともに『イージー・ライダー』を監督主演し、さらに「別な世代」を生み出した。八〇年代になってからは俳優、監督として再活躍を開始した。

(2)**『乱暴者』**　ジェームズ・ディーンの先輩格であるマーロン・ブランドが、当時はワル専門だったリー・マーヴィンらを従えた「はみだしライダー」を演じてセンセーショナルだった、スタンリー・クレイマー製作の異色映画。いわゆる非行青年物のはいしい。監督はラズロ・ベネディック。

(3) **ナンシー・シナトラ**　フランク・シナトラの長女で、歌手。一九四〇年、ニュージャージー生れ。六一年、父親の設立したリプリーズ・レコードから〈レモンのキッス〉などを出してヒット。六四年には『踊れ！サーフィン』で映画デビューした。

(4) **ゲイル・ハニカット**　一九四三年、テキサス州フォートワース生れ。モデル、テレビ出演を経て、六六年に『ワイルド・エンジェル』で映画デビュー。『猫』『ヘルハウス』など、かなりコーマン的な映画に主演した。ジェレミー・ブレット主演のテレビ・シリーズ『シャーロック・ホームズの冒険』では、『ボヘミアの醜聞』のアイリーン・アドラー役を好演。

(5) **ダイアン・ラッド**　一九三五年、ミシシッピ州ローレル生れ。『サムシング・ワイルド』'61で映画デビュー。『ワイルド・エンジェル』の後、『アリスの恋』『ワイルド・アット・ハート』『エンブリヨ』などにも助演。

(6) **マミー・ヴァン・ドーレン**　『性愛の曲り角』'58『先生のお気に入り』'58『非情の青春』'59などで知られる、グラマーな「非行少女」女優。

(7) **『運転しろ、と彼はいった』**　ジャック・ニコルソンの監督デビュー作。大学のバスケット・ボール選手のドラマで、主演はウィリアム・テッパーとマイケル・マーゴッタ。ブルース・ダーン、カレン・ブラック、脚本家のロバート・タウンなども出演した。

12 章

（1）**ボブ・ラフェルソン**　一九三三年、ニューヨーク生れ。バート・シュナイダーとBBSプロダクションを設立し、当時のアイドル・グループを出演させたテレビ・シリーズ『ザ・モンキーズ』をつくる。六八年に、やはり彼らを主演させた『HEAD! 恋の合言葉』で監督デビュー。二作目の『ファイブ・イージー・ピーセス』で、ニコルソンとともに本格評価を得た。

（2）**ロバート・ソム**　すでに同じAIPで、『狂った青春《ワイルド・イン・ザ・ストリーツ》』'68（日本ではテレビ放映）という異色のSF映画のシナリオを書いている脚本家。監督がバリー・シアー、主演はクリストファー・ジョーンズ。シェリー・ウィンタースはこの映画にも出演している。

（3）**シェリー・ウィンタース**　一九二〇年、ミズーリ州セントルイス生れ。四三年に映画デビュー以来、『ウィンチェスター銃'73』などのようにヒロイン役も多く演じてきたが、『陽のあたる場所』などのように脇での名演が当初から多い、演技派女優。代表作は『アンネの日記』『拳銃の報酬』『ロリータ』『アルフィー』『ポセイドン・アドベンチャー』等々。マリリン・モンローの、数少ない親友としても知られている。

(4)**ロバート・デ・ニーロ**　一九四三年、ニューヨーク市マンハッタン生れ。子役としての舞台から出発し、アクターズ・スタジオなどで演技を学ぶ。六八年に友人ブライアン・デ・パルマの『青春のマンハッタン』で本格的に映画デビュー。六九年に公開されたデ・パルマの『御婚礼／ザ・ウェディング・パーティー』にも出演。翌年、コーマンの『血まみれギャングママ』に出演したのがきっかけで、次第にいい役がつく。七三年にコーマン・スクールのマーティン・スコセッシが監督した『ミーン・ストリート』でニューヨーク批評家協会賞助演男優賞、七四年にやはりコーマン・スクールのフランシス・コッポラが監督した『ゴッドファーザーPARTⅡ』でアカデミー助演男優賞、八〇年のスコセッシの『レイジング・ブル』でアカデミー主演男優賞を受賞。

(5)**ブライアン・デ・パルマ**　一九四〇年、ニュージャージー州ニューアーク生れ。大学時代から十六ミリで映画製作をはじめ、六三年には友人のロバート・デ・ニーロやジル・クレイバーグたちとコメディタッチの個人映画『御婚礼／ウェディング・パーティー』（公開は六九年）などをつくり、次第に本格的な映画づくりを目指す。七二年、AIPでヒッチコック調のホラー『悪魔のシスター』を監督。以後、とりわけさまざまなタイプのホラー映画を連発し、マニアックなファンを生んだ。

（6）**ジョン・A・アロンゾ**　一九三四年、テキサス州ダラス生れ。七〇年に『血まみれギャングママ』で劇映画のカメラマンとしてデビュー。以来、『チャイナタウン』『がんばれ！ベアーズ』『ブルーサンダー』等々で活躍。

（7）**タリア・コッポラ**　一九四六年、ニューヨーク生れ。フランシス・フォード・コッポラの妹。作曲家カーマイン・コッポラの娘。作曲家のデヴィッド・シャイアと結婚したため、タリア・シャイアを名乗る。この映画の後に、兄の『ゴッドファーザー』シリーズや、シルヴェスター・スタローンの『ロッキー』シリーズで名を売った演技派女優。

（8）**シンディ・ウィリアムズ**　この後に、コッポラ製作、ジョージ・ルーカス監督の『アメリカン・グラフィティ』、コッポラ監督の『カンバセーション…盗聴…』などで本格的に知られるようになった、やはり演技派女優。

（9）**バッド・コート**　一九四八年、ニューヨーク州ニューロシェル生れ。ナイトクラブのコメディアンを経て、七〇年に『M★A★S★H』で映画デビュー。コーマン作品の他、『いちご白書』『バード★シット』『ハロルドとモード　少年は虹を渡る』などの異色作あり。年齢よりもきわめて子供っぽい外見の、特異な俳優。

(10) **ベン・ヴェリーン**　後にテレビの大河シリーズ『ルーツ』で知られる黒人スター。

13　章

(1) **『暁の出撃』**　第一次大戦のドイツの女スパイをジュリー・アンドリュース、彼女に接近される連合軍飛行中隊長をロック・ハドソンが演じた、ブレイク・エドワーズ監督の一九七〇年のパラマウント映画。

(2) **『ブルー・マックス』**　第一次大戦のドイツの撃墜王をジョージ・ペパードが演じた、ジョン・ギラーミン監督の一九六六年の二十世紀フォックス映画。

(3) **ジミー・テル・ムラカミ**　一九三三年、カリフォルニア州サンノゼ生れ。日系のアニメーション作家。ロンドンでドキュメンタリーやCMなどを手がけ、六四年には『昆虫』で英国アカデミー賞を受賞。翌年フレッド・ウルフと「ムラカミ＝ウルフ・

プロ」をハリウッドにつくり、短編アニメーションを共同製作し、『呼吸』などで受賞を重ね評価を得る。七一年にコーマン映画『レッド・バロン』に美術監督として参加したことをきっかけにアイルランドのダブリンに移住。八〇年にコーマンのプロデュースで劇映画『宇宙の7人』を監督。八二年にはアニメ『スノーマン』の監修を担当、八六年にもアニメ『風が吹くとき』を監督した。

（4）『ツェッペリン』　第一次大戦のドイツ軍巨大飛行船ツェッペリンをめぐる、英独両国の攻防を描いた、エチエンヌ・ペリエ監督の一九七一年のワーナー・ブラザース映画。

14　章

（1）ジョナサン・デミ　一九四四年、ニューヨーク州ボールドウィン生れ。エンバシー、ユナイトなど映画会社の宣伝部を体験して後、コーマンの『レッド・バロン』にスタッフとして参加。七四年、コーマンのニュー・ワールドの『女刑務所　白昼の暴動』で監督デビュー。以後、『怒りの山河』『ストップ・メイキング・センス』『サムシング・ワイルド』『羊たちの沈黙』（コーマンが出演している）などを監督した。
（2）**マーティ（マーティン）・スコセッシ** 一九四二年、ニューヨーク市フラッシング生れ。ニューヨーク大で映画を学び、そこの講師となる。『ウッドストック』『エルヴィス・オン・ツアー』などのドキュメンタリーの編集を手がけた後、コーマンに依頼されて『明日に処刑を…』を監督。以後、『ミーン・ストリート』『アリスの恋』『タクシードライバー』『ニューヨーク・ニューヨーク』『レイジング・ブル』等々の異色映画を連発した。黒澤明監督の『夢』にはゴッホ役で出演。
（3）**ジョイス・Hとジョン・ウィリアム・コリントン** リチャード・マシスン原作の映画『地球最後の男オメガマン』などの脚色で知られる、シナリオ・ライター夫妻。後にやはり夫婦共作で、一九八六年の『ささやかな謝肉祭』を第一作とする、ミステリー小説シリーズ〝ニューオリンズ三部作〟を発表した。
（4）**ハリー・コーン** 一八九一年、ニューヨーク生れ。映画プロデューサーとしてユニヴァーサル社で活動の後、兄とともにCBCフィルム・セールス・カンパニーを創立。一九二四年にコロンビア・ピクチャーズ・コーポレーションと改名し、五八年に死去するまで社長兼製作本部長として同社に君臨した。いわゆるハリウッド・タイクーンのひとり。

（5）**ジョナサン・カプラン**　一九四七年、フランスのパリ生れ。映画音楽作曲家ソル・カプランの息子。ニューヨーク大学在学中には短編映画を製作して全米学生映画祭のグランプリを受賞。講師だったマーティン・スコセッシの推薦で、一九七二年にコーマンのニュー・ワールド作品『夜勤看護婦』で監督デビュー。代表作は『告発の行方』。

（6）**ジョー・ダンテ**　一九四六年、ニュージャージー州モリスタウン生れ。学生時代に、ホラー映画雑誌《キャッスル・オブ・フランケンシュタイン》で編集アルバイト中に、プロデューサー志望のジョン・デイヴィソンと知りあい、共同で個人映画づくりを開始。さらにコーマンのニュー・ワールドに参加し、七六年に『ハリウッド・ブルバード』をアラン・アーカッシュと共同演出し、監督としてデビュー。代表作は、スティーヴン・スピルバーグと組んだ『トワイライトゾーン／超次元の体験』『グレムリン』『インナースペース』。

（7）**『モンスター・パニック』**　監督バーバラ・ピータースによる、ニュー・ワールド製ＳＦホラー映画。このジャンルでの初の女性監督作品。

15章

（1）『私はあなたに薔薇の庭は約束しなかった』　一九七七年のアンソニー・ペイジ監督作品。精神医と患者のドラマで、ビビ・アンデショーンとキャスリン・クインランが主演。日本未公開。
（2）アラン・アーカッシュ　その後、デヴィッド・キャラダイン主演の『デススポーツ』'78、マルコム・マクダウェル主演の『ゲット・クレイジー』'83などを監督するが、わが国ではすべて未公開。
（3）ポール・バーテル　一九三八年、ニューヨーク市ブルックリン生れ。UCLAで学んだ後、「コーマン・スクール」に入学。七二年に『プライベート・パーツ』（日本未公開）で監督としてデビュー以来、低予算専門で映画をつくり続けた。『ハリウッド・ブルバード』の彼は、だから実像ということ。
（4）『大津波』　小松左京原作の日本映画『日本沈没』（森谷司郎監督）のアメリカ版。特撮シーンを生かし、八十分に短縮。アンドリュー・メイヤー監督作品ということになっている。
（5）『ゴジラ』　アメリカ版はテリー・モース監督でレイモンド・バー主演。この『怪獣王ゴジラ』は日本でも公開された。こちらはコーマンとは関係なし。厳密にいえば、『ゴジラ』と『日本沈没』のスタッフは、プロデューサーの田中友幸以外は全然別。

（6）**ネストール・アルメンドロス**　一九三〇年、スペインのバルセロナ生れ。教育映画、ニュース映画などを体験した後、トリュフォーの『野性の少年』『恋のエチュード』などのフランス映画を撮影。アメリカに渡り、コーマン映画に参加し、さらに七八年の『天国の日々』でアカデミー賞を受賞。『クレイマー、クレイマー』や『ソフィーの選択』などの撮影も担当している名カメラマン。

（7）**ウォーレン・オーツ**　一九二八年、ケンタッキー州デポイ生れ。ニューヨークで演技を学び、テレビを経て五九年に『潜望鏡を上げろ』で映画デビュー。サム・ペキンパーやバート・ケネディらの西部劇の悪役として活躍し、次第に主演級にのし上がる。モンテ・ヘルマンの『断絶』でも主演。

（8）**ルイス・ティーグ**　一九三八年、ニューヨーク市ブルックリン生れ。ニューヨーク大の映画学科でスコセッシらと学んだ後、テレビ・ドラマの演出を担当。さらにコーマンと知りあってスタッフとなり、七九年にコーマン製作の『赤いドレスの女』で監督として本格デビューした。代表作に『アリゲーター』『クジョー』『ナイルの宝石』など。

(9) **ジョン・セイルズ**　一九五〇年、ニューヨーク州スケネクタディ生れ。小説家として〇・ヘンリー賞を受賞していたが、コーマンの映画製作に参加。『ピラニア』や『ハウリング』などのシナリオを書き、八〇年には『セコーカス・セブン』で監督としてデビューした。代表作に『ブラザー・フロム・アナザー・プラネット』『エイトメン・アウト』。

(10) **シリオ・サンチャゴ**　フィリピンのプロデューサー兼監督。フィリピンのプレミア・プロダクションの経営者で、後にロサンゼルスに移り、アメリカ資本で『ストライカー』『お色気吸血鬼』『未来戦士スレイド』(いずれも日本ではビデオのみ) 等々のフィリピン映画を監督し、アメリカでも公開した。

(11) **イブ・メルキオー**　デンマーク生れ。『SF第7惑星の謎』'62『火星着陸第1号』'64などのSFのシナリオ・ライター。後に『人狼部隊』『ハイガーロッホ破壊指令』『スリーパー・エージェント』といった、ユニークな戦記冒険小説を発表した。

(12) **マイク (マイケル)・ミラー**　その後、コメディ『ナショナル・ランプーン/パニック同窓会』'82、チャック・ノリス主演の『バイオニック・マーダラー』'82などの監督作品があるが、日本未公開。

(13) **イヴェット・ミミュー**　一九四二年、ロサンゼルス生れ。モデル、カバーガールを経て、MGMと契約し、六〇年に『プラチナム・ハイ・スクール』で映画デビュー。代表作にジョージ・パル製作の『タイム・マシン』『不思議な世界の物語』。

(14) **トミー・リー・ジョーンズ**　一九四六年生れ。その後『ローリング・サンダー』『アイズ』『歌え！ロレッタ　愛のために』等々と、次第に実力を発揮していった。九三年の『逃亡者』でアカデミー助演男優賞を受賞した。

(15) **ロン・ハワード**　一九五四年、オクラホマ州ダンカン生れ。父母ともに俳優だったため、自身も子役でデビュー。俳優としての代表作は、テレビ・シリーズの『ハッピーデイズ』と映画『アメリカン・グラフィティ』。同時に学生時代から好きだったフィルム製作も、七七年に二十三歳の若さでコーマン作品を監督して開花。以後『スプラッシュ』『コクーン』『バックドラフト』と快調。二〇〇一年の『ビューティフル・マインド』でアカデミー監督賞を受賞した。

16　章

(1) **『将軍の暗殺者』**　三隅研次監督の『子連れ狼　子を貸し腕貸しつかまつる』'72

と『子連れ狼　三途の川の乳母車』'72をもとに編集された作品。

（2）**ジム（ジェームズ）・キャメロン**　一九五四年、カナダのカプスケーシング生れ。父親の仕事の関係でカリフォルニアで育つ。大学は二年で中退し、コーマンのニュー・ワールドに参加。『宇宙の7人』などで特撮に関するあらゆる雑事をこなし、八二年に『殺人魚フライングキラー』で監督デビュー。次の『ターミネーター』のヒットで一気に大物エンターテイメント監督となり、『タイタニック』'97や『アバター』'09といった超大作を手がける。

（3）**ゲイル・アン・ハード**　ロサンゼルス生れ。スタンフォード大学に学んで後、コーマンのニュー・ワールドに入社。『宇宙の7人』ではプロダクション・マネージャーを務め、八二年にパシフィック・ウェスタン・プロダクションを設立して独立。以後、『ターミネーター』『エイリアン2』『アルマゲドン』やテレビ・ドラマ『ウォーキング・デッド』を製作。

（4）**チャック・カミンスキー**　チャック・コミスキーのことだろう。CBSテレビの宇宙番組やNASAの映画のミニチュア特撮を手がけて後、ニュー・ワールドに参加。さらにプライベート・ストック・エフェクツ社を設立して、SFX専門に活躍。

17　章

（1）**マイクル・クライトン**　一九四二年、シカゴ生れ。医学博士。小説家として、ミステリー『緊急の場合は』、SF『アンドロメダ病原体』『ジュラシック・パーク』等々。映画監督として、『ウエストワールド』『コーマ』『大列車強盗』など。

（2）**『ザ・コスビー・ショー』**　黒人エンターテイナーのビル・コスビーをホストに、一九八四年から放映されたテレビ番組。コスビーはこれ以前に、ロバート・カルプとコンビを組んだテレビ・シリーズ『アイ・スパイ』で人気者となり、その後、六九年から放映された『ビル・コスビー・ショー』で司会を務めた。

訳者あとがき

石上三登志

たぶんアメリカ映画界最大の、奇人にして快人、そして同時に偉大な常識人でもあるあのロジャー・コーマンの、これは笑いと涙なくしては読めない感動的な「小巨人」伝である。

だってそうでしょう？

当人はよほどの映画マニアにしか名を知られていないにもかかわらず、こんな立派な本が出来ちゃった。それというのも彼コーマンが、ただただ自分の映画を作りたく、しかしいわゆる「ハリウッド」からは相手にもされず、でもとにかく映画らしきものを作り、作り続けるためにはお金をケチりまくり、結果近辺の若い連中を使いまくり、そういう風に低予算映画を大量に生産し、だから若い映画人たちのアイドル的な存在となり、そのあげく「アンチ・ハリウッド」の時代すら生み出してしまったからなのだ。これは実になんともすごいことなんだ。

にもかかわらず……。

この国でロジャー・コーマン映画を語る時、なにをさておいても指摘しておかねばならないのが、その貧弱な公開ぶりだろう。早い話が、コーマン映画は作品を見ること自体、とにかくまあ大変だったのだ。

こんな具合である。

一九五九年に『早射ち女拳銃』が、東急＝スター・フィルムの配給で、これがコーマン映画の初公開。六〇年に一気に三本で、しかし『ごろつき酒場』は松竹セレクトで短縮化され（※注）添え物として、『機関銃ケリー』と『アッシャー家の惨劇』がそれぞれ映配と松竹セレクトから無傷で公開。六一年も三本で、『荒野の待伏せ』が映配、『恐怖の振子』が松竹セレクト、『あらくれ五人拳銃』が大和……と、ここまではまあまあ。なにしろ松竹系からの配給もあって、批評はまるで無視か酷評かのどちらかにしても、実はロードショー公開だってされてはいた。

ところが六二年に、倒産した例のプログラム・ピクチャー専門の新東宝の、その後身である、ピンク映画専門の大蔵映画から配給されるようになってから、えらいことになってきた。この年にまず『原子怪獣と裸女』が、『吸血原子蜘蛛』『美人島の巨獣』と組み合わされて「世界原子怪獣三大傑作集」とまとめられ、すべて短縮版で公開。六三年はなく、六四年に『古城の亡霊』とオムニバス『ポーの恐怖物語』の一部『黒猫の怨霊』が、大蔵映画『怪談残酷幽霊』と抱き合わされてまず公開。次の『侵略戦線』はユナイト配給の大作だから、これはロードショー。さらに次の『姦婦の生き埋葬』がまた大蔵映画なのだが、これがしかし東京ではどこで公開されたのか結局不明。当時大蔵映画の宣伝部に電話して、千葉だか埼玉の映画館を教わったのだが、行ってみたら映画どころか映画館自体がなかったという、きわめて苦い経験を僕はしている。

さらに翌六五年が、やはり大蔵映画配給の『忍者と悪女』で、これまた上映館不明。今度は自力のみで捜しまわり、やっとみつけたのが、なんと中野駅前のストリップ小屋の、そのショーの「つなぎ映画」としてだった！

同じ年の六月には、今度は『怪談　呪いの霊魂』が、イタリア・ホラー『幽霊屋敷の蛇淫』と、それにまた『ポーの恐怖物語』の一部『怪異ミイラの恐怖』が、なんとなんと白黒焼きのプリントで付けられて公開。これはしかし上映館はキチンとあった！

※当時は輸入制限の結果、短編化するケースが多かった。スタンリー・キューブリックの『非情の罠』、ジョン・ヒューストンの『勇者の赤いバッヂ』などが、その被害にあった。

そういうわけで、つまり三話オムニバス『ポーの恐怖物語』のもうひとつの部分は、この国にも短編化されて確実にある……というわけで、また大蔵映画に聞いてみた。ところがなんと、こっちの話を全然理解してくれないのだ！

仕方なく、大蔵系の映画館のプログラムを、新聞の映画案内欄で毎日チェックした。そしたら目黒の映画館で、新東宝の旧作二本をやっており、それにもう一本、『人妻を眠らす妖術』という全然知らない映画が付いていた。

「妖術」という語感が日本映画らしくないので、たぶんこれだろうと駆けつけたら、やっぱりそうだった。あきれたことに、この作品はポスターもなく、手描きの小さなやつが貼ってあるだけで、しかしアチラのカラーのロビーカードは何点かあり、なんと今回は上映プリントはカラーだった！

しかし、そうまでして僕に追いかけさせた魅力が、ロジャー・コーマン映画にはあった。それは一言でいえば、心理学をベースとしたユニークなキャラクター造形であって、だから外見とは裏腹に、彼の映画はかなり知的な印象をこちらに持たせてくれたわけなのだ。そんな作品を、ピンク映画（ポルノ登場以前にあったヌード場面が売りものの低予算劇映画）専門の会社が配給し、ストリップ小屋で見なければならないという皮肉は、これはもう日本ならではの「コーマン伝説」の一部。そういうわけで、この国では評論家にすら彼は無視され見捨てられ、「なんということだ！」と当時一映画ファンにすぎなかった僕は憤り、六五年に僕自身のやっていた同人誌に「悪夢の分析」と題するロジャー・コーマン論を書いた。そしてそれを、当時ただひとり『姦婦の生き埋葬』をほめていた、「映画評論」誌の故佐藤重臣編集長に見せ、七一年に大幅に書き足したコーマン論「ビックリ箱の中の悪夢」をやっと掲載してもらったのだ。これがたぶん、わが国で唯一無二のロジャー・コーマン論だと思う。

このあたりの時点ではかなり見ることが出来た、わが国でのコーマン映画については、もう少し触れておいたほうがいいだろう。

六六年は公開作なし。六七年には『女囚大脱走』が、突然場末の映画プログラムに登場。しかし『マシンガン・シティ』は、二十世紀フォックスの一応の大作だから、これはロードショー。六八年には、今度は配給の名門である東和が『白昼の幻想』を買い、この時ささやかに映画評論家として歩み出していた僕は、初めて試写で見た。

同じ年には、これはテレビの東京12チャンネルが、アメリカン・インターナショナル系のホラーやSFを買い、そこで『恐怖の獣人』『金星人地球を征服』『女バイキングと大海獣』『鮫の呪い』『悪魔と魔女の世界』と連続して見ることが出来たのは、余人は知らず、僕には信じられない大収穫だった。

この頃、前述した佐藤重臣さんと結託して、草月会館のシネマテークで「怪奇映画特集」を、実は僕はまだ見ぬコーマン映画『姦婦の生き埋葬』が見たいばっかりに組んだことも、僕の大事な思い出のひとつ。これが後に近代美術館フィルムセンターに飛び火し、なんとここでも同様な特集を、しかもコーマン＝ポー映画をかなり入れて上映したいとい い出したのは、これは画期的な出来事だった。入れたコーマン映画は『姦婦の生き埋葬』『忍者と悪女』『人妻を眠らす妖術』。これらが、『東海道四谷怪談』や『カリガリ博士』や『雨月物語』や『吸血鬼ドラキュラ』と並び、僕はまさにご機嫌ではあった。僕ら以外の映画評論家はまだ駄目だったが（なにしろ『イージー・ライダー』のヒットで、やっとその先駆『ワイルド・エンジェル』が追いかけ公開されたというのに、ほとんど無視なんだ）、それでも若い映画ファンには、確実にコーマン・ファンが増えてきたなという実感はあった。一九七七年のことだった……。

そんなこんなの、大袈裟にいえば孤軍奮闘のロジャー・コーマン道の挙句に、一九八六年の「東京国際ファンタスティック映画祭」でやってきたロジャー・コーマン氏と、僕は家族ぐるみでつきあった。想像していたように……、いや、想像していた以上に、知的で、家庭的なひとだった。僕はあらためて、わがロジャー・コーマン氏にホレなおした。そのわがロジャー・コーマン氏は、帰り際に突然「なんとか銭湯なるものに入れないか」といい出し、僕をしてなぜか「なるほどなァ！」と感心もさせたのだった……。

解説　われわれはコーマンの教えから何を学ぶべきか

映画評論家
吉田伊知郎

もし、あなたが映画を撮ろうと考えているなら、本書を繰り返し読めば良い。半世紀を超えるキャリアを持ち、５００本弱の映画をプロデュースし、監督作が50本を超えるロジャー・コーマンが、低予算、少人数による映画製作を行う上での実践的かつ具体的な指南がつまっている。本書が明かす映画術を筆者なりにまとめると、次のようになる。

①自腹は切るな
②タダ働きは一度だけ
③誰よりも働け
④必要なところへ金をかけろ

⑤カメラを止めるな
⑥直し＝マネー

①コーマンの初プロデュース作『海底からのモンスター』（54）は、製作費一万二千ドル。親からの借金も断られ、高校時代の友人から出資を募った。さらに監督志望のワイオット・オーダングから不足分の二千ドルを出させ、まんまと製作費を集めてしまった。もし、自己資金で全額を捻出していたら、たちまち首が回らなくなっていただろう。映画が成功したとしても、製作者に入金されるまでは優に一年近くかかるからだ。

②コーマンは伝手をたどって、20世紀フォックスのメッセンジャー・ボーイの職を得た。そして、次なるステップへ向かうために土曜日を無給で奉仕することにして、撮影現場や脚本部に顔を出すようにした。それが功を奏し、欠員が出た脚本部に就職が叶う。無償で働くならば、自分にとって特別なメリットがあり、短期間で結果が出るものでなければならない。タダ働きをする者は、つけこまれやすいことも自覚しておくべきだろう。

③スタッフ、キャストを安いギャラでこき使い、自分は監督だとふんぞり返っているだけでは、やがて相手にされなくなる。自主製作の規模になるほど、コーマンが実践したように誰よりも早く現場へ行って準備し、撮影後も一人で残って後片付けを行い、ロケ車の

運転を行うくらいの気概がなければならない。

④映画を成立させる全てのパートに通じなければ、どこに時間と金がかかり、何を節約できるか判断できない。『アッシャー家の惨劇』（60）を撮るにあたり、説得力を持った俳優と屋敷が不可欠と判断したコーマンは、ヴィンセント・プライスのギャラに製作費の多くを費やした。残りの金で屋敷のセットを荘重なものにするために、各映画会社の使用済セットの廃材を買い集めて組み合わせることで、予算以上に豪華な屋敷を作り出した。

⑤撮影中は思わぬトラブルが次々に押し寄せる。だが、低予算・短期間撮影の映画では、撮影が止まることは存亡の危機である。『アトラス』（61）の撮影時、五百人のエキストラを動員する戦闘シーンが、十分の一しか集まらなかった。コーマンは現場で脚本を書き換え、セリフと画面の構図を工夫することで成立させた。『早射ち女拳銃』（56）でアリスン・ヘイズが撮影中に落馬して骨折すると、コーマンは彼女の顔のアップを様々なバリエーションで撮り始めた。代役で続きを撮り、アップの部分だけヘイズの顔を使おうというのだ。

⑥脚本の欠点に撮影に入ってから気づくことがある。「映画のストーリーがわからないときわたしがよくとる方法は、ナレーションをつけくわえることだ。適切なナレーションで説明をすれば、脈絡がなく無意味だった場面が生きかえってうまくつながるのだ」（P

23)、「ひとつの設定でどこまで長いシーンが可能かを正確に知るために、シーンごとの表をつくった。そして脚本を練りなおし、シーンが退屈になる前に、登場人物を部屋から出してほかの部屋へ行かせたり、廊下を歩かせたりした」(P164)。的確な直しが映画を商品に化けさせるのだ。

一方、コーマンの映画作りが功罪相半ばすることも忘れてはなるまい。『海底からのモンスター』で、コーマンはワイオット・オーダングに出資を条件に監督にしてやると持ちかけ、ノーギャラで起用した。本書には書かれていないが、オーダングは生命保険を解約し、アパートを売却して資金を用意したという。インディペンデント映画のやりがい搾取は、日本でもしばしば問題になっているが、コーマンもまた若き映画志望者から搾取する側に立っていた。「わたしのような者にとってはすばらしい機会だった――金などよりずっとたいせつだった」(P211)というフランシス・フォード・コッポラ、「でも初めての監督作品を撮らせてくれたんだ、ロジャーに金を払ったってよかった」(P409)というマーティン・スコセッシの言葉に偽りはないだろうが、彼らは〈コーマン・スクール〉の優秀な卒業生である。本書に登場する証言やコーマンの発言を注意深く読めば、そこに光と影が存在することも見えてくるだろう。

数ある映画監督の自伝の中で、最も秀逸な書名を持つ本書は、一九九〇年に原著が出版され、二年後に石上三登志、菅野彰子両氏による翻訳で単行本が刊行された。当時、十三歳の筆者は、ロジャー・コーマンの映画をただの一本も観たことがなかったが、強烈な書名に惹かれて読み始めると、たちまちまだ見ぬコーマン映画に思いをはせることになった。同時に石上氏による訳者あとがきにすっかり夢中になった。氏は「笑いと涙なくしては読めない感動的な『小巨人』伝」と記したが、コーマン映画をつかまえるために東奔西走、悪戦苦闘する姿をディテールも豊かに描いたこの文章も、笑いと涙なくしては読めない。

もうひとり、石上氏と同時代にコーマン映画を追いかけていたのが、『HOUSE ハウス』（77）で商業映画監督デビューを飾った際に〈日本のロジャー・コーマン〉を自称した大林宣彦だ。監督としてのコーマンを大林が継承したとするなら、プロデューサーとして〈日本のロジャー・コーマン〉と呼べる人物を探せば、新東宝の末期に社長を務めた大蔵貢がその人かもしれない。「映画は〝見せもの〟だから、製作費を二千万円節約しても、完成した映画は逆に二千万円多くかけたようにお客さまに見せなければ増収はできない」（『わが芸と金と恋』大蔵貢 著、東京書房）というテーゼのもと、徹底してコストダウンを図った大蔵は、若手の監督・俳優を起用し、脚本改訂から題名決定まで介入した。

コーマンも、一九七〇年代にニュー・ワールド・ピクチャーズを設立して配給業務に乗り出し、大蔵のように映画製作から配給までの決定権を握った。会議を嫌い、興行師としての勘を頼りに映画製作へ勤しむところも二人はよく似ている。やがて新東宝を追われた大蔵が立ち上げた大蔵映画がコーマン映画を続々と輸入し、『姦婦の生き埋葬』(62)、『怪談呪いの霊魂』(63)という見世物性に満ちた邦題になって公開されたのは、必然的なめぐり合わせだったのかもしれない。

そして、忘れてはならない〈日本のロジャー・コーマン〉が、若松孝二である。六〇年代前半に創成期のピンク映画で監督デビューし、先鋭的なテーマを極端に切り詰めた予算と撮影日数で量産していった若松は、やがて自身のプロダクションを立ち上げ、若き映画人を積極的に起用していった。足立正生から白石和彌まで、若松プロダクション出身の映画人は多い。若松作品の常連俳優だった山谷初男に、当時の撮影現場について尋ねたことがある。山谷は感に堪えたようにこう語った。

「時代劇と現代劇を2本、同じ役者で同時に撮ったこともある。あれはびっくりしたなぁ。現場も同じところで2本撮るんだから。場所を移動したりしないの。パッとロケバスに戻ってきて衣装を替えただけで撮るんだから」(『映画秘宝』2017年6月号)

コーマンが『血のバケツ』(59)のセットを流用して二日で『リトル・ショップ・オブ・ホラーズ』(60)を撮ったように、『忍者と悪女』(63)のセットが『古城の亡霊』(63)に活用されたように、若松も二本連続で撮ることで製作費を切りつめたのだ。ロケバスの運転から現場の掃除まで率先して行うところもコーマンと共通する。

若松にインタビューをすると、何を訊いても金の話になるので面食らったことがある。若松は〈日本で100本の映画をつくり、しかも10円も損をしなかった〉プロデューサー兼監督だった。思わず「まるでロジャー・コーマンですね」と筆者が言うと、若松は当然という顔でこう言い放った。

「そうなんだ。俺は、日本のロジャー・コーマンと呼ばれてるんだ」

本書刊行から三十数年の間に、コーマンの周辺で何があったかを最後に記しておこう。まず、コーマン・スクール出身のジョナサン・デミが監督したサイコ・サスペンス『羊たちの沈黙』(91)がアカデミー主要五部門を受賞。デミは本作をコーマン映画的な構造を持っていると明かしているが、男たちに抑圧されたヒロインが、囚われた女性を救出しようとする物語は、まさにコーマン映画の流れを汲むものだった。なお、本作にはコーマンもＦＢＩ長官役で出演している。このカメオ出演は卒業生たちの映画の恒例行事で、ロン・ハワードが監督した『アポロ13』（95）でも、ケチな上院議員役で顔を出している。

映画監督としては『フランケンシュタイン　禁断の時空』（90）が最後の作品となったが、プロデューサーとしては晩年まで精力的な活動を見せていた。また旧作のソフト化、配信も盛んとなり、今では本書で言及された作品の多くを手軽に目にすることが出来る。なお、本書とは題名が若干異なる場合もあるため（『不法侵入者』→『侵入者』、『パジャマ・パーティの大虐殺』→『スランバー・パーティー大虐殺』など）、注意が必要だ。

コーマンの再発見、再評価は、その映画人生を描いたドキュメンタリー『コーマン帝国』（11）が製作されるまでになったが、クライマックスは第82回アカデミー賞における名誉賞受賞だろう。ジャック・ニコルソンらが見守るなか、クエンティン・タランティーノがその功績を称え、ジョナサン・デミからオスカー像が手渡された。コーマンは妻への感謝を述べ、独創的で革新的な映画を作る映画人たちへエールを送った。そして、二〇二四年五月九日、カリフォルニア州サンタモニカの自宅で九十八年の生涯を閉じた。

死の直前には、かつての教え子ジョー・ダンテと組んで『リトル・ショップ・オブ・ホラーズ』をリブートする企画が発表されたばかりだった。ダンテは、十数年前からコーマンの伝記映画『The Man With Kaleidoscope Eyes』を企画しており、コリン・ファースがコーマンを演じるという話も出ていたが実現に至っていない。ただし、映画のラストでコーマン役の俳優と、本物のコーマンがテニスをしながら映画について語り合う場面は、数年前に撮影が終わっている。どうやって？　本物のコーマン側だけをまとめて撮ってしまい、映画が実現したときには、コーマン役の俳優部分とカットバックするというのだ。

コーマンの教えは脈々と受け継がれているようだ。

フィルモグラフィー

作成：石上三登志＋編集部

未＝日本劇場未公開　ARC＝アメリカン・リリーシング・コーポレーション　AIP＝アメリカン・インターナショナル・ピクチャーズ　AA＝アライド・アーティスツ　FG＝フィルムグループ　FOX＝20世紀フォックス　UA＝ユナイテッド・アーティスツ　WB＝ワーナー・ブラザース

★監督作品

『あらくれ五人拳銃』*Five Guns West*（55年）　配給／ARC（大和）　脚本／R・ライト・キャンベル　出演／ジョン・ランド、ドロシー・マローン、タッチ・コナーズ

『荒野の待伏せ』*Apache Woman*（55年）　配給／ARC（映配）　脚本／ルー・ラソフ　出演／ロイド・ブリッジス、ジョーン・テイラー、チェスター・コンクリン

『原子怪獣と裸女』*Day the World Ended*（56年）　配給／ARC（大蔵）　脚本／ルー・ラソフ　出演／リチャード・デニング、ロリ・ネルソン、タッチ・コナーズ

『女囚大脱走』*Swamp Women*（55年）　配給／AA　脚本／デヴィッド・スターン　出演／マリー・ウィンザー、キャロル・マシューズ、ビヴァリー・ガーランド

『早射ち女拳銃』*Gunslinger*（56年）　配給／AIP（東急＝スター・フィルム）　脚本／チャールズ・B・グリフィス、マーク・ハンナ　出演／ビヴァリー・ガーランド、ジョン・アイアランド、アリソン・ヘイズ

『オクラホマの女』*The Oklahoma Woman*（56年、未）　配給／ARC　脚本／ルー・ラソフ　出演／リチャード・デニング、ペギー・キャッ

スル、キャシー・ダウンズ
『金星人地球を征服』 *It Conquered the World*（56年、未、TV放映）配給／AIP　脚本／ルー・ラソフ　出演／ピーター・グレイヴズ、ビヴァリー・ガーランド、リー・ヴァン・クリーフ
『美女とエイリアン』 *Not of This Earth*（57年、未）配給／AA　脚本／チャールズ・B・グリフィス、マーク・ハンナ　出演／ポール・バーチ、ビヴァリー・ガーランド、モーガン・ジョーンズ
『裸の楽園』 *Naked Paradise*（57年、未）配給／AIP　脚本／チャールズ・B・グリフィス、マーク・ハンナ　出演／リチャード・デニング、ビヴァリー・ガーランド、ディック・ミラー
『鮫の呪い』 *She Gods of Shark Reef*（58年、未、TV放映）配給／AIP　脚本／ロバート・ヒル、ヴィクター・ストロフ　出演／ビル・コード、ドン・デュラント、リサ・モンテル
『悪魔と魔女の世界』 *The Undead*（57年、未、TV放映）配給／AIP　脚本／チャールズ・B・グリフィス、マーク・ハンナ　出演／パメラ・ダンカン、リチャード・ガーランド、アリソン・ヘイズ
『ごろつき酒場』 *Rock All Night*（57年）配給／AIP（松竹セレクト）脚本／チャールズ・B・グリフィス　出演／ディック・ミラー、ラッセル・ジョンソン、アビー・ダルトン
『巨大カニ怪獣の襲撃』 *Attack of the Crab Monsters*（57年、未）配給／AA　脚本／チャールズ・B・グリフィス　出演／リチャード・ガーランド、パメラ・ダンカン、ラッセル・ジョンソン
『カーニヴァル・ロック』 *Carnival Rock*（57年、未）配給／ハウコ　脚本／レオ・リーバーマン　出演／スーザン・キャボット、ブライアン・ハットン、ディック・ミラー、バーブラ・モリス
『ティーンエージ・ドール』 *Teenage Doll*（57年、未）配給／AA　脚本／チャールズ・B・グリフィス　出演／ジューン・ケニー、フェイ・スペイン、ジョン・ブリンクリー
『ソロリティ・ガール』 *Sorority Girl*（57年、未）配給／AIP　脚本／エド・ウォーターズ、レオ・リーバーマン　出演／スーザン・キャボット、ディック・ミラー、バーブラ・モリス
『女バイキングと大海獣』 *The Saga of the Viking Women and Their*

Voyage to the Waters of the Great Sea Serpent（57年、未、TV放映） 配給／AIP 脚本／ローレンス・ルイス・ゴールドマン 出演／アビー・ダルトン、スーザン・キャボット、ジェーン・ケニー

『人工衛星戦争』 *War of the Satellites*（58年、未） 配給／AA 脚本／ローレンス・ルイス・ゴールドマン 出演／ディック・ミラー、スーザン・キャボット、リチャード・デヴォン

『機関銃ケリー』 *Machine Gun Kelly*（58年） 配給／AIP（映配） 脚本／R・ライト・キャンベル 出演／チャールズ・ブロンソン、スーザン・キャボット、ジャック・ランバート

『恐怖の獣人』 *Teenage Caveman*（58年、未、TV放映） 配給／AIP 脚本／R・ライト・キャンベル 出演／ロバート・ヴォーン、ダラ・マーシャル、レスリー・ブラッドリー

『暗黒街の掟』 *I Mobster*（59年、未、TV放映） 配給／FOX 脚本／スティーヴ・フィッシャー 出演／スティーヴ・コクラン、リタ・ミラン、ロバート・ストラウス

『蜂女の恐怖』 *The Wasp Woman*（59年、未） 配給／FG 脚本／レオ・ゴードン 出演／スーザン・キャボット、アンソニー・アイズリー、バーブラ・モリス

『血のバケツ』 *A Bucket of Blood*（59年、未） 配給／AIP 脚本／チャールズ・B・グリフィス 出演／ディック・ミラー、バーブラ・モリス、アントニー・カーボーン

『地球最後の女』 *Last Woman on Earth*（60年、未） 配給／FG 脚本／ロバート・タウン 出演／アントニー・カーボーン、ベッツィ・ジョーンズ・モアランド、ロバート・タウン

『スキー部隊の攻撃』 *Ski Troop Attack*（60年、未） 配給／FG 脚本／チャールズ・B・グリフィス 出演／フランク・ウォルフ、マイケル・フォレスト、ウォーリー・カンポ

『アッシャー家の惨劇』 *House of Usher*（60年） 配給／AIP（松竹セレクト） 脚本／リチャード・マシスン 出演／ヴィンセント・プライス、マーナ・ファーイ、マーク・ダモン

『リトル・ショップ・オブ・ホラーズ』 *The Little Shop of Horrors*（60年、未） 配給／FG 脚本／チャールズ・B・グリフィス 出演／ジ

ョナサン・ヘイズ、ジャッキー・ジョセフ、ジャック・ニコルソン　V／アスキーベストロン

『アトラス』*Atlas*（61年、未）　配給／FG　脚本／チャールズ・B・グリフィス　出演／マイケル・フォレスト、フランク・ウォルフ、バーブラ・モリス

『恐怖の振子』*The Pit and the Pendulum*（61年）　配給／AIP（松竹セレクト）　脚本／リチャード・マシスン　出演／ヴィンセント・プライス、ジョン・カー、バーバラ・スティール　V／アスキーベストロン

『呪われた海の怪物』*Creature from the Haunted Sea*（61年、未）　配給／FG　脚本／チャールズ・B・グリフィス　出演／アントニー・カーボーン、ベッツィ・ジョーンズ・モアランド、ロバート・タウン

『姦婦の生き埋葬』*The Premature Burial*（62年）　配給／AIP（大蔵）　脚本／チャールズ・ボーモント、レイ・ラッセル　出演／レイ・ミランド、ヘイゼル・コート、ヘザー・エンジェル、ビヴァリー・ランスフォード

『侵入者』*The Intruder*（62年、未）　配給／パテ・アメリカ　脚本／チャールズ・ボーモント　出演／ウィリアム・シャトナー、フランク・マクスウェル

『ポーの恐怖物語』*Tales of Terror*（62年、『怪異ミイラの恐怖』*Morella*『黒猫の怨霊』*The Black Cat*『人妻を眠らす妖術』*The Facts in the Case of M.Valdemar*のオムニバス映画）　配給／AIP（大蔵）　脚本／リチャード・マシスン　出演／ヴィンセント・プライス、ピーター・ローレ、ベイジル・ラスボーン、デブラ・パジェット

『恐怖のロンドン塔』*Tower of London*（62年、未、TV放映）　配給／UA　脚本／レオ・ゴードン、エイモス・パウエル、ジェームズ・B・ゴードン　出演／ヴィンセント・プライス、マイケル・ペイト、サンドラ・ナイト

『忍者と悪女』*The Raven*（63年）　配給／AIP（大蔵）　脚本／リチャード・マシスン　出演／ヴィンセント・プライス、ボリス・カーロフ、ピーター・ローレ、ジャック・ニコルソン　V／アスキーベストロン（『大鴉』）

『ヤングレーサー』 *The Young Racers*（63年、未、TV放映） 配給／AIP 脚本／R・ライト・キャンベル 出演／マーク・ダモン、ウィリアム・キャンベル、ルアナ・アンダース

『X線の眼を持つ男』 *X:The Man with the X-ray Eyes*（63年、未、TV放映） 配給／AIP 脚本／レイ・ラッセル、ロバート・ディロン 出演／レイ・ミランド、ダイアナ・ヴァン・ダー・ヴリス、ジョン・ホイト

『怪談　呪いの霊魂』 *The Haunted Palace*（63年） 配給／AIP（大蔵） 脚本／チャールズ・ボーモント 出演／ヴィンセント・プライス、デブラ・パジェット、ロン・チェイニー・ジュニア

『古城の亡霊』 *The Terror*（63年） 配給／AIP（大蔵） 脚本／レオ・ゴードン、ジャック・ヒル 出演／ボリス・カーロフ、ジャック・ニコルソン、サンドラ・ナイト

『赤死病の仮面』 *The Masque of the Red Death*（64年、未、TV放映） 配給／AIP 脚本／チャールズ・ボーモント、R・ライト・キャンベル 出演／ヴィンセント・プライス、ヘイゼル・コート、パトリック・マギー、ジェーン・アッシャー

『侵略戦線』 *The Secret Invasion*（64年） 配給／UA 脚本／R・ライト・キャンベル 出演／スチュワート・グレンジャー、ラフ・ヴァローネ、ミッキー・ルーニー、エド・バーンズ、ヘンリー・シルヴァ、ウィリアム・キャンベル

『黒猫の棲む館』 *The Tomb of Ligeia*（64年、未、TV放映） 配給／ワーナー・パテ 脚本／ロバート・タウン 出演／ヴィンセント・プライス、エリザベス・シェパード、ジョン・ウェストブルック

『ワイルド・エンジェル』 *The Wild Angels*（66年） 配給／AIP（現代） 脚本／チャールズ・B・グリフィス 出演／ピーター・フォンダ、ナンシー・シナトラ、ブルース・ダーン、マイケル・J・ポラード

『マシンガン・シティ』 *The St.Valentine's Day Massacre*（67年） 配給／FOX 脚本／ハワード・ブラウン 出演／ジェイソン・ロバーズ、ジョージ・シーガル、ジーン・ヘイル

『白昼の幻想』 *The Trip*（67年） 配給／AIP（東和） 脚本／ジャック・ニコルソン 出演／ピーター・フォンダ、スーザン・ストラスバ

ーグ、ブルース・ダーン、デニス・ホッパー
『ターゲット・ハリー』 *Target:Harry*（68年、監督名はヘンリー・ニール名義、本来はTV用）配給／ABCピクチャーズ　脚本／ボブ・バーバッシュ　出演／ヴィック・モロー、スザンヌ・プレシェット、ヴィクター・ブオノ、シーザー・ロメロ、シャーロット・ランプリング、スタンリー・ホロウェイ
『血まみれギャングママ』 *Bloody Mama*（70年、未、TV放映）配給／AIP　脚本／ロバート・ソム　出演／シェリー・ウィンタース、パット・ヒングル、ドン・ストラウド、ロバート・デ・ニーロ
『ガス！』 *Gas-s-s-s!*（70年、未）配給／AIP　脚本／ジョージ・アーミテイジ　出演／ロバート・コーフ、ベン・ヴェリーン、バッド・コート、タリア・シャイア
『レッド・バロン』 *Von Richthofen and Brown*（71年）配給／UA　脚本／ジョイス・H&ジョン・ウィリアム・コリントン　出演／ジョン・フィリップ・ロー、ドン・ストラウド、ハード・ハットフィールド、コリン・レッドグレイヴ
『フランケンシュタイン　禁断の時空』 *Frankenstein Unbound*（90年、未）配給／FOX　脚本／ロジャー・コーマン、F・X・フィーニー　出演／ジョン・ハート、ラウル・ジュリア、ブリジット・フォンダ、キャサリン・ラベット、ジェイソン・パトリック

★プロデュース作品

※IMDbを参考にクレジットされている作品のみ記した。

『ハイウェイ・ドラグネット』 *Highway Dragnet*（54年）配給／AA 監督／ネイサン・ジュラン　出演／ジョーン・ベネット、リチャード・コンテ、ワンダ・ヘンドリックス

『海底からのモンスター』 *Monster from the Ocean Floor*（54年）配給／リパート　監督／ワイオット・オーダング　出演／アン・キンベル、スチュアート・ウェイド、ディック・ピナー、ジョナサン・ヘイズ

『速き者、激しき者』 *The Fast and the Furious*（54年）配給／ARC 監督／ジョン・アイアランド、エドワード・サンプソン　出演／ドロシー・マローン、ジョン・アイアランド、ブルース・カーライル

『クライ・ベビー・キラー』 *The Cry Baby Killer*（58年）配給／AA 監督／ジャスタス・アディス　出演／ハリー・ローター、ジャック・ニコルソン、ブレット・ハルゼイ

『X星から来た吸血獣』 *Night of the Blood Beast*（58年）配給／AIP 監督／バーナード・L・コワルスキー　出演／マイケル・エメット、アンジェラ・グリーン、エド・ネルソン

『吸血怪獣ヒルゴンの猛襲』 *Attack of the Giant Leeches*（59年）配給／AIP　監督／バーナード・L・コワルスキー　出演／ケン・クラーク、イヴェット・ヴィッカース、ジャン・シェパード

『ディメンシャ13』 *Dementia 13*（63年）配給／AIP　監督／フランシス・フォード・コッポラ　出演／ウィリアム・キャンベル、ルアナ・アンダース、バート・パットン

『デビルズ・エンジェル』 *Devil's Angels*（67年）配給／AIP　監督／ダニエル・ホラー　出演／ジョン・カサヴェテス、ビヴァリー・アダムス、ミムジー・ファーマー

『ダンウィッチの怪』 *The Dunwich Horror*（70年）配給／AIP　監督／ダニエル・ホラー　出演／サンドラ・ディー、ディーン・ストックウェル、エド・ベグリー

『あぶない看護婦』 *Private Duty Nurses*（71年）配給／ニュー・ワールド　監督／ジョージ・アーミテイジ　出演／キャサリン・キャノン、

ジョイス・ウィリアムズ、ペギー・ボウチャー
『明日に処刑を…』 *Boxcar Bertha*（72年）配給／AIP　監督／マーティン・スコセッシ　出演／バーバラ・ハーシー、デヴィッド・キャラダイン、バーニー・ケイシー
『残虐全裸女収容所』 *The Big Bird Cage*（72年）配給／ニュー・ワールド　監督／ジャック・ヒル　出演／パム・グリア、アニトラ・フォード、シド・ヘイグ
『脱出！処刑の島』 *I Escaped from Devil's Island*（73年）配給／UA　監督／ウィリアム・H・ウィットニー　出演／ジム・ブラウン、クリストファー・ジョージ、ポール・リチャーズ
『エンジェル・グラディエーター』 *The Arena*（74年）配給／ニュー・ワールド　監督／スティーヴ・カーヴァー　出演／パム・グリア、マーガレット・マーコフ、ルクレチア・ラヴ
『コックファイター』 *Cockfighter*（74年）配給／ニュー・ワールド　監督／モンテ・ヘルマン　出演／ウォーレン・オーツ、ハリー・ディーン・スタントン、トロイ・ドナヒュー、ミリー・パーキンス
『ビッグ・バッド・ママ』 *Big Bad Mama*（74年）配給／ニュー・ワールド　監督／スティーヴ・カーヴァー　出演／アンジー・ディキンソン、トム・スケリット、ウィリアム・シャトナー
『ビッグ・ボス』 *Capone*（75年）配給／FOX　監督／スティーヴ・カーヴァー　出演／ベン・ギャザラ、ハリー・ガーディノ、ジョン・カサヴェテス、シルヴェスター・スタローン、スーザン・ブレイクリー
『デス・レース2000年』 *Death Race 2000*（75年）配給／ニュー・ワールド　監督／ポール・バーテル　出演／デヴィッド・キャラダイン、シモーネ・グリフェス、シルヴェスター・スタローン
『レーシング・ブル』 *Eat My Dust!*（76年）配給／ニュー・ワールド　監督／チャールズ・B・グリフィス　出演／ロン・ハワード、クリストファー・ノリス、ウォーレン・J・ケマーリング
『ジャクソン・ジェイル』 *Jackson County Jail*（76年）配給／ニュー・ワールド　監督／マイケル・ミラー　出演／イヴェット・ミミュー、トミー・リー・ジョーンズ、ロバート・キャラダイン

『怒りの山河』 *Fighting Mad*（76年）配給／FOX　監督／ジョナサン・デミ　出演／ピーター・フォンダ、リン・ローリー、フィリップ・キャリー
『パトカー・ハイウェイ』 *Moving Violation*（76年）配給／FOX　監督／チャールズ・S・デュビン　出演／スティーヴン・マクハティ、ケイ・レンツ、エディ・アルバート
『ランナウェイ』 *Thunder and Lightning*（77年）配給／FOX　監督／コーリイ・アレン　出演／デヴィッド・キャラダイン、ケイト・ジャクソン、ロジャー・C・カーメル
『バニシングIN TURBO』 *Grand Theft Auto*（77年）配給／ニュー・ワールド　監督／ロン・ハワード　出演／ロン・ハワード、ナンシー・モーガン、マリオン・ロス
『私はあなたに薔薇の庭は約束しなかった』 *I Never Promised You a Rose Garden*（77年）配給／ニュー・ワールド　監督／アンソニー・ペイジ　出演／ビビ・アンデショーン、キャスリーン・クインラン、シルヴィア・シドニー
『イルザ シベリア女収容所／悪魔のリンチ集団』 *Ilsa, the Tigress of Siberia*（77年）配給／ニュー・ワールド　監督／ジーン・ラフルール　出演／ダイアン・ソーン、マイケル・モリン、トニー・アンジェロ
『デススポーツ』 *Deathsport*（78年）配給／ニュー・ワールド　監督／アラン・アーカッシュ　出演／デヴィッド・キャラダイン、クローディア・ジェニングス、リチャード・リンチ
『新・悪魔の棲む家』 *The Evil*（78年）配給／ニュー・ワールド　監督／ガス・トリコニス　出演／リチャード・クレンナ、ジョアンナ・ペティット、キャシー・イェーツ
『アバランチ　白銀の恐怖』 *Avalanche*（78年）配給／ニュー・ワールド　監督／コーリイ・アレン　出演／ロック・ハドソン、ミア・ファロー、ロバート・フォスター、ジャネット・ノーラン
『ピラニア』 *Piranha*（78年）配給／ニュー・ワールド　監督／ジョー・ダンテ　出演／ブラッドフォード・ディルマン、ヘザー・メンジース、ケヴィン・マッカーシー

『犯されて…』 *Outside Chance*（78年）非劇場公開　監督／マイケル・ミラー　出演／イヴェット・ミミュー、ロイス・D・アップルゲイト、ディック・アームストロング
『ロックンロール・ハイスクール』 *Rock'n'Roll High School*（79年）配給／ニュー・ワールド　監督／アラン・アーカッシュ　出演／P・J・ソールズ、ヴィンセント・ヴァン・パタン、メアリー・ウォロノフ
『宇宙の７人』 *Battle Beyond the Stars*（80年）配給／ニュー・ワールド　監督／ジミー・T・ムラカミ　出演／リチャード・トーマス、ジョージ・ペパード、ジョン・サクソン、ロバート・ヴォーン、シビル・ダニング、サム・ジャッフェ
『クレイジーポリス大追跡』 *Smokey Bites the Dust*（81年）配給／ニュー・ワールド　監督／チャールズ・B・グリフィス　出演／ジミー・マクニコル、ジャネット・ジュリアン、ウォルター・バーンズ
『ギャラクシー・オブ・テラー／恐怖の惑星』 *Galaxy of Terror*（81年）配給／ニュー・ワールド　監督／B・D・クラーク　出演／エドワード・アルバート、レイ・ウォルストン、エリン・モーラン
『禁断の惑星エグザビア』 *Forbidden World*（82年）配給／ニュー・ワールド　監督／アラン・ホルツマン　出演／ジェシー・ヴィント、ジューン・チャドウィック、ドーン・ダンラップ
『ラブ・レター』 *Love Letters*（83年）配給／ニュー・ワールド　監督／エイミー・ジョーンズ　出演／ジェイミー・リー・カーティス、ジェームズ・キーチ、エイミー・マディガン
『スペース・レイダース』 *Space Raiders*（83年）配給／ニュー・ワールド　監督／ハワード・R・コーエン　出演／ヴィンセント・エドワーズ、デヴィッド・メンデンホール、パッツィ・ピース
『クレージー・キャンパーズ』 *Oddballs*（84年）配給／アルミ・ピクチャーズ　監督／ミクロス・レンテ　出演／フォスター・ブルックス、マイク・マクドナルド、コニー・クローム
『バイオレンス・ヒート』 *Summer Camp Nightmare*（86年）配給／コンコード　監督／バート・L・ドラギン　出演／チャック・コナーズ、チャールズ・ストラットン、アダム・カール

『聖戦士アマゾンズ』 *Amazons*（86年）配給／コンコード／ニュー・ホライズンズ　監督／アレックス・セッサ　出演／ペネロープ・リード、ウィンザー・テイラー・ランドルフ、ジョセフ・ウィップ
『大統領暗殺指令』 *Hour of the Assassin*（87年）配給／コンコード　監督／ルイス・ロッサ　出演／エリック・エストラーダ、ロバート・ヴォーン、ラウラ・バートン
『まんちぃず』 *Munchies*（87年）配給／コンコード　監督／ベティナ・ハーシュ　出演／チャールズ・ストラットン、ハーヴェイ・コーマン、ナディーン・ヴァン・ダー・ヴェルデ
『ストリッパー殺人事件』 *Stripped to Kill*（87年）配給／コンコード　監督／カット・シア・ルーベン　出演／ケイ・レンツ、グレッグ・エヴィガン、ノーマン・フェル
『ビッグ・バッド・ママ２』 *Big Bad Mama II*（87年）配給／コンコード　監督／ジム・ウィノースキー　出演／アンジー・ディキンソン、ロバート・カルプ、ダニエル・ブリスボイス
『戦慄の暴走ストリート』 *The Lawless Land*（88年）非劇場公開　監督／ジョン・ヘス　出演／アマンダ・ピーターソン、ニック・コッリ、レオン・バークレイ
『行きずりの恐怖』 *The Drifter*（88年）配給／コンコード　監督／ラリー・ブランド　出演／ティモシー・ボトムズ、アル・シャノン、マイルズ・オキーフ
『トレイシー・ローズの美女とエイリアン』 *Not of This Earth*（88年）配給／コンコード　監督／ジム・ウィノースキー　出演／トレイシー・ローズ、アーサー・ロバーツ、エース・マスク
『ウォッチャーズ／第３生命体』 *Watchers*（88年）配給／ユニバーサル　監督／ジョン・ヘス　出演／コリー・ハイム、マイケル・アイアンサイド、バーバラ・ウィリアムズ
『ウィザード／魔法の王国』 *Wizards of the Lost Kingdom II*（89年）非劇場公開　監督／チャールズ・B・グリフィス　出演／デヴィッド・キャラダイン、ボビー・ジャコビー、ラナ・クラークソン
『ナイト・ラヴァーズ／私を愛した吸血鬼』 *Dance of the Damned*（89年）配給／コンコード　監督／カット・シア・ルーベン　出演／スタ

ー・アンドレフ、シリル・オライリー、マリア・フォード

『マンタ』 *Lords of the Deep*（89年）配給／コンコード　監督／メアリー・アン・フィッシャー　出演／プリシラ・バーンズ、ブラッドフォード・ディルマン、ダリル・ハネイ

『パノラマン／時空少年旅行』 *Andy Colby's Incredible Adventure*（89年）配給／コンコード／ニュー・ホライズンズ　監督／デボラ・ブロック　出演／ランディ・ジョスリン、ジェシカ・パスカス、ダイアン・ケイ

『新・赤死病の仮面』 *Masque of the Red Death*（89年）配給／コンコード　監督／ラリー・ブランド　出演／エイドリアン・ポール、クレア・ホーク、ジェフ・オスターヘイジ

『傭兵部隊ラディカル・ウェポン』 *Primary Target*（89年）非劇場公開　監督／クラーク・ヘンダーソン　出演／ジョン・カルヴィン、ジョーイ・アレスコ、ミキ・キム

『オブリビオン』 *Ultra Warrior*（90年）配給／コンコード　監督／オーガスト・タマヨ、ケヴィン・テント　出演／ダック・ランボー、メシャック・テイラー、クレア・ベレスフォード

『アマゾネス2』 *Barbarian Queen II*（90年）非劇場公開　監督／ジョー・フィンレイ　出演／ラナ・クラークソン、グレッグ・ラングラー、レベッカ・ウッド

『ウォッチャーズ2』 *Watchers II*（90年）非劇場公開　監督／ティエリー・ノッツ　出演／マーク・シンガー、トレイシー・スコギンズ、ジョナサン・ファーウェル

『最終生物バイオゾイド』 *The Terror Within II*（90年）配給／コンコード　監督／アンドリュー・スティーヴンス　出演／アンドリュー・スティーヴンス、チック・ヴェネラ、R・リー・アーメイ

『エイリアン・ファイター』 *Dead Space*（91年）配給／カリフィルム　監督／フレッド・ギャロ　出演／マーク・シンガー、ローラ・テイト、ブライアン・クランストン

『フューチャー・キック』 *Future Kick*（91年）配給／コンコード　監督／ダミアン・クラウス　出演／ドン・"ザ・ドラゴン"・ウィルソン、メグ・フォスター、クリス・ペン

『クリスタル・アイ／秘宝伝説』 *Curse of the Crystal Eye*（91年）非劇場公開　監督／ジョー・トルナトーレ　出演／ジェームソン・パーカー、シンシア・ローズ、マイク・レイン

『オーバーヒート・プリズン』 *Bloodfist III: Forced to Fight*（91年）配給／コンコード　監督／オーレイ・サソーネ　出演／ドン・“ザ・ドラゴン”・ウィルソン、リチャード・ラウンドトゥリー、リチャード・ポール

『ボディ・トーク』 *Body Chemistry II: The Voice of a Stranger*（91年）配給／コンコード　監督／アダム・サイモン　出演／グレゴリー・ハリソン、リサ・ペシア、モートン・ダウニー・Jr

『AVクィーン　マドンナ殺人事件』 *Final Embrace*（91年）非劇場公開　監督／オリー・サッソン　出演／ナンシー・ヴァレン、ロバート・ラスラー、ディック・ヴァン・パタン

『アルバレス／戦慄の系譜』 *Immortal Sins*（91年）配給／コンコード／ニュー・ホライズンズ　監督／ハーブ・ハッチェル　出演／マリアム・ダボ、クリフ・デ・ヤング、シャリ・シャタック

『セクシャル・ファーム／殺しの代理人』 *Killer Instinct*（91年）非劇場公開　監督／デヴィッド・タウジック　出演／スコット・ヴァレンタイン、V・エンジェル、スーザン・アンスパッチ

『ボディ・パッション』 *In the Heat of Passion*（92年）配給／コンコード　監督／ロッドマン・フレンダー　出演／サリー・カークランド、ニック・コッリ、ジャック・カーター

『ベルリン・クライシス／細菌兵器を追え！』 *The Berlin Conspiracy*（92年）非劇場公開　監督／テレンス・H・ウィンクレス　出演／メアリー・クロスビー、スティーヴン・デイヴィース、マーク・シンガー

『ダンス・ウィズ・デス／Tバック・ストリッパー連続猟奇殺人事件』 *Dance with Death*（92年）配給／コンコード　監督／チャールズ・フィリップ・ムーア　出演／バーバラ・アリン・ウッズ、マーティン・マル、ドリュー・シュナイダー

『ウルトラ・バイオレット』 *Ultraviolet*（92年）非劇場公開　監督／マーク・グリフィス　出演／イーサイ・モラレス、パトリシア・ヒー

リー、スティーヴン・メドウズ
『まんちい』*Munchie*（92年）非劇場公開　監督／ジム・ウィノースキー　出演／ジェイミー・マッケナン、ロニ・アンダーソン、アンドリュー・スティーヴンス
『シューティング・サンダー』*Blackbelt*（92年）配給／ニュー・ホライズンズ　監督／チャールズ・フィリップ・ムーア　出演／ドン・“ザ・ドラゴン”・ウィルソン、ディールドゥル・イマーシェイン、マシアス・ヒューズ
『サンフランシスコ大地震』*Quake*（92年）配給／コンコード　監督／ルイス・モーノウ　出演／スティーヴ・レイルズバック、エリカ・アンダーソン、エブ・ロティマー
『クレムリン危機一発』*Crisis in the Kremlin*（92年）非劇場公開　監督／ジョナサン・ウィンフリー　出演／ロバート・ラスラー、セオドア・バイケル、デニス・ビクスラー
『ドラゴンチェイサー』*Bloodfist IV: Die Trying*（92年）配給／コンコード／ニュー・ホライズンズ　監督／ポール・ジラー　出演／ドン・“ザ・ドラゴン”・ウィルソン、キャット・サスーン、ジェームズ・トルカン
『戦場のライオン』*Kill Zone*（93年）非劇場公開　監督／シリオ・H・サンチャゴ　出演／デヴィッド・キャラダイン、トニー・ドーセット、ロバート・ヤングブラッド
『ドラキュラ・ライジング』*Dracula Rising*（93年）配給／コンコード／ニュー・ホライズンズ　監督／フレッド・ギャロ　出演／クリストファー・アトキンズ、ステイシー・トラヴィス、ダグ・ワート
『アマゾン』*Eight Hundred Leagues Down the Amazon*（93年）配給／コンコード　監督／ルイス・ロッサ　出演／アダム・ボールドウィン、バリー・ボストウィック、ダフネ・ズニーガ
『恐竜カルノザウルス』*Carnosaur*（93年）非劇場公開　監督／アダム・サイモン　出演／ダイアン・ラッド、ラファエル・スパージ、ジェニファー・ラニヨン
『トゥルー・ドラゴン』*Dragon Fire*（93年）配給／コンコード／ニュー・ホライズンズ　監督／リック・ジェイコブソン　出演／ドミニ

ク・ラバンカ、パメラ・ルノ、デニス・キーファー
『サンドラ・ブロック in アマゾン』*Fire on the Amazon*（93年）非劇場公開　監督／ルイス・ロッサ　出演／サンドラ・ブロック、クレイグ・シェイファー、ファン・フェルナンデス
『ヒューマン・ターゲット』*Bloodfist 5: Human Target*（94年）非劇場公開　監督／ジェフ・ヨニス　出演／ドン・“ザ・ドラゴン”・ウィルソン、デニス・ダフ、ユージ・オクモト
『インモラル女医（ドクター）』*Point of Seduction: Body Chemistry III*（94年）非劇場公開　監督／ジム・ウィノースキー　出演／アンドリュー・スティーヴンス、モーガン・フェアチャイルド、ロバート・フォスター
『オーメン1999』*The Unborn II*（94年）非劇場公開　監督／リック・ジェイコブソン　出演／ミシェル・グリーン、ロビン・カーティス、スコット・ヴァレンタイン
『ザ・ファンタスティック・フォー』*The Fantastic Four*（94年）非劇場公開　監督／オリー・サッソン　出演／アレックス・ハイド＝ホワイト、ジェイ・アンダーウッド、レベッカ・スターブ
『処刑監獄』*Reflections on a Crime*（94年）非劇場公開　監督／ジョン・パーディ　出演／ミミ・ロジャース、ビリー・ゼイン、ジョン・テリー
『ニュー・クライム・シティ／新犯罪都市』*New Crime City*（94年）非劇場公開　監督／ジョナサン・ウィンフリー　出演／リック・ロソヴィッチ、シェリー・ローズ、ステイシー・キーチ
『デス・クリーチャー／殺戮変異体』*Watchers III*（94年）非劇場公開　監督／ジェレミー・スタンフォード　出演／グレゴリー・スコット・カミンズ、ダリル・ローチ、ウィングス・ハウザー
『テロリスト・ウエポン／悪魔の最終兵器』*Bloodfist VI: Ground Zero*（94年）非劇場公開　監督／エリック・ジェイコブソン　出演／ドン・“ザ・ドラゴン”・ウィルソン、ロビン・カーティス、キャット・サスーン
『戦慄のシンフォニー』*Hellfire*（95年）非劇場公開　監督／デヴィッド・タウジック　出演／ベン・クロス、ジェニファー・バーンズ、

ビヴァリー・ガーランド
『ダイナソーズ』*Carnosaur 2*（95年）非劇場公開　監督／ルイス・モーノウ　出演／ジョン・サヴェージ、クリフ・デ・ヤング、ドン・ストラウド
『バックドア／告発白書』*The Flight of the Dove*（95年）非劇場公開　監督／スティーヴ・レイルズバック　出演／テレサ・ラッセル、スコット・グレン、レイン・スミス
『官能』*One Night Stand*（95年）配給／ニュー・ホライズンズ　監督／タリア・シャイア　出演／アリー・シーディ、A・マルティネス、フレデリック・フォレスト
『デリンジャーＶＳカポネ／抗争の街』*Dillinger and Capone*（95年）非劇場公開　監督／ジョン・パーディ　出演／マーティン・シーン、キャサリン・ヒックス、F・マーレイ・エイブラハム
『サイバーヘッド』*Suspect Device*（95年）非劇場公開　監督／リック・ジェイコブソン　出演／C・トーマス・ハウエル、ステイシー・トラヴィス、ジョン・ベック
『エイリアン・ウィズイン』*The Alien Within*（95年）非劇場公開　監督／スコット・レヴィ　出演／ロディ・マクドウォール、アレックス・ハイド＝ホワイト、メラニー・シャトナー
『殺人療法2』*Sawbones*（95年）非劇場公開　監督／キャサリン・シラン　出演／アダム・ボールドウィン、ニーナ・シマーシュコ、バーバラ・カレラ
『ラット・ウーマン／倒錯の女たち』*Burial of the Rats*（95年）非劇場公開　監督／ダン・ゴールデン　出演／エイドリアン・バーボー、マリア・フォード、ケヴィン・アルバー
『ブラック・スコルピオン』*Black Scorpion*（95年）非劇場公開　監督／ジョナサン・ウィンフリー　出演／ジョーン・セヴェランス、ブルース・アボット、ケイシー・シマーシュコ
『ザ・フェイス』*The Wasp Woman*（95年）非劇場公開　監督／ジム・ウィノースキー　出演／ジェニファー・ルービン、ダグ・ワート、ダニエル・J・トラヴァンティ
『エイリアンターミネーター』*Alien Terminator*（95年）配給／コン

コード／ニュー・ホライズンズ　監督／デイヴ・ペイン　出演／マリア・フォード、ロジャー・ハルストン、エミール・レヴィセッティ
『ザ・ピラニア／殺戮生命体』*Piranha*（95年）非劇場公開　監督／スコット・レヴィ　出演／アレクサンドラ・ポール、ウィリアム・カット、モンテ・マーカム
『スペース・プリズン／美女ＳＭ収容所』*Caged Heat 3000*（95年）非劇場公開　監督／アーロン・オズボーン　出演／カサンドラ・リー、ケーナ・ランド、ボブ・フェレーリ
『ショーガール・プリズン』*Where Evil Lies*（95年）非劇場公開　監督／ケルヴィン・アルベール　出演／ニッキ・フリッツ、メリッサ・パーク、エミール・レヴィセッティ
『サイバー・ブレイン／狂気の脳内革命』*Subliminal Seduction*（96年）非劇場公開　監督／アンドリュー・スティーヴンス　出演／アイアン・ジーリング、キャサリン・ケリー・ラング、ディー・ウォーレス＝ストーン
『KYOKO』*Kyoko*（96年）非劇場公開　監督／村上龍　出演／高岡早紀、カルロス・オソリオ、スコット・ホワイトホースト
『ミッドナイト・カジノ』*Black Rose of Harlem*（96年）非劇場公開　監督／フレッド・ギャロ　出演／ニック・カサヴェテス、シンダ・ウィリアムズ、ジョー・ヴィテレリ
『ビジタースペース』*Inhumanoid*（96年）非劇場公開　監督／ヴィクトリア・マスプラット　出演／リチャード・グリエコ、コービン・バーンセン、ララ・ハリス
『ダーク・プラネット』*Last Exit to Earth*（96年）非劇場公開　監督／カット・シア・ルーベン　出演／コスタス・マンディロア、キム・グライスト、エイミー・ハサウェイ
『デス・キューブ』*Death Game*（96年）配給／非劇場公開　監督／ランドルフ・チェヴェルデイヴ　出演／ティモシー・ボトムズ、デヴィッド・マッカラム、ニコラス・ヒル
『ヴァンピレラ』*Vampirella*（96年）非劇場公開　監督／ジム・ウィノースキー　出演／タリサ・ソト、ロジャー・ダルトリー、リチャード・ジョセフ・ポール

『マルキ・ド・サド／悦楽禁書』*Marquis de Sade*（96年）非劇場公開　監督／グウィネス・ギビー　出演／ニック・マンキューゾ、ジャネット・ガン、ジョン・L・デイヴィス
『デモリション・デイ』*Captain Nuke and the Bomber Boys*（96年）非劇場公開　監督／チャールズ・ゲイル　出演／マーティン・シーン、ジョー・マンテーニャ、ジョアンナ・パクラ
『ジュラシックウォーズ』*Carnosaur 3: Primal Species*（96年）非劇場公開　監督／ジョナサン・ウィンフリー　出演／スコット・ヴァレンタイン、ジャネット・ガン、リック・ディーン
『デトネーター／悲しき暗殺者』*Detonator*（96年）非劇場公開　監督／ギャレット・クランシー　出演／スコット・バイオ、シャノン・ブルース、ドン・ストラウド
『エイリアン・スナッチャーズ』*Starquest II*（96年）非劇場公開　監督／フレッド・ギャロ　出演／アダム・ボールドウィン、ロバート・イングランド、デュアン・デイヴィス
『スペース・クラッシュ』*Falling Fire*（97年）非劇場公開　監督／ダニエル・ドール　出演／マイケル・パレ、ハイジ・フォン・パレスケ、マッケンジー・グレイ
『恐怖海域』*The Haunted Sea*（97年）非劇場公開　監督／ダン・ゴールデン　出演／ジョアンナ・パクラ、ジェームズ・ブローリン、クリスタ・アレン
『ディープクライシス』*Time Under Fire*（97年）配給／ロイヤル・オークス・エンターテイメント　監督／スコット・レヴィ　出演／ジェフ・フェイヒー、リチャード・タイソン、ジャック・コールマン
『スペースジャック2097』*Spacejacked*（97年）非劇場公開　監督／ジェレマイア・クーリナン　出演／コービン・バーンセン、アマンダ・ペイズ、スティーヴ・ボンド
『イントルード／人類消滅』*Future Fear*（97年）非劇場公開　監督／ルイス・バウマンダー　出演／ジェフ・ウィンコット、ステイシー・キーチ、マリア・フォード
『ボルケーノ・クライシス』*Eruption*（97年）配給／コンコード　監督／グウィネス・ギビー　出演／F・マーレイ・エイブラハム、シリ

ル・オライリー、パトリシア・ヴェラスケス

『スターゲイト／ミレニアム』 *Star Portal*（97年）非劇場公開　監督／ジョン・パーディ　出演／スティーヴン・バウアー、アセナ・マッシー、スティーヴン・デイヴィース

『D．N．A．IV』 *Watchers Reborn*（98年）配給／コンコード　監督／ジョン・カール・ビュークラー　出演／マーク・ハミル、リサ・ウィルコックス、ルー・ロウルズ

『ロスト・ゾーン』 *Shepherd*（98年）非劇場公開　監督／ピーター・ヘイマン　出演／C・トーマス・ハウエル、ロディ・パイパー、デヴィッド・キャラダイン

『ステルスVSステルス／エグゼクティブコマンド』 *Black Thunder*（98年）配給／コンコード／ニュー・ホライズンズ　監督／リック・ジェイコブソン　出演／マイケル・ダディコフ、リチャード・ノートン、ゲイリー・ハドソン

『叫びの家』 *Knocking on Death's Door*（99年）配給／コンコード　監督／ミッチ・マーカス　出演／デヴィッド・キャラダイン、ブライアン・ブルーム、キンバリー・ロウ

『ホーンティング・オブ・ヘルハウス』 *The Haunting of Hell House*（99年）非劇場公開　監督／ミッチ・マーカス　出演／マイケル・ヨーク、クローディア・クリスチャン、アンドリュー・ボーウェン

『エネミー・アクション』 *Enemy Action*（99年）非劇場公開　監督／ブライアン・カットキン　出演／C・トーマス・ハウエル、リサ・ソーンヒル、ルイス・マンデラー

『ナイトフォール　夜来たる』 *Nightfall*（00年）非劇場公開　監督／グウィネス・ギビー　出演／デヴィッド・キャラダイン、ジェニファー・バーンズ、ジョセフ・ホッジ

『死霊の門』 *The Doorway*（00年）非劇場公開　監督／マイケル・B・ドラックスマン　出演／ロイ・シャイダー、ローレン・ウッドランド、スーザン・ブリッジハム

『フローズン・ハザード』 *Avalanche Alley*（01年）非劇場公開　監督／ポール・ジラー　出演／エド・マリナロ、ニック・マンキューゾ、カーステン・ローベック

『ザ・グラディエーターII　ローマ帝国への逆襲』 *The Arena*（01年）配給／コンコード／ニュー・ホライズンズ　監督／ティムール・ベクマンベトフ　出演／カレン・マクドゥーガル、リサ・ダーガン、ヴィクトル・ヴェルズビツキー

『ジュラシック・シティ』 *Raptor*（01年）非劇場公開　監督／ジェイ・アンドリュース　出演／エリック・ロバーツ、コービン・バーンセン、メリッサ・ブラッセル

『真実のマレーネ・ディートリッヒ』 *Marlene Dietrich: Her Own Song*（01年）非劇場公開　監督／J・デヴィッド・ライヴァ　出演／マレーネ・ディートリッヒ、ジャン・ギャバン、バート・バカラック

『ザ・ヤクザ』 *Hard As Nails*（01年）非劇場公開　監督／ブライアン・カットキン　出演／アレン・スコッティ、キム・イェーツ、アンドリュー・クレイグ

『ウルフ・コア　満月に疼く牙』 *Wolfhound*（02年）非劇場公開　監督／ドノヴァン・ケリー　出演／ジュリー・シアリーニ、アレン・スコッティ、ジェニファー・コートニー

『シェイクダウン』 *Shakedown*（02年）非劇場公開　監督／ブライアン・カットキン　出演／ロン・パールマン、エリカ・エレニアック、ウルフ・ラーソン

『ファイアー・ファイト』 *Firefight*（03年）配給／コンコード／ニュー・ホライズンズ　監督／ポール・ジラー　出演／スティーヴン・ボールドウィン、ニック・マンキューゾ、スティーヴ・ベーシック

『バーバリアン　伝説の神剣』 *Barbarian*（03年）非劇場公開　監督／ジョン・オハローラン　出演／マイケル・オハーン、マーティン・コーヴ、イリナ・グリゴエヴァ

『ディノクロコ』 *Dinocroc*（04年）非劇場公開　監督／ケヴィン・オニール　出演／コスタス・マンディロア、ブルース・ウェイツ、チャールズ・ネイピア

『アスファルト・レーサー』 *Asphalt Wars*（05年）非劇場公開　監督／ヘンリー・クラム　出演／ギルバート・チャヴァリア、カルヴィ・ペイボン、マリオ・アルヴァラード

『ストリートファイター2050』 *Bloodfist 2050*（05年）非劇場公開

監督／シリオ・H・サンチャゴ　出演／マット・マリンズ、ジョー・サバチーノ、グレン・メドウズ

『デッドライン　報復の導火線』 *The Hunt for Eagle One*（06年）非劇場公開　監督／ブライアン・クライド　出演／マーク・ダカスコス、テレサ・ランドル、ルトガー・ハウアー

『デッドライン２　爆炎の彼方』 *The Hunt for Eagle One: Crash Point*（06年）非劇場公開　監督／ヘンリー・クラム　出演／マーク・ダカスコス、テレサ・ランドル、ルトガー・ハウアー

『ギガンテス』 *Scorpius Gigantus*（06年）配給／コンコード／ニュー・ホライズンズ　監督／トミー・ウィズロウ　出演／ジェフ・フェイヒー、ジョー・ボーン・テイラー、ジョナス・トーキントン

『破壊神』 *Cry of the Winged Serpent*（07年）非劇場公開　監督／ジェイミー・ワグナー　出演／マックスウェル・コールフィールド、ロバート・ベルトラン、ソニア・サトラ

『ダイナソーフィールド』 *Supergator*（07年）非劇場公開　監督／ブライアン・クライド　出演／ブラッド・ジョンソン、ケリー・マクギリス、ビアンカ・ローソン

『サーチャーズ 2.0』 *Searchers 2.0*（07年）非劇場公開　監督／アレックス・コックス　出演／デル・ザモラ、エド・パンシューロ、ジャクリン・ジョネット

『デス・レース』 *Death Race*（08年）配給／ユニバーサル　監督／ポール・W・S・アンダーソン　出演／ジェイソン・ステイサム、ジョーン・アレン、イアン・マクシェーン

『サイクロプス』 *Cyclops*（08年）非劇場公開　監督／デクラン・オブライエン　出演／エリック・ロバーツ、ケヴィン・ステイプルトン、フリーダ・ファレル

『ディノシャーク』 *Dinoshark*（10年）非劇場公開　監督／ケヴィン・オニール　出演／エリック・バルフォー、イヴァ・ハスパーガー、アーロン・ディアス

『ダイナクロコ vs スーパーゲイター』 *Dinocroc vs. Supergator*（10年）非劇場公開　監督／ジム・ウィノースキー　出演／デヴィッド・キャラダイン、ジェームズ・C・バーンズ、コーリー・ランディス

『シャークトパス　SHARKTOPUS』 *Sharktopus*（10年）非劇場公開　監督／デクラン・オブライエン　出演／ケレム・バーシン、サラ・マラクル・レイン、エリック・ロバーツ

『デス・レース2』 *Death Race 2*（10年）非劇場公開　監督／ロエル・レイネ　出演／ルーク・ゴス、ヴィング・レイムス、ショーン・ビーン

『スパイダー・パニック！ 2012』 *Camel Spiders*（11年）非劇場公開　監督／ジェイ・アンドリュース　出演／ブライアン・クラウズ、ロッキー・デマルコ、C・トーマス・ハウエル

『ピラナコンダ』 *Piranhaconda*（12年）非劇場公開　監督／ジム・ウィノースキー　出演／マイケル・マドセン、レイチェル・ハンター

『ラスベガス・イリュージョン　カジノから2000万ドルを奪う方法』 *Stealing Las Vegas*（12年）非劇場公開　監督／フランシスコ・メネンデス　出演／エリック・ロバーツ、イーサン・ランドリー、アナベラ・カサノヴァ

『アタック・オブ・ザ・50フィート・チアリーダー』 *Attack of the 50 Foot Cheerleader*（12年）配給／エピックス、テセラ・エンターテイメント　監督／ケヴィン・オニール　出演／ジェナ・シムズ、ショーン・ヤング、トリート・ウィリアムズ

『バーチャリィヒーローズ』 *Virtually Heroes*（13年）配給／スクリーン・メディア・フィルムズ　監督／G・J・エクターンキャンプ　出演／ロバート・ベイカー、ブレント・チェイス、ケイティ・サヴォイ

『デス・レース3　インフェルノ』 *Death Race 3: Inferno*（13年）非劇場公開　監督／ロエル・レイネ　出演／ルーク・ゴス、ヴィング・レイムス、ダニー・トレホ

『シャークトパスVSプテラクーダ』 *Sharktopus vs. Pteracuda*（14年）非劇場公開　監督／ケヴィン・オニール　出演／ロバート・キャラダイン、マリオ・セアラ、ケイティ・サヴォイ

『オペレーション・ローグ』 *Operation Rogue*（14年）非劇場公開　監督／ブライアン・クライド　出演／マーク・ダカスコス、ソフィア・パーナス、トリート・ウィリアムズ

『シャークトパスVS狼鯨』 *Sharktopus vs. Whalewolf*（15年）非劇場

公開　監督／ケヴィン・オニール　出演／キャスパー・ヴァン・ディーン、キャサリン・オクセンバーグ、イギー・ポップ

『ロジャー・コーマン　デス・レース2050』*Death Race 2050*（17年）非劇場公開　監督／G・J・エクターンキャンプ　出演／マヌー・ベネット、マルコム・マクダウェル、マーシ・ミラー

『デス・レース4　アナーキー』*Death Race: Beyond Anarchy*（18年）非劇場公開　監督／ドン・マイケル・ポール　出演／ザック・マッゴーワン、ダニー・トレホ、ダニー・グローヴァー

『デンジャラス・チェイス』*Abduction*（19年）配給／シャウト・ファクトリー　監督／アーニー・バーバラッシュ　出演／スコット・アドキンス、アンディ・オン、トゥロン・ングォック・アン

◎訳者略歴

石上三登志（いしがみ・みつとし）

1939 年、東京生まれ。CM プロデューサー、ミステリ・ＳＦ評論家、映画評論家、翻訳家。明治大学文学部卒業。学生時代から『ヒッチコックマガジン・ファンクラブ』や、ワセダ・ミステリ・クラブＯＢが立ち上げた『推理小説研究会』などに参加。映画を中心に、ミステリ、ＳＦ、コミックなど、幅広い分野で評論家として活躍するかたわら、雑誌『季刊映画宝庫』や『ＦＬＩＸ　ＤＥＬＵＸＥ』の責任編集、映画『竹取物語』（1987 年、市川崑監督）の脚本なども手がける。本業では電通に勤務し、多数のＣＭを手がけた。『キネマ旬報』ベストテン選考委員、毎日映画コンクール、藤本賞、手塚治虫文化賞の審査委員などを歴任。2012 年に死去。

著書に『キング・コングは死んだ　私説アメリカ論』（1975 年）、『SF 映画の冒険』（1986 年）など。

菅野彰子（すがの・あきこ）

1947 年東京生まれ。国際基督教大学卒業。ポピュラー音楽の翻訳を主とする。主な訳書に、ボイド＆ウォーレン『素顔のミュージシャン』（1993 年、早川書房刊）など。

本書は一九九二年一月に早川書房より単行本として刊行された『私はいかにハリウッドで100本の映画をつくり、しかも10セントも損をしなかったか――ロジャー・コーマン自伝――』を改題のうえフィルモグラフィーを改訂して解説を付し文庫化したものです。

オリバー・ストーンが語る もうひとつのアメリカ史

The Untold History of the United States

オリバー・ストーン＆ピーター・カズニック
大田直子・熊谷玲美・金子　浩ほか訳
ハヤカワ文庫ＮＦ

①二つの世界大戦と原爆投下
②ケネディと世界存亡の危機
③帝国の緩やかな黄昏

一見「自由世界の擁護者」というイメージの強いアメリカは、かつてのローマ帝国や大英帝国と同じ、人民を抑圧・搾取した実績に事欠かない、ドス黒い側面をもつ帝国にほかならない。最新資料の裏付けで明かすさまざまな事実によって、全米を論争の渦に巻き込んだアカデミー賞監督による歴史大作（全3巻）。

ハウス・オブ・グッチ（上・下）

THE HOUSE OF GUCCI

サラ・ゲイ・フォーデン
実川元子訳

ハヤカワ文庫ＮＦ

一九九五年、高級ブランド・グッチの三代目社長がミラノ市街地で殺害された。現場から去るマフィアの影、経営者を失った巨大企業の混乱、事件の容疑者として逮捕される社長の元妻――衝撃的要素がグッチを壊滅的に揺さぶる。二〇二一年に創業百周年を迎えたファッションブランドの凋落と再興を描く。**映画化原作**

HM=Hayakawa Mystery
SF=Science Fiction
JA=Japanese Author
NV=Novel
NF=Nonfiction
FT=Fantasy

私《わたし》はいかにハリウッドで100本《ぼん》の映画《えいが》をつくり、しかも10セントも損《そん》をしなかったか

〈NF614〉

二〇二五年一月　二十日　印刷
二〇二五年一月二十五日　発行
（定価はカバーに表示してあります）

著者　ロジャー・コーマン
　　　ジム・ジェローム
訳者　石《いし》上《がみ》三《みつ》登《と》志《し》
　　　菅《すが》野《の》彰《あき》子《こ》
発行者　早川浩
発行所　株式会社　早川書房
郵便番号　一〇一 - 〇〇四六
東京都千代田区神田多町二ノ二
電話　〇三 - 三二五二 - 三一一一
振替　〇〇一六〇 - 三 - 四七七九九
https://www.hayakawa-online.co.jp
乱丁・落丁本は小社制作部宛お送り下さい。
送料小社負担にてお取りかえいたします。

印刷・三松堂株式会社　製本・株式会社明光社
Printed and bound in Japan
ISBN978-4-15-050614-8 C0174

本書は活字が大きく読みやすい〈トールサイズ〉です。